한국의 외교협상

—한 · 미 · 일의 정치와 협상전략

한국의 외교협상

—한 · 미 · 일의 정치와 협상전략

양기웅 지음

한림대학교 출판부

한국의 외교협상

- 한•미•일의 정치와 협상전략

초판 1쇄 발행 | 2008년 5월 22일
초판 2쇄 발행 | 2010년 9월 17일
초판 3쇄 발행 | 2013년 5월 10일

지은이 | 양기웅
발행인 | 노건일
발행처 | 한림대학교 출판부
(200-702) 강원도 춘천시 한림대학길 1(옥천동 1)
출판등록 제48호(1983. 3. 10)
전화번호 033) 248-2875~6 팩스 033) 248-2879
전자우편 press@hallym.ac.kr
홈페이지 press.hallym.ac.kr
인쇄처 | (주)월드프린팅샵

값 15,000원

ISBN 978-89-87086-93-4 92340

* 이 연구는 한림대학교(한림과학원 총서 115호)의 지원에 의해 이루어졌습니다.

:: 머리말

이 책은 한·미, 한·일의 협상사례들을 분석함으로써 한국 외교통상협상의 특징과 전략을 살펴본 것이다. 국제협상은 국제정치의 주요영역이며 우리는 국제협상을 통하여 외교정책의 결정과정, 갈등과 분쟁해결, 전쟁과 평화 등 국제정치의 여러 모습을 살펴볼 수 있다. 국제협상연구는 추상적이던 국제정치를 구체적이고 생동하는 현실로 보여 준다. 국제협상은 힘의 균형이 불리하게 비대칭적인 국가, 즉 국력이 상대적으로 약소한 나라에게도 이길 수 있는 기회를 제공한다. 만약 국제협상이 전적으로 국가 간의 힘의 분포에 의해 결정되는 것이라면 협상은 무용지물이다. 그저 힘이 더 강한 나라의 요구를 받아들이는 것이 예정되어 있을 뿐이다.

하지만 국제협상의 실제를 살펴보면 그렇지 않다. 미국도 자신보다 상대적으로 약소한 한국이나 일본과의 협상에서 국내적 분열이나 상대방의 효과적 협상전략으로 인하여 종종 지기도 한다. 이것이 국제협상연구가 필요한 까닭이다. 국제협상은 또한 국내 정치의 이면을 되돌아볼 수 있는 기회를 제공한다. 국제협상에서 협상자는 외국의 협상자와 협상테이블에서 보내는 시간만큼 국내 정치에서 자신에게 유리한 지지를 만들어 내기 위하여 다양한 국내 행위자들과 국내 협상을 하고 있다. 이러한 국내 협상과정에서 협상자들은 국내의 민주적 절차를 무시하거나 때로는 국가이익과는 상관없이(혹은 상반되게) 자신들의 정치적 이익을 위하여 정치적으로 보다 힘이 강한 집단들과 흥정 또는 타협을 하기도 한다. 이 책에서 '통설' 이 어떻게 이해관계의 합리적 계산을 방해하고 국가이익의 추구를 어렵게 만드는지, 협상에서 '언어정치' (language politics)의 분석이 왜 중요한지를 강조하는 것도 이러한 맥락과 관계된다.

국제협상연구는 사례연구의 충실한 축적 위에서 시작된다고 믿는다. 이 책은 그런 믿음에서 저술되었다. 이 책은 「제1부 협상이론과 사례분석」, 「제2부 한국의 경제통상협상—미국편」, 「제3부 한국의 경제통상협상—일본편」, 「제4부 한국의 안전보장협상」, 「제5부 결론—한국 외교협상의 역사적 교훈과 미래를 위한 제언」으로 구성되어 있다. 제1부에서는 한국의 FTA협상 · 한 · 일 어업협상 · 한 · 미 자동차협상의 사례를 협상이론의 관점에서 살펴보고, 제2부에서는 한 · 미 통상협상의 여러 사례들, 즉 지적재산권 · 쇠고기 · 통신 · 반도체 · 자동차 · 철강 · 스크린쿼터 · 자유무역협정(FTA) 등을 분석하며, 제3부에서는 한 · 일 통상협상의 사례들, 즉 수입선다변화정책 · 1~2차 어업협상 · 월드컵 공동개최 · 투자협정 · 대중문화시장 개방 · 자유무역협정(FTA) 등을 정리하고 있으며, 제4부에서는 한 · 미 동맹재조정 협상을 살펴본다.

이 책의 저술과정에서 언어정치의 문제가 제기되었다. 전통적인 협상연구에서는 당사자들의 이해득실과 선호가 명확하게 계산될 수 있다고 전제한다. 하지만 실제 협상사례들을 살펴보면 선호와 이해는 복잡하고 불분명해서 협상의 합리성과 결과의 득실을 따지기가 쉽지 않았다. 가령 한 · 미 FTA협상과 같이 복합쟁점의 패키지 협상의 경우는 더욱 그러하다. 이때 이른바 '통설' 이 만들어지고 통설의 힘이 작동한다. 여기서 통설이란 일종의 사이비 '인과관계'를 만들어 내는 이론과 설명 등을 의미하며, '언어권력'(language power)은 언어와 상징의 조작을 통해 이런 통설을 만드는 힘이고, '언어정치'는 이런 통설을 만들고 만들어진 통설에 의해 지배받는 정치라고 정의할 수 있다. 이러한 통설은 과학적이지 않은 이해득실의 계산법을 제시하고 합리적이지 않은 지지/반대의 '담론연합'을 만들어 낸다. 가령 쌀의 관세화 유예조치로 쌀시장 개방을 막았다고 주장하거나 막고 있다고 믿는 것이 전형적인 통설이다. 그러나 현실세계에서는 쌀의 관세화 유예조치로 더 많은 쌀이 수입되고 있는 중이다. 이번 저술과정에서 국제정치에서 언어분석이 얼마나 중요한 작업인가를 깨닫게 되었으며, 앞으로 '언어의 국제정치학'이 성립될 수 있기를 간절히 기대한다.

이 책이 나오기까지 많은 분의 도움을 받았다. 자료조사와 문헌정리를 충실하게 해준 김종해 석사, 김준동 석사, 김명진 석사와 초안을 읽고 다양한 반응을 제공해 준 한림대 정치행정학과의 학부생들에게 감사드린다. 이 책의 글들은 이미 학술논문으로서 혹은 편집된 단행본 속의 일부로 초출된 것들이 많다. 흩어진 글들을 모아서 한 권의 책이 되도록 협력해 주신 관계자 여러분께 감사드린다. 그리고 이 저술이 가능하도록 연구비를 지원해 주시고 그 결과를 인내심을 가지고 기다려 준 한림과학원과 당시 실무를 총괄하셨던 김재한 교수님께 감사드린다. 또 좋은 책을 만들어 주신 한림대출판부와 소화출판사의 여러 선생님들께도 감사드린다. 무엇보다 '언어정치'라는 새로운 문제의식을 가지도록 가르침을 주신 도쿄대학교의 다나카 아키히코 교수님, '언어분석'의 세계로 인도해 주신 하와이주립대학교의 손호민 교수님께 감사드린다. 평생을 청렴하게 사시면서 자식들에게는 언제나 격려와 도움을 베풀어 주시는 처가 부모님, 힘든 박사과정에서 배우고 가르치면서 또 아이까지 잘 키우고 있는 아내 연희와 예쁘게 잘 자라 주는 딸 지연, 불심으로 자식을 위해 평생을 헌신하신 부모님께 이 책을 바친다.

| | | | 차례 |

머리말

제1부 협상이론과 사례분석

제1장 협상이론과 사례분석(I)
－한국의 FTA협상(1999-2006) · 13

제2장 협상이론과 사례분석(II)
－한 · 일 어업협상(1998) · 71

제3장 협상이론과 사례분석(III)
－한 · 미 자동차협상(1995) · 99

제2부 한국의 경제통상협상 －미국

제4장 한 · 미 지적재산권협상(1985-1986) · 125

제5장 한 · 미 쇠고기협상(1989-1993) · 139

제6장 한 · 미 통신협상(1989-1996) · 154

제7장 한 · 미 반도체협상(1992-1998) · 171

제8장 한 · 미 자동차협상(1993-1998) · 181

제9장 한 · 미 철강협상(2002) · 206

제10장 한 · 미 스크린쿼터협상(1998-2006) · 225

제11장 한 · 미 FTA협상(2004-2007) · 247

제3부 한국의 경제통상협상 –일본

제12장 수입선다변화 정책(1978-1999) · 261
제13장 제1차 한 · 일 어업협정(1952-1965) · 273
제14장 제2차 한 · 일 어업협정(1996-1998) · 281
제15장 한 · 일 월드컵 공동개최협상(1994-1996) · 301
제16장 한 · 일 투자협정협상(1998-2001) · 317
제17장 한 · 일 대중문화시장 개방협상(1998-2004) · 333
제18장 한 · 일 FTA협상(1998-) · 350

제4부 한국의 안전보장협상

제19장 한 · 미 동맹재조정협상 · 375

제5부 결론

제20장 한국 외교협상의 역사적 교훈과 미래를 위한 제언 · 411

부록 –용어해설 · 427

| 제1부 |

협상이론과 사례분석

제1장 협상이론과 사례분석(I) — 한국의 FTA협상(1999-2006)

제2장 협상이론과 사례분석(II) — 한 · 일 어업협상(1998)

제3장 협상이론과 사례분석(III) — 한 · 미 자동차협상(1995)

제1장 협상이론과 사례분석(Ⅰ)

— 한국의 FTA협상(1999–2006)

1. 서론

이 글에서는 한국의 FTA사례들을 비교분석함으로써 한국이 어떠한 협상전략을 채택해 왔는지를 살펴본다. 협상사례로서는 ① 한·칠레 FTA, ② 한·싱가포르 FTA, ③ 한·ASEAN FTA, ④ 한·일 FTA, ⑤ 한·미 FTA 등을 포함한다. 비교사례를 위한 이론 틀로서는 퍼트남(Robert D. Putnam)의 양면게임이론을 이용할 것이며 여기서는 특히 국내 협상전략을 중점적으로 고찰한다.

한편 이 글에서는 협상에서 '언어정치(language politics)'의 문제를 제기한다. 협상이론에서는 일반적으로 당사자들의 이해득실이 합리적으로 그리

* 이 논문의 원 출처는 다음과 같다. 양기웅. 2007. "협상이론의 측면에서 본 한국의 FTA 협상 분석," 윤영관 편, 『세계정치 6—자유무역협정의 정치경제』, 인간사랑

고 명확하게 계산될 수 있음을 전제로 한다. 하지만 실제로는 이익과 비용의 계산은 복잡하고 불분명해서 협상결과가 자신에게 어느 정도 이익이고 또 손실인지를 판단하기가 쉽지 않은 경우가 많다. 특히 많은 사안이 연계되어 있는 패키지 협상(예를 들어 한·미 FTA)의 경우가 더욱 그러하다. 이때 이른바 '통설'이 만들어지고 '통설'의 힘이 작동한다. 통설은 과학적이지 않은 이해득실의 계산법을 제시하고 합리적이지 않은 지지·반대의 '연합'을 만들어 낸다. 여기서 통설이란 일종의 사이비 '인과관계'를 만들어 내는 이론과 설명 등을 의미하며, '언어권력(language power)'은 언어와 상징의 조작을 통해서 이런 통설을 만드는 힘이고, '언어정치(language politics)'는 이런 통설을 만들고 만들어진 통설에 의해 지배받는 정치라고 정의한다. 이 글에서는 어떤 통설이 협상의 정치과정을 불합리하게 지배하고 있는지를 살펴본다.

2. 이론적 고찰

(1) 국제협상과 양면게임이론

한·미 FTA를 둘러싼 정치과정에서도 목격하듯이 이제 외교와 내정이 융합되는 시대가 되었다는 것은 상식이 되었다. 양면게임이론(two-level game approach)[1]이 주목받는 까닭이 여기에 있다.[2] 특히 국제협상을 분석할

---

1 여기서는 '양면게임이론'이라는 번역어를 사용하기로 한다. 양면게임이론은 Putnam, Robert D. "Diplomacy and Domestic Politics: the logic of two-level games," International Organization, vol.42-3(summer 1988)에서 처음으로 제안되었다.

2 양면게임이론을 응용한 연구실적물로서는 Evans, Peter and Jacobson, Harold and Putnam, Robert eds., *Double-Edged Diplomacy: International Bargaining and*

때 양면게임이론은 상당히 유용한 틀이다. "양면게임이론은 다음의 세 가지 측면에서 기존의 이론과 구별된다. 첫째, 이 접근 방법은 국제협상이론(International Bargaining Theory)이다. 둘째, 이 이론은 기존의 이론과 달리 핵심적이며 전략적인 행위자로서 정치가(the Statesman as the Central Strategic Actor)를 강조한다. 셋째, 이 이론의 가장 중요한 특징은 정치가의 전략을 국내 정치와 국제 정치로부터 오는 제약요인과 기회를 동시에 계산하는 것으로 규정한 데 있다. 양면게임의 이론적인 특징은 협상 상황에서 국내적 차원과 국제적 차원을 동시에 이용하는 전략을 분석하고 분류하는 데 있는 것이다."[3]

양면게임이론의 구조를 간략히 소개하면 다음과 같다.[4] 국제협상은 국내적 차원의 게임(Level II＝국내의 여러 집단들이 자국 정부에 대하여 자신에게 유리한 정책을 채택하도록 압력을 행사함으로써 자기이익을 추구하는 한편, 정치가는 그 과정에서 지지연합을 재편함으로써 자신의 권력기반의 확대를 추구하는 게임)과 국제적 차원의 게임(Level I＝외교상의 불리한 결과를 극소화하고 국내적 압력을 만족시키는 능력을 극대화하는 게임)이라는 두 가지의 게임으로 구성되어 있고,

---

Domestic Politics; Schoppa, Leonard. "Two-level games and bargaining outcomes: Why gaiatsu succeeds in Japan in some cases but not others," *International Organization*, vol. 47, (summer 1993); Miller, Helen. "International Theories of Cooperation Among Nations: Strengths and Weaknesses," *World Politics* 44 (April 1992), pp. 466-96; Mayer, Frederick W. "Managing Domestic Differences in International Negotiations: The Strategic Use of Internal Side-Payments," *International Organization* 46 (Autumn 1992), pp. 793-818; Lehman, Howard P. and McCoy, Jennifer L. "The Dynamics of the Two-Level Bargaining Game: The 1988 Debt Negotiations," *World Politics* 44 (July 1992), pp. 600-644; 양기웅, 『미 · 일통상협상』(한울, 1998); ———, 『일본의 외교협상』(소화, 1998) 등을 참조.

3 Moravcsik, Andrew. "Introduction: Integrating International and Domestic Theories of International Bargaining," in Evans, Jacobson and Putnam, *Double Edged Diplomacy*, (1993), pp.27-29.

4 이론소개 부분은 주로 다음의 글에서 내용을 인용하거나 요약한 것이다. 양기웅, "외교와 정치의 연계," 여정동 · 이종찬 공편, 『현대국제정치경제』(법문사, 2000), 215-262.

협상자는 이 같은 양면게임의 경계에 서서 두 가지 게임을 동시에 운용한다. 협상자는 레벨 I과 레벨 II 양방향의 제약을 받을 수도 있고 때로는 그러한 제약을 기회로 활용하기도 한다.

양면게임이론에서 국제적 합의란 레벨 I(국제협상 차원)에서 이루어지지만 그 합의는 레벨 II(국내 정치 차원)에서 비준되어야 한다. 여기에서 비준(ratification)은 합의내용을 수정하지 않는 형태로[5] 지지 혹은 반대만을 결정하는 양자택일적 정치과정(straight up-or-down voting)을 의미하며, 그 이미지는 의회의 비준과정과 유사하다. 그런데 퍼트남의 비준 개념에는 법률적(공식적) 비준뿐만 아니라 정치적(비공식적) 비준도 포함되어 있다. 양면게임이론의 비준 개념은 국내적 지지를 동원하는 정치과정이라고 말해도 좋다. 따라서 비준자 그룹에는 의회, 관료, 이익집단, 사회적 계급, 여론 등 모든 국내 행위자가 포함될 수 있다.

협상자는 레벨 II의 비준과정에 들어가기 전에 미리 자신이 갖고 있는 협상안의 비준 가능성을 계산할 것이고, 그 계산을 토대로 해서 레벨 I에서의 행동을 결정할 것이다. 양면게임이론은 '윈셋(win-set)' 이라는 주요 개념을 제시한다. 윈셋은 협상자가 가지고 있는 많은 협상안 중에서 비준 가능한 협상안의 집합을 의미한다. "윈셋이란 레벨 II(국내정치)에서 수정 없는 찬반투표를 할 경우(비준과정에서) 이길 듯한, 즉 비준에 필요한 과반수를 획득할 듯한 레벨 I(국제협상)에서의 모든 협상안의 집합"이라고 정의된다.[6] 퍼트

5 레벨 II(국내 정치 차원)에서 레벨 I(국제협상 차원)의 합의를 수정하는 것은 새로운 라운드의 레벨 I게임이 시작됨을 의미한다.

6 Putnam, Robert D. "Diplomacy and Domestic Politics: the logic of two-level games," *International Organization*, vol.42-3, (summer 1988), p.437. 원문을 인용하면 다음과 같다. "We may define the 'win-set' for a given Level II constituency as the set of all possible Level I agreements that would 'win'—that is, gain the necessary majority among the constituents—when simply voted up or down."

남은 윈셋과 관련된 두 가지의 명제를 제시한다.

'[명제 1] 윈셋이 크면 클수록 레벨 I에서 국제적 합의를 도출할 가능성은 높아진다.'

'[명제 2] 윈셋 사이즈의 크고 작음은 협상에서 얻을 수 있는 이익이 협상자들 사이에서 어떻게 분배하는가에 영향을 미친다. 즉, 윈셋 사이즈가 크게 보이는 협상자는 상대방으로부터 공격을 받을 수 있고, 윈셋 사이즈가 작은 협상자는 협상을 유리하게 하는 조건이 될 수 있다.'

두 가지의 기본명제에 의하면 국제적 합의는 양자의 윈셋에 교집합(交集合)이 존재하는 경우에만 가능하며 그 윈셋 교집합(overlap of win-sets)의 사이즈와 합의 가능성은 비례하고 윈셋 사이즈와 협상력은 반비례한다. 협상자에게 합의도출을 위해서는 큰 윈셋이 바람직하지만 상대방과의 흥정과정에서는 큰 윈셋이 불리하게 작용하기도 하는 일종의 딜레마가 성립된다{협상자들은 자신의 윈셋이 작다는 사실을 협상을 유리하게 이끄는 조건으로 활용하기도 하지만 처음부터 지나치게 작은 윈셋은 '비자발적 협정불이행(involuntary defection)'의 가능성을 높이기 때문에 오히려 상대방에게 '이면보상(side payments)'을 해야 하는 문제를 발생시키기도 한다}. 여하튼 협상에서 자신과 상대방의 윈셋의 크기를 측정할 수 있다면 협상결과를 예측하거나 설명하는 데 아주 유용할 것이다.

그러면 윈셋을 결정하는 요인(determinants of win-set)에는 어떤 것들이 있는가? 첫째는 '비준자의 선호(preferences)와 연합'이 있다. 여기에는 비준자의 이익과 비용의 분포가 어떻게 이루어지는가, 비준자 그룹의 정치적 영향력은 어느 정도인가, 비준자 간의 연합이 어떻게 형성되어 있는가, 이슈의 성격은 어떠한가 (가령 동질적인가, 이질적인가) 등의 변수가 포함된다. 둘째는 비준제도(institutions)가 있다. 여기에는 국가의 자율성, 법적 절차, 협정의 법적 지위, 여당의 당 규율 등의 변수가 포함된다. 셋째는 협상전략(strategies)이 있다. 가령 반향(reverberation)전략이나 자기손목묶기 전략(tying-hands strategies) 등이 있다.

(2) 국내 협상전략

협상자는 일반적으로 자신의 윈셋—일종의 협상재량권을 확대시키고자 하는 동기를 가지고 있다. 윈셋을 확대시키기 위해서 협상자는 국내 협상을 성공적으로 운용해야 한다. 위에서 말한 바와 같이 윈셋의 결정요인은 국내 차원에 속하는 것이 대부분이기 때문이다. 윈셋 결정요인을 좀 더 구체적으로 살펴보자.

첫째 비준자가 어떤 사회경제적 계층, 산업에 속하는가가 윈셋의 크기에 영향을 미친다. 가령 농민의 경우는 시장 개방을 전제로 하는 FTA협상에 대해서는 이익보다는 더 큰 비용을 발견하게 될 것이고 다른 조건이 같다면 시장 개방합의에 반대할 것이다. 반대로 수출능력이 있는 제조업자의 경우는 시장 개방을 통한 수출증진에 대한 기대감으로 시장 개방합의에 찬성할 것이다(하지만 모든 제조업자가 시장 개방에 찬성하는 것은 아니다. 국제적 경쟁력이 없는 제조업의 경우는 농민과 마찬가지로 개방의 비용이 이익보다 더 크다고 판단하고 합의에 반대할 것이다). 따라서 정치가(협상자)들은 비준자의 사회경제적 이익 · 손실을 잘 분석해야 한다.

둘째, 비준자의 이익과 손실의 '집중 · 분산도'가 윈셋의 크기에 영향을 미친다. 일반적으로 계량수치상 이익이 손실보다 크면 윈셋이 확대될 가능성이 높다. 하지만 현실에서는 늘 그런 것이 아니다. 이익과 비용을 계산할 때 반드시 고려해야 하는 것은 이익과 손실이 얼마나 집중적이냐 혹은 분산적이냐 하는 것이다. 가령 쌀 시장 개방은 농민에게 '집중적인' 손실을 초래하지만 도시생활자에게는 '분산적인' 이익을 가져다준다. 이익과 손실의 총합에서 비록 이익이 더 크다 해도 이 경우 윈셋은 축소될 가능성이 높다. '집중적인' 손실을 받는 그룹은 잘 조직화되고 효과적으로 동원됨으로써 국내 비준과정에서 더 큰 영향력을 행사할 수 있기 때문이다(가령 쌀 시장 개방의 이익이 예상되는 도시생활자들이 시장 개방을 지지하는 조직을 만들지 못하는 이유가 여기에 있다). 이익과 손실의 집중 · 분산도는 결국 잠재적인 비준자들의 비준과정 참여율에 영향을 미침으로써 윈셋 크기에 영향을 주는 것이다. 따라서 정치가(협상자)들은 이익과 손실의 집중 · 분산도와 비준 참여율을 잘 계산해야 한다.

셋째, 비준자의 정치적 영향력이 윈셋의 크기에 영향을 미친다. 합의에 찬성하는 그룹의 영향력이 반대하는 그룹의 그것보다 크면 다른 조건이 같다는 전제 하에서 윈셋의 크기는 커진다. 정치적 영향력은 조직 정도, 동원능력 등의 영향을 받겠지만 소수 그룹이라고 해도 잘 조직되어 있다면 더 큰 영향력을 행사할 수도 있다. 따라서 정치가(협상자)들은 비준자의 정치적 영향력을 잘 계산해야 한다.

넷째, 이슈가 이질적이냐 혹은 동질적이냐가 윈셋의 크기에 영향을 미친다. '동질적 이슈'의 예로서는 영토협상을 전형적인 것으로 들 수 있다. 영토문제를 협상함에 있어서 국내적 비준자들의 이해관계는 동질적이다. 이 경우는 다다익선이 요구될 것이고 협상자의 윈셋은 극히 제약되기가 쉽다. 한편, '이질적 이슈'의 예로서는 대부분의 시장 개방협상을 지적할 수 있다. 가령 한국 · 칠레 FTA협상에서 국내적 이해관계는 이질적으로 나누어졌다. 포도, 배 등을 생산하는 농민들은 협상에 반대했고 협정체결로 수출증대가 예상되는 제조업체(예: 휴대전화 메이커 등)들은 찬성하는 입장이었다. 다른 조건이 같다면 동질적 이슈보다는 이질적 이슈에서 협상자의 윈셋은 확대될 가능성이 높다. 따라서 정치가(협상자)들은 이슈의 성격을 철저하게 분석해야 한다.

다섯째, 이슈에 대한 정치화의 정도가 윈셋 크기에 영향을 미친다. 정치화 과정은 무관심계층을 자극하여 합의의 이익이나 혹은 손실의 크기를 증폭시키는 역할을 한다. 가령 어떤 사안이 정치화됨으로써 합의비용에 대한 관심이나 우려가 별로 없던 그룹들이 합의에 대한 불안감을 가지게 되고 이들이 반대 그룹으로 편입된다면 윈셋의 크기는 축소될 것이다. 반대의 경우도 성립된다. 따라서 윈셋의 크기를 조작하고자 하는 정치가(협상자)들은 사안의 정치화(혹은 비정치화) 전략을 고려해야 한다.

여섯째, 사안(이슈) 간의 연계가 윈셋의 크기에 영향을 미친다. 단독 이슈라면 반대했을 그룹이 자신들이 선호하는 다른 이슈와 사안이 연계된 패키지 협상이기 때문에 찬성으로 돌아서는 경우가 있다. 가령 한·미 스크린쿼터협상에서 스크린쿼터만이 단독으로 협상된다면 반대하거나 혹은 무관심했을 그룹들이 스크린쿼터의 축소가 한·미 투자협정의 체결과 연계되자 자신의 선호와 정치적 입장을 변경시킨 것을 들 수 있다. 따라서 정치가(협상자)들은 사안의 연계 혹은 교환을 통한 선호의 재구성전략을 고려해야 한다.

일곱째, 광범위한 의미의 비준제도가 윈셋의 크기에 영향을 미친다. 앞서도 말한 바와 같이 비준제도에는 '국가의 자율성', '법률적 절차', '협정의 법적 지위', '여당의 당 규율' 등 많은 변수가 있다. 하지만 비준제도 자체는 단기간에 변경하기가 어렵기 때문에 협상자에게는 이미 주어진 조건일 가능성이 높다.

(3) 협상의 '언어정치(language politics)'

아울러 여기서는 "언어정치가 협상결과 혹은 윈셋 크기에 영향을 미친다"는 예비가설을 제시하고자 한다. 이 부분은 퍼트남의 연구에서도 언급된 바 없고 향후 본격적인 개념화와 가설검증 작업이 필요한 주장이지만 이 논문에서는 일단 문제제기 차원에서 '언어정치' 가설을 제시하고자 한다. 일반적으로 양면게임이론을 포함한 협상이론들은 비준자들의 이해관계가 비교적 명확하게 계산될 수 있다고 전제한다. 하지만 현실세계, 가령 복합적 이슈의 협상인 경우는 사안연계에 따르는 내부적인 선호(preferences)의 교환구조를 가지고 있기 때문에 이익과 손실의 계산이 복잡하고 모호한 경우가 많다. 가령 한·미 FTA를 통해서 자신에게 이익이 많은지 손실이 많은지를 판단하기는 쉽지 않다. 이때 이른바 '사이비 인과관계'의 이론이나 주장으로서 '통설'이 등장한다. 통설은 당사자의 이해득실에 대해 비합리적인 계산법을 제시하고 (어떤 경우는 손실에 대한 우려를 증폭시키기도 하고 어떤 때는 이익에 대한 기대를 과장하기도 하면서) 혹은 중립적인 무관심층을 동원하여 특정한 연합으로 재편하거나 배제시키는 역할도 한다. 한·미 FTA 협상을 지지하는 그룹의 주장에도 반대하는 그룹의 주장에도 '통설'이 존재한다. 가령 찬성하는 그룹의 '한국 경제 업그레이드론'이나 반대하는 측의 '양극화 심화론'도 일종의 통설일 수 있다. 구체적으로 FTA를 통해서 경제가 어떻게 업그레이드되는지 혹은 어떻게 양극화가 심해질 것인지를 과학적으로 증명하지 않는 한, 이런 주장은 '통설'에 불과하고 사회를 과잉정치화시키고 비합리적인 정책결정과 불필요한 사회적 분열을 초래할 우려가 있다. 이 글의 후반부에서 '쌀의 관세화 유예조치'의 언어정치적 측면을 살펴보는 것으로 이 글의 문제제기를 부분적으로나마 정당화하고자 한다.

3. 한국의 FTA 협상사례

(1) 한 · 칠레 FTA협상

1) 협상과정

1998년 11월 5일 대외경제조정위원회는 범세계적인 지역주의 확산에 적극 대응하고, 안정적인 수출기반을 확보하며, 해외투자의 적극적 유치를 위하여 FTA를 추진하기로 하고, 첫 대상국으로 칠레를 선정하였다.[7]

1999년 9월 APEC 정상회의에서 양국 정상회담을 통해 FTA협상의 개시가 합의되었고, 1999년 12월부터 2000년 12월까지 4차례의 협상이 개최되었다. 2000년 11월 브루나이 APEC 정상회의에서는 양국 정상들은 회담을 통해 한 · 칠레 FTA협상의 조기타결을 합의하였고, 2002년 8월 제5차 협상이 산티아고에서 개최되었다. 그리고 2개월 후인 10월 칠레와의 FTA협상이 마침내 타결되었다.

2) 협상쟁점

양국 간 협상에 3년 가까운 시일이 소요된 첫 번째 이유는 투자 및 서비스, 무역규범 등 대부분의 분야에서 쉽게 합의에 도달하였으나 농업 부문과

---

7 칠레를 첫 대상국으로 선정한 이유는 첫째, 한국과의 산업 간 상호 보완성 때문이다. FTA 체결로 국내 산업이 외국 산업에 종속되는 결과를 피하고, 농업 등 취약한 국내 산업의 피해를 최소화하기 위해서는 산업 간 상호 보완성이 큰 국가들과의 FTA협상이 바람직하기 때문이다. 둘째 국제통상환경의 변화에 따른 수출시장 관리의 측면이다. 칠레는 멕시코를 포함한 남미 7개국과 FTA를 맺고 있고, 중미, 유럽, 일본 등 13개국과 FTA를 추진 중에 있었다. 한국으로서는 이러한 칠레의 FTA 네트워크를 활용하고, 칠레를 거점화함으로써 수출시장을 개척하고 관리할 수 있다는 판단을 하고 있었다. 외교통상부, "한 · 칠레 FTA 주요 내용," 2003; 정인교, "한 · 칠레 FTA 이후 FTA 추진방향과 정책시사점," 『응용경제』 제5권 제2호(한국응용경제학회), 2003.

공산품 부문의 의견차이로 한때 협상이 교착에 빠졌기 때문이었다. 칠레는 모든 농산물을 자유화 대상에 포함시켜야 한다고 요구한 반면, 한국은 민감한 쌀과 사과, 배, 포도 등 일부 과실류를 자유화 대상에서 완전히 제외시키자는 입장이었다. 이후 칠레는 2001년 2월, 한국산 수입공산품에 대한 관세를 유지하는 안을 다시 제시하였다. 칠레 측 양허안은 그동안 언급하지 않았던 냉장고, 세탁기 등 257개 품목을 협상대상에서 제외하거나 10년 동안 연차적으로 관세를 내리자는 안을 포함하고 있었다. 이 양허안은 칠레의 주력 수출품인 농산품에 대한 관세철폐 예외인정을 담은 한국 측 요구안에 대한 맞대응으로 파악되었으나, 공산품 수출을 증대시키려는 한국으로서는 받아들일 수 없는 것이었다. 하지만 제5차 협상에서 양국은 서로의 핵심요구를 수용하는 입장을 보였고, 2002년 9월과 10월에 열린 상품 양허안 별도 회의에서 한국은 쌀, 사과, 배 등 핵심적 관심 품목의 관세철폐 예외를 얻어냈고, 칠레는 한국의 주력 수출 품목인 세탁기, 냉장고의 관세철폐 예외를 얻어냈다.[8]

협상의 또 다른 쟁점은 금융서비스 포함문제에 대한 양국 간 갈등이었다. 제5차 회담이 성공적으로 종료된 후, 제6차 협상에서 칠레는 금융서비스 분야를 FTA에서 제외하자고 주장하였다. 이러한 칠레의 요구에 대해 금융서비스를 반드시 포함시키자는 한국의 재정경제부와 협상 타결을 우선시하는 외교통상부 간에 내부갈등이 빚어지기도 하였다. 이후 한국의 재정경제부는 금융서비스 분야를 협정 발효 후에 다시 논의하자는 타협안을 제시하였지만 칠레는 자신들의 안이 받아들여지지 않으면 협상결렬도 불사하겠다는 강경입장을 고수하였다. 결국 이 문제는 제6차 협상이 결렬된 후 양국 협상

8 외교통상부, "한 · 칠레 FTA 주요 내용," 2003; 정인교, "한 · 칠레 FTA 이후 FTA 추진 방향과 정책시사점," 『응용경제』 제5권 제2호(한국응용경제학회), 2003.

대표단이 이틀간의 의견조율을 통하여 이번 FTA에서는 금융서비스 분야를 제외하되, 4년 후에 포함 여부를 다시 논의하기로 합의하면서 일단락되었다.[9]

3) 협상결과

한 · 칠레 양국은 제네바에서 개최된 제6차 협상 및 후속협상을 통하여 금융기관에 대한 투자문제 등 잔여쟁점을 모두 해결함으로써 1999년 12월 시작한 한 · 칠레 FTA협상을 타결지었다. 이로써 농산물 · 공산품을 포함한 상품양허안과 시장접근, 원산지 규정, 투자 · 서비스, 무역규범, 지적재산권, 통관절차, 위생검역조치, 기술 장벽, 경쟁정책, 분쟁해결 등 협정문의 모든 분야에 합의를 보았다.

한 · 칠레 FTA협상은 양국이 협상 타결을 위해 핵심적 관심 품목을 관세 인하대상에서 제외시켰기 때문에 이루어질 수 있었다. 칠레측은 한국에 대해 가장 민감해하는 쌀, 사과, 배에 대한 예외를 허용했고, 한국 측은 칠레 측에 대해 냉장고 및 세탁기 등에 대한 예외를 허용하였다. 또한 칠레에 대한 농산물 관세철폐가 농산물에 대한 고관세구조에 영향을 줄 수 있을 뿐만 아니라, 진행 중인 DDA 농업협상에서도 불리하게 작용할 수 있다는 점을 감안하여 가능한 한 민감한 품목에 대해서는 관세철폐 시한을 늦추거나 일정량의 쿼터물량(TRQ)[10]을 칠레 측에 배정해 주는 것으로 합의하였다. 특히 마늘, 양파, 고추, 분유 등 370여 개의 농업 품목의 자유화를 DDA협상이 종

9 유현석, "한 · 칠레 자유무역협정의 국내정치," 모종린 · 최병일(편저), 『한국의 통상협상』(서울: 오름, 2004).

10 TRQ(Tariff Rate Quotas)은 양허된 시장접근물량에 대해서는 낮은 관세를 부과하고, 이를 초과하는 물량에 대해서는 높은 관세를 부과할 수 있도록 하는 일종의 이중관세 제도이다.

료된 이후 논의하기로 합의하였다. 또한 농산물에 대한 양자 간 세이프가드를 협정문에 포함시킴으로써 수입이 급격하게 증가하는 경우를 대비한 조치를 마련하였다.

4) 협상전략

한 · 칠레 FTA를 거대 경제권으로의 진출을 위한 거점기지 마련이라는 측면에서 본다면 협상 타결 자체만으로도 한국으로서는 성공적인 결과를 얻었다고 볼 수 있다. 하지만 양자협상의 차원에서 보면 한 · 칠레 FTA협상에 대해 협상전략상에서 몇 가지 문제점을 지적할 수 있다.

첫째, 일반적으로 통상협상은 국내적 이해관계가 이질적인 경우가 많다. 한 · 칠레 FTA도 마찬가지였고 농민들은 패자 산업으로 재계는 승자 산업으로 나누어졌다. 그런데 패자 산업의 농민들이 이슈를 정치화하고 협상 타결에 강하게 반발한 것과는 대조적으로 승자 산업의 재계는 협상 타결을 위하여 효과적으로 정부를 지지하지 않았다. 농업문제를 포함해서 일부 산업이 쟁점이 되면 경제적 합리성이 극히 제약되고 행위자들이 과잉정치화하는 경향을 보이며 그 결과 협상자의 재량이 지나치게 제약되어 경직된 협상전략을 채택하게 하거나 패자 산업에 대한 지나친 국내적 보상문제가 제기되어 사회적, 국가적 과잉비용과 '협정의 비자발적 불이행' 가능성을 초래하기도 한다.

둘째, 국회의 비준이 합리적 예측을 넘어서는 수준의 진통을 겪고 난항한 것도 향후 반드시 개선책을 모색해야 하는 중대한 문제점으로 판단된다. FTA와 관련하여 지금 한국의 국회는 통상절차법을 제안하고 있다. 통상절차법은 주로 행정부의 FTA협상 재량권을 견제하려는 목적을 가지고 있고 조약체결에 대한 국회의 사전동의권을 요구하고 있다. 하지만 지금의 국회로서는 통상절차법이 무리라는 생각이 든다. 자칫하면 대외협상은 더욱 국내적으로 발목이 잡히기 쉽고 정책결정의 합리적 선택이 어려워질 수도 있다. 국회의 비준기능이 제대로 작동하기 위해서는 한국판 '신속처리법안(fast track)'과 「통상절차법」이 동시에 추진되어야 하고 의원들은 선거구 정치로부터 보다 자유로워져야 한다.

셋째, 협상과정에서 한국 측은 자신의 협상목표를 너무 성급하게 노출시키는 모습을 보였다. 협상 막바지에 금융서비스에 대한 한국의 요구를 칠레가 협상 자체의 무산도 불사하겠다고 반발하면서 강한 대결전략을 구사했던 것도 이런 맥락에서 이해될 수 있을 듯하다. 협상목표의 조기 노출은 국내 정치 상황과도 깊은 연관성이 있기 때문에 다른 사례와의 비교분석이 반드시 필요하다.

(2) 한 · 싱가포르 FTA협상

1) 협상과정

싱가포르는 다른 동아시아 국가에 한 발 앞서 신속하게 FTA를 추진하기 시작하여 2004년에 이미 18개국과 FTA를 체결하고 있는 국가이다.[11] 한국 · 싱가포르 FTA 논의는 1999년 9월 APEC 정상회담에서 고촉통 총리가 양국 간 FTA 체결을 제안함으로써 시작되었다. 이후 싱가포르 측에서 적극적으로 추진의사를 밝혀 왔고, 이에 2002년 10월 대외경제장관회의에서 싱

11 싱가포르는 ASEAN 자유무역협정(AFTA) 외, 미국, 일본, 호주, 뉴질랜드, EFTA(유럽자유무역연합: 스위스, 노르웨이, 아이슬란드, 리히텐슈타인), 요르단과 FTA를 체결하고 있다. 또한 싱가포르는 이미 높은 수준의 자유무역을 실시하고 있는 국가로서, 맥주, 소주 등 주류 4개 품목을 제외한 전 품목에 대하여 무관세를 적용하고 있다. 싱가포르와 FTA를 체결하는 경우 상품무역 분야에서 상대방 국가에게만 추가 개방의무가 발생하므로 FTA를 체결할 실익이 없다는 지적이 있을 수 있음에도 불구하고, 미국, 일본을 비롯한 주요 국가들은 싱가포르의 전략적 가치에 주목하며 FTA를 체결하고 있다.

가포르와의 FTA 추진이 결정되었다. 이어 양국은 2002년 11월 시드니 통상장관회담에서 정부 간 FTA협상에 앞서 양국 간 FTA문제를 논의하기 위한 산관학 공동연구회를 출범시켰고, 동 연구회는 2003년 10월초 최종 보고서를 통해 양국 정부에 FTA협상의 조속한 개시를 권고하였다.[12]

공동연구회의 이러한 권고에 기초하여 양국 정상은 2003년 10월 개최된 정상회담에서 양국 정부 간 FTA협상을 개시할 것을 선언하였다. 이에 따라 2004년 1월부터 11월까지 본격적인 정부 간 협상을 진행하였다. 제1차 협상에서 양국은 FTA협상의 효율적 추진을 위해 협상 분야를 구성하고, 향후 제1-2차 협상에서는 먼저 협정 문안을 협의하고 제3차 협상 시부터 상품 양허안 협상을 시작하여 제5차 협상시 주요 쟁점을 타결하는 것을 목표로 하자는 대략적인 일정에 합의하였다. 이에 따라, 양국은 제1차 협상 시부터 협정문안 협의에 들어가 제4차 협상 시까지 상당 부분의 협정 문안에 대한 합의를 이루었으며, 제3차 협상 시에 상품 양허안, 품목별 원산지기준안, 서비스 · 투자 유보리스트 등을 교환하고 이에 관한 본격적인 협상에 돌입하였다. 제5차 회담에서 주요 쟁점사항 대부분에 대하여 논의한 양국은 2004년 11월 라오스에서 개최된 ASEAN+3 정상회담 기간 중 개최된 양국 정상회담에서 FTA협상을 실질적으로 타결하였다.[13]

2) 협상쟁점[14]

한 · 싱가포르 FTA협상의 가장 큰 쟁점은 상품 분야의 양허안과 품목별 원산지기준안 등을 중심으로 한 한국 측의 시장 개방 폭과 서비스 및 투자, 정부조달, MRA 등 여타 분야에서 싱가포르의 개방 수준에 대한 양국의 입

12 외교통상부, "한 · 싱가포르 FTA의 주요 내용," 2005.

13 유명희, "한 · 싱가포르 FTA협상 추진 현황과 향후 전망," 『관세와 무역』 9월호, 2004.

14 한 · 싱가포르 FTA협상 쟁점은 외교통상부 보도자료(2003. 3. 3-)를 주로 참고함.

장차이로 정리할 수 있다. 이러한 쟁점에 대한 양국 간 입장차이가 극명하게 드러남에 따라 가장 본격적인 교섭이 이루어진 협상은 제4차 협상이었다. 제3차 협상까지는 협정문의 기본골격 및 협정문에 포함될 기본원칙을 중심으로 협의하고 쟁점사항은 상품 양허안 및 품목별 원산지기준안에 대한 협의가 어느 정도 완료된 후 논의하자는 데 양국이 동의하였으므로 비교적 순조롭게 진행되었다. 그러나 제4차 협상 시부터 협정문 부속서에 들어갈 11,261개 품목에 대한 구체적 개방계획 및 각 품목별 원산지기준과 함께, 제3차 협상 때까지 입장차이를 좁히지 못했던 협정문안 관련 잔여 쟁점을 본격적으로 논의하게 됨에 따라 양국 간 입장 조율이 난관에 처하게 되었다.[15]

먼저 상품 양허안과 관련하여 싱가포르는 한국이 제시한 양허 수준이 미흡하다는 입장을 보이면서 특히 석유 및 석유화학제품 등 싱가포르의 주요 수출 품목에 대한 추가 양허를 집중적으로 요청하였다. 실제로 양국의 주요 교역 품목을 보면, 반도체 및 컴퓨터 등 IT제품이 교역액 중 가장 큰 비중을 차지하고 있는데, 이들 IT제품의 경우 대부분의 품목에 대하여 이미 무관세가 적용되고 있어 FTA 체결로 인한 추가 개방 부담이 거의 없다. 따라서 현재 관세가 부과되고 있는 교역 품목 중 싱가포르가 경쟁력을 가진 석유 및 석유화학제품 등에 싱가포르 측의 개방요구가 집중되었던 것이다.[16]

또한 품목별 원산지기준과 관련하여서도 한국 측이 단순가공 등을 통한 싱가포르 주변국으로부터의 우회수입을 방지하기 위하여 엄격한 원산지기준을 제안한 데 대해 싱가포르 측은 가공무역이 발달한 자국의 산업현실을

15 유명희, "한 · 싱가포르 FTA협상 추진 현황과 향후 전망," 『관세와 무역』 9월호, 2004.

16 2003년 기준으로 싱가포르로부터의 수입액 중 75.7%에 해당하는 품목에 대하여 이미 무관세가 적용되고 있는데 무관세 수입액의 상당 부분이 반도체 등의 IT제품에 집중되어 있다.

고려하여 주요 수출관심 품목을 중심으로 느슨한 기준을 제시하는 등 시각차를 보였다.

상품 분야에서는 주로 한국 측의 양허 폭을 중심으로 협의가 이루어졌고, 한국은 여타 분야에서 상품 분야 양허에 상응하는 이익을 확보할 수 있도록 싱가포르의 추가 개방을 요구하였다. 즉, 서비스 및 투자 분야에 있어서 싱가포르의 적극적인 개방을 요구하였으며, 싱가포르 정부조달시장에 진출하는 건설기업의 어려움을 해소할 수 있도록 제반 요구사항을 제기하고 싱가포르의 전향적인 검토를 촉구하였다.

3) 협상결과

한 · 싱가포르 FTA협상결과를 요약하면 다음과 같다.[17] FTA협상의 핵심이라고 할 수 있는 상품시장 개방의 경우 소주, 맥주 등 주류 6개 품목에 대해 실행관세를 부과중인 싱가포르는 협정발효 즉시 관세철폐를 약속하였으며, 한국은 품목 수 기준으로 91.6%에 해당하는 품목의 관세를 10년 내 철폐키로 하였다. 공산품의 경우는 대부분 개방대상에 포함되었으나, 석유화학제품의 경우 세계 다국적기업들이 세계적 규모의 생산설비를 싱가포르 내에 갖고 있어 개방할 경우 한국 업계의 피해가 우려되어 상당 부분 예외품목으로 하였다. 아울러, 한국 측 내부적으로 민감한 농림수산물의 상당수는 개방대상에서 제외시켰다. 또한 한 · 싱가포르 간 교역이 이루어지는 상당수의 품목(2003년 기준 75.7%)이 무관세여서 상호 교역이 급속히 늘어날 것으로 예상되지는 않았으나, 협정에 따른 관세철폐나 감축으로 인해 수입이 증가하여 국내 산업에 심각한 피해를 초래하거나 피해를 초래할 우려가 있는 경우, 양자가 긴급수입제한제도(세이프가드 조치)를 발동할 수 있도록 하

17 이윤영, "한 · 싱가포르 FTA 타결," 『나라경제』 1월호, 2005.

였다.

둘째, 싱가포르가 재수출 비중이 높은 중계무역항임을 감안, 우회수입방지를 위해 비교적 엄격한 원산지규정을 마련하였으며, 세관이나 상공회의소 등 정부가 지정한 기관에서 원산지 증명서를 발급하도록 하는 기관발급제를 채택하였다.

셋째, 개성공단 등 북한 경제특구 생산제품에 대해서도 한국에서 생산된 제품과 동일한 특혜관세를 부여키로 하였다. 북한산의 경우 주요국들이 상대적으로 높은 관세를 부과하고 있어 수출이 어려운 상황인 점을 감안할 때, 이 규정은 앞으로 개성공단 생산제품의 해외 판로 개척을 위한 선례가 된다는 점에서 큰 의의가 있다고 볼 수 있다.[18]

넷째, 서비스 분야의 경우, 상대국 서비스 공급자에게 내국민 대우 및 시장접근 권리를 부여하고 국내 규제 투명성을 제고하는 등 양국 간 자유로운 서비스 공급이 가능하도록 하는 제도적 장치를 도입하였다. 한국으로서는 건축 · 해상화물처리 · 오락 및 문화서비스 분야에서 차별조치를 철폐하고 국내 기업이 참여할 수 있는 길을 열어 두었으며, 한류 열풍이 불고 있는 싱가포르 문화시장에 지속적으로 진출할 수 있는 기반을 마련하였다.

다섯째, 양국 간 투자촉진을 위해 투자자유화 및 투자자 보호를 위한 다양한 조치를 규정하여, 싱가포르에 투자하는 한국 기업들의 권리를 보호하는 한편, 제9위의 투자국인 싱가포르 기업의 투자유치를 도모하였다.

여섯째, 정부조달시장의 상호 추가 개방에 합의하였다. 싱가포르는 동남아 최대 건설시장이자 최근까지 사우디, 리비아에 이어 한국의 제3위의 건설시장으로서, FTA 체결을 통해 연간 57억 달러에 이르는 싱가포르 정부조달 부문의 추가 개방, 기술사 출신대학 인정범위 확대, 정부조달 협의채널

18 외교통상부, "한 · 싱가포르 FTA의 주요 내용," 2005.

설치 등에 합의하여 진입장벽에 따른 기업들의 어려움을 상당 부분 해소하였다.

일곱째, 한국으로서는 최초로 전기용품안전 및 통신기기 분야 정부 간 기술표준적합성 상호인정협정(Mutual Recognition Agreement)을 체결하였다. 상호인정협정이란 제품, 제조공정, 서비스가 자국의 표준 또는 기술규정에서 정한 요건을 충족시킨다는 상대국의 판정결과를 상호 존중하여 인정하는 제도로서, 검사비용 절감에 따른 가격하락과 품질 검사시간 단축으로 싱가포르에 대한 수출 확대를 기대할 수 있게 되었다.

여덟째, 싱가포르는 특허협력조약(PCT)에 따라 한국의 특허청을 싱가포르 국제특허출원에 대한 국제조사기관(ISA) 및 국제예비심사기관(IPEA)으로 지정함과 동시에, 한국 특허청에서 특허권을 부여받은 경우 이와 동일한 기술에 대하여는 싱가포르에서 실체심사 없이 특허권을 부여하기로 합의하였다.

마지막으로, 과학기술, 무역투자진흥, 방송, 인적자원 관리개발, 교통, 에너지, 영화, 게임 · 애니메이션 등 여타 분야에서도 양국 간에 다양한 경제협력을 추진하기로 합의하였다. 특히, 국산 압축천연가스(CNG) 기술협력 MOU 체결을 통해 국산 CNG 버스의 싱가포르 수출 기반을 마련함으로써 2025년까지 약 3,200억 원의 잠재적 수출효과를 기대할 수 있게 되었다.[19]

4) 협상전략

한 · 싱가포르 FTA는 한 · 칠레 FTA와 비교해서 상품 분야의 관세철폐뿐만 아니라, 서비스 · 투자 · 정부조달 · 지적재산권 · 경쟁 · 협력 등 9개 분야에 걸친 시장 개방을 통해 무역과 투자를 확대하는 한편 제도를 조화시켜 상호 기업 진출을 원활하게 하는 포괄적인 FTA라는 점이 가장 큰 특징이다.

---

19 외교통상부, "한 · 싱가포르 FTA의 주요 내용," 2005.

칠레와의 FTA협상이 다른 경제권과의 FTA를 염두에 두고 타결 자체를 목표로 이루어진 반면, 싱가포르와의 FTA 체결은 한국 측이 비교우위에 있거나 향후 집중적으로 성장할 것으로 예상되는 분야에서의 협력을 이끌어 냈다는 점에서 비교적 긍정적인 평가를 할 수 있다.[20]

한국은 국내적으로 민감한 농산물 분야를 자유화 품목에서 제외시키고 싱가포르가 대부분의 분야에서 이미 무관세라는 점을 강조함으로써 국내 협상을 성공적으로 마무리했다. 싱가포르와의 FTA협상과정에서 농민단체의 반발은 거의 관찰되지 않았고, 재계는 정부의 FTA협상추진을 독려했다. 실제로 협상 타결 이후 국회비준까지는 약 4개월 정도가 소요되었을 뿐이며, 2006년 들어서는 한국 기업이 싱가포르 공장에서 생산한 제품은 원산지가 싱가포르로 표기되기 때문에 싱가포르에 공장을 세우려는 한국 기업들이 늘고 있다.[21]

(3) 한 · ASEAN FTA협상

1) 협상과정

그동안 ASEAN은 외국인투자 유치 확대와 역내 분업 촉진에 목적을 두고 ASEAN 자유무역지대(AFTA: ASEAN Free Trade Area)를 강화, 발전시켜 왔다. 외환위기 이후 관세인하를 앞당기는 등 ASEAN 경제통합이 가속화되는 가

20 양국은 정보통신기술, 전자상거래, 과학기술, 금융서비스, 무역 및 투자의 진흥, 방송, 환경, 인적자원관리 및 개발 등의 분야에서 협력하기로 합의하였다(외교통상부 2005). 실제로 한 · 싱가포르 FTA협상에서 양측의 쟁점사항을 검토해 보면, 한국의 목표는 단기적인 교역량 증가나 상품시장 개방이라기보다는 싱가포르의 전략적 지위, 아시아 금융 중심지로서 싱가포르의 역할, 우리 기업들의 동남아 진출 기반 강화, 서비스 시장 개방에 따른 경쟁력 강화, 신인도 제고를 통한 투자유치 증가에 있다는 것을 알 수 있다.

21 KDI, "한국경제 관련 외신보도", 2006년 4월 17일자.

운데 중국 · 일본 · 인도 등 아시아 주변국들이 경쟁적으로 ASEAN과의 FTA 추진에 합의하면서 ASEAN은 아시아 지역경제통합에서 FTA 허브로 급부상하고 있다.[22] 한국은 2003년 10월 한 · 아세안 정상회의시 한 · 아세안 FTA 공동연구 합의를 시발점으로 이들 국가들보다 한발 늦게 FTA 추진 경쟁대열에 뛰어들게 되었다. 2004년 2월부터 8월까지 양국은 5차례의 전문가회의를 거쳐 동년 11월 한 · ASEAN 정상회의에서 양국 정상은 2년 내 타결을 목표로 한 · ASEAN FTA협상 개시를 선언하였다.

한 · ASEAN FTA는 한국과 아세안 총 11개국에 공통으로 적용되는 복수국 간 협정의 성격을 가지게 되며, 경제발전단계가 상이한 아세안 10개 회원국과의 FTA를 효율적이고 신속하게 추진해야 한다는 점에서 기본협정을 먼저 체결하고 상품무역협정, 서비스협정, 투자협정을 순차적으로 체결해 나가는 중 · 아세안 FTA 모델을 원용한 방식으로 추진되었다. 또한 FTA협상의 핵심이 되는 상품 분야 협상에 있어서는 상품자유화 방식을 채택하였다.[23] 이러한 방식에 따라, 한 · ASEAN FTA는 기본협정, 상품무역협정, 서비스협정, 투자협정, 분쟁해결제도협정으로 구성되며, 2005년 12월 한 · ASEAN 정상회의 시 기본협정, 분쟁해결제도협정이 정식 서명되었고, 상품

22 ASEAN과 이들 국가들 간의 FTA가 체결될 경우 한국 상품은 이들 국가의 상품들보다 가격경쟁력이 현저히 저하되어 시장점유율 하락과 수출에 직접적 타결을 받게 된다. 또한 이른바 '차이나쇼크' 에서 나타난 것처럼 국가 차원에서는 중국에의 지나친 집중이 국내 경제의 위험도를 높일 수 있으므로 위험분산이라는 측면에서 ASEAN과의 FTA 체결의 필요성이 대두되었다. 또한 말라카 해협으로 이어지는 동남아 인근 연안은 자원의 공급 루트이고, 중동으로부터의 석유자원 공급 루트이기 때문에 ASEAN과의 우호협력관계 증진이 중요시되었다. 권율, "한 · ASEAN FTA협상의 주요 쟁점 및 추진방향," 『세계경제』 9월호(KIEP), 2004.

23 이는 보통 양자간 FTA협정이 상품, 서비스, 투자, 기타 무역규범 및 분쟁해결제도 등을 하나의 협정에 규정하는 '단일협상방식' 으로 협상을 진행하며(single-undertaking), 상품 양허협상에 있어서도 '양허안 제시 및 요청(Offer and Request)' 방식을 채택하고 있다는 점에서 근본적인 차이가 있는 것이다. 김영무, "5억 거대시장 아세안과의 FTA 기본협정 서명," 『나라경제』 1월호, 2006.

무역협정의 본문과 상품자유화 방식에 대한 합의가 도출되어 제1단계 협상이 완료되었다. 2006년 8월의 경제장관회의에서 상품협정 재서명 및 개성공단 제품 특별관세부여 이행 관련 서한 서명 및 교환이 이루어짐에 따라 한 · ASEAN FTA는 이제 서비스 및 투자협정에서의 합의만 남겨두고 있는 상황이다.[24]

2) 협상쟁점

한국 측은 제1차 협상부터 개성공단 생산제품에 대해 ASEAN 측이 한국산과 동일한 특혜관세를 부여해 줄 것을 요청하였다. 한국 측은 개성공단의 성공이 한반도 및 아시아 지역의 평화와 안정에 미치는 정치적, 경제적 중요성을 설명하면서, 싱가포르가 이미 합의한 것처럼 여타 ASEAN 회원국들도 이러한 요청을 적극 검토해 주기를 희망하였다.[25]

제2차 협상이 열렸던 2005년 4월에는 일 · ASEAN FTA협상이 개시될 예정이었고, 중 · ASEAN 상품 분야 FTA의 7월 발효 및 인도-ASEAN FTA 추진 등 한국의 경쟁국들이 적극적인 ASEAN 진출을 추진하고 있는 상황이었다. 이러한 상황을 감안하여 한국 정부에서는 2005년 내에 ASEAN과 상품 분야 협상을 우선 타결(투자 및 서비스 협상은 2006년 타결 목표)을 목표로 하였고, ASEAN과 전체 상품의 80% 이상을 2009년까지 완전 자유화하는 상품 분야 FTA를 체결하기 위해 2005년 10월까지 최소한 3차례의 추가적인 협상회의를 개최키로 합의하였다.[26] 이후 제5차 협상까지 양국은 상품 분야 FTA에

24 한편 분쟁해결제도협정은 당사자 간 협의, 중재패널 설치 순서로 진행되는 분쟁해결 절차를 규정하고 있으며, 중재패널 권고 불이행시 제소국은 당사국에 대하여 한 · ASEAN FTA에 따른 혜택을 정지할 수 있도록 함으로써 중재패널의 판정결과에 대한 이행수단을 확보하고 있다. 김영무, "5억 거대시장 아세안과의 FTA 기본협정 서명," 『나라경제』 1월호, 2006.

25 외교통상부 보도자료 2005/02/26.

26 외교통상부 보도자료 2005/04/21.

대한 협상을 계속하였다.

2005년 9월 6일 개최된 제5차 협상은 의미 있는 결과를 남기고 성공적으로 종료되었다. 한 · ASEAN FTA는 기본협정문, 상품협정문, 상품자유화 방식, 원산지규정, 분쟁해결절차 등으로 구성되는데, 이번 협상에서 양측은 기본협정문, 상품협정문, 통관절차, 분쟁해결절차 협정문의 대부분에 대해 합의에 도달하였다. 특히 상품협정 본문에 대해 대체적인 합의를 이루는 결과를 만들어냈다. 그러나 양측은 한 · ASEAN 간 FTA를 통해 달성할 상품자유화의 시기 및 품목범위 그리고 민감 품목 보호방안과 개성공단 상품을 포함한 일부 원산지 규정에 대해서는 여전히 이견을 보였다.

2005년 10월 11일에 개최된 제7차 협상에서 양측은 방송, 영화, 지적재산권 등을 추가 협력사업으로 규정키로 합의함으로써, 한 · ASEAN FTA를 계기로 방송 재전송, 지적재산권 보호, 영화산업 협력 등을 통해 동남아 지역에 불고 있는 한류 열풍을 우리 관련 산업의 이익으로 연계할 수 있는 가능성을 확보하였다. 하지만 핵심이 되는 상품자유화 방식(Modality)의 경우, 90% 이상 자유화 달성이라는 기본 목표에는 이견이 없었으나, 상품자유화 달성 시기 및 범위 그리고 민감 품목 보호방안에 대해서는 여전히 입장차이를 노정하였다. 한국은 전반적으로 높은 수준의 자유화를 추진하되, 일부 농수산물 등 초민감 품목에 대해서는 자유화 대상에서 제외하는 등 높은 수준의 보호 필요성을 주장한 반면, ASEAN 측의 일부 국가는 전반적인 자유화 수준은 그리 높지 않게 하되, 초민감 품목 보호 수준도 낮게 할 것을 주장하는 등 의견이 나뉘어 최종 합의 도출에 실패하였다.[27] 한편, 개성공단 제품의 한국 원산지 인정문제는 상당수 회원국의 반대로 인해 합의에는 도달하지 못하였다.

---

27 외교통상부 보도자료 2005/10/17.

그러나 2005년 12월 9일, 말레이시아 콸라룸푸르에서 개최된 한·ASEAN 통상장관회의에서 한국과 ASEAN 9개국(태국 제외) 통상장관은 한·ASEAN FTA의 핵심내용인 상품자유화 방식(Modality)에 대한 합의를 도출하였다.[28] 양국은 전체 품목 수 및 수입액 기준으로 모든 품목의 97%에 대한 자유화 추진에 합의하였다.[29] 그리고 쟁점이 되었던 나머지 3%의 품목은 초민감 품목으로 지정하였다. 이에 따라 한국의 농산물은 다양한 방식으로 보호받을 수 있는 장치를 얻게 되었는데, 특히 쌀을 포함해 자유화에서 완전 제외되는 품목 40개를 인정받았다.[30] 또 다른 주요 쟁점이었던 개성공단 생산제품의 원산지 규정에 대해 한·ASEAN 통상장관들은 한국산과 동일하게 원산지를 인정하여 향후 한·ASEAN FTA 발효시 특혜관세를 부여하기로 합의하고, 2005년 12월 13일 개최되는 한·ASEAN 정상회의에서 이를 최종 확인하기로 하였다.[31]

2006년 2월 4일 개최된 제9차 협상에서 양국은 상품자유화 분야에서 교환된 각국 양허안 초안에 대해 논의하였는데 한국 측은 ASEAN 측에 대해 자동차, 철강 등 관심 품목의 자유화 확대를 요구하였고, ASEAN 측은 한국 측 양허안이 ASEAN 측의 관심 품목인 농수산물의 자유화를 충분히 보장하지 않고 있음을 지적하면서 개선을 요구하였다. 이 분야에서의 쟁점은 제10차 협상에서도 그대로 나타났다. 이후 양국은 이 문제를 가지고 집중 협상

28 태국은 상품자유화 방식(Modality) 협상과정에서 한국이 쌀을 자유화 대상에서 완전히 제외하려는 데에 대하여 강한 불만을 표시하고, 2006년 초에 예정된 품목협상 완료시까지 최종 결정을 연기하겠다는 입장을 표명하였다.

29 양국은 90%의 품목에 대해서는 원칙적으로 2010년까지 관세철폐를 합의하였고, 7%의 품목은 2016년까지 저관세(0-5%)로 관세를 감축하기로 합의하였다.

30 초민감 품목에 대한 보호방식은 현행관세의 50% 수준의 관세유지, 20% 또는 50%만큼 관세감축, 관세할당, 혹은 양허 제외(쌀, 닭고기, 활어 및 냉동 어류, 마늘, 양파, 고추, 대부분의 과일 등)로 이루어진다.

31 외교통상부 보도자료 2005/12/09.

에 돌입하였다.

3) 협상결과

제10차 협상까지가 양국 쟁점을 조율하는 과정이었다면, 이후의 과정은 상품자유화 분야에서의 합의 이후의 세부사항에 관한 조율이 주를 이루고 있다고 볼 수 있다. 물론 아직 서비스 및 투자협정에 대한 협상은 진행 중이지만, 가장 파장이 크다고 여겨지는 상품자유화 분야에서의 합의는 일단락되었다고 볼 수 있다. 2006년 4월 23일 개최된 제11차 협상에서 양국은 마침내 상품양허안과 원산지규정을 포함, 한 · ASEAN FTA의 상품무역협정 협상을 타결하였다. 최종 타결된 상품 양허안에 따라 한 · 아세안 양국은 원칙적으로 2010년까지 각각 수입의 90%에 해당하는 품목(수입액, 품목 수 기준)에 대해 관세를 철폐하고, 2016년까지 나머지 7%에 대해 관세를 0~5%로 인하하게 되었다. 그리고 나머지 3%에 대해서는 해당 품목에 대한 각국의 민감성을 고려하여 양허 제외, 장기간 관세인하, 최소 수입물량(TRQ) 설정 등 다양한 방법으로 보호할 수 있도록 하였다. 특히 상당수 자동차 및 철강제품 등을 비롯하여 한국의 주력 수출상품에 대한 ASEAN 각국의 관세가 철폐되거나 인하되는 성과도 이루었다.

제12, 13차 협상에서는 서비스 및 투자협정에 관한 협상이 본격적으로 이루어졌다. 또한 개성공단 생산제품에 대한 특혜관세 부여가 합의되었으며, 동시에 ASEAN 국가들은 이행 상황 평가를 위한 연례검토, 개성공단 생산제품에 대한 긴급수입제한조치, 5년 후 심각한 피해발생시 제도 철폐 가능성 등 개성공단 생산제품의 수출로 인한 피해발생에 대한 안전조치 권한을 부여받았다.[32]

---

32 외교통상부 보도자료 2006/05/30, 07/10.

4) 협상전략

한 · ASEAN FTA협상과정에서 한국 측은 상황적 맥락에 적응하는 신속성과 유연성을 보여 주었다. 제2차 협상이 열렸던 2005년 4월은 일 · ASEAN FTA협상, 중 · ASEAN 상품 분야 FTA의 발효(7월), 인도 · ASEAN FTA 추진 등 한국의 경쟁국들이 적극적인 ASEAN 진출을 추진하고 있는 시점이었다. 한국 측이 신속하게 ASEAN과의 FTA를 추진하면서 우선 합의 가능한 영역부터 합의해 가는 '상품자유화 방식'과 쌀 문제로 대립이 있는 태국을 제외하고 FTA를 체결하는 'FTA-1 FORMULA' 방식으로 합의를 도출한 것은 상황적 맥락에 적합한 협상력을 보여 준 대목이라고 하겠다.

하지만 ASEAN과의 협상에서 쌀의 관세화 조치를 수용하는 일본과는 대조적으로 쌀을 또 다시 예외 품목으로 처리함으로써 여전히 쌀 문제를 개방화의 아킬레스건으로 남겨두었다.

(4) 한 · 일 FTA협상

1) 협상과정

한 · 일 FTA는 1998년 11월말에 콸라룸푸르에서 열렸던 APEC 정상회의 이후 개최된 각료간담회에서 요사노 가오루 일본 통산산업성 대신이 한국의 한덕수 통상교섭본부장에게 장기적 관점에서 자유무역협정 체결을 위해 양국 간 공동연구를 시작하자고 제안하면서 시작되었다. 이어 11월 28-29일 일본 가고시마에서 열린 한 · 일 각료간담회에 참석한 김종필 총리는 오부치 총리와의 회담에서 한 · 일 FTA 창설에 대한 양국의 공동연구를 시작하기로 합의했다. 이후 양국 정부는 한국의 대외경제정책연구원(KIEP)과 일본의 무역진흥회 산하 아시아경제연구소(IDE)를 공공연구기관으로 선정하여 한 · 일 FTA 산관학 공동연구회(Korea-Japan FTA Joint Study Group)를 발족시킴으로써 본격적인 논의를 시작하였다. 이후 양국은 2000년 5월 발표된 양국 연구기관의 연구결과를 토대로 양국의 시장통합효과를 극대화할 수 있는 포괄적 경제협력의 내용을 가지는 한 · 일 FTA 체결의 필요성에 동의하게 되었다.[33] 이후 8차에 걸친 양국 공동연구회의가 진행되었고, 마침내 2003년 12월 22일에 양국 정부의 실무진이 참여하는 제1차 한 · 일 FTA협상이 개최되었다. 하지만 한 · 일 FTA협상은 2004년 11월 3일, 제6차 협상 이후 교착 상태에 빠져 있다.

2) 협상쟁점

제1차 한 · 일 FTA협상은 서로의 입장을 확인하는 선에서 이루어졌다. 논의는 상대방의 상품무역에서의 관세, 비관세장벽의 철폐뿐만 아니라, 서비스 무역의 자유화, 투자 확대, 정부조달, 지적재산권, 경쟁정책, 무역투자협력, 중소기업협력, 과학기술협력 등의 경제협력사업까지 포괄하는 광범위한 분야에 걸쳐 진행되었다.

제2차 협상에서 양국은 상품무역, 비관세조치(Non-tariff Measures), 투자 및 서비스무역, 기타 무역규범(정부조달, 경쟁정책, 지적재산권), 협력 등 5개 협상 분야와 상호인정협정(MRA; Mutual Recognition Agreement)에 대한 협의를 통해 분야별 주요 쟁점을 협의하였다.[34]

33 산관학 공동연구회의 기능은 여전히 정부 간 공식협상이 아니라, 양국 간 FTA의 가능성을 타진하고 협상 이슈를 사전 점검하는 작업에 국한되었다.

34 분야별 주요 논의내용으로는 첫째, 양국 간 무역 및 투자 증대를 위하여 농업을 포함하는 상품, 서비스의 포괄적 자유화 원칙을 재확인하였다. 둘째 우회수입방지를 위한 원산지 규정, 통관절차 간소화 등 분야에서 FTA 체결의 이익을 최대화할 수 있는 방안을 모색하기로 합의하였다. 셋째 FTA 체결의 이익을 극대화하기 위하여 가급적 많은 무역규범 분야에서 수준 높은 FTA를 추구하는 것이 바람직하다는 데 인식을 같이 하였다. 넷째 비관세조치 분야에서는 협의회를 계속 유지키로 하고 앞으로 구체적인 사례를 바탕으로 논의를 진행하기로 합의하였다. 다섯째 양국 간 경제통합을 실질적

제3차 협상에서 양국은 포괄적이고 수준 높은 FTA를 체결한다는 기본원칙을 재확인하고, 각 협상 분야별로 쟁점사항에 대한 양국의 기본입장과 협정문안, 향후 작업계획 등에 대해 논의하였다. 또한 3차 협상을 바탕으로 차기 협상에서는 협정 문안에 대한 축조심의(逐條審議)를 하면서 각 분야별로 통합 협정문안(consolidated text)을 만드는 작업을 진행할 계획이라고 발표하였다.[35] 제3차 협상은 양국 간의 구체적 쟁점이 협정문안 초안을 통해 조율되기 시작하였다는 점에서 그 의의를 찾을 수 있다. 제3차 협상에 앞서 양국은 4월 16일에 한 · 일 FTA 협정문 초안을 상호 교환하였으며 한국 측은 여기서 양국 간 FTA가 포괄적인 분야에서 높은 수준의 자유화와 협력을 목표로 하여야 한다는 취지 하에 검사검역(SPS), 정부조달, 상호 인정, 비관세조치 등에서 한국 측 입장을 반영하는 규정을 다수 포함하였다. 공산품 분야에서 관세율이 낮고 높은 경쟁력을 보유하고 있는 일본은 상품에 대한 높은 수준의 관세 철폐와 조속한 협상 종료에 관심을 보여 왔다. 이에 대해 한국은 FTA 체결에 있어서 양국 간 이익이 균형을 이루는 것이 중요하며, 따라서 양국 간 FTA는 공산품 시장 개방뿐만 아니라 비관세조치의 철폐, 비자면제조치 등 양국 간 인력의 상호 이동을 촉진하기 위한 방안마련, 상호인정협정 체결, 정부조달시장 개방 확대, 무역투자협력 확대 등이 반영되어야 한다는 점을 강조하였다.[36]

제4차 협상에서 양국은 포괄적이고 수준 높은 FTA를 체결한다는 기본원

으로 실현하고, FTA효과를 극대화하기 위하여 무역투자협력, 기술협력 등 각종 협력사업을 발굴, 추진키로 합의하였다. 여섯째 양국 간 기술규격을 상호 인정하기 위하여 상호 인정(Mutual Recognition) 분야를 설치하기로 합의하였다. 일곱째 차기 협상에서는 양국이 협정문안 초안을 준비하여, 이를 바탕으로 보다 구체적인 논의를 진행하기로 합의하였다(외교통상부 자유무역협정 보도자료 2004/02/25).

35 외교통상부 자유무역협정 보도자료 2004/04/28.

36 정인교, "한 · 일 FTA의 경제적 영향과 협상에 대한 시사점," 대외경제정책연구원, 2004.

칙을 재확인하고 상품 및 서비스 무역자유화 등 6개 협상 분야별로(분쟁해결 분야는 미개최) FTA협상의 주요 쟁점에 대해 협정문을 기초로 논의를 진행하였다.[37] 특히 제4차 협상에서 한국 측은 비관세조치, 상호 인정, 정부조달 등의 문제를 적극 제기하였으며, 일본 측은 지재권 분야에 대해 많은 관심을 보였다. 아울러 양국은 상품 양허안 교환 시기 및 양허안의 수준에 대해 일반적 의견을 나누었다.[38]

제5차 협상에서 양국은 상품 및 서비스 무역자유화 등 7개 협상 분야별로 FTA협상의 주요 쟁점에 대해 협정문 초안을 기초로 논의를 진행하였다.[39] 한국 측은 비관세조치, 정부조달 등 한국 측 관심 분야에서 다양한 의제를 발굴, 적극 제기하였고, 양국은 상품 양허안 및 서비스/투자 유보안 교환과 관련하여 일반적인 의견을 교환하였다.

37 우선 상품무역분과에서는 일본이 시행하고 있는 수산물에 대한 수입쿼터제도의 철폐 문제, WTO 반덤핑 협정문안 개선문제, FTA 체결 이후 수입급증에 대비한 양자 긴급 수입제한조치를 도입하는 문제 및 원산지 증명서 발급 주체와 사후검증절차에 대한 사항을 논의하였다. 서비스 및 투자 분야에서는 투자/서비스 자유화 방식, 최혜국 대우, 시장접근 등이 주요 쟁점이었다. 특히 기존의 BIT를 FTA 틀 속으로 포함시키는 방안이 논의되었다. 또한 양국 간 인력교류의 촉진을 위한 비자면제협정 체결의 필요성에 대해서도 논의하였다. 비관세조치 분야에서는 2개의 트랙으로 협의가 진행되었는데, 첫째, 협정 상에 비관세조치 관련 분야를 어떤 문안으로 반영시키는지에 대한 논의와 둘째 민간 부문의 참여 하에 양국 기업인이 상대국 시장에서 경험하고 있는 개별 비관세조치 해결방안에 대한 논의가 그것이다. 기술장벽(TBT), 위생검사검역(SPS)의 경우 한국의 적극적 자세에 비해 일본은 기본적으로 WTO 협정 이외에 추가적 조항을 포함시키는 것에 소극적 입장을 보였다. 상호 인정과 관련하여 양국은 상호 인정의 적용범위와 상호 인정을 위한 체제에 대하여 논의를 진행하였다. 특히 한국은 정부조달 분야에 있어서 건설시장을 중심으로 일본 조달시장에서의 시장접근 장벽 및 애로사항을 해소하기 위해 노력하였다. 협력과 관련하여 양국은 FTA 체결효과의 극대화를 위해 자유화 조치와 함께 경제협력을 확대할 필요가 있다는 점에 의견을 같이하였다. 정인교, "한 · 일 FTA의 경제적 영향과 협상에 대한 시사점," 대외경제정책연구원, 2004.

38 외교통상부 자유무역협정 보도자료 2004/06/25.

39 외교통상부 자유무역협정 보도자료 2004/08/25.

제6차 협상에서도 제5차 협상과 같은 의제가 등장하였는데, 특히 FTA의 핵심인 상품 양허안에 관한 문제에서도 계속 협의해 나가기로 합의하였다.[40] 하지만 제6차 협상 이후, 농수산물 자유화에 대한 논란 이후 한 · 일 FTA협상 재개는 아직까지 이루어지지 않고 있다.

3) 협상결과(협상 정체의 원인)

한 · 일 FTA협상이 교착된 것은 경제적인 원인과 정치적인 원인에서 동시에 기인한다. 첫 번째로 경제적 측면에서 살펴보면 한 · 일 FTA의 타결은 한국보다는 상대적으로 일본에게 더 큰 이익이 예상된다. 한 · 일 FTA가 체결되면, 인구규모로는 1억 8천 명, GDP 규모로는 4조 6천억 달러에 달해 세계무역의 약 10%를 차지하는 거대단일시장이 출현하고,[41] 관세 · 비관세 장벽 폐지와 급속한 무역량의 확대는 경쟁력 있는 기업들에게 더 많은 이익창출의 기회를 제공할 것이고 이 과정에서 일본의 기업들은 경쟁우위를 가질 수 있다. 게다가 한 · 일무역수지 불균형이 한 · 일 FTA의 심각한 장애가 되고 있다. 1999년 6월 '수입선다변화' 정책이 완전히 폐지된 이후 큰 폭으로 증가하고 있는 한국의 대일 무역적자는 심각한 수준이다. 한 · 일 간의 관세율 차이(일본 2.9%, 한국 9.19%)를 고려한다면 관세철폐는 대일수입의 급증과 무역불균형의 심화를 초래할 위험이 농후하다. 특히 자동차, 전자, 기계부품, 선박 등의 주력산업에 미치는 영향이 클 것으로 예상된다. 이런 우려를 반영하여 지금까지 한 · 일 FTA의 체결을 한 목소리로 요구하던 전국경제인연합회와 한국무역협회에서도 다시 신중론이 대두하고 있는 것으로 전해졌다.[42]

40 외교통상부 자유무역협정 보도자료 2004/11/03.

41 오가와 유헤이, "지역판 자유무역협정 제창,"『국제통상연구』 제9권 제2호(한국국제통상학회), 2004.

42 동양경제일보 04/02/20. 오가와(2004)에서 재인용.

〈표 1-1〉 한국의 대일 무역수지

단위: 100만 달러

	대일 수출	대일 수입	대일 무역수지
1996	15,766.8	31,448.6	−15,681.8
1997	14,771.2	27,907.1	−13,135.9
1998	12,237.6	16,840.4	−4,602.8
1999	15,862.4	24,142.0	−8,279.6
2000	20,466.0	31,827.9	−11,361.9
2001	16,505.8	26,633.4	−10,127.6
2002	15,143.2	29,856.2	−14,713.0
2003	17,276.1	36,313.1	−19,037.0
합 계	128,029.1	224,968.7	−96,939.6

출처: 한국통관통계[43]

두 번째로 정치적 측면에서 볼 때 고이즈미 정부와 노무현 정부 사이의 관계 냉각을 들 수 있다. 제6차 협상이 종료되고 1개월 반 후인 2004년 12월 18일 가고시마(鹿兒島)에서 열린 한 · 일 정상회담에서 노무현 대통령은 자신의 임기 중에는 과거사 문제를 거론하지 않겠다고 밝혔다. 그러나 일본 시네마현의 독도 조례안 통과, 우익교과서 검정통과, 고이즈미 총리의 야스쿠니 신사참배 등, 역사문제, 독도 · 영해분쟁은 2005년 연내 타결을 목표로 하고 진행되던 한 · 일 FTA협상을 정체시키는 결정적 계기로 작용하였다. 결국 노무현 정부는 초강경 대일독트린을 발표하기에 이르렀다. 협상과정에만 국한해서 살펴보면 2004년 11월 이후 한 · 일 FTA협상이 정체된 표면적 원인은 농수산물 자유화 부문에서 노정된 이견이었지만, 보다 근본적인 원인은 위에서 언급한 한 · 일 경제관계의 구조적 문제 그리고 일본의 역사인식문제에서 비롯된 양국관계의 악화를 지적할 수 있다.

43 오가와(2004)에서 재인용

4) 협상전략

일본과의 FTA협상은 위에서 설명한 여러 쟁점들과 표면적으로는 양허협의과정에서 일본 측이 매우 낮은 수준의 농수산물 양허계획을 가지고 협상에 임함에 따라 한국은 이러한 내용으로 협상을 계속하는 것은 큰 효과가 없다고 판단하여 일본 측이 수용 가능한 안을 제시할 때까지 일정 기간 협상을 중단시키고 있다. 하지만 일본은 이미 멕시코, 아세안과의 FTA협상에서 보여 주었듯이 농산물 분야에서 한국 측에게 양보할 가능성이 충분히 있어 보인다. 그러나 한 · 일관계가 새롭게 복원되고 일본 측이 농산물 분야를 양보하더라도 한 · 일 FTA 체결은 신중해야 한다.

한 · 일 FTA는 양국 간 평균관세율, 기술경쟁력 등 제반 여건의 격차를 고려할 때 공산품 위주의 관세철폐방식의 FTA보다는 한국의 관심 분야가 포함된 높고 포괄적 수준의 FTA를 추진하는 것이 한국의 이익을 극대화시킬 것으로 보인다. 따라서 한국 정부는 협상시한에 얽매이지 않으면서 실질적인 내용을 중시하여 농수산물 분야 양허를 포함하여 비관세조치의 개선, 정부조달시장 진출 확대, 산업협력 확대 등 한국의 주요 관심사항이 반영된 협상결과가 산출될 수 있도록 신중하고 끈기 있게 협상을 해야 한다. 또한 무역역조가 심각한 수준일 경우를 예상해서 긴급수입제한조치 등의 안전장치를 충분히 확보해야 한다. 일본은 한국보다 유리한 경쟁력과 더많은 통상협상의 경험을 가지고 있다. 과거 50년간 미국과의 협상을 일본이 어떻게 해 왔는지를 '지피지기' 의 마음으로 살펴보아야 한다. 한 · 일 FTA는 대통령의 추상적인 비전이나 정치적 결단이 앞서가서는 안 된다. 냉정한 손익계산과 기다림의 미덕이 필요한 것이다.

(5) 한 · 미 FTA협상

1) 협상과정

한 · 미 FTA 체결에 관한 논의는 1989년 미 국제무역위원회(USITC)가 「아태지역 국가들과의 FTA 체결에 대한 검토보고서」를 발표하면서 구체화되었다. 이 보고서에 따르면 동아시아 지역 국가 중 미국에게 바람직한 FTA 대상국가로 한국, 싱가포르, 대만이 꼽혔는데, 이 중 경제적 측면에서 한국이 가장 적절한 FTA 대상국가임을 지적하고 있다. 그러나 한 · 미 FTA 논의는 정부 수준으로 발전하지는 못하였다. 이는 한국 내부에서 미국이 한국시장을 개방하기 위한 압력수단으로 한 · 미 FTA를 이용하려 한다는 인식이 있었기 때문이었다.[44] 이후 2004년 5월 미 무역대표부(USTR) 부대표가 한 · 미 FTA 체결에 대한 관심을 표명하였고, 동년 11월 칠레에서 개최된 양국 통상장관회담에서 FTA 추진 가능성 점검을 위한 사전실무점검회의 개최에 합의하였다.

제1차 사전실무점검회의에서 미국은 스크린쿼터, 농산물, 지적재산권 등 주요 현안에서 상당한 진전이 있어야만 미국 내 지지를 확보할 수 있을 것이라는 입장을 표명하였다. 2005년 3월 28일 워싱턴에서 열린 제2차 사전실무점검회의에서는 관세인하, 원산지, 통관절차, 지적재산권, 정부조달, 농업 등 관련 내용 분석을 중심으로 논의되었으나 진전을 보지 못하였다. 한 달 후인 4월 28일 워싱턴에서 열린 제3차 사전실무점검회의에서는 양국이 제3국과 체결한 FTA 협정문의 주요 내용에 관한 비교분석을 중심으로 논의가 진행되었으나, 아무런 성과도 없이 회담은 종료되었다.

44 박형래 · 박영기, "한국의 선택: 한 · 미 자유무역협정 체결의 선결조건," 『관세학회지』 제7권 제1호(한국관세학회), 2006.

이후 2005년 5월 2일부터 2006년 1월 31일까지 양국은 6차례의 통상장관 회담을 개최하여 한 · 미 FTA 가능성을 모색하였다. 2005년 7월과 9월에는 한국 측의 통상교섭본부장이 방미하여 주요 상하원 위원, 정부관계자, 업계 관계자들에게 설득 작업을 진행하였으며, 마침내 미국은 한국을 FTA 우선협상대상국으로 선정하였다. 한국에서는 2006년 2월 2일 한 · 미 FTA 추진 공청회를 개최하였다. 그리고 공청회 다음날인 2월 3일에 한국의 통상교섭본부장과 USTR 대표는 공동기자회견을 통해 한 · 미 FTA의 추진을 공식적으로 발표하였다. 이후 2차례의 사전준비협의를 거쳐 마침내 2006년 6월 5일, 워싱턴에서 한 · 미 FTA 제1차 본 협상이 개최되었고, 이후 7월 10일의 제2차 협상, 9월 5일의 제3차 협상까지 개최되고 있다.

2) 협상쟁점

제1차 협상에서 최대 쟁점 분야는 미국이 그동안 한국에 개방공세를 펴온 농업, 의약품, 자동차 등 3개 분야와 섬유 분야였다. 농업 분야에서 미국은 예외 없는 개방을 요구하였다. 자동차 분야는 미국 측이 '선전공세'로 한국을 몰아쳤다. 쟁점은 배기량 기준 과세제도였는데 미국 측은 이를 중립적 제도로 변경할 것을 강력히 요구하였다. 의약품 분야에서 미국 측은 본 협상을 앞두고 한국 정부가 약제비 적정화 방안을 발표한 데 대해 의혹의 시선을 감추지 않았다. 커틀러 대표는 이에 더해 신약 개발비문제와 투명성 문제, 복제약 가격책정문제 등과 제약사와 병원 간 로비관행으로 통하는 '거래 관행의 윤리' 문제까지 제기했다. 한편 상품무역 분야 가운데 유일하게 한국 측이 공세를 가했던 섬유 분야에서는 미국 측이 빗장을 굳게 닫아놓겠다는 입장을 분명히 했다. 그러나 서비스 분야 중에서는 교육과 의료시장에 대해 미국 측이 한국 진출에 관심이 없음을 표명하였다. 개성공단 생산제품의 FTA 인정문제에 대해서 한국 측은 회의 첫날부터 통상협상의 대상인 동시에 '정치적 과제' 로 인식하며 한국 원산지 인정을 요구했지만, 미국의 반대도 역시 완강했다. 미국이 일방적으로 부과하고 있는 상계관세와 반덤핑관세 요건 완화도 한국이 이번 협상에서 반드시 관철시켜야 할 과제로 떠올랐다. 이러한 징벌관세로 물어야 하는 벌과금이 총 수출금액의 7%나 되는 무시할 수 없는 규모여서 한·미 FTA를 체결하더라도 피해가 우려되기 때문이었다.[45]

제2차 협상에서 한국은 농산물 분야에서 쌀을 제외한 나머지 농산물에 상품처럼 5단계 개방을 원칙으로 최장 15년까지 관세감축 유예방안을 제시한 반면 미국은 일반 상품과 동일하게 최장 10년까지로 개방하자고 맞서 양허안 마련을 위한 원칙에 합의하지 못했다. 개성공단 생산제품의 한국산 원산지 인정문제에 대해서도 미국 측은 단호한 거부 의사를 표시했다. 또 자동차 분야의 경우 미국은 지난 1차 협상에서 현행 배기량 기준 자동차세 과세를 문제 삼은 데 이어 이번에는 자동차 표준이나 소비자 인식 등에 대해 불만을 제기했다. 반면 양국은 협상 전부터 큰 이견이 없을 것으로 보였던 상품 분야에 대한 양허안의 기본 틀을 마련하는 데 진전을 보였다. 양국은 상품 양허안 틀에서 1만 여 개에 달하는 각 상품에 대해 관세철폐 이행 기간을 '즉시철폐-3년-5년-10년-기타(민감 품목 등)' 등 5단계로 구분하기로 합의했다. '기타' 의 경우는 양허 제외이거나 이행 기간 10년 초과 등 다양한 방식이 적용될 수 있어 양국의 초민감 제품에 대한 시장보호에 적용될 수 있는 것이었다. 또 양국은 100여 개에 이르는 서비스 유보안을 상호 교환했고, 제네바에서는 별도로 정부조달 분야 회의를 열고 양허안을 교환했다. 양국은 신금융서비스와 관련, 법률 제·개정을 필요로 하지 않는 범위 내에서 현지법인과 지점 등을 통해서만 서비스를 제공하고 금융 감독 당국

45 국민일보 06/06/11.

이 신금융 상품별로 허가제를 운용할 수 있도록 하기로 의견을 모았다. 또 국경 간 거래대상에서 소매금융상품은 제외하기로 했다. 이 밖에 위생 · 검역(SPS) 분야에서 분쟁해결절차에 대한 이견은 지속됐지만 통합 협정문을 작성하는 데 성공했다.[46]

제3차 협상에서 양국은 일부 분야에서는 '주고받기식'으로 협상했다. 미국이 한국의 서비스 분야 시장 개방대상을 방송, 통신 등 11개 분야로 줄이고 온라인 등을 통한 국경 간 금융거래를 보험중개업, 자산운용업 등으로 한정한 것도 진전된 내용이다. 취약 분야인 섬유(미국)와 농산물(한국) 분야에서 양국이 상대방의 시장 개방안을 적극적으로 검토하기로 한 것도 긍정적인 대목이었다. 미국은 제3차 협상에서 한국 측 기대에는 못 미쳤지만 섬유 분야의 수정안을 현장에서 직접 제시했다. 그러나 최대 걸림돌은 양국이 섬유, 농산물 분야에서 각각 얼마나 시장 개방 폭을 넓히는가 하는 문제였다. 한국은 쌀 등 284개 품목을 개방 예외 품목으로 해 달라고 요구하였으며, 미국은 섬유 분야에서 긴급수입제한조치(세이프가드)를 도입할 것을 주장하였다. 양국은 농산물 분야에서는 일단 민감 농산물의 협상을 최대한 미룬 채 옥수수, 콩, 밀 등 미국의 대한(對韓) 수출 규모가 크지만 한국에 미치는 영향은 적은 품목을 중심으로 논의하기로 했다. 서비스 분야에서는 한국 측이 요구하는 간호사, 건축사, 엔지니어 등 전문직의 자격상호 인증문제와 국책 금융기관의 개방 제외문제가 관건으로 부각되었다.

3) 협상결과

한 · 미 FTA 제1-3차 협상의 쟁점은 다음과 같다.[47]

---

46 한국일보 06/07/14.

47 이 글에서는 집필 시점상 2006년 10월 23-27일 제4차 협상(제주), 2006년 12월 4-9일 예정의 제5차 협상(몬태나)을 다루고 있지 않다.

〈표 1-2〉 한 · 미 FTA협상 제1-3차 협상

분야	타결된 쟁점	잔여 쟁점
상품무역	시장 개방계획(양허안) 개선	시장 개방 대폭 확대(한)
농산물	한국 측에 덜 민감한 품목부터	시장 개방 대폭 확대(미), 쌀 등
	시장 개방 논의 시작	민감 품목 제외(한)
섬유	양허안 개선	시장 개방 대폭 확대(한), 세이프가드 도입(미)
서비스	시장 개방 요구안 교환	전문직 자격 상호 인정(한), 법률, 회계 개방범위 명시
투자	투자자-국가 간 분쟁해결절차 마련	분쟁해결절차의 적용대상 제한(한)
금융서비스	국경 간 거래 소비자금 배제	국책 금융기관 제외 여부(한), 보험중개업 대인 접촉영업허용(미)
통신 서비스	통신 관련 규제기구의 정부독립요구 철회	기술선택의 자율성 보장, 외국인 지분제한 완화(미)
무역구제	세이프가드제도 개선논의 시작	반덤핑 조치남용 방지 위해 미국 국내법 개정(한)
자동차	관세(8%)철폐 개선논의 시작	배기량 기준 세제폐지(미)
원산지	4차 협상 전 별도논의	개성공단 제품의 한국산 인정(한)
경쟁	대기업 관련 규제 현행법 인정	독점공기업의 예외인정범위(한)
정부조달	우리 농산물 학교급식 사용 인정	미 정부조달시장 참여 확대(한) 조달시장에서 주 정부 배제(미)
지적재산권	지적재산권 침해	단속강화
저작권	보호 기간	연장(50→70년)(미)
의약품	약제비 적정화 방안 연내 실시	세부 시행방안에서 지재권 보호강화대책 마련(미)
환경	환경보호를 위한 양국 간 협의제 별도설치	별도의 분쟁해결절차 마련(미)
노동	정부 간 노동법 집행협의절차 별도 논의시작	노동법 관련 민원제기절차 마련(미)
총칙	영문본과 한글본 효력 동시 인정	입법예고기 간 연장(20일→60일)(미)

※ ( )은 쟁점해결을 요구하고 있는 나라
중앙일보 2006/09/11

4) 협상전략

한 · 미 FTA는 다른 어느 국가와의 FTA보다 격렬한 국내적 반대에 직면해 있다. 반대의 이유는 농업문제, 경제적 계산, 반미감정 등 다양하다.

여기서는 우선 협상전략 차원으로 좁혀서 한 · 미 FTA를 생각해 보기로 하자. 협상전략 차원의 첫 번째 문제는 한국 측의 '노출'이 지나치게 심하다는 것이다. 노무현 대통령은 임기 중에 한 · 미 FTA만큼은 해결하고 싶다고 했다. 관료들은 미국 측의 신속처리법안에 해당하는 「무역협상촉진법(Trade Promotion Act)」이 2007년 6월 30일로 종료되기 때문에 그 이전에 협상이 타결되는 것이 우리에게 유리하다고 하면서 협상 타결을 서두르고 있다. 하지만 이런 식으로 자신의 시한(time limit)을 보여 주는 것은 전혀 도움이 되지 않는다. 미국과의 협상은 끈기를 가지고 지속해야지, 대통령의 임기나 무역협상촉진법의 시효에 얽매여서 졸속으로 처리될 일이 아니다. 우리보다 더 많은 협상자원을 가지고 있는 일본조차도 미국과의 협상에서는 'too little, too late'의 자세로 일관했다. 한 · 미 FTA협상을 '진행 중'인 상태로 한동안 유지하는 것도 좋다. 아직은 너무 양국의 입장차이가 크고 불확실성이 많다. 이럴 때는 협상은 열심히 추진하되 원칙을 유지하면서 서두르지 않는 것이 실천적 지혜일 수 있다.

한편, 한 · 미 FTA만큼은 국내 협상을 제대로 해야 한다. 반대하는 농민을 달래기 위해서 천문학적인 보상정책을 발표하거나 미국과의 협상에서 많은 반대급부를 지불하면서 쌀만을 예외로 인정받는 것이 능사가 아니다. 이는 중장기적으로 농민과 농업에게 오히려 독이 될 수 있다. 쌀의 관세화 조치를 수용한 일본의 결정이 어떻게 이루어졌는지를 참고할 필요가 있다. 아울러 한 · 미 FTA의 찬반양론이 모두 표출되고 이해당사자가 모두 참여하여 자신의 이익을 가장 효율적으로 추구할 수 있는 '이해수렴'의 제도와 절차를 보다 체계적으로 정비하여 이해당사자들에게 신뢰를 주고 대립을 제도 속으로 수렴해야 한다. 미국의 「무역협상촉진법」을 이런 관점에서 살펴보는 것도 좋을 듯하다.

4. 한국의 FTA협상전략

이상에서 살펴본 한국의 FTA협상전략을 정리하면 〈표3〉과 같다.

〈표1-3〉 한국의FTA협상전략

	선호와 연합	제도	협상전략
한 · 칠레 FTA협상	-농민단체의 격렬한 반대 -일부 정치가들과 언론에 의한 과잉정치화 -수혜자 그룹(재계)의 침묵 -재정경제부와 외교통상부 간 갈등	-국회에서의 비준지연	-협상 타결 자체에 지나치게 집착하여 협상목표의 조기노출 -민감 품목인 쌀, 사과, 배의 관세인하와 철폐에 대한 강경한 자세 -국내적 반대를 협상 지렛대로 활용하는 데 실패
한·싱가포르 FTA협상	-농민단체의 반발은 관찰되지 않음 -싱가포르 시장 진출을 원하는 기업들은 협정체결을 환영	-협상 타결 이후 불과 4개월 만에 국회비준	-상품시장 개방, 교역량 증가 등의 단기목표보다는 국내기업의 진출, 서비스 시장, 투자유치 등 전략적 목표를 가지고 협상진행 -싱가포르가 이미 대부분의 분야에서 무관세라는 점을 강조하여 국내적 갈등을 차단 -개성공단 제품을 한국산으로 인정받아 향후 유사협상에서의 선례를 만듬
한·ASEAN FTA협상	-농민단체의 반발로 일부 농산물에 대해 높은 수준의 보호 필요성을 주장 -칠레의 경우와 비교해서 농민단체의 반발은 상대적으로 온건하게 표출 -협정 체결을 계기로 방송, 지적재산권보호, 영화산업 협력 등을 통해 동남아 한류열풍을 이용할 수 있는 가능성을 확보함으로써 관련 집단의 호의적 반응 유도	-민감 품목 보호에 성공함으로써 국회비준이 비교적 용이할 것으로 예상	-일본, 중국, 인도 등의 국가들이 ASEAN과 FTA협상을 추진하고 있던 상황을 고려하여 신속한 협상 타결을 시도 -이를 위해 상품 분야 협상 타결에 주력 -쌀을 포함해 민감 품목 40개를 자유화에서 제외시키는 데 성공 -쌀 시장 개방을 강력하게 요구하던 태국을 제외하고 나머지 국가와의 협상을 진행

			하는 전략 채택 –개성공단 제품에 대한 이견에도 불구하고 결국에는 조건부로 한국 측의 입장관철
한 · 일 FTA협상	–한 · 일무역수지 불균형이 협정체결의 장애요인으로 작용 –역사문제, 과거사 문제 등 정치 · 사회적으로 냉각된 분위기가 협정에 장애요인으로 작용 –농민단체보다는 진보 · 노동단체들의 반발이 상대적으로 더 격렬하게 발생 –협정의 경제적 효과에 대한 국내적 합의 부족	–한국 대통령의 임기	–비교열위에 있는 공산품 위주의 관세철폐 보다는 농수산물 분야 양허를 포함하여 비관세조치의 개선, 정부조달시장 진출 확대, 산업 협력 등 포괄적 수준의 FTA 체결에 전략적 초점을 맞춤 –정치적으로 양국관계가 악화되고 일본이 매우 낮은 수준의 농수산물 양허안을 제시함에 따라 한국은 일본이 수용 가능한 안을 제시할 때까지 일정기간 협상중단을 결정
한 · 미 FTA협상	–과거 어떠한 FTA협상보다 격렬한 국내적 반대에 직면	–미 무역촉진법의 시효	–한국은 쌀 시장 보호를 최우선시 –개성공단 문제가 첨예한 쟁점으로 등장 –본 협상 이전에 스크린쿼터 양보 –섬유 분야에서는 미국에 대한 공세강화 –협상일정의 시한(time limit) 설정과 조급한 협상태도

5. 성공적 FTA협상을 위한 제언 — '언어정치를 넘어서'

한국과 마찬가지로 1991년부터 일본은 쌀 시장 개방 압력을 본격적으로 받기 시작하여 1991년 말 일본 정부는 최소 접근(minimum access)이라는 수입쿼터방식을 제안했고 1993년 초반 미국 협상단은 관세화 대신 최소 접근방식을 받아들였다. 미국의 입장에서는 일정 물량의 수출이 가능한 최소 접근이 실익이 있다고 판단했고 일본의 입장에서는 관세화는 곧 수입자유화라고 생각하여 차라리 일정 수입쿼터를 인정하는 최소 접근이 낫다고 판단한 것이다. 또한 일본의 정부 여당은 관세화에 대한 반대는 농민을 지지기반으로 하는 자민당이 자신들의 선거구민을 설득해 낼 수 있는 최소한의 보루라고 판단했던 것이다. 일본이 URAA(UR Agreement on Agriculture)를 준수해야 하는 첫해는 1995년(일본 회계 연도에 따라 1995년 4월 1일부터 1996년 3월 31일)이고 마지막 해는 2000년인데, Annex 5의 스케줄에 의하면 일본은 1995년에 379,000톤을 수입해야 하며, 점차로 0.8%씩 비율을 늘려서 2000년에는 758,000톤을 수입해야 한다. 사실 일본은 1998년까지 Annex 5의 스케줄을 잘 지켜서 1998년에는 기준소비물량의 6.4%에 해당하는 606,000톤을 수입했다. 그런데 1999년에 일본 정부는 정책을 급선회했다. 일본 정부는 1999년도 회계연도가 시작되기 전에 최저수입물량의 일부를 '관세화' 할 수 있다는 Annex 5의 규정을 들어 1999년의 최소 접근물량을 0.4%만 늘린다고 선언했다. 이에 따라 일본은 1999년에 682,000톤이 아니라, 644,000톤을 수입했으며, 2000년에는 758,000톤 대신, 682,000톤을 수입한 것이다. 일본은 쌀에 관해서 '최소 접근' 정책에서 '관세화' 수용으로 정책을 전환한 것이다. 이러한 정책전환의 이면에는 최소 접근과 관세화의 이해득실에 관한 합리적 계산과 농민과의 신뢰가 있었다.[49]

이와는 대조적으로 한국은 관세화 유예 10년 연장의 길을 택했다. 허상만 농림부 장관은 2004년 12월 30일 쌀 협상 최종 결과를 발표하면서 "도하개발어젠다(DDA) 협상과 국제 쌀 가격, 환율 등 불확실한 요인이 너무 많아 쌀 관세화 유예를 결정했다"며 "10년간 쌀 관세화 유예를 추가 연장함으로

49 신뢰구축에 기여한 정책으로서는 '쌀 농가 수입안정화 프로그램'; '생산구조조정프로그램(PAPP)'; '쌀 생산에 대한 보험정책' 등을 들 수 있는데 일본의 쌀 시장 개방과 국내 조정에 관한 내용은 양기웅 · 박성우 · 강삼구 · 정미령, "일본의 대외 통상협상과 국내적 보상시스템," 『21세기 정치학회보』 제16집 1호, 2006, 273-300 참조.

써 국내 쌀 산업의 체질을 강화시킬 수 있는 시간을 확보하게 되었다"고 밝혔다. 한 · 미 FTA협상에서도 한국 정부는 쌀을 관세화 유예대상으로 하는 현행의 정책을 한 · 미협상에서도 그대로 유지함으로써 한 · 미 FTA협상은 "쌀을 개방대상에서 제외한다"고 주장하고 있다.

"정부는 쌀 시장만은 절대로 양보하지 않을 것입니다. 한국 경제의 역량이나 정부의 재정능력을 감안할 때, '문제의 2%'는 충분히 해결 가능하다고 생각합니다. 쌀 시장만 지킬 수 있다면 겁낼 필요가 없다는 결론입니다. 정부가 농업문제에 대해 자신감을 갖고 있는 이유도 바로 여기에 있습니다."[50]

그런데 '쌀의 관세화 유예조치'가 정말로 쌀 시장을 지켜주는가? 앞서 일본의 사례에서 검토한 바와 같이 관세화 유예는 최소 접근방식의 수입을 의미하고 실제로 더 많은 쌀을 수입하는 것이었다. 더욱이 쌀의 관세화 유예조치는 농업경쟁력의 강화와 연결되지 않았다. 과거 UR협상에서 한국은 10년간의 관세화 유예를 선택했고 그 기간 동안 농업구조조정에 천문학적인 자금을 투자했다. 그런데 그 결과는 어떠한가? 여전히 미작 농업경쟁력은 국제기준으로 볼 때 최하위에 속하고 농업문제는 한국 사회의 개방화에서 아킬레스건이 되고 있다. 결과가 이러함에도 불구하고 정부는 관세화 유예를 2014년까지 10년 더 연장하는 선택을 했고 이것으로 "쌀 시장이 지켜졌다"고 주장하고 있는 것이다. 한 · 미 FTA협상에서도 쌀은 개방 품목의 예외로 요구하고 있기 때문에 '정부는 쌀 시장만은 절대로 양보하지 않을 것'이라고 장담하고 있다. 그러나 지금 현재도 점점 더 많은 양의 '쌀'이 수입되고 있다. 쌀 시장과 관련한 '통설'이 이렇게 작용하고 있는 것이다. 앞

50 이백만 청와대 홍보수석, "농업개방…과연 건널 수 없는 강인가?" 청와대 홈페이지 2006/09/21.

서 언급한 바와 같이 통설은 객관적인 인과관계가 명확하지 않으면서 일종의 사이비 '인과관계'를 만들어 내는 이론과 설명 등이고, 언어와 상징의 조작을 통해서 이런 통설을 만드는 힘이 언어권력이고, 이런 통설을 만들고 한편 만들어진 통설에 의해 지배받는 정치가 '언어정치'인 것이다.

이처럼 한 · 미 FTA협상에도 많은 '통설'이 난무한다. 협상결과에 대한 이해득실의 계산법이 복잡하고 모호할수록 이 같은 통설의 지배를 더 받게 된다. 한편 이념적 언어와 상징 조작이 더해지면서 협상의 정치과정은 '언어정치'로 변질되어 간다. 그러나 이런 한 · 미 FTA의 언어정치는 국가, 기업, 농민, 개인 모두에게 손실을 초래한다. 정부의 정책결정은 비합리적 힘의 지배를 받게 되고 일부의 사회 구성원은 '과잉정치화'되고 다수는 '침묵'하게 된다. 이제부터라도 통설의 언어정치를 극복해야 한다. 합리적이고 과학적인 계산과 냉철한 대응이 절실히 요구되는 시점이다.

6. 보론—한 · 미 FTA 합의[51]

10월 23일 제4차 협상(제주), 12월 4일 제5차 협상(몬타나), 2007년 1월 15일 제6차 협상(서울), 2월 11일 제7차 협상(워싱턴), 3월 8일 제8차 협상(서울)을 마지막으로 3월 19일의 한 · 미 FTA 고위급 협상과 3월 26일 한 · 미 FTA 통상장관 회의 이후 8일 만인 4월 2일 역사적인 한 · 미 FTA협상이 타결되었다.

제4차 협상에서 한국 측은 자동차 관련 세제 폐지 요구에는 반대 입장을 견지하였으며 의약품/의료기기 분야에서 '약제비 적정화 방안'의 연내 시

51 이 논문이 발표된 이후 4차-8차 협상을 거쳐 한 · 미 FTA협상이 타결되었기 때문에 이 글에서는 보론의 형식을 빌려 이후의 경과를 간략히 정리해 두고자 한다.

행 방침을 재확인하고, '약제비 적정화 방안' 시행계획과 관련하여 미국 측의 구체적인 입장에 대한 설명을 요구하였다. 또한 농산물 특별 세이프가드의 기본적 운영방식에 관해 협의했고 섬유 세이프가드, 우회수출 방지 등에 대한 협의를 진행하여 미국 측 섬유 양허안 수준의 개선을 강하게 요구하고, 품목별 원산지기준을 협의하였다. 원산지 및 통관절차 분야에서 기술적이고 중립적인 내용에 대해서는 합의 도출을 추진하고, 양측 입장차가 큰 쟁점에 대해서는 상호 수용 가능한 타협안을 모색하였으며 통관절차 간소화 및 신속화에 도움이 되는 방향으로 협의하였다. 개성공단 원산지 특례인정은 여전히 한국 측 관심사항이라는 입장을 표명하였고 한국 측의 핵심 관심 분야인 반덤핑 조치의 실질적인 개선을 위한 기존 제안사항에 대해 세부적이고 기술적인 논의를 진행하고 미국 측의 긍정 검토를 촉구하였다. 서비스 투자 부문은 국제중재절차 관련 분쟁해결 대상범위 축소 및 심리절차의 공개 수준을 협의하였고 서비스 유보안 관련 한국 측 관심사항(항공, 해운, 어업 등)에 대한 미국 측의 전향적인 검토를 요청하는 한편, 미국 측의 우선적인 관심내용을 파악하도록 했다. 전문직 비자 쿼터 설정을 지속 요구하고, 양국 간 전문직 분야 자격의 상호 인정 추진을 위한 협의 메커니즘에 대한 세부 내용을 협의하였다. 금융서비스 국경간거래, 신금융서비스에 대한 양측 간 확인사항을 협정문에 반영하는 방안을 협의하였고 일시 세이프가드의 도입에 미국 측의 원칙적 합의를 요구하면서, 한국 측 제안문안의 세부 내용에 대하여 미국 측과 협의하였고 통신서비스 분야에서 기존 입장을 견지하였다. 기타 분야 쟁점에 대해서 살펴보자면 경쟁 분야에서 한국 경쟁 관련 법제도의 기본 틀 내에서 공정한 경쟁여건 조성에 부합되는 내용은 적극 검토하고 독점 · 공기업 관련 조항은 한국의 공공정책의 수행을 저해하지 않는 방향으로 미국 측과 협의하였다. '기업집단(재벌)' 관련 각주 규정은 수용 곤란하다고 표명하였으며 지적재산권 분야는 국내법 개정 논란이 예상되는 핵심 쟁점 이외의 여타 사안에 대해서는 합의 가능한 방안을 적극 모색하고 저작권, 상표권, 집행 보호 분야 중심으로 협의하도록 하였다. 노동 및 환경 분야에서 노동 분야 공중의견 제출제도, 노동/환경법 집행실패 시 분쟁해결절차 등에 대하여 신중하게 협상을 진행하면서, 국내 노동 및 환경 보호수준의 강화에 도움이 되는 내용은 긍정적으로 협의하고 투명성, 분쟁해결 등 협상 전체적인 관점에서 검토가 필요한 사안은 다른 분과의 협상진행내용을 감안하여 대응하였다.

제5차 협상에서는 협상 주안점으로 한국 측 관심사항인 무역구제 조치완화를 위한 한국 측 제안내용에 대한 기본적 합의 도출에 협상력을 집중하였다. 주요 쟁점에 있어서도 본격 협상을 통해 타협 가능한 대안 마련을 추진하고 양측간 이견 폭을 축소하여 타협기반을 조성하도록 했다. 관세 양허안 협상에 관하여는 한국 측 관심 분야(자동차, 섬유 등)에서 미국 측 양허안의 추가적인 개선을 지속 요구하고 한국 측 양허안 개선 검토는 미국 측 양허안 수준이 일정 수준 이상이 되어야 가능함을 설명하면서, 상호 middle-range(3/5/10년) 품목에 대한 추가 양허개선 협의, 농업 분야에서는 중장기(10년/15년 분류) 양허 품목에 대한 협상을 개시하고 한국 측 농업 분야의 민감성을 존중한 양허내용 및 양허방식이 인정되어야 함을 강조하도록 하였다. 서비스/투자 유보안을 협상하고 상호 사전 교환(11. 27)한 서비스/투자 수정 유보안에 대한 확인 작업을 진행하고 양측 수정 유보안 내용과 상호 관심사항 반영 여부를 확인, 구체적인 분야에 대한 유보안 수정요구가 있을 경우, 미국 측의 관심도, 국내 여건, 한국 측 관심사항(항공, 해운, 어업, 통신 · 방송) 수용 여부 등을 종합적으로 고려하여 대응하고 방법으로는 협정문 관련 핵심쟁점에 대해 양측간 타협안 도출을 적극 유도하고, 미국 측에게 보다 유연한 입장 및 수정안 제시를 촉구하여 핵심 쟁점이 아닌 기타 내용에 대해서는 지속적으로 합의 도출을 추진하면서, 기타 쟁점 간 연계 타결하는 방안도 모색하였다.

제6차 협상에서 기존 입장을 계속 견지하였다. 문안 절충이 필요한 내용은 국내 제도의 변경을 수반하지 않으면서, 양자간 교역 확대에 도움이 되는 방향으로 합의 노력하고 농업 분야에서 농산물 특별 세이프가드, 관세할당제도(TRQ) 관련 문안의 구체적인 내용은 품목별 민감성을 반영하는 방향으로 협상 진행하였다. 섬유 분야는 12월 8일 양측 고위급이 마련한 협상 기본틀에 기초하여 협상을 진행하고 한국 측 관심 품목 위주로 원산지기준의 완화를 요구하였다. 원산지 및 통관절차 분야에서 기술적인 잔여 내용에 대해서는 합의 도출을 추진하고 품목별 원산지 기준에 대한 협상 속도를 가속화하면서, 양국 간 주요 교역 품목에 대해서는 한국 업계의 이해 반영에 노력하고 통관 분야 잔여 쟁점에 있어 통관절차 간소화 및 신속화에 도움이 되는 합의방안을 마련하도록 하고 개성공단 제품에 대한 특례원산지 인정 문제와 관련, 실무적 논의를 지속하였다. 기술장벽(TBT) 분야에서 투명성 조항과 같이 제도적으로 수용 가능하고, 논리적으로 타당한 내용은 타협방안을 적극 모색하였다. 투자 분야에서 수용에 대한 국제중재절차의 배제 입장을 유지하면서, 수용 관련 부속서 개정안에 한국 측 관심사항을 최대한 반영하여 추진하고 투자분쟁해결절차의 투명성은 가능한 타협안을 모색하고, 기타 기술적인 부분에 대해서는 신축성을 가지고 합의가 도출되도록 노력하며 한국 측 주요 관심사항인 전문직 비자 쿼터 설정을 지속 요구하고, 양국 간 전문직 분야 자격의 상호 인정 추진을 위한 협의 메커니즘에 대한 구체적 논의를 진행하여 합의문안 도출을 추진하도록 했다. 금융서비스 분야 유보안의 상호 관심내용에 대한 검토결과를 확인하고, 양측 우려사항을 균형적으로 반영할 수 있는 타협 가능한 방안 마련을 추진하고 일시 세이프가드의 도입에 미국 측의 원칙적 합의를 지속 요구하면서, 세부 내용에 대한 미국 측 우려를 협의하도록 했다. 통신서비스 분야에서 기존 입장을 견지하였으나 기술선택의 자율성에 대해서는 정부의 정당한 기술표준정책 권한을 확보하는 수준에서 협의하도록 했다. 기타 분야 쟁점들은 기존 쟁점에서 진전이 거의 없었는데 경쟁 분야에서 독점 · 공기업 관련 조항, '기업집단(재벌)', 지적재산권이 그러하였으며 정부조달 분야에서 양허대상에 미국 측 주정부를 포함시키는 것을 최우선적으로 요구하고, 양측 간 조달시장에 실질적인 접근을 개선하는 내용을 미국 측에 지속 요구하도록 했다. 노동 및 환경 분야에서 국내 노동 및 환경보호 수준의 강화에 도움이 되는 내용은 긍정적으로 검토하되, 노동 분야 공중의견 제출제도, 노동/환경법 집행 실패시 분쟁해결절차 등에 대해서는 타협 가능한 방안을 모색하고 투명성, 분쟁해결 등 협상 전체적인 관점에서 검토가 필요한 사안은 관련된 다른 분과의 협상진행내용과 연계하여 대응하도록 하였다.

제7차 협상에서 주요 핵심 쟁점은 주고받기식 '빅딜' 이었다. 한국 측은 한국 측 관심 분야인 무역구제와 미국 측이 요구하는 자동차 세제 및 의약품 분야 제도개선을 상호 연계하겠다고 하였으며 7차 협상의 목표는 핵심 쟁점들의 타결 방안을 모색하고 나머지 쟁점에 대해선 최대한 합의를 도출하는 것' 이라고 말했다. 이에 따라 한국 측 협상단은 이번 협상에서 미국이 내놓는 반덤핑절차 개선 수준에 맞춰 한국 측의 배기량 기준 자동차 세제 및 의약품 분야 양보 수준을 결정, 제시할 것으로 전해졌다. 서비스 · 투자 분야에서는 전문직 비자쿼터 허용 및 해운시장 개방(한국 측 요구)과 특급배달 서비스 개방(미국 측 요구) 등을, 섬유 분야에서는 관세 개방안 개선 및 원산지기준 완화(한국 측 주장)와 우회수입방지 및 섬유 세이프가드(긴급수입제한조치) 인정(미국 측 주장) 등을 각각 연계할 수 하도록 하였다. 농업 분야의 경우 사료용 콩 · 밀 등 한국 측 입장에선 민감성이 낮지만 미국에 이익이 가는 품목의 관세 개방과 쇠고기 등 한국 측 민감 품목의 개방을 연계하기로 했다. 또 금융 분야의 일시적 세이프가드 도입 등 나머지 쟁점 현안들도 절충안 마련을 위해 융통성을 최대한 발휘하기로 하였다.

제8차 협상은 모든 분야에서 전향적인 협상 자세를 견지하였으며, 전체 협상의 타결을 추진하였다. 한국 측 관심사항의 반영을 적극 추진하면서, 전 분야에서 협상 타결을 위해 최대한 융통성을 발휘하였고 소수 미타결 쟁점이 있을 경우, 3월말 이전에 고위급 협의를 통해 최종 합의 도출하도록 하였다. 관세 양허안 및 서비스/투자 유보안 협상에 관해서도 양측 이해가 균형적으로 반영된 합의안 도출을 추진하도록 하였다. 상품 양허안에서 자동차 품목의 조기 관세철폐를 집중 요구하고, 양측 양허안의 추가 개선을 통해 양허협상을 마무리하도록 하였다. 한국 측 관심 공산품에 대한 양허개선이 지속되도록 요구하고 수산물 및 임산물은 한국 측의 민감성을 반영하여 추진하는데, 다만 소수 임 · 수산물은 다양한 보호방식(TRQ, 장기 관세철폐 등)을 모색하도록 하였다. 농업 분야 양허안 협상은 3월 5-6일간 개최된 고위급 협의결과에 기초하여, 소수 초민감 품목을 제외한 전 품목의 양허 수준의 합의를 추진하고 세이프가드, TRQ 등을 활용하여 품목별 민감성을 반영한 양허내용 및 양허방식으로 절충안을 추진하도록 했다. 섬유 협상에서 미국 측 섬유 양허안의 대폭 개선을 요구하였는데 미국 측 관심사항인 우회방지 통관협력에 대해서는 양허 협상과 병행하여 전향적인 절충안을 마련하고 한국 측 주요 관심 품목에 대하여 'short supply list'[52] 등 원사기준 완화를 요구하였다. 서비스/투자 유보안 협상에 관하여는 양측 유보내용 중 공감대가 확인된 부분에 대해서는 구체적인 문안조정의 마무리를 추진하고 양측의 관심 분야 간 연계 대응을 통해 한국 측 관심사항이 최대한 반영되도록 하며 국내 소비자 후생 증대 및 경쟁 촉진 차원에서 개방이 필요한 서

52 공급이 부족하다고 결정된 특정소재의 역외조달을 허용하는 규정으로서 NAFTA, 미 · 싱가포르 FTA, CAFTA 등에 규정된 바 있는 원사기준 예외방안.

비스 · 투자 분야는 적극 유연성을 발휘하면서, 유보안 협상의 마무리를 추진하도록 했다. 협정문상 모든 잔여 쟁점들은 제8차 협상에서 전향적 절충안으로 협상 타결을 추진하여 양측이 교환한 수정안에 대하여 최대한 유연성을 발휘해 나가는 방향으로 협의하여 합의가 도출되도록 했다.[53]

2007년 4월 2일 한 · 미 양국은 협상 타결을 발표하였다. 미국 측은 민감한 부문인 쌀과 쇠고기 문제는 전혀 언급하지 않는 대신 '10억 달러 이상의 미국 농작물 수출품이 즉시 무관세 혜택을 받을 것' 이라며 '남아 있는 대부분의 관세와 쿼터(수입물량) 제한도 10년에 걸쳐 단계적으로 철폐될 것' 이라고 협상의 성과를 부각시켰다. 반면 한국 측은 쌀을 양허(개방)대상에서 제외하고, 쇠고기 관세를 15년에 걸쳐 점진적으로 철폐하기로 했다고 발표했다. 또 수확기 오렌지, 식용 콩, 감자, 분유, 꿀 등은 한국 농업의 민감성을 반영해 현행 관세를 유지하기로 했다고 밝혔다. 개성공단과 관련된 내용은 미국의 발표 자료에서는 찾을 수 없었다. 한국 측 발표문엔 한 · 미 양국이 개성공단을 '역외 가공지역' 으로 지정할 수 있는 근거를 마련한 부분을 비중 있게 다루었다. 한국 측은 미국의 승용차 관세가 즉시 또는 3년 안에 모두 철폐된다는 사실에 무게를 실어 발표했다. 이에 비해 미국 측은 "승용차를 한국 시장에 수출하는 데 오랫동안 중요한 장애물이었던 배기량 기준의 자동차세 차별을 없애기로 했다"고 밝혔다. 또 "협정문은 미국 자동차 제조업체들이 우려하는 특수 조항까지 언급하는 등 강력한 조치를 담고 있다"고 강조했다. 미국 측은 투자자 보호와 관련, 자국의 투자자들이 한국에서 현지인과 똑같은 지위를 받게 될 것이라고 말했다. 이에 비해 한국 측은 다른 쟁점에 더 초점을 맞추었고 한국 정부의 공공정책으로 뜻하지 않게 피해를 본 미국 투자자가 보상 받을 수 있는 대상에서 부동산 · 조세정책 등이

53 외교통상부 홈페이지 참조.

제외된 사실을 강조했다(조선일보 07/04/02).

이후 한 · 미 양국은 6월 30일 협정 서명을 목표로 미 의회가 제시한 관심사항을 중심으로 추가협상을 추진하고 있다. 6월 30일은 미국 측의 무역촉진법의 시한이기도 해서 미 의회의 간섭을 최소화하고자 하는 양측 협상 팀은 30일을 최종 시한으로 설정해 둔 상태이다.

주요연표

〈한 · 칠레 FTA〉

1998. 11. 대외경제조정위원회에서 FTA 첫 상대국으로 칠레를 선정.

1998. 11. APEC 정상회의에서 한 · 칠레 양국 간 FTA 추진에 합의.

1999. 4. 6. 고위급 작업반 회의 2회 개최.

1999. 9. APEC 정상회의에서 양국 간 FTA협상 개시 합의.

1999. 12. 제1차 협상 개최(산티아고).

2000. 2. 제2차 협상 개최(서울).

2000. 5. 제3차 협상 개최(산티아고).

2000. 11. APEC 정상회의에서 협상 조기 타결 입장확인.

2000. 12. 제4차 협상 개최(서울).

2001. 6. 10. 상품 양허안 별도 협의 2회 개최(제네바).

2002. 2. 양허안 협상재개를 위한 고위급 협의 개최(L.A.).

2002. 8. 제5차 협상개최(산티아고).

2002. 9. 10. 상품양허안 별도협의 2회 개최(제네바).

2002. 10. 제6차 협상 개최, 협상 타결(제네바).

2003. 2. 15. 정식 서명(서울).

〈한 · 싱가포르 FTA〉

1999. 9. APEC 정상회담에서 고촉통 싱가포르 당시 총리가 FTA 체결제안.

2002. 11. 시드니 WTO 각료회의 계기 한 · 싱가포르 통상회담에서 FTA 체결을 위한 산관학 공동연구회 발족합의.

2003. 10. 한 · 싱가포르 정상회담에서 정부 간 협상 개시 선언.

2004. 1. 제1차 협상 개최(싱가포르).

2004. 3. 제2차 협상 개최(서울).

2004. 5. 제3차 협상 개최(싱가포르).

2004. 7. 제4차 협상 개최(제주도).

2004. 9. 실무협의 개최(방콕).

2004. 10. 제5차 협상 개최(싱가포르), 실무협의 개최(방콕).

2004. 11. 실무협의, 칠레 APEC 정상회담 및 라오스 ASEAN+3 정상회담을 계기로 한 · 싱가포르 통상장관회담에서 잔여쟁점 협의.

2004. 11. 라오스 ASEAN+3 정상회담 계기 한 · 싱가포르 정상회담에서 FTA협상의 실질적 타결 선언.

2005. 8. 4일, 협정문 정식서명(서울).

〈한 · ASEAN〉

2004. 2. 전문가그룹 구성 및 상호 통보, 1차 회의에 대비, 의제(안) 발굴 및 ASEAN측 제도와 관행에 관한 질문서 준비, 사전 전달.

2004. 3. 제1차 전문가회의 개최(자카르타).

2004. 4. 제2차 전문가회의 개최(서울).

2004. 6. 제3차 전문가회의 개최(싱가포르).

2004. 7. 제4차 전문가회의 개최(서울).

2004. 8. 제5차 전문가회의 개최(자카르타), 한 · ASEAN FTA 추진 관련 공청회 개최, 실무조정회의.

2004. 11. 30일, 한 · ASEAN 정상회의에 공동보고서 채택 및 2년 내 타결을 목표로 FTA협상 개시선언.

2005. 2. 23-25일, 제1차 협상 개최(자카르타).

2005. 4. 19-21일, 제2차 협상 개최(서울).

2005. 6. 8-10일, 제3차 협상 개최(싱가포르).

2005. 7. 19-20일, 제4차 협상 개최(방콕).

2005. 9. 6-9일, 제5차 협상 개최(서울).

2005. 9. 23일, 제6차 협상 개최(라오스).

2005. 9. 28일, 한 · ASEAN 통상장관회의(라오스) 개최.

2005. 9. 29일, 제2차 한 · ASEAN 경제장관회의.

2005. 10. 11-14일, 제7차 협상 개최(베트남).

2005. 11. 16일, APEC 계기 한 · ASEAN 통상장관회의(부산) 개최.

2005. 11. 24-25일, 제8차 협상 개최(콸라룸푸르).

2005. 12. 9일, 한 · ASEAN 통상장관회의에서 상품자유화 방식 합의.

2005. 12. 13일, 한 · ASEAN 정상회의에서 포괄적 경제협력에 관한 기본협정(Framework Agreement)에 정식 서명.

2006. 2. 4-7일, 제9차 협상 개최(자카르타).

2006. 3. 6-10일, 제10차 협상 개최(자카르타).

2006. 4. 23-28일, 제11차 협상 개최(프놈펜), 한 · ASEAN FTA의 상품무역협상 타결.

2006. 5. 22-26일, 제12차 협상 개최(서울).

2006. 7. 3-7일, 제13차 협상 개최(콸라룸푸르).

2006. 8. 24일, 한 · ASEAN 경제장관회의 (콸라룸푸르), 한 · ASEAN FTA 상품협정 재서명 및 개성공단 제품 특별관세부여 이행 관련 서한 서명 및 교환.

〈한 · 일 FTA〉

1998. 10. 한 · 일 양국은 정상회담에서 '21세기 새로운 한 · 일 파트너십' 발표.

1998. 11. 양국 통상장관 회담시 양국 간 FTA 추진에 관한 민간연구를 추진 합의.

1999. 3. 오부치 총리 방한 중 '한 · 일 경제협력 의제21' 을 기반으로 한 IDE와 KIEP 공동연구 발족.

2000. 5. 22일, IDE · KIEP 1차 공동연구결과 발표.

2000. 9. 1일, 민간교류단체인 한 · 일포럼에서 양국의 FTA 체결희망 의사를 표명.

2000. 9. 24일, 김대중 대통령 방일 중 '한 · 일 FTA 비즈니스 포럼' 발족 합의.

2000. 9. 28일, IDE-KIEP 2차 공동연구결과 발표.

2001. 5. '한 · 일 FTA 비즈니스 포럼' 구성.

2001. 9. 1차 한 · 일 FTA 비즈니스 포럼 개최(서울).

2002. 1. 25일, 2차 한 · 일 FTA 비즈니스 포럼(도쿄)에서 양국 FTA 체결을 위한 정부 간 협상을 촉구하는 공동선언문 채택.

2002. 3. 고이즈미 일본총리 방한 시 한 · 일 FTA 산관학 공동연구회 발족을 제의.

2002. 7. 9-10일, 한 · 일 FTA 산관학 공동연구회 제1차 공동회의 개최(서울).

2002. 10. 1-2일, 한 · 일 FTA 산관학 공동연구회 제2차 공동회의 개최(도쿄).

2002. 12. 4-5일, 한 · 일 FTA 산관학 공동연구회 제3차 공동회의 개최(부산).

2003. 1. 1일, 한 · 일 BIT 발효.

2003. 2. 6-7일, 한 · 일 FTA 산관학 공동연구회 제4차 공동회의 개최(도쿄).

2003. 4. 14-15일, 한 · 일 FTA 산관학 공동연구회 제5차 공동회의 개최(서울).

2003. 5. 7일, 한 · 일 비관세조치 협의회 제1차 회의(서울).

2003. 7. 11-12일, 한 · 일 FTA 산관학 공동연구회 제6차 회의 개최(후쿠오카).

2003. 9. 1-3일, 한 · 일 FTA 산관학 공동연구회 제7차 공동회의 개최(서울), 한 · 일 비관세조치 협의회 제2차 회의(9. 1) 개최.

2003. 10. 2일, 한 · 일 FTA 산관학 공동연구회 제8차 공동회의 개최(서울).

2003. 10. 20일, 제11차 APEC 정상회의 기간에 양국정상은 2005년 FTA 타결을 목표로 연내 정부 간 협상 개시에 합의.

2003. 12. 22일, 한 · 일 FTA 제1차 협상 개최(서울).

2004. 2. 23-25일, 한 · 일 FTA 제2차 협상 개최(도쿄).

2004. 4. 26-28일, 한 · 일 FTA 제3차 협상 개최(서울).

2004. 6. 23-25일, 한 · 일 FTA 제4차 협상 개최(도쿄).

2004. 8. 23-25일, 한 · 일 FTA 제5차 협상 개최(경주).

2004. 9. 1-4일, 한 · 일 FTA, 중소기업지방설명회(광주, 대전).

2004. 11. 1-3일, 한 · 일 FTA 제6차 협상 개최(도쿄).

〈한 · 미 FTA〉

2003. 8. FTA 추진 로드맵 마련(중장기적 과제로 미국 등 거대경제권과의 FTA

추진 상정).

2004. 5. USTR 부대표 한 · 미 FTA 체결에 대한 관심 표명.

2004. 11. APEC 계기 한 · 미 통상장관회담(칠레)에서 FTA 추진 가능성 점검을 위한 사전 실무 점검회의 개최 합의.

2005. 2. 3일, 한 · 미 FTA 사전실무점검회의 제1차 회의 개최(서울).

2005. 3. 28-29일, 한 · 미 FTA 사전실무점검회의 제2차 회의 개최(워싱턴).

2005. 4. 28-29일, 한 · 미 FTA 사전실무점검회의 제3차 회의 개최(워싱턴).

2005. 5. 2일, OECD 각료이사회 계기 한 · 미 통상장관회담(파리).

2005. 6. 3일, APEC 계기 한 · 미 통상장관회담(제주).

2005. 9. 20일, 한 · 미 통상장관회담(워싱턴).

2005. 9. 미 행정부, 한국 등 4개국을 FTA 우선협상대상국으로 선정.

2005. 10. 11일, 한 · 미 통상장관회담(제네바).

2005. 1. 16일, APEC 계기 한 · 미 통상장관회담(부산).

2006. 1. 31일, 통상교섭본부장-Portman USTR 대표 면담(워싱턴).

2006. 2. 2일, 한 · 미 FTA 추진 관련 공청회 개최.

2006. 2. 3일, 한 · 미 FTA 추진 발표.

2006. 3. 6일, 한 · 미 FTA 제1차 비공식 사전준비협의 개최.

2006. 4. 17-18일, 한 · 미 FTA 제2차 비공식 사전준비협의 개최.

2006. 6. 5-9일, 한 · 미 FTA 제1차 공식협상 개최(워싱턴).

2006. 7. 10-14일, 한 · 미 FTA 제2차 공식협상 개최(서울).

2006. 9. 6-9일, 한 · 미 FTA 제3차 공식협상 개최(시애틀).

2006. 10. 23-27일, 한 · 미 FTA 제4차 공식협상 개최.

2006. 12. 4일, 한 · 미 FTA 제5차 공식협상 개최.

2007. 1. 15일, 한 · 미 FTA 제6차 공식협상 개최.

2007. 2. 11일, 한 · 미 FTA 제7차 공식협상 개최.

2007. 3. 8일, 한 · 미 FTA 제8차 공식협상 개최.

2007. 4. 2일, 한 · 미 FTA협상 타결 발표.

2007. 6. 30일, 한 · 미 FTA 최종 서명.

참고문헌

강문성 · 나수엽. 2002. "미국 부시행정부의 대외통상정책과 시사점." 『조사분석』 2002-10-20(KIEP).

권율. 2004. "한 · ASEAN FTA협상의 주요 쟁점 및 추진방향." 『세계경제』 9월호 (KIEP).

김양희. 2000. "일본-싱가포르 자유무역협정(FTA)체결과 한국에의 시사점." 『세계경제』 제3권 11호.

김영무. 2006. "5억 거대시장 아세안과의 FTA 기본협정 서명." 『나라경제』 1월호.

김호섭. 2001. "아시아 경제위기 이후의 일본의 지역주의: 한 · 일자유무역협정 논의의 전개를 중심으로." 『한국정치학회보』 제35권 1호(한국정치학회).

김호섭. 2004. "일본의 FTA 정책과 국내정치." 『일본연구논총』 제19호(현대일본학회).

대외경제정책연구원. 2006. "FTA 관련 국내대책 수립사례: 멕시코 · 싱가포르 · 칠레 · 호주."

무역연구소 FTA 연구팀. 2003. "미국의 FTA 추진전략 및 시사점."

무역연구소 FTA 연구팀. 2004. "미-칠레, 미-싱가포르 FTA 발효와 우리 무역에 대한 영향."

박영환. 2006. "한 · 일 FTA의 최대장애: 늘어만 가는 한국의 대일무역적자." KOTRA 나고야 무역관 동향보고서. 02/28.

박형래 · 박영기. 2006. "한국의 선택: 한 · 미 자유무역협정 체결의 선결조건." 『관세학회지』 제7권 제1호(한국관세학회).

배긍찬. 1999. "동아시아 지역협력 추진 전망." 『정책연구시리즈』(외교안보연구원).

손기윤. 2005. "한 · 미 자유무역협정 협상전략연구: 효과적인 국내협상전략." 『협상연구』 제11권 1호(한국협상학회).

송희영. 2006. "한 · 일 양국의 통상정책과 FTA협상전략에 관한 연구." 『관세학회지』 제7권 제1호(한국관세학회).

안병수. 2005. "일본-싱가포르 자유무역협정(JSEPA)의 원산지규정에 관한 고찰." 한국경제학회(2005 경제학 공동학술대회).
오가와 유헤이. 2004. "지역판 자유무역협정 제창." 『국제통상연구』 제9권 제2호(한국국제통상학회).
외교통상부. 2005. "한 · 싱가포르 FTA의 주요 내용."
외교통상부. 2003. "한 · 칠레 FTA 주요 내용."
외교통상부. 주요자유무역협정 보도자료.
유관영 · 신현수 · 사공목. 2003. "일본의 FTA 전략과 시사점: 일-멕시코 FTA를 중심으로." 산업연구원.
유명희. 2004. "한 · 싱가포르 FTA협상 추진 현황과 향후 전망." 『관세와 무역』 9월호.
유현석. "한 · 칠레 자유무역협정의 국내정치." 모종린 · 최병일(편저). 『한국의 통상협상』. 오름.
윤덕민. 2005. "한 · 일관계, 어떻게 풀어야 하는가." 『한국논단』 8월호.
이윤영. 2005. "한 · 싱가포르 FTA 타결." 『나라경제』 1월호.
이준규. 2006. "미국이 맺은 FTA 분석." 대외경제정책연구원.
이홍배. 2004. "일 · 멕시코 FTA 체결의의와 정책적 시사점." 『세계경제』 제04-06호(KIEP).
이홍배. 2000. "일본의 대외교역변화와 향후 전망." 『세계경제』 제3권 5호(KIEP).
이홍배 · 김양희 · 김은지 · 정훈. 2003. "일본의 통상정책 변화와 한국의 대응방안: FTA 정책을 중심으로." 『정책연구』 03-09(KIEP).
전재완. 2003. "싱가포르의 FTA 추진전략과 시사점." 『세계경제』 8월호(KIEP).
정성춘. 2004. "일본 · 멕시코 FTA의 주요 내용과 한국에의 시사점." 『세계경제』 10월호(KIEP).
정인교. 1998. "미국 FTA 정책의 전개와 시사점." 『정책연구』 98-16(KIEP).
정인교. 2004. "한 · 일 FTA의 경제적 영향과 협상에 대한 시사점." 대외경제정책연구원.
정인교. 2003. "한 · 칠레 FTA 이후 FTA 추진방향과 정책시사점." 『응용경제』 제5권 제2호(한국응용경제학회).
조성대. 2006. "CEO REPORT: 미국의 무역조정 지원 사례 및 시사점." 전경련.
최태욱. 2001. "대외통상정책의 국제 정치와 국내정치: 한 · 일 FTA를 중심으로." 『한국정치학회보』 제35권 3호(한국정치학회).
KDI 한국경제 관련 외신보도자료 2006년 4월 17일자.
머니투데이 04/08/10
국민일보 06/06/11
한국일보 06/07/14
중앙일보 06/09/11
대외경제정책연구원(http://www.kiep.go.kr)
대한무역투자진흥공사(http://www.kotra.or.kr)
무역협회(http://www.kita.net)
무역협회무역연구소 FTA 포탈
(http://www.kita.net/newtri/new_fta_info/fta_intro.jsp)
산업연구원(http://www.kiet.re.kr)
산업자원부 FTA 동향 자료실(http://www.mocie.go.kr)
삼성경제연구소(http://www.seri.org)
싱가포르 FTA 사이트(http://www.fta.gov.sg)
외교통상부 FTA 국(http://www.fta.go.kr)
전국경제인연합 FTA 자료실(http://www.fki.or.kr/curiss/fta/)
한국개발연구원(http://www.kdi.re.kr)
한국농촌경제연구원(http://www.krei.re.kr)
USTR. Future Free Trade Area Negotiations, Washington, D.C.: USTR, May 1, 1997.
USTR. Recommendations on Future Free Trade Area Negotiations, Washington, D.C.: USTR, September 25, 1997.
USTR. 2002 Trade Policy Agenda and 2001 Annual Report of the President of the United States on the Trade Agreements Program, Washington, D.C.: USTR, 2002.

제2장 협상이론과 사례분석(Ⅱ)
—한 · 일 어업협상(1998)

1. 문제제기

빅터 D. 차는 한 · 일관계를 설명함에 있어서 "유사동맹가설"을 제시하고 있다(빅터 차 2004). 유사동맹가설은 한 · 일 양국이 미국과의 동맹관계에서 방기되거나 연루되는 우려를 비슷한 정도로 가지게 될 경우 상대방에 대해 협력적이 되고, 방기와 연루의 우려가 비대칭적일 경우는 대립적이 된다는 것이다. 이 가설은 한 · 일관계의 협력과 대립의 동태성을 미국의 동아시아 정책과의 함수관계 속에서 설명하고 있다. 유사동맹이란 '두 국가가 서로 동맹을 맺지는 않았지만, 제3국을 공동의 동맹국으로 지니고 있는 관계'를 뜻한다. 유사동맹 모델은 갈등과 협력을 되풀이하는 두 국가의 행위를

* 이 논문의 원 출처는 다음과 같다. 양기웅. 2006. "탈냉전기 한 · 일관계—내정과 외교의 융합," 김영작 편저, 『일본은 우리에게 무엇인가』. 한울.

설명하기 위해 두 가지의 가설을 제시하고 있다. 쌍무적인 관계에서 두 나라가 느끼는 방기(放棄: abandonment)와 연루(連累: entrapment)의 불안에 서로 차이가 있을 때(asymmetrical), 양국 사이에는 갈등이 벌어질 것이다(가설 A). 그러나 삼자 내지는 다자관계에서 두 나라가 서로에 대해서나 제3국에 대해서 느끼는 방기와 연루의 불안의 정도가 비슷할 때(symmetrical), 양국은 서로 협조할 것이다(가설 B). 이 이론에 의하면 한 · 일 양국은 미국과의 동맹관계에서 방기되거나 연루되는 우려를 비슷한 정도로 할 경우 상대방에 대해 협력적이 되고, 방기와 연루의 우려가 비대칭적일 경우는 대립적이라고 했다.

빅터 차의 유사동맹가설은 거시적 관점에서 한 · 일관계의 동태성을 설명하기에는 아주 유용하며, 특히 냉전시기의 한 · 일관계를 잘 설명할 수 있는 이론적 업적이다. 하지만 여기에도 중대한 약점은 있어 보인다. 우선 시기 구분이 얼마나 현실과 잘 부합되는가라는 점이다. 가령 1980년대 한 · 일관계를 '갈등적' 이라고 말하고 있는데 이 시기에 전후 최초의 양국 정상회담 개최, 40억 달러 차관 제공, 천황의 사과발언 등이 있었다. 이 시기의 한 · 일관계를 대단히 '협력적' 이라고도 얘기할 수 있는 증거는 얼마든지 있다. 두 번째로 미국의 정책을 그렇게 뚜렷하게 이분법적으로 시기 구분할 수 있는가라는 문제의식이다. 가령 1965년 한 · 일 국교정상화는 미국이 국교정상화를 통해서 한국에 대한 부담의 일부를 일본에게 떠넘기는 것이었기 때문에 이는 '불개입' 에 가까운 것이며 따라서 불안을 비슷하게 느낀 한 · 일이 협력했다고 할 수 있지만, 미국의 '개입' 정책으로 한 · 일이 국교를 정상화했다고도 주장할 수 있다. 결국 유사동맹가설의 문제점은 한 · 일관계나 미국의 대 아시아 정책을 이분법적으로 나누기가 쉽지 않다는 데 있다. 이분법적인 시기 구분은 현실적이지 못한 '관념적 한 · 일관계' 일 수도 있다. 그럼에도 불구하고 빅터 차의 가설이 냉전기의 한 · 일관계에 대해 상당한 설명력을 제공하고 있는 것은 분명하다.

그러면 탈냉전기 한 · 일관계에도 빅터 차의 가설은 여전히 유효성을 지니는가? 만약 탈냉전기의 한 · 일관계가 냉전기의 그것과 차이성을 보인다면 차이성의 중요한 내용은 무엇인가? 이 글에서는 1997-1998년의 신한 · 일 어업협정을 둘러싼 정치과정과 협상과정을 살펴봄으로써 탈냉전기 한 · 일관계의 특징을 분석하고 빅터 차의 가설을 재검토하면서 필요하다면 새로운 가설을 제시하고자 한다.

2. 기존 가설의 검토

1997-1998년의 신한 · 일 어업협정을 둘러싼 국제협상과 국내 정치는 많은 퍼즐로 구성되어 있다. 신한 · 일 어업협정의 사례는 한 · 일관계의 협력과 대립의 동태성을 분석하기에 대단히 좋은 사례이다. 한 · 일관계는 언제 협력적이고 또 언제 적대적인가? 왜 일본은 한 · 일 어업협정을 일방적으로 파기했는가? 왜 한국은 일방적 파기 선언에도 불구하고 개정 협상에 응했고 또 새로운 협정에 합의했는가? 왜 한국은 국회비준까지 끝난 협정의 재협상을 일본에게 요청했는가? 왜 일본은 전례 없는 '재협상' 논의를 수용했는가?

이 글에서는 우선 한국과 관련된 의문에 한정하여 사례를 살펴보고자 한다. 즉, "왜 한국 측은 일본이 어업협정을 일방적으로 파기했음에도 불구하고 개정협상에 응했으며, '졸속외교' 라는 국내적 비판에도 불구하고 일본과의 어업협정을 조속히 합의한 이유는 무엇인가? 또한 한국의 국내 정치에서 일부의 강력한 반발과 저항에도 불구하고 결국 협정의 비준이 성공한 이유는 무엇인가"에 대한 답을 찾아보고자 한다.

1998년의 협상결과를 평가하는 것은 관점에서 따라서 큰 차이가 난다. 실제로 협상결과를 평가하는 것 자체가 어려운 일이다. '대일굴욕외교' 라는 관점도 있고 '국익관철의 합리적 결과' 라는 평가도 있다.

하지만 협상과정, 정치과정을 보면 이 사례가 '특이' 한 것도 사실이다. 첫째, 일본 측의 일방적 협정 파기 통고에도 불구하고 한국 측의 대응이 대단히 타협적이었다는 것이다. 둘째, 협정 파기 선언 이전의 몇 년의 협상과정과 98년의 협상과정을 비교해 보면 협상태도와 주장에서 한국 측이 타협적으로 변했다는 것은 쉽게 확인할 수 있다. 또한 셋째, 양국의 협상안과 협상결과를 비교해 보면 일본 측의 주장이 많이 관철된 것을 확인할 수 있다.

그러나 더욱 '특이' 한 현상은 한 · 일협상을 둘러싼 한국의 국내 정치에서도 발견된다. 일본 측의 주장이 상당 부분 그대로 관철된 협상결과도 그러하지만 '독도' 를 우리 측의 배타적 경제수역에 포함시키겠다는 몇 년 동안의 주장이 일본 측의 완강한 반대에 직면하여 결국 철회되었음에도 불구하고 최종적으로 신한 · 일 어업협정은 '법률적' 으로 그리고 '정치적' 으로 비준되었다. 물론 '쌍끌이' 문제에서 반대여론은 폭발했지만 일시적이었다.

여기에서는 한국 정부의 '타협적' 협상태도와 이를 '비준' 하는 국내 정치에 관심을 가진다. 다시 말해서 왜 한국 정부는 일본 측의 일방적인 파기 통보에도 불구하고 협정개정에 응했는가, 왜 몇 년간을 치열하게 대립했던 이전의 태도에서 선회하여 협상 개시 반년 만에 조속히 합의했는가, 그럼에도 불구하고 왜 국회와 여론은 이를 비준했는가라는 의문에 답하기 위하여 '국제 정치 차원의 두 가지 가설' 을 소개하고 우선 추론 수준에서 그 타당성을 검토하고자 한다.

1) 통화위기가설

"통화위기가설"은 한국이 이른바 'IMF' 위기를 극복하기 위해서 일본의 금융 지원이 절실했고, 일본의 금융 지원을 얻어내기 위해서 '신한 · 일 어업협상'에서 양보했다(혹은 타협적으로 변했다)는 것이다. 일종의 현실주의적 해석인 셈이다.

당시의 외자도입과 단기외채 현황을 살펴보면 실제로 일본으로부터의 지원이 절실한 상황이었다. 한국은 과거 외자도입을 미국에 의존하였으나 80년대 이후 점차 의존도가 일본으로 이동하였다. 1965년 한·일협정을 계기로 일본으로부터의 외자도입은 점차로 증가하여 20%대를 유지하다가 1980년대 중반에 들어서는 전체 외자도입 중 거의 절반에 해당하는 45%를 차지하게 되었다(임휘철 1995, 196). 일본이 단기외채를 만기 연장해 주지 않을 경우 한국은 가용 외화를 모두 일본에 상환하여야 하는 절박한 상황에 직면한 것이었다. 이를 수치로 살펴보면 신한·일 어업협상이 한창 진행 중이던 1997년 말 한국의 가용외환보유고는 80억 달러 정도인 데 비해, 1998년 중 만기가 돌아오는 금융기관의 1년 미만 단기차입금은 240억 달러나 되었고, 이중 30%가 넘는 약 80억 달러가 일본계 은행으로부터의 단기차관이었다.

이 같은 "통화위기가설"은 국제 정치의 현실주의적 관점에서 보면 일견 상당한 설득력을 지닌 것으로 보인다. 하지만 이 가설에 대한 문제점도 아울러 지적되고 있다.

첫 번째 반론은, 한국이 신어업협상에서 일본에게 전혀 양보한 것이 없다는 주장이다. 즉, 이 협정은 한·일 양국에게 공정하게 개정되었다는 것이다. 앞서도 말한 바와 같이 협상결과를 평가하기는 대단히 어렵다. 그러나 협상과정을 비교하거나 혹은 초기 협상안과 최종적인 협상결과를 비교해 보면 전혀 양보한 것이 없다는 주장에도 무리가 있어 보인다. 적어도 협상태도가 '타협적'인 자세로 변경된 것은 사실이다.

두 번째 반론은 한국의 양보는 '통화위기' 때문이 아니라 '유엔해양법협약'이라는 국제적 규범과의 합치성, 정합성 때문이었다는 해석이다. 즉, 한국이 어업협정개정에서 양보한 사항들은 거의 대부분이 유엔해양법협약의 규정과 관련이 있다는 것이다. 이 반론은 '일본 대중문화시장 개방정책' 과 '수입선다변화 정책 포기' 에도 적용된다. 당시 김대중-오부치 공동성명에 패키지로 포함되었고 또 다른 '대일양보' 정책의 사례로 지적되었던 이런 정책들도 'WTO(세계무역기구)' 등의 규범과의 정합성을 고려한 합리적이고 자발적인 조치였다는 것이다. 몇 년 후 일본에서는 이른바 '한류' 현상이라는 한국 문화 붐이 발생했고, 수입선다변화 정책의 포기 이후 전자 분야 등의 국제경쟁력이 더욱 강화되는 결과가 나타나기도 했다. 이는 당시의 대일정책이 '합리적' 이었다는 주장의 근거가 되기도 하다.

세 번째의 반론은 당시 한국에 대한 금융 지원은 일본의 국가이익에도 합치되는 조치였다는 주장이다. 즉, 한국이 양보를 하지 않더라도 일본은 자신들의 채권을 보호하기 위해서라도 단기채권의 만기 연장을 했을 것이고 따라서 한국은 이것 때문에 대일 양보를 할 필요는 없었다는 것이다. 하지만 이 주장은 사후적인 해석으로 보일 가능성이 높다.

"통화위기가설"은 일정한 설명력을 가지고 있는 듯이 보인다. 하지만 이 가설의 결정적인 한계는 설령 통화위기를 극복하기 위해서 김대중 정부가 대일 양보정책을 결정했다 하더라도 어떻게 국내적인 '비준' 을 이끌어낼 수 있었는가라는 질문에 답을 하지 못한다는 것이다.

2) 경제적 유사동맹가설

"경제적 유사동맹가설"은 신한 · 일 어업협상에서 한국이 일본에 '양보' 하거나 '타협' 한 것은 사실이지만 일본 또한 한국에 대해서 상응하는 '양보' 와 '타협' 을 했고 한 · 일이 '타협적' 이고 더 나아가 '협력적' 인 관계를 만들어 간 것은 미국의 '신자유주의적 아시아정책' (아시아 금융위기의 방기, 엄격한 IMF 프로그램을 통한 아시아 경제의 구조 변화 유도, 미국식 기준의 세계화 등)에 의한 '방기'의 두려움이 있었기 때문이라는 주장이다. 빅터 차의 "유사동맹가설"의 경제적 차원의 응용이라는 의미에서 "경제적 유사동맹 가설"이라고 이름을 붙였다.

"경제적 유사동맹가설"을 지지하는 사람들은 한국과 일본이 'AMF (Asian Monetary Fund)' 구상을 제창하고 그 가능성을 함께 모색했던 사실을 거론한다. 하지만 미국의 반대 시그널 정도에 일본이 '아시아통화기금' 구상을 쉽게 포기한 것을 보면 "경제적 유사동맹 가설"의 설득력은 떨어진다. 말하자면 미국의 '방기'에도 불구하고 일본은 '미국과의 동맹강화'의 선택을 한 셈이다.

사례의 경험적 사실관계도 "경제적 유사동맹가설"을 지지하지 않는다. 이 가설이 타당하다면 일본 측도 타협적이거나 협력적이어야 하는데 일본은 오히려 위기 상황에서 '갈등'을 촉발시키는 역할을 했다. 즉, 일본은 한국이 'IMF 위기'에 빠져든 바로 그 순간에 '한 · 일 어업협정'의 일방적인 폐기 선언을 한 것이다. 그 이후에도 일본이 신어업협정을 체결하는 과정에서 한국과 같은 정도로 '타협적'이었다고 평가하기도 어렵다.

이 사례에 국한해서 말하자면, 이미 한 · 일관계는 미국 변수로부터 독립적인 일정한 '자율성'의 영역을 만들어 가고 있고 '국내 정치'의 영향력이 점차 증대되는 모습을 보여 준다. 과거에도 한 · 일관계는 영토문제, 역사인식문제 등이 심각한 갈등요인을 안고 있었다. 하지만 냉전(혹은 미국과의 동맹)은 그러한 갈등이 국내 정치를 넘어서 한 · 일 간의 국제 정치에 투사되는 것을 차단시키거나 축소, 관리하는 기능을 수행해 왔다. 그러나 이 사례는 이제 한 · 일관계는 그 자체의 '자율성'을 가지면서 '국내 정치화'하고 있음을 보여 준다. 이런 관점에서 본다면 빅터 차의 가설은 탈냉전의 한 · 일관계를 설명함에 있어서 그 유효성이 감소하고 있다는 판단도 가능하다.

3. 신한 · 일 어업협상의 사례분석

여기에서는 실제의 사례분석을 통하여 사실관계에 입각하여 '기존가설'을 재검토하고자 한다. 이 과정에서 기존가설의 한계가 확인되면 '새로운 가설'의 제시도 시도해 본다.

1998년 한 · 일 어업협정의 공식 명칭은 '대한민국과 일본국 간의 어업에 관한 협정'이지만, 1965년도의 어업협정과 구별해서 여기에서는 1965년에 체결된 한 · 일 어업협정을 '한 · 일 어업협정'으로, 1998년 체결된 한 · 일 어업협정을 '신한 · 일 어업협정'이라고 부르기로 한다.

1) 신한 · 일 어업협상 개관

1965. 6. 22.	한 · 일, 어업협정 체결
1994. 11. 26.	UN, 해양법 협약 발효
1996. 1. 29.	한국, 유엔해양법협약 비준
1996. 5. 9.	한 · 일, 어업협정 개정 1차 실무회담 개최(1997. 11. 29. 까지 10차례 개최)
1996. 6. 20.	일본, 유엔해양법협약 비준
1996. 7. 5.	일본, 영해직선기선 공포(시행: 97. 1. 1)
1996. 8. 13.	한 · 일, 1차 EEZ 경계획정 협상(97. 11. 3. 까지 3차례 개최)
1997. 7. 8.	한 · 일, 외무장관회담(어선나포 재발방지 합의)
1998. 1. 23.	일본, 한국에 어업협정 파기 통고
1998. 1. 24.	한국, 어업자율규제 철폐
1998. 3.	일본, 오부치 외상 방한(어업협상 재개 합의)
1998. 4. 29.	한 · 일, 어업실무회담 재기(1998. 9. 24. 까지 7차례)
1998. 6. 24.	한국, 김대중 대통령, 사토 고코(佐藤孝行) 자민당어업특위위원장 면담
1998. 7. 1.	한국, 대일 어업자율규제 재개
1998. 9. 25.	한 · 일, 신한 · 일 어업협상 타결

1998. 11. 28. 한 · 일, 신한 · 일 어업협정 체결
1998. 12. 11. 일본, 중의원 신한 · 일 어업협정 비준 동의
1999. 1. 6. 한국, 국회 신한 · 일 어업협정 비준 동의
1999. 1. 23. 한 · 일, 신한 · 일 어업협정 발효
1999. 2. 5. 한 · 일, 어업 실무협상 타결
1999. 3. 8. 한 · 일, 쌍끌이, 복어채낚기 등 재협상(추가협상) 시작
1999. 3. 17. 한 · 일, 외무장관 재협상 합의문 발표

2) 1965년 한 · 일 어업협정

1947년 9월 27일, 맥아더 사령부는 일본 어선의 어업활동을 제약하는 이른바 '맥아더 라인'[1]을 선포하였다. 이후 미국은 냉전의 시작, 중국의 공산화, 한국전의 발발 등의 영향으로 대일점령정책을 변경, 대일강화조약을 조기체결하기로 정책을 선회하고 1951년 9월 이른바 '샌프란시스코 강화조약'[2]을 체결한다.

한국 정부는 일본 어선의 활동을 제약하던 '맥아더 라인'[3]이 강화조약체결로 무효화되기 전에 일본과 어업문제에 관한 해결을 꾀하고자 하였으나

1 맥아더 라인이란 일본의 어선이 자국연안에서만 어획을 허가하는 조치로서, 설정 당시는 일본 근해 12해리까지 어업활동을 제한하였고 목조선에만 해당되었으나 이 라인이 철폐된 1952년 4월 25일까지 점차 범위가 확장되었다.

2 이 조약은 제2차 세계대전 패전국 일본과 연합국 측이 체결, 1951년 9월 8일에 조인하여 1952년 4월 28일 발효하였다. 이 조약에서 한국 관련 조항은 제2조(a) 일본국은 한국의 독립을 승인하여 제주도, 거문도 및 울릉도를 포함하는 한국에 대한 모든 권리 및 청구권을 포기하는 것. 제4조 한국의 대일청구권에 관한 규정, 제9조 어업협정 체결에 관한 조약, 제12조 통상항해조약 체결에 관한 것이었다(국회도서관 입법조사국 1976, 117).

3 1947년부터 1951년까지 맥아더 라인을 침범하여 나포된 일본의 어선 수는 92척이었다(최성혁 1998, 25; 이범우 2003).

일본 측의 불응으로 회담은 열리지 않았다.

이후 한국 정부는 샌프란시스코 강화조약 제9조[4]에 의거해 일본 측에 어업회담을 제의하였으나 일본 측이 거절하자, 「인접해양의 주권에 대한 대통령선언」을 통하여 이른바 '평화선'을 1952년 1월 18일에 선포하게 된다. 하지만 일본 측은 평화선 선포에도 불구하고 평화선을 침범하여 불법어로활동을 계속하였고 이에 한국 정부는 나포 등의 강경 조치를 취하게 되었다.[5]

결국 1951년 10월 22일 예비회담을 시작으로 하여 1965년까지 14년 동안 7차례의 한 · 일회담이 열리게 되었다(이원덕 1996). 예비회담에서 별다른 성과는 없었고, 재일 한국인의 법적 지위 및 처우문제, 선박반환문제, 청구권문제, 어업문제를 의제로 할 것만을 결정하였다(수산사편찬위원회 1968, 691-703). 이후 한 · 일회담은 자유당 정권 하의 1차 회담부터 4차 회담까지는 주로 청구권을 둘러싼 법리 논의, 민주당 정권 하의 5차 회담에서 청구권 및 어업문제의 토의 등을 거쳐 1961년 5월 16일 군사혁명 이후의 본격적으로 진행되었다. 마침내 1965년 6월 22일 한 · 일 어업협정이 서명되었고, 1965년 12월 18일 발효되었다.[6]

1965년 한 · 일 어업협정의 주요 내용은 다음과 같다. 첫째, (협정 제1조) 한국과 일본은 양국의 영해기선에서부터 12해리까지를 어업전관수역[7]으로 설정한다. 둘째, (협정 제2조) 어업전관수역 이외에 공동규제수역을 설정하

---

4 제9조는 일본국은 공해에 있어서 어로의 규제 및 어업의 보존과 발전을 규정하는 다국간 협정체결을 희망하는 연합국과 조속한 시일 내에 교섭을 개시하기로 한다고 규정하고 있다.

5 1952년부터 1964년 말까지 평화선을 침범하여 나포된 일본의 어선과 선원은 각각 233척, 2,791명에 이르렀다.

6 한 · 일 어업협정은 전문과 10개조로 된 대한민국과 일본국 간의 어업에 관한 협정과 이에 따른 어업협력 등에 관한 4개의 교환공문, 합의의사록, 왕복서한, 토의 기록 및 구상서 4통도 발표되었다(손양수 1998, 55).

7 전관수역(專管水域)이라는 명칭은 법률용어는 아니며 한 · 일 어업회담 중 사용해 온

고, 공동규제수역에서는 어업자원의 최대 지속적 생산성 확보를 위하여 양국의 동등한 연간 총 어획량을 결정하는 등 잠정적 어업규제조치를 실시한다. 셋째, (협정 제4조) 공동규제수역 내의 위반어선 단속과 재판권은 기국주의[8]를 채택한다. 넷째, (협정 제5조) 공동규제수역 외측에는 공동자원조사수역을 설정하되, 수역의 범위와 구체적인 조사내용은 어업공동위원회에서 정한다. 다섯째, (협정 제6조) 협정의 운영을 위하여 양국 정부가 임명하는 3인의 위원으로 구성되고 협정의 시행에 필요한 권고기능을 갖는 어업공동위원회를 두기로 한다. 여섯째, (협정 제10조) 협정의 유효 기간은 발효일로부터 5년간이며, 그 후에는 어느 일방 당사국이 타방 당사국에 대하여 협정 종료의사를 통고하는 날로부터 1년간 효력을 갖기로 한다.

3) 1998년 신한 · 일 어업협정

(1) 협상과정

1994년 새로운 유엔해양법협약이 발효되자, 한 · 일 어업협정 필요성이 대두되었다.[9] 실제로 일본 측은 1970년대 후반부터 어업협정의 개정을 요구해 왔다.[10] 체결 당시 한 · 일 어업협정은 어업능력이 떨어지는 한국에게

통용어이며 정식으로는 배타적 어업수역이라고 하여야 된다. 전관수역의 의미는 연안국이 조약 또는 국내법적 조치로서 인근해양의 일정한 수역에 있어서 자국 어민에게만 어로를 허용하고 외국 어민은 이 수역에서의 어업을 금지하며, 이 수역을 침범하는 자에 대하여서는 배타적 관할권을 행사할 수 있는 수역이다(박종성 1966, 102). 처음에 한국 측은 40해리의 전관수역을 주장하였으나 결국 일본 측이 주장해 온 12해리 안을 수용하였다.

8 불법어업활동에 대한 단속을 그 어선이 속한 나라가 행하도록 한다는 의미. 평화선 선포 후 한국 측에 많은 어선을 나포 당한 일본이 강하게 요구한 사항.

9 유엔해양법협약(United Nations Convention on the Law of the Sea)은 국가 관할 수역에 관한 전통 국제법을 변화하는 해양 현실에 맞추어 대폭 수정한 것으로서, 1973년부터 1982년까지 개최된 제3차 유엔 해양법회의에서 오랜 협상과정을 거쳐 1982년 12월

불리하였으나 이후 조업능력의 향상으로 오히려 한국에게 유리한 '부메랑' 효과를 초래하였고[11] 한국 어선의 불법조업으로 일본 어민들의 피해가 늘어갔다. 그동안 한국 측은 일본의 개정요구를 무시해 왔지만 유엔해양법 협약의 발효로 더 이상 회피할 수만은 없게 되었다.

이에 따라 한 · 일 양국은 1996년 5월 9일에 제1차 한 · 일 어업실무자회담을 시작으로 1997년 11월 26일까지 10차례의 회담을 하였고, 1997년 12월에는 유종하 외무장관과 고무라(高村正彦) 일본 외무차관과의 2차례 회담을 실시하는 등 20여 개월에 걸친 협상을 계속하였다.

1997년 6월에 열린 제3차 어업회담에서 일본은 EEZ 경계획정 교섭이 독

10일에 채택되고, 1994년 11월 16일에 발효하였다. 유엔해양법 협약의 관점에서 보면 1965년 한 · 일 어업협정의 문제점은 다음과 같다. 첫째, 유엔해양법협약에서는 영해 12해리, 200해리 배타적 경제수역 설정으로 인하여 연안국의 인접수역관리권을 확대하고 있는 것에 비해 한 · 일 어업협정은 12해리 어업전관수역을 설정하고 있다는 점이다. 둘째, 기국주의에 대한 문제를 들 수 있다. 본래 기국주의란 재판 관할권만을 포함하는 것이 국제관례이며 정선명령(停船命令)과 임검(臨檢)은 어업협정에 있어서 가장 중요한 연안국의 권리로서 협정이 의도하고 있는 목적을 달성하기 위한 수단이 되어야 하기 때문에, 한 · 일 어업협정이 내포하고 있는 단속과 재판 관할권에 관한 기국주의 원칙은 유엔해양법협약에 맞지 않는다고 할 수 있다. 물론 유엔 해양법은 65년의 한 · 일 어업협정 이후의 국제법이기 때문에 65년 당시에는 전혀 고려될 수 없었다.

10 1960년대 말부터 한국의 원양어업선단이 북태평양 어장에 출어하기 시작했고, 베링해와 캄차카 반도 근해에서도 조업하였다. 그러나 1977년 당시 소련이 200해리 배타적 어업수역(EFZ: Exclusive Fishery Zone)을 선포하자 홋카이도 부근으로 밀려나게 되었다. 홋카이도 주변 수역은 일본의 트롤어업 금지구역으로서 이후 한 · 일 어업분쟁이 빈발하게 된다.

11 부메랑 효과는 크게 세 가지이다. 첫째, 한 · 일 어업협정상 어업전관수역은 양국 모두에게 인정되지만, 공동규제수역은 한국 연안에만 설치되어 있고, 일본 연안에는 설치되어 있지 않아서 한국 어선은 일본의 12해리 밖에서는 어디서나 조업자유를 누릴 수 있었다. 둘째, 기국주의를 택한 것도 어로활동과 능력이 많이 향상된 한국에게 유리하게 작용하였다. 셋째, 한반도 주변수역이 한중일의 남획으로 인하여 어족자원이 고갈된 반면, 어족자원이 풍부한 일본 홋카이도 주변에서의 한국 어선의 조업을 막을 조항이 한 · 일 어업협정에는 없었다.

도문제로 장기화할 가능성이 큰 만큼 우선 독도의 주변수역을 양국의 공동 관리 하에 두자는 이른바 '잠정수역안'을 거듭 제시하며 어업문제의 잠정적 해결을 요구했으며, 반면에 한국은 EEZ 경계획정 교섭이 타결돼야 어업협정을 체결할 수 있다는 점을 강조하면서 독도가 한국의 EEZ 경계 내에 포함된다면 일본 측의 잠정안을 검토할 수 있다는 입장을 전달했다(동아일보 97/06/13),

일본은 국내 여론과 자민당의 압력 등을 이유로 1997년 6월까지 개정이 이루어지지 않으면 어업협정을 파기하겠다는 협박을 했고, 실제로 자신들이 일방적으로 획정한 직선기선을 넘어 조업을 했다는 이유로 한국 어선을 나포하는 초강수를 두었다.[12]

이에 한국 정부는 1997년 7월 28일 쿠알라룸푸르에서 한 · 일 외상회담을 열어 그동안 중단되었던 어업협상을 재개하고 조속한 시일 내에 협상을 마무리 할 것을 합의했다. 여기서 한국은 기존에 내세워 왔던 'EEZ 경계획정과 어업협정 동시타결'을 '선(先) 어업협정 개정 수용' 쪽으로 양보하고, 대신에 일본의 직선기선영해, 한국 어선 나포사건, 한국 선원 구타사건문제 등 다른 현안에 있어서는 일본 측의 양보를 이끌어냈다. 이 회담에서 일본이 일방적으로 설정한 직선기선과 관련하여 양국 정부가 전문가 협의회의를 열어 타당성을 검토하기로 한 것은 그동안의 "직선기선은 주권적 권리

12 한국 측은 이에 대하여 한 · 일 어업협정 제1조에서 일방 체약국이 직선기선을 채택할 경우 타방 체약국과 협의할 것을 규정하고 있다고 반박했다(동아일보 97/06/30). 영해기선(Baseline of the territorial sea); 연안국의 영해 폭을 측정하는 기준선을 말하며, 여기에는 통상기선과 직선기선의 두 종류가 있다. UN 해양법협약은 연안의 저조선인 통상기선을 원칙적인 영해기선으로 규정하는 한편, 해안선의 굴곡이 심하거나 연안 가까이 섬들이 산재해 있는 경우에는 맨 바깥쪽의 지점을 직선으로 연결하는 직선기선도 인정하고 있음. 한국은 동해에 통상기선을, 남해와 서해에 직선기선을 채용하고 있음(수산경제연구원 홈페이지 「수산관련용어」)

이며 국제적 규칙으로 협의의 대상이 되지 않는다"는 일본의 입장에 비추어 보면 큰 변화라고 할 수 있다.[13] 하지만 이 회의에서도 일본 측은 1997년 9월까지 어업협정이 개정되지 않으면 국내적 압력으로 인하여 어업협정을 파기하게 될지도 모른다는 입장을 거듭 경고했다.

1997년 9월 17일, 자민 · 사민 · 사키가케 등 일본의 3당 연립여당은 협정 파기를 한국 정부에 통보할 것을 일본 외무성에 공식적으로 요청했다. 하지만 일본 외무성은 협상파기 요구를 수용하지 않고 '협상지속'의 입장을 고수했다.

1997년 10월, 약간의 진전을 보였는데 일본은 한 · 일 어업협정 개정문제와 관련하여 독도 주변 해역에 대한 한국과의 공동관리방안에 더 이상 집착하지 않겠다는 탄력적인 입장을 한국에 전달했다.

일본은 10월 30일과 11월 15일에 한국 어선을 직선기선 침범을 이유로 또 다시 나포했다. 그리고 1998년 1월 20일 한국 어선에 대해 직선기선을 설정한 이후 7번째의 나포를 단행했다. 결국 일본은 1998년 1월 23일 한 · 일 어업협정의 일방적인 파기를 한국 정부에 통보하였다. 이 시점은 미묘한 부분이 있는데 첫째, 파기통보 직전 한국은 'IMF' 위기를 맞이했고, 둘째, 1월은 대통령이 교체되는 시점이었다.

한국 정부는 일본의 일방적인 파기통보에 대하여 '자율규제조치' 해제와 '주일대사의 일시소환'으로 대응했다. 또한 한국 국내에서는 어민들을 중심으로 국민들의 일본 규탄대회와 어업협정파기의 철회를 요구하는 집회가 전국에서 일어나는 등 반일감정이 극도에 달하였다(동아일보 98/01/24).

1998년 3월 오부치(小淵惠三) 일본 외상의 방한으로 새로운 협정 체결을

13 일본이 지난해 6월 영해법 개정을 통해 설정한 직선기선은 1백 65개이며 한국 정부는 이 중 11개의 직선기선에 대해 문제를 제기해 왔다(동아일보 97/07/28).

위한 교두보가 마련되었다. 오부치 외상은 일방적 파기에 대하여 유감을 표명하고 4월부터 새로운 협상을 시작할 것을 제안하였다. 이에 1998년 4월 29일 도쿄에서 심의관급 회담이 열리게 되고, 5월 한 · 일 양국 어민단체가 도쿄에서 회동을 갖는 등 점차 화해무드를 만들어갔다. 그리고 1998년 5월 21일 박정수 외교통상부장관의 일본 방문으로 인하여 다시 한 · 일관계가 정상화되어 1998년 가을에 있을 김대중 대통령의 방일 이전에 새로운 어업협정을 체결하려는 노력이 시작되었다.

1998년 6월, 그동안 중단되었던 실무자회담이 재개되었고 김대중 대통령의 방일이 계획된 10월 이전에 신한 · 일 어업협정 체결을 목표로 해서 협상이 계속되었다. 9월에는 홍순영 외교통상부장관, 김봉호 국회부의장 일행이 방일하였고 박태준 자민련 총재도 9월 16일에 방일하였다. 마침내, 1998년 9월 25일, 신한 · 일 어업협상은 타결되었고, 11월 28일 난항을 거듭하던 한 · 일 어업협정이 우여곡절 끝에 체결되었다.

(2) 협상결과

신한 · 일 어업협정의 주요 내용은 다음과 같다.

첫째, 동해에 중간수역을 설정하기로 한 것이다. 중간수역은 양국 연안으로부터 35해리 폭을 기준으로 하여 여러 개의 직선으로 연결된 다각형 모양이며, 그 동쪽 한계선은 도쿄 135도 30분이고, 서쪽 한계선은 도쿄 131도 40분이다.

둘째, 전통적 조업실적을 보장하되, 양국 간 어획량 격차를 단계적으로 축소하여 3년 후에는 동등한 양이 되도록 조정한다는 것이다. 일본의 배타적 경제수역 내에서 이루어지던 한국의 명태 조업의 경우, 협정시행 초년도에는 1만 5천 톤까지 허용하고 2차년도부터는 어획량을 제로(zero)로 하기로 했고, 대게조업의 경우에는 협정발효 후 2년 간 기존실적의 50%를 보장하기로 하였다. 그리고 이외의 어족에 대해서는 3년에 걸쳐 한 · 일 양측의 어획할당량이 같아지도록 연차적으로 조절하기로 했다.

셋째, 동해 중간수역에서의 자원관리에 관한 것이다. 그리고 중간수역에서는 기국주의를 채택하였다. 따라서 각 체약국은 타방 체약국의 국민 및 어선에 대하여는 자국의 법령을 적용하지 않기로 했다. 또한 각 체약국은 이 수역에서의 해양생물자원의 보존을 위하여 한 · 일 어업공동위원회의 권고에 따라 자국의 국민과 어선에 대하여 취할 조치를 결정한다.

넷째, 제주도 남부 수역과 규슈 서부 사이의 수역에 일정범위의 중간수역을 설정하고 이 중간수역에서도 기국주의를 채택하고 자원의 공동관리를 실시하기로 하였다.

다섯째, 불법조업 단속에 관한 것인데, 각 체약국은 자국의 EEZ에서 조업하는 타방 체약국의 국민 및 어선에 대하여 관할권 행사가 가능하다는 '연안국 관할권(coastal state jurisdiction)' 원칙을 채택하였다.

여섯째, 쟁점사항이었던 독도에 관해서는 독도 영해는 배타적 경제수역에 제외시켰다.

일곱째, 이번 협정의 발효 및 종료 조항인데, 비준서를 교환하는 날로부터 효력이 발생하며 최초 3년간은 유효하다. 그 후에는 어느 일방이 이 협정을 종료시킬 의사를 통고하는 날부터 6개월 후에 자동으로 종료된다.

(3) 국내적 반대여론의 확산

신한 · 일 어업협정은 체결 직후 어민들과 여론 그리고 야당으로부터 '졸속협정' 이라는 비난이 쏟아졌다. 비난의 근거로서는 첫째, 이전과 비교하여 어장과 어선 수의 현격한 감소가 지적되었고, 둘째는 주요 쟁점에서 일본 측 요구가 거의 관철되었다는 것이었다. 반대자들은 주요 쟁점에서 중간수역의 동쪽한계선을 '135도 30분' 으로 절충한 것을 제외하고는 거의 모든 것을 일본에게 양보했다고 주장했다.

1999년 1월 23의 실무회담 결렬은 상황을 더욱 악화시켰다. 한국 국회의 협정 비준 그리고 한 · 일 외무장관 간의 비준서가 교환된 다음날 개최된 실무회담의 결렬과 한국 어선의 전면철수 사태는 협정 반대의 여론을 가열시켰다. 1999년 1월 22일 국회 비준 후, 오후 2시, 홍순영 외교통상부 장관과 오구라 가즈오(小倉和夫) 주한 일본대사는 정부 세종로청사 조약체결실에서 양국 의회의 동의를 거친 비준서를 교환하였다. 그런데 그 다음날, 즉 신협정 발효 첫날, 도쿄에서 개최된 실무회담은 상대국 EEZ 내에서의 조업방식문제에서 타협점을 찾지 못하고 회담이 결렬되는 사태가 발생했다. 해양수산부는 회담결렬 겨우 3시간 전에 서일본 해안에서 조업 중이던 한국 어선의 전면철수를 지시했고, 철수시간에 쫓겨 대부분의 어선들은 어구조차 걷어 들이지 못한 채 빠져 나오는 일을 당했다(남달성 1999, 43). 이와는 대조적으로 일본 측은 실무회담이 열리는 동안 분쟁 가능성이 있는 지역에의 어선 출항을 금지시켰고 한편으로는 경비정을 동원하여 자국의 어선을 보호하고 있었다.

한국의 국내 여론은 협상담당자들의 '안일한 태도'를 비판했다(양기웅 1999). 국민적 반대는 점점 거세어지고 있었다. 비준서 교환으로 신어업협정은 발효되었지만 상대국 배타적 경제수역(EEZ) 내 상호 입어 조건 등 실무

〈표 2-1〉 신어업협상의 쟁점과 합의내용

주요 쟁점	한국 측 주장	일본 측 주장	협상결과
협상의 범위	EEZ 협상과 어업협상의 포괄 진행	어업협상만의 분리 진행	어업협상 분리진행 (일본 측 안 수용)
배타적 어업 수역 범위	24해리→34해리	35해리	35해리 (일본 측 안 수용)
중간수역의 설정	반대	설정 주장	중간수역 설정 (일본 측 안 수용)
중간수역 동쪽 한계선	137도 → 136도	136도→ 135도	135도 30분 (양국 안 절충)

적인 절차가 타결되지 않아 전면적인 이행이 불가능한 상태였다.

이후 2월 3일 실무회담은 다시 열렸고 2월 5일 어렵게 양국은 합의에 도달했다. 실무회담의 최대쟁점은 조업방식에 관한 것이었다. 일본은 자국 수역 내에서 한국의 대게 저자망 및 통발어선 조업을 무조건 반대하였다. 일본에서는 어족자원 보호차원에서 저자망 및 통발 조업이 불법이기 때문이었다. 일본은 한국이 제시한 어구 크기 축소, 조업척수 감척, 조업 기간 단축 등의 협상안을 일본 연안 어민들과 어장분쟁이 빈발하는 점을 이유로 내세워 받아들이지 않았다. 이에 한국 측은 한국 어민들의 어구 및 어장을 크게 줄이고 한국 어선들의 주요 조업지역을 일본 연안에서 15마일 떨어진 지역으로 제한하겠다는 '어장분리방안' 등의 양보안을 제시하였다. 하지만 일본 측은 이러한 양보안도 일본 어민의 반발을 이유로 수용하지 않았다.

결국, 한국 측은 추가적인 양보안을 다시 제시했다. 한국은 대게 저자망 조업을 1999년 내로 일본과 같은 저인망방식으로 바꾸기로 하였으며, 어구의 크기도 20-30km에서 10km로 축소하기로 하였다. 또한 조업 척수도 현재의 60척에서 절반인 30척으로 줄이기로 하고, 어획할당량도 500M/T으로 조정하였다. 다른 쟁점이었던 통발 조업의 경우에서도 한국은 어구의 규모를 현재 약 70-80km에서 25km로 대폭 줄이고 어선도 187척에서 112척으로 감척하였다. 어렵게 실무협상이 타결되었다.[14]

(4) 반대여론의 급등과 '실무회담 재협상'

14 한국 어선의 일본 EEZ 내 입어 조건으로는 명태트롤 등 14개 업종, 입어 척수는 1,567척에 연간어획량은 약 149,000M/T으로 정하였다. 이는 이전의 어획량 207,119t에 비하면 약 50,000M/T 가량이 줄어든 것이며, 조업 척수 또한 1,611척에서 1,512척으로 약 100여 척이 감척되었다. 이에 비해, 일본의 경우는 이전과 큰 변화를 보이지 않는다. 일본 어선의 한국 EEZ 내 입어 조건은 오징어 채낚기 등 15개 업종에서 입어척수 1,575척, 어획할당량 94,000M/T으로 합의되었다. 그 밖의 특이사항으로서는 '엄격한 입어절차'를 지적할 수 있다. 합의된 시행지침에 따르면 한국 어선들이 일본 EEZ 안

1999년 2월 26일, 부산의 한 지역신문을 시발로 하여 전국 일간지에 '쌍끌이' 방식 누락이 보도되기 시작하였다.[15] 어민들은 2월 실무협상에서 '쌍끌이' 조업방식 및 '복어 채낚기' 방식이 협상 사안에서 누락되었다고 해양수산부에 항의하는 사태가 발생했다.[16] 게다가 오징어 채낚기 어선의 복어 및 갈치 조업권도 빠뜨리는 잘못을 범했으며, 활오징어 성어기(3월-6월)를 조업 금지 기간으로 정하여 어민들의 비난을 받았다.

'쌍끌이' 누락 소식이 보도되자 한국 내에서는 어민과 언론을 중심으로 전국적인 어업협정 재개정 요구가 일어났으며, 야당 또한 정부를 압박하였다. 결국 한국 정부는 1999년 3월 11일 김선길 해양수산부 장관을 도쿄로 보내 나카가와 쇼이치 일본 농림수산대신과 비공식 회담을 갖고 실무회담의 재협상에 합의하였다. 하지만 사실 재협상은 대단히 이례적인 것이었다. 실무협상이 타결된 지 한 달 만에 다시 협상을 하자는 것은 외교관례에 어긋나는 것이었다. '재협상'의 에피소드는 얼마만큼 당시의 국내적 상황이 '위기'였고, 반대여론이 '폭발'하고 있었는지를 선명하게 보여 준다.

하지만 여론에 밀려 정부 간 재협상이 시작되었지만 양국의 입장차이는 컸다. '쌍끌이' 어획량 및 복어, 갈치 채낚기 어획량만을 추가 확보하려는 것이 한국의 입장인 반면에, 일본의 경우는 1999년 2월 실무회담결과에도

에 입어하려면 최소한 36시간 전에 일본 수산청에 보고하도록 되어있다. 그러나 보고 과정이 어업인→시도→해양수산부→주일 한국대사관→일본 수산청 등 5단계를 거쳐야 하는 점을 감안할 때 어민들에게는 큰 부담이라고 할 수 있다(수산계 98/01/16).

15 1999년 2월 26일 부산의 국제일보에 최초로 '쌍끌이' 관련 기사가 실렸다.

16 해양수산부는 쌍끌이 선단이 일본 수역에서 조업을 해 온 것을 모르고 협상에 임했다. 그래서 같은 종류인 대형기선 저인망의 '외끌이' 조업방식에 '쌍끌이' 조업방식을 포함시켰다. 그러나 어민들의 책임도 있다. 그동안 어민들은 세금을 적게 내기 위해서 어획량을 줄여서 신고를 하는 경향이 있었는데, 어업협상을 앞두고 해양수산부가 협상자료를 위해 어획량, 어선 수 등의 조사에 착수하자 정확한 수치를 제공하지 않았던 것이다. 물론 어민들의 신고에만 의존한 정부의 수산행정의 책임도 크다.

일본 어민들의 반발이 심하였으므로 한국의 요구를 들어줄 경우 일본 어민들의 반발이 더 심각해질 것을 우려해서 한국의 요구를 조건 없이 수용할 수는 없다는 입장이었다.[17] 일본은 한국 측의 상응하는 양보를 요구했던 것이다.

1999년 3월 19일 오부치 일본 총리의 방한을 앞두고 있어서 양국은 협상을 빠른 시일 내에 마무리 지어야 했다. 결국 한 · 일 양국은 절충안을 마련하여 1999년 3월 16일 늦게 실무합의에 이르렀다. 1999년 3월 17일 김선길 해양수산부장관과 나카가와 쇼이치(中川昭一) 일본 농림수산대신은 3월 8일부터 계속된 재협상의 합의문을 발표하였다. 협상 결과, 한국은 기존의 어획량 범위 내에서 '쌍끌이', '채낚기' 등을 포함시켰고, 일본은 복어, 백조기 조업척수를 늘리게 되었다.[18]

4. 새로운 가설의 제시: "외압 · 이슈연계가설," "시한(時限)가설"

17 실제 시마네현, 야마구치현, 돗토리현 등의 어민 단체들은 1998년 2월의 어업협정 실무협상내용에 상당히 반발해 왔으며, 이른바 수산족(水産族)으로 불리는 지역구 국회의원들을 통하여 정치권에 "한국에 조업실적을 너무 많이 인정해 줬다"며 불만을 전달하기도 하였다(조선일보 99/03/17).

18 먼저 재협상의 핵심 쟁점이었던 '쌍끌이' 조업은 '쌍끌이' 어선 80척에 한하여 일본 EEZ 내에서 조업이 가능하게 되었다. 그러나 추가 어획량 확보에는 실패하였다. '쌍끌이' 어선의 어획량을 '쌍끌이' 어선이 속한 대형기선 저인망 조합의 2개 다른 업종(외끌이와 트롤어선)에 애초 할당된 7,770t 범위 안에서 쿼터를 전용해 할당하기로 했다. '쌍끌이' 어선의 어획할당량 전용은 1999년 7월 1일 이후 외끌이 및 트롤어업의 할당량이 80% 이상 소진되어 부족이 예상될 경우 추가로 배정하는 이른바 '선조업 · 후정산(open-end)' 방식을 적용하기로 했다. 그 밖에 복어 · 갈치 채낚기 어선의 경우는 복어 채낚기 어선은 74척, 갈치 채낚기 어선은 18척에 한하여 조업이 가능하게 되었다. 그러나 자망에서 30척, 장어통발에서는 5척을 각각 감축하기로 하였다. 반면에 일본은 복어반두 조업 조건은 현재 4척에서 26척이 늘어난 30척이 되었다. 그리고 제주도 서남방 백조기 어장에서의 저인망 조업 척수도 기존 35척에서 48척으로 13척이 늘어나게 되었다.

사례분석의 결과는 순수한 국제 정치 차원의 설명(international explanations)에는 명확히 한계가 있다는 것이다. 즉, '통화위기가설' 이나 '경제적 유사동맹가설' 은 한국과 일본의 국내 정치를 전혀 고려하지 않고 있는 데 반해 사례분석이 제공하는 사실관계는 '국내정치' 가 협상의 시작, 타결, 재협상과정에서 결정적인 역할을 했다는 것이다. 일본이 1965년의 구협정을 일방적으로 파기한 것도 국내 정치에서 기인하고 있고, 김대중 정부가 이전 정부와 달리 동일 사안에서 대일 타협적으로 선회할 수 있었던 것도 리더십의 정치적 선호와 국내적 세력 변화와 깊은 관련이 있고, 한편 이미 합의되고 비준된 협정을 다시 협상하게 되는 것도 한국의 국내 정치 때문이었다.

하지만 '순수한 국내 정치 차원의 설명(domestic explanations)' 에도 한계가 있다. 이른바 'IMF 위기', 즉 동아시아 금융위기가 없었다면 한국의 김대중 정부가 아무리 대일협조적인 선호를 가지고 있었다고 하더라도 해양영토문제를 내포하고 있는 국가 차원의 중대협상에서 대일 타협적인 정책으로 그처럼 급선회할 수는 없었을 것이다. 마찬가지로 일본 정부도 대일타협적인 김대중 정부에 대해 정치적 배려를 하지 않았다면 이미 비준까지 이루어진 신협정을 재협상하자는 요구에 응하지 않았거나 혹은 응할 수 없었을 것이다.

따라서 이 글에서는 국제적 차원과 국내적 차원의 '상호 작용적 설명(interactive or two-level games explanations)' 을 대안으로 제시하면서 구체적으로는 '외압 · 이슈연계' 의 가설을 새롭게 제기하고자 한다. "외압 · 이슈연계가설"은, 첫째 '미래지향적' 한 · 일관계에 대한 정치적 신념과 정치적 이해관계를 가진 한국의 정치적 리더십이 존재했고, 둘째 일상적인 상황에서라면 '대일(對日) 타협적' 보다는 '대일 적대적' 이었을 국내적 세력균형을 'IMF 위기' 라는 위기 상황에서 외압을 전략적으로 활용하여 '보다 대일 타협적' 인 균형으로 재편시켰고, 셋째 '보다 대일 타협적' 인 국내적 세력균형을 만들어 내기 위해서 '보다 지지하기 쉬운' 다른 이슈(대한 금융 지원, 경제 협력 강화 등)와 신한 · 일 어업협상을 연계시켰고,[19] 넷째 '외압 · 이슈연계'의 효과를 극대화하기 위해서 '최종 시한' 을 설정하였다는 것이다.

다시 말해서 "외압 · 이슈연계가설"은 첫째, '외압' 이 없었다면 한국 측이 어업협상에서 타협적으로 선회한 것을 설명하기가 어렵고(이 점만 놓고 본다면 '통화위기가설' 과 비슷하다), 둘째, 하지만 '외압' 만으로는 한국 내의 세력균형이 일본에 대해 보다 '타협적' 으로 재편된 것을 설명하기 어렵다. 즉, 한국 내의 세력 변화를 설명하기 위해서는 '외압과 동일한 방향의 정치적 신념과 이해관계' 를 가지고 있는 '정치적 리더십' 이 동시에 필요했다는 것이다.

이 가설의 타당성을 검토하기 위해서 같은 시기의 다른 사례연구와 비교해 볼 필요가 있다(오세명 1998). 어업협상과 같은 시기에 이루어진 '노동법' 개정 사례를 비교를 위한 좋은 사례라고 할 수 있는데, IMF 위기 전인 1997년 3월에 이루어진 김영삼 정부의 노동법 개정은 국민적 저항을 초래했고 정권의 레임덕을 가속화시킨 데 반해서, 불과 1년 후 김대중 정부는 1998년 2월 7일 노동법을 개정하는 데 성공한다. 무엇이 불과 1년 만에 이토록 다른 결과를 산출하게 했는가?[20]

19 김대중-오부치의 '새로운 한 · 일 파트너십 선언' 은 첫째, 대화채널의 확충 노력 강화, 둘째, 국제사회의 평화와 안전을 위한 협력 강화, 셋째, 경제 분야에서의 협력 강화, 넷째, 범세계적 문제에 대한 협력 강화, 다섯째 국민교류 및 문화교류의 증진(월드컵 공동개최, 일본 대중문화시장 개방 등의 조치 포함) 등의 내용을 골자로 한다. 한 · 일 어업협상이 1998년 10월로 예정된 김대중 대통령의 방일 전인 9월을 타결시한으로 설정된 것은 어업협상이 한 · 일 파트너십 선언과 연계되어 있음을 보여 준다. 관련되는 증언도 있다. 1998년 7월 14일, 김봉호 국회부의장은 오부치 당시 외상을 만난 자리에서 "김대통령 방일 전에 신어업협정을 타결 짓자"는 합의를 했다고 한다(안기석 1998).

노동법 개정 성공은 첫째 '정리해고' 등의 내용을 담는 노동관계법 개정을 '대한(對韓) 경제 지원'의 조건으로 내세우는 IMF의 강력한 외압이 존재했고, 둘째, 외압을 계기로 노동법을 개정하여 경제의 구조조정, 개혁을 추구하고자 하는 국내적 리더십이 있었고, 셋째, 노동법 개정과 기업의 구조개혁 및 실업대책을 연계하는 '이슈연계'가 이루어졌기 때문에 국내적 세력균형은 '개정(改正) 저항적' 것에서 '개정 지지적'인 것으로 재편될 수 있었다.

게다가, '최종 시한'이 정책 변경을 촉진시키는 역할을 수행했다(최종 시한 가설). 김대중 당선자는 뉴욕외채협상과 2월 임시국회 일정에 맞추어 노동법 개정을 추진했고 결국 시한 직전에 노사정(勞使政)의 합의를 도출했다. 국제적인 최종 시한이 정부의 재량권을 확대시키는 방향으로 작용한 것이다.

신한·일 어업협상 사례에도 위의 가설은 적용될 수 있는 것으로 보인다. 일본의 금융 지원을 불가결한 것으로 만든 'IMF 위기'라는 외압과 '미래지향적 한·일관계'를 선호하는 정치적 리더십, 그리고 포괄적 협력 프로그램과의 이슈 연계, 마지막으로 김대중 대통령의 방일(1998년 10월) 일정이 협상 타결을 촉진하는 일종의 '최종 시한'으로 기능했다.[21]

"외압·이슈연계가설"은 일종의 투레벨게임적인 설명이다. 이 가설은

20 1997년 한국의 노동관계법 개정은 OECD 가입과정에서 회원국들의 요구사항이었고, 또한 새로운 노사관계 정립이라는 국내적 필요성에서 출발하였다. 그러나 노사관계개혁위원회 협상에서 노-사, 노-노의 입장차이와 정부의 정책 실패로 합의 도달에 실패하였고 결국 정부에 이관되었다. 정부와 여당은 사측에 유리한 노동관계법을 개정하였다. 이에 대해 노동계는 총체적으로 저항하였고, 비난이 정부와 여당에 집중되었다. 결국 야당이 주도하여 노동관계법 재개정을 추진하였고, 여야는 정치적 타협에 의하여 노동관계법을 재개정하였다. 1998년 노동관계법은 IMF체제 하에서 강한 외압에 의해 시작되어 김대중 대통령 당선자는 1996년과 1997년 국내적 저항으로 실패한 노동관계법과 기업의 구조조정을 노사정 합의방식으로 추진하는 데 성공하였다.

21 김 대통령 방일은 한국 측뿐만 아니라 일본 측에게도 일종의 '최종 시한'으로 작용했을 것이다. 이는 이미 김 대통령의 정치적 정향이 '협력적' 대일정책을 선호하고, 그

한·일관계의 동태성을 제대로 설명해 내기 위해서는 국내 정치와 국제 정치의 상호 작용적 관점이 필요하다는 제안을 내포하고 있다. 아울러 이 가설은 한 · 일관계를 국제 정치 차원에서만 분석하는 것에 일정한 한계가 있다는 사실도 지적한다. "통화위기가설"이나 "경제적 유사동맹가설"은 독도 문제가 제기되었음에도 불구하고 어업협정 개정이 한국 내에서 국민적 저항으로 지속적으로 증폭, 확산되지 않았던 이유, 바꿔 말하자면 '대일 양보' 라는 평가에도 불구하고 '국내적 비준' 이 이루어진 이유를 설명하지 못한다.

"외압 · 이슈연계가설"은 2005년의 한 · 일관계를 설명하는 데도 유효하다. 이 가설을 노무현 정부의 '대결적' 대일정책에 적용하면, 첫째, 협력을 요구하는 '외압' 이 존재하지 않고, 둘째, '대결정책' 에서 자신의 정치적 이익과 선호를 발견한 리더십이 작동하고, 셋째, 국내적 세력균형을 '협력적' 으로 재편할 만한 이슈연계가 이루어지지 않았다는 점을 지적할 수 있다. 물론 여기에는 한 · 일관계가 영토, 과거사 문제 등으로 기본적으로 적대적인 성격을 지니고 있다는 사실이 전제되어 있다. 한 · 일관계가 '협력적' 이 되기 위해서는 '협력적' 외압과 '협력적' 정치가가 동시에 필요한 듯하다.

5. 결론

이 글은 1998년의 신한 · 일 어업협상과 관련하여 "왜 한국 측은 일본이 어업협정을 일방적으로 파기했음에도 불구하고 개정협상에 응했으며, '졸속외교' 라는 국내적 비판에도 불구하고 일본과의 어업협정을 조속히 합의한 이유는 무엇인가? 또한 한국의 국내 정치에서 일부의 강력한 반발과 저

의 방일이 '미래지향적 한 · 일관계', '일본 문화시장 개방' 등 일본 측이 원하는 내용을 충분히 제공할 것이라는 일본 측의 인식과 기대가 있었기 때문이다(안기석 1998).

항에도 불구하고 결국 협정의 비준이 성공한 이유는 무엇인가"에 대한 해답을 찾고자 한다. 여기에서는 한국 정부의 '타협적' 협상자세와 국내적 '비준'을 설명하기 위하여 "외압 · 이슈연계가설"을 제시한다. 이 가설에 의하면, 1998년 한 · 일 어업협상의 타결은 첫째, 일본의 금융 지원을 불가결한 것으로 만든 'IMF 위기'라는 외압, 둘째, '미래지향적 한 · 일관계'를 선호하는 정치적 리더십, 셋째, 포괄적 협력 프로그램과의 이슈연계, 넷째, 김대중 대통령의 방일(1998년 10월) 일정이라는 '최종 시한'이 작용한 결과이다. "외압 · 이슈연계가설"은 일종의 투레벨게임적인 설명이다. 이 가설은 한 · 일관계의 동태성을 제대로 설명해 내기 위해서는 국내 정치와 국제 정치의 상호 작용적 관점이 필요하다는 제안을 하고 있다. 달리 말하자면 한 · 일관계가 '협력적'이 되기 위해서는 '협력적' 외압과 '협력적' 정치가가 동시에 필요하다는 것이다.

이 사례에 국한해서 말하자면 탈냉전기 한 · 일관계는 점차 '국내 정치'화해 가고 있다고 말할 수 있다. 물론 냉전기에도 한 · 일관계에는 양국 간 이슈의 국내 정치화는 진행되어 왔었다. 교과서 문제, 일본 정치가의 망언 문제 등은 한 · 일관계에 상당한 영향력을 행사해 왔다. 하지만 냉전과 대미동맹은 국내 정치가 한 · 일 간의 국제 정치에 일정 한도 이상 투사되는 것을 차단, 축소, 조정하는 기능을 수행해 왔다. 이런 맥락에서 본다면 냉전기의 한 · 일관계는 빅터 차의 국제적 차원의 가설이 상당한 설명력을 가지는 것도 사실이다. 하지만 이 사례에서 보면 한 · 일관계에서 미국 변수의 중요성은 상당히 저하되었고 한 · 일관계는 이제 일정한 '자율성'의 공간을 만들어 가는 것으로 보인다.

앞으로의 한 · 일관계는 비관과 낙관의 진폭이 과거보다 훨씬 더 커질 것으로 전망된다. 국내 정치에 압박받은 일본 정부가 구협정을 일방적으로 파기해 가는 장면이나 국내 정치를 의식한 김영삼 정부가 대안 없는 대일 대결정책을 지속하던 장면을 보면 국내 정치에 점차 더 많이 노출되고 있는 한 · 일관계는 과거와 비교해서 '더 적대적' 이 될 가능성이 빈도와 강도 양면에서 모두 높아지고 있다고 할 수 있다. 한편, 일본과의 미래지향적 협력관계에 대한 강한 기대를 가지고 있던 김대중 정부가 역설적으로 통화위기의 외압을 활용하여 국내 정치를 대일 협력적인 방향으로 재편해 가는 장면이나 오부치 정부가 이에 적극적으로 호응해 가는 장면을 보면 정치적 리더십의 성향과 전략에 따라서는 한 · 일관계가 과거보다 '더 협력적' 인 관계로 발전해 갈 수 있는 가능성도 확인할 수 있었다.

탈냉전기의 한 · 일관계는 내정과 외교가 빠른 속도로 융합되는 새로운 시대에 진입하고 있다. 앞으로의 한 · 일관계에서 정치적 리더십의 역할은 과거 어느 때보다 더 중요해지고 있다. 대통령과 수상의 정치적 성향과 전략적 능력에 따라서 '적대적 과거 회귀' 와 '협력적 미래 지향' 이 더 명백하게 결정될 것이다.

참고문헌

Evans, Peter B., Harold K. Jacobson, and Robert D. Putnam eds., *Double Edged Diplomacy: International Barganing and Domestic Politics*, Berkeley, University of California Press, 1993.

국회도서관 입법조사국. 1976. 『한국외교자료집』(입법참고자료 제193호). 서울: 국회도서관.

남달성. 1999. 『현대해양』(4월), 43.

바다세계편집부. 1998. 『유엔해양법 협약』. 서울: 한국문화사.

박종성. 1966. "전관수역의 의의," 『법정 2월』. 서울: 법정사.

빅터 D. 차. 2004. 『적대적 제휴』. 서울: 문학과 지성사.

손양수. 1988. "한 · 일어업협정에 관한 연구," 전남대 박사학위논문.

수산사편찬위원회. 1968. 『한국수산사』. 서울: 수산청.

수산업협동조합중앙회. 1992. 『수협 30년사』. 서울: 수산업협동조합중앙회.

안기석. 1998. "신한 · 일어업협정," 『신동아』(12월).

양기웅. 1998. 『미 · 일통상협상』. 서울: 한울.

양기웅. 1998. 『일본의 외교협상』. 서울: 소화.

양기웅. 1999. "어협, 처음부터 잘못된 협상," 『조선일보』(3월 25일).

오세명. 1998. "한국의 노동법 개정과 외압의 정치," 한림대 석사학위논문.

원용석. 1965. 『한 · 일회담 14년』. 서울: 삼화출판사.

이범우. 2003. "협상과 재협상—1998년 한 · 일어업협상을 중심으로," 한림대 석사학위논문.

이원덕. 1996. 『한 · 일 과거사 처리의 원점』. 서울: 서울대 출판부.

임휘철. 1995. "청구권 협정—협정이후의 한 · 일경제관계," 민족문제연구소 편, 『한 · 일협정을 다시 본다』. 서울: 아세아 문화사.

지철근. 1990. 『한 · 일어업분쟁사』. 서울: 한국수산신보사.

진창수. 1998. 『한 · 일어업협정에 관한 일본의 정책과 한국의 대응방향』. 성남: 세종연구소.
최성혁. 1998. "한 · 일어업협상의 전략과 영향요인 분석," 고려대 석사학위논문.
한국수산회. 1998. 『수산계』(69호), 16.
한국언론재단. 1999. 『신문보도의 정보성: 한 · 일어업협상보도—한 · 일비교』. 서울: 한국언론재단.

제3장 협상이론과 사례분석(III)
—한 · 미 자동차협상(1995)

1. 서론

1995년 한 · 미 자동차협상의 주요 쟁점은 한국의 관세와 자동차세 인하에 관한 것이었다. 미국은 한국의 수입 차 관세를 현행의 8%에서 미국 수준의 2.5%로 낮추라고 요구했고, 배기량별로 누진적으로 세금이 부과되는 현행의 자동차세를 미국식의 단일세제로 바꾸거나 누진세율을 대폭 축소할 것을 요구했다. 협상은 난항 끝에 자동차세 분야에서는 한국 측이 대폭 양보하여 누진세율은 그대로 고수하되, 미국 측의 요구를 상당히 수용하여 세율을 대폭 인하하였다(현행의 2,500−3,000cc의 자동차의 경우 410원/cc의 자동차

* 이 논문의 원출처는 다음과 같다. 양기웅. 2001. "한국의 내부적 분열과 대외협상," 김재한 편, 『분열의 민주주의』. 소화.

세를 310원/cc로 인하했고, 3,000cc 초과 차량에 대해서는 630원/cc에서 370원/cc로 인하했다). 하지만 또 하나의 쟁점이었던 관세 분야에서는 한국은 전혀 양보하지 않았다.

이처럼 상이한 협상결과가 산출된 이유는 국제 정치 차원에서도 부분적으로 설명될 수 있다. 미국 측이 처음부터 관세보다는 자동차세 분야에 더 큰 관심을 보였거나 혹은 더 강한 외압을 행사했기 때문이라고 설명하는 것이 그것이다. 한국 측이 94년에 이미 관세를 10%에서 8%로 인하했던 사실이 있기 때문에 미국 측이 관세 분야에 상대적으로 약한 강도의 요구를 했다고 추론해 볼 수도 있다. 하지만 미 통상대표부의 『국별무역장벽보고서』(*National Trade Estimate*)나 『통상협정 프로그램에 관한 대통령 연차보고서』(*Annual Report of the Presiden of the United States on Trade Agreement Program*) 등을 살펴보면 미국 측이 자동차세 분야에 못지않게 관세 분야에도 상당한 관심을 표명하고 있음을 쉽게 발견할 수 있다. 1995년 USTR의 『국별무역장벽보고서』에는 "한국에서는 자동차에 8가지 종류의 세금과 공과금이 부과되는데 특히 그중에서 엔진 배기량 기준으로 부과되는 2가지의 세금이 미국차를 차별하고 있다"면서 관세와 자동차세를 동시에 거론하고 있다. 『통상협정 프로그램에 관한 대통령 연차보고서』(1994, 1995, 1996년)에서도 자동차세와 관세를 문제시하면서 추후적인 관세인하가 반드시 필요하다고 명기하고 있다. 따라서 관세 분야에 대한 미국 측의 요구 수준이 상대적으로 낮은 것이었다는 설명에는 타당성이 부족하다.

한편, 1995년 한 · 미 자동차협상에서 상이한 협상결과가 산출된 것은 한국 측의 조정비용 때문이라고 설명할 수도 있다. 즉 한국 측이 관세에 비해서 자동차세를 양보하는 편이 비용이 적게 든다고 계산했기 때문에, 관세에서는 양보하지 않고, 자동차세 분야에서 양보했다는 설명이다. 하지만 한국 측의 이해득실을 계산해 보면 이 같은 설명이 별로 설득력이 없다는 것을 쉽게 판단할 수 있다. 배기량 3,000cc에 5천만 원 가치의 외제 차를 수입한다고 가정해 보자. 만일 관세가 10%일 경우라면 관세는 500만 원일 것이다. 관세율이 8%로 인하되었다고 한다면(실제로 한국은 94년 한 · 미 자동차협상에서 10%의 관세율을 8%로 인하했다), 관세는 400만 원이고 수입 차는 관세 분야에서 100만 원의 가격경쟁력이 생길 것이다. 이번에는 자동차세를 계산해 보자. 3,000cc 이상의 자동차에 대한 자동차세는 협상 이전에는 630원/cc였고, 협상 이후에는 370원/cc로 인하되었다. 이 경우 수입 차는 자동차세 분야에서 매년 780,000원씩의 가격경쟁력이 생긴다. 따라서 단순히 계산해 보아도 자동차세를 양보하는 것이 관세를 양보하는 것보다 비용이 적게 들기 때문에, 한국 측이 자동차세 분야에서 양보했다는 추론은 성립되지 않는다. 비용계산의 관점에서 양보할 분야를 결정해야 한다면 차라리 관세를 양보했어야 할 것이다. 따라서 미국 측 외압의 상대적 강도 차이나 한국 측의 비용계산과 같은 현실주의적 설명에는 한계가 있다.

이 논문은 한 · 미 자동차협상을 한국의 국내적 요인의 차원에서 분석할 것을 제안한다. 이 논문은 대외통상협상의 결과는 이를 둘러싸고 형성된 이질적 이해관계와 정치적 대립, 혹은 국내적 선호의 분포의 영향을 받는다고 가정한다. 즉, 국내적 균열이 대외통상협상의 결과에 영향을 미친다는 것이다. 따라서 이 논문에서는 95년 한 · 미 자동차협상의 사례분석을 통하여 국내적 균열, 특히 국내적 선호의 분포가 대외통상협상에 미치는 영향과 아울러 무엇이 국내적 선호를 결정하는지를 살펴볼 것이다.

2. 국내 정치와 외압

대외통상협상은 일반적으로 외압과 국내 정치의 상호 작용적 영향을 받는다. 여기에서는 상호 작용적 관점에서 국내적 선호의 분포를 4가지로 유형화한다(Tanaka, 1996, 9-14).

첫 번째의 유형은 무관심의 사례(the case of indifference)이다. 이는 외압의 대상 영역(scope)과 내압의 대상 영역이 수렴되지 않는 경우를 말한다. 국내적으로 이해당사자를 가지지 않는 협상사례가 여기에 해당될 것이다. 예를 들면, 인공위성을 쏘아 올리기 위한 로켓을 미국제로 할 것인지, 유럽제로 할 것인지를 둘러싸고 정부가 구매협상을 하는 경우에 국내에서는 로켓을 생산하지 않고 있기 때문에 직접적인 이해관계는 발생하지 않는다. 두 번째의 유형은 외압의 대상 영역이 주요한 내압의 대상 영역과 수렴하되, 힘의 균형이 외압의 방향으로 압도적으로 기울어지는 우호적 균형(the case of favorable balance)의 사례이다. 세 번째의 유형은 외압과 동일한 방향으로 나아가는 내압의 강도가 반대방향으로 나아가는 다른 내압의 강도와 힘이 균형을 이루는 경우로 대등한 균형(the case of even balance)의 사례이다. 네 번째의 유형은 국내적 균형이 외압의 방향에 반대되는 방향으로 압도적으로 기울어지는 경우인데, 즉 이것은 대부분의 국내 행위자들이 외압에 의해 제시된 정책에 반대하는 경우로 비우호적인 균형(the case of unfavorable balance)의 사례이다. 일반적으로 대외통상협상에서는 세 번째의 '대등한 균형의 사례', 혹은 네 번째의 '비우호적 균형'의 사례가 많이 나타난다.

(1) 비우호적 균형의 사례

만약 국내적으로 정책변경을 요구하는 내압이 최소한으로 존재한다면 정책 변화는 대단히 일어나기 어렵다. 이러한 여건 하에서 변화를 얻어내기 위해서는 외압의 강도를 대단히 높여야 할 것이다. 외압은 외압수용국의 정책을 변경시킬 수는 있지만, 이를 지지하는 내압이 거의 없다면 상당한 비용을 지불해야 한다. 즉 비우호적 균형의 사례에서는 외압의 강도가 강해야만 (또는 협박의 수준이 높아져야만), 외압은 효과적이다(Tanaka 1996, 9-14).[1]

1995년의 미 · 일 자동차협상이 대표적인 사례이다(양기웅 1996). 자동차 및 부품에 관한 협상은 클린턴 행정부가 출범하자마자 발족되었다. 미 · 일 기본 틀 협상의 범위 내에서 협상이 진행되던 초기단계에는 무관심의 사례였다. 하지만 미국이 본격적으로 이 이슈에 초점을 맞추면서 수치목표를 요구하게 되자, 일본 국내의 선호의 분포는 대단히 비우호적인 균형의 사례로 변화했다. 95년 미 · 일 자동차협정을 성취하기 위해서 미국 측이 슈퍼 301조라는 심각한 협박수단에 의지해야 했던 것은 일본 내의 선호의 분포가 부정적인 것으로 변화한 것과 깊은 관련이 있다. 만약 미국이 수치목표의 설정을 진정으로 달성하고자 했다면, 슈퍼 301조보다 더 위협적인 안보 카드를 사용했어야만 했다.

한 · 미 자동차협상에서 관세 분야도 같은 결론을 보여 준다. 추가적인 관세 인하를 요구하는 미국의 외압에 대한 한국 내의 여론은 냉담했다. 대다수의 한국인들은 관세율이 충분하게 인하되었다고 느끼고 있었다. 사실 한국 정부는 거의 매년 관세율을 인하하고 있었고, 현행의 관세율 수준(8%)은 EU의 10%, 캐나다의 9.2%의 관세율과 비교할 때 오히려 한국의 관세율이 낮은 편이다. 따라서 관세문제에 대한 미국의 외압은 한국 내의 선호의 분포를 비우호적인 균형으로 만들었던 것이다. 따라서 미국 측이 이 분야에서 진정으로 양보를 얻어내고자 했다면 슈퍼 301조보다 더 높은 수준의 협

1 1971년 미 · 일 섬유마찰은 이 경우에 대한 전형적인 사례이다. 어떤 일본인들도 닉슨 대통령의 자발적인 수량규제(voluntary quota)의 요구에 동의하는 것이 일본의 이익과 일치한다고 믿지 않았다. 일본인들은 결국 대 적성국가무역법(Enemy Act)을 적용하겠다는 협박이 있고 난 후에 비로소 굴복하였다. 게다가 이 협박은 오키나와 반환협정(Okinawa reversion agreement)을 거부할 수도 있다는 암묵적인 협박과 결부되어 있었다. 미 · 일 관계사를 통틀어 가장 강력한 협박의 결합이 이루어졌던 것이다.

박수단을 사용해야 했다.

(2) 대등한 균형 혹은 다소 우호적 균형의 사례

정책 변화에 대한 내압이 충분하게 강할 때, 즉 대등한 균형 혹은 다소 우호적인 균형의 사례에서는 낮은 수준의 협박수단만으로도 상대국의 정책을 변경시킬 수 있다. 종종 최종 시한을 통한 구조적 외압만으로 충분하다.

미 · 일관계에서 일본의 1960년대의 무역자유화, 1970년대의 자본자유화, 1990년대의 쌀 시장 개방이 전형적인 사례이다. 1970년대에 접어들면 일본 내에서도 무역과 투자의 자유화를 요구하는 세력이 증대하기 시작했다. 하지만 여론의 변화만으로 자유화는 이루어지지 않았다. 미국의 외압이 필요했던 것이다. 그렇지만 미국 측은 강한 외압을 사용할 필요가 없었다. 낮은 수준의 협박수단만으로 일본의 무역 및 투자 자유화를 가능하게 했던 것이다. 쌀 시장 개방의 사례도 마찬가지이다. 한국과 마찬가지로 일본에서도 쌀 시장은 신성불가침의 영역으로 여겨져 왔다. 하지만 80년대 이후 여론은 점차 변화하기 시작했다. 최소한의 쌀 시장 개방은 불가피하다고 생각하기 시작했던 것이다. 이런 상황에서 미국은 1993년의 우루과이 라운드의 최종 타결 시한이라는 상대적으로 낮은 강도의 구조적 외압만으로 일본의 쌀 시장을 개방시킬 수 있었다.

한 · 미관계에서 비슷한 사례가 발견된다. 한국 내에서 금융시장 개방과 규제완화에 대한 국내적 요구가 90년대 들어 상당히 증대되었다. 하지만 한국의 금융시장 개방이 약속된 것은 우루과이 라운드의 최종 시한과 일치한다. 쌀 시장의 최소 접근사례도 마찬가지이다. 대등한 균형 혹은 다소 우호적인 균형이 한국 내에서 이미 형성되어 있었기 때문에 미국은 약한 외압만으로 한국의 정책을 변화시킬 수 있었던 것이다.

한 · 미 자동차협상의 자동차세 분야도 이 사례에 해당된다. 미국은 낮은 수준의 협박수단만으로도 대폭적인 양보를 얻어낼 수 있었다. 그 이유는 이미 이 이슈에 관해서는 한국 내에서도 대등한 균형 혹은 우호적인 균형이 형성되고 있었기 때문이다. 많은 한국인들은 자동차 세제에 의아해 하고 있었다. 에너지 절약과 같은 국내 정책적 목적을 위해서 누진세제가 필요하다고 하더라도 배기량에 따른 누진세율이 지나치게 비균형적이라고 생각하고 있었다. 이때 미국 측은 한국의 자동차세제를 WTO 규정 제3조 2항, 즉 내국민대우 조항에 걸어 한국을 WTO에 제소할 것이라는 낮은 수준의 협박만으로도 충분한 양보를 얻어낼 수 있었던 것이다. 물론 모든 협상의 결과가 외압과 내압의 상대적 강도에 의해 전적으로 결정되지는 않는다. 문제가 되는 정책에 관한 대안을 제시하는 것 또한 결과에 영향을 줄 수 있다(Shoppa, 1993).[2] 하지만 상당수의 사례들은 외압과 내압의 상대적 강도와 밀접한 관계가 있다.

3. 1995년 한 · 미 자동차협상의 사례분석

(1) 한 · 미 자동차무역

비약적인 성장을 거듭한 한국의 자동차 산업은 미국인들에게 위협적인 존재로 인식되기 시작했다.[3] 미 정부의 공식문서나 미 언론에는 한국이 세

2 미 · 일 구조협의(SII)의 토지사례에서 미국 측은 일본 내의 문제의식과 자료를 활용하면서 대안을 제시함으로써 미국에게 유리한 협상결과를 유도할 수 있었다.

3 미국 자동차제조업협회(AAMA)의 앤드루 카드 회장이 삼성의 자동차업계 진출과 관련하여 "한국의 자동차 산업 재편과 관련, 삼성의 승용차 진출문제가 논란이 되고 있다는 이야기를 들었다. 미국은 정부가 산업정책의 방향을 제시하는 경우는 드물어 코멘트하기 곤란하다. 그러나 우리의 판단으로는 한국의 자동차 산업은 생산능력이 소비자의

계 5위의 자동차 생산국, 일본과 EU를 뒤잇는 세계 3위의 자동차 수출국, 캐나다와 멕시코를 합한 것보다 큰 시장이라는 표현이 고정문구로 등장한다(The Detroit News, Sep.29, 1995; USTR, Sep.28, 1995). 또한 한국의 자동차 산업은 2000년에는 연간 500만 대의 생산에 달할 것이라고 예측되고 있다. 자동차 산업의 안정 성장에 불가결한 요소인 내수시장의 규모를 보면, 1990년 95만 대에서 94년 155만 대로 늘어났다. 특히 승용차 부문의 내수 판매실적을 보면 93년에 이미 100만 대를 돌파했다. 수출실적 또한 높은 성장을 거듭하고 있다. 93년에 전년대비 40% 증가한 63만 대였고 94년에는 73만여 대, 95년에는 100만 대의 기록을 갱신했다.[4] 이 같은 내수 확대와 수출호조에 힘입어 93년의 총 생산대수는 200만 대를 넘었고, 95년에는 250만 대를 기록했다. 연간 생산능력 규모 또한 95년에는 350만 대로 늘어났다. 1997년 기준으로 한국의 자동차 산업은 생산량 세계 5위, 수출량 세계 8위(일본, EU 방식으로 계산하면 세계3위)의 위치에 있다. 자동차 산업의 생산액은 제조업 생산의 약 10%를 차지하고 있고, 전체 취업인구의 8%에 해당하는 150만 명이 직간접적으로 종사하고 있다. 총수출에서 차지하는 비중도 90년의 3.4%에서 96년에는 9.2%로 증가하여 반도체 다음을 차지하고 있다(박시룡 1997, 18-19). 한국 정부는 1992년 자동차산업의 중장기 발전전략인 X-5 프로젝트를 출범시켰다. X-5 프로젝트는 92년 기준으로 세계 9위의 자동차 산업을 2000년까지 세계 5위에 진입시키는 목표를 가지고 있다. 또한 94년 X-5 프로젝트를 지원하기 위해서 2000년까지 부품생산 25조 원, 수출 30억 달러를 목표로 하는 자동차 부품산업 발전전략인 XC-5 프로젝트를 발표했다. 미국이 한국 차를 제2의 일본 차로 인식하기 시작한 것도 무리는 아니다.

수요를 웃도는 상황이라는 것은 말할 수 있다"고 말했던 것도 이런 문맥에서 이해될 수 있다(조선일보 94/6/17; 정태신 1996, 20-21).

4 1995년 한국은 완성차 수출은 98만 대, KD 수출을 포함하여 108만 대를 수출했다.

한편, 한국은 위협적인 라이벌이면서 동시에 매력적인 시장이기도 하다. 1995년의 개방조치로 한국의 수입 차 시장은 완전히 개방되었다. 한국은 1987년 2,000cc 이하의 소형 승용차를 제외한 전 차종에 대한 수입자유화 조치를 내렸다. 한국 정부는 계속적으로 관세율을 인하했고 더 많은 외국 차들이 수입되었다. 1994년의 수입 차 판매대수는 4,165대로 전년 대비 99% 증가세를 보였고, 1995년에는 7,811대로 전년 대비 87.5% 증가했다. 국내외 전문가들은 1999년경이면 외제 차의 시장점유율이 일본과 비슷한 3.5% 수준에 도달할 것으로 보고 있다(산업연구원 1997, 136-137). 게다가 자동차 보급률이 아직도 선진국과 비교해서 크게 낮은 수준이라는 점을 고려한다면 한국은 상당한 성장잠재력을 가진 시장인 것이다.

그런데 문제는 미국 측이 한국의 자동차시장을 세계에서 가장 폐쇄적이라고 인식하는 데 있다. 미국의 정부문서에는 항상 다음과 같은 통계수치가 인용되고 있다. 1994년 기준으로 한국 시장에서 외제 차의 시장점유율은 0.3%였고, 일본은 5%, 프랑스와 독일은 38%, 미국은 33%라는 것이다. 또한 94년 기준으로 한국은 미국에 207,000대를 수출하면서 미제 차의 수입은 고작 1,900대에 불과하다는 것이다(USTR, 1995).

(2) 1995년 한 · 미 자동차협상의 시작

미국 자동차 업계는 한국을 통상법 슈퍼 301조에 근거하여 우선협상대상국으로 지정할 것을 요구했다. 미국 자동차제조업협회(AAMA)는 1995년 8월 4일, 미 통상대표부(USTR)에 한국의 자동차시장이 대단히 폐쇄적이라는 의견서를 제출했다. 1995년 6월 28일, 미 · 일 자동차협상이 끝나자, 포문을 한국 쪽으로 돌렸던 것이다(The Detroit News, August 12, 1995). 이 의견서는 USTR이 슈퍼 301조 발동과 관련하여 업계의 견해를 물은 것에 대해, 답변서의 성격으로 제출된 것이다. 이 의견서에서 미 업계는 한국의 자동차시장의 문제점을 첫째, 수입 차에 대한 편견, 둘째, 미국보다 3배나 높은 관세, 셋째, 형식승인제도의 문제점, 넷째, 자동차 금융시장 장벽 등으로 구분하면서, "1년 전에 한국의 자동차시장을 관심관행(Area of Concerns)으로 지정하여 제도개선을 요구했지만 성과가 없었다. 따라서 미국은 수주일 내에 중대한 진전이 없다면 통상법을 포함한 모든 가능한 수단을 사용해야 한다"고 촉구했다(이용택 1995, 90-91). 미국 자동차제조협회 앤드루 카드 회장은 "한국의 자동차시장은 일본보다 폐쇄적이다"고 한국을 비난했고, 포드 자동차의 알렉스 트로트먼 회장은 '한국은 5년 안에 세계무역에서 일본보다 더 큰 문제를 야기시킬 것' 이라고 경고했다. 미국의 한 통상전문관료는 "한국은 일본과 비교되는 것을 싫어한다. 하지만 많은 문제점들이 유사하다. 한국은 공정한 게임을 하고 있지 않다"고 말했다. 제2의 일본이 아니라는 한국의 설득이 더 이상 효과적이지 못함을 보여 주는 대목이다(The Detroit News, August 12, 1995). 미국 대통령 자문기구인 무역정책 및 협상에 관한 자문위원회(ACTPN)는 대한무역정책보고서에서 한국을 무역장벽에 관한 한 상식이 없는 불공정 무역을 일삼는 나라로 평가하고, 구체적인 성과를 가져오기 위해서는 국방, 외교정책을 집행하는 기관들의 지원을 받아 총체적인 압력을 가해야 한다고 주장했다(이필상 1995, 97-101).

(3) 협상의 과정 및 결과

1995년 한 · 미 자동차협상의 주요 쟁점은 수입관세율, 자동차세 누진세율구조, 형식승인(전조등기준, 서류간소화, 성능검사 면제범위), 할부금융사 설립, 광고, 가속주행소음, 소비자 인식 개선 등의 일곱 가지였다. 미국 측의 요구는 현행의 자동차 수입관세율 8%를 2.5% 수준으로 인하, 자동차세의 단일세율적용, 형식승인 38개 항목의 완전면제, 할부금융사 설립 시 외국인 지분율 제한(49%)의 철폐, 광고규제의 전면해제, 가속주행소음의 새로운 기준의 적용유예, 외제 차 보유자 세무조사 중단 및 소비자 인식개선 등이었다.

한국 정부는 이 같은 미국 측의 요구에 대해서, 현행의 수입관세율 8%는 유럽연합(EU)의 10%나 캐나다의 9.2%보다 낮으므로 적정하고, 자동차세 문제는 국내 정책적인 목적과 조세정책 전반과 관련되기 때문에 받아들일 수 없다고 반발했다. 형식승인에 대해서는 현재 28개 항목이 면제되었고 나머지 항목도 곧 폐지할 예정이기 때문에 별 문제는 없으며, 할부금융사 설립 문제는 97년 1월 1일부터 지분율 제한을 철폐할 방침이라고 설명했다. 외제 차 소유자에 대한 세무조사는 중단되었고 소비자 인식 개선 노력도 지원할 것이라고 밝혔다.

협상결과는 관세율 분야에서는 한국 정부의 주장이 관철되었고, 자동차세 분야에서는 누진세율을 그대로 고수하되, 미국 측의 요구를 상당히 수용하여 세율을 대폭 인하하였다(현행의 2,500-3,000cc의 자동차의 경우 410원/cc의 자동차세를 310원/cc로 인하했고, 3,000cc초과 차량에 대해서는 630원/cc에서 370원/cc로 인하했다). 소비자 인식 개선에 대해서는 한국 측의 주장이 대체로 수용되었고, 할부금융사에 대한 지분율 제한 조기철폐문제는 95년 10월의 한·미금융정책협의회에서 다시 논의하기로 했다. 형식승인문제에 대해서는 전조등 기준은 한국 측 주장이 수용되었고, 서류간소화 문제는 미 업계의 성능시험성적서(Certificate of Conformity) 제출로 대체하기로 했다. 성능검사 면제기준은 한국의 500대 안과 미국 측의 5,000대 안의 절충으로 98년 1월 1일부터 1,000대까지 면제하기로 합의했다. 광고규제에 대해서는 95년 10월 1일부터 고정광고주제를 철폐하고 추후 한국광고공사와 주한 미대사관 측이 다시 논의하기로 했다. 가속주행소음문제에 대해서는 ISO 측정기준이 마련될 때까지 기인증 차량에 대해서는 강화된 기준을 적용하지 않기로 했고, 신규인증 차량에 대해서는 EPA 또는 미국 공인기관의 시험성적서를 인정하기로 합의했다.

4. 국내적 선호와 대외통상협상

앞서 말한 대로 한 · 미 자동차협상이 이슈 분야별로 상이한 협상결과를 산출한 것은 각 이슈별 국내적 선호의 분포가 달랐기 때문이다. 한국 측이 상당한 양보를 했던 자동차세 분야에서는 미국의 외압에 대한 국내적 선호의 분포가 '대등한 균형 혹은 다소 우호적 균형'의 유형에 해당되었고, 한국 측이 끝내 양보하지 않았던 관세 분야에서는 국내적 선호의 분포가 '비우호적 균형'의 유형에 속했다. 여기에서는 국내적 선호의 분포에 영향을 주었던 요인들을 분석해 보기로 한다.

(1) 이념: 자유무역주의와 보호무역주의의 대립

관세 문제에 대한 한국 내의 여론은 관세인하는 이미 충분하다는 것이었다. 실제로 거의 매년 한국 정부는 관세인하조치를 발표해 왔다. 현행의 8% 관세율은 미국의 2.5%에 비하면 아직 높은 편이지만, EU의 관세율(10%), 캐나다의 관세율(9.2%)에 비하면 오히려 한국의 관세율이 낮은 편이다. 따라

〈표 3-1〉 수입 차 관세율 및 판매실적 추이

	1989	1990	1991	1992	1993	1994	1995
관세율(%)	25	20	20	17	15	10	8
판매실적(대)	1,414	2,436	1,791	1,831	1,952	3,867	6,346

자료 : 한국수입자동차협회. 1995년 실적은 11월까지의 통계임.
수입 차에 관한 통계에는 한국자동차공업협회와 수입자동차협회의 수치에 약간의 차이가 있음.

서 관세문제에 대한 미국의 외압에도 불구하고 한국 내의 선호가 '비우호적인 균형'의 형태로 나타났던 것은 관세의 추가인하를 둘러싼 자유무역주의와 보호무역주의 간의 이념적 대립이 없었기 때문이다.

하지만 자동차세에 대한 미국의 외압은 한국 내의 여론을 대립적인 것으로 만들었다. 미국의 외압이 부당하다고 보는 여론과 미국의 외압에 우호적인 여론이 대립하는 상황이 발생하였던 것이다. 미국의 요구에 대해 비우호적인 세력은 미국의 요구가 한 국가의 조세주권을 침해하는 부당한 압력이라고 주장했다. 이들의 논리에 따르면, 자동차세는 내국세(지방세)이고 누진세율구조는 외국 차에만 적용되는 것이 아니라, 국산차에도 동일하게 적용된다는 것이다. 또 누진세율의 목적이 순수하게 교통문제 완화, 에너지 절약, 과소비 규제에 있는 이상, 자동차세의 누진세율구조를 단일세율구조로 바꾸라는 것은 부당한 간섭이라고 보았다(이필상 1995, 99).

이에 반해 미국 측의 요구에 우호적인 입장도 있었다. 한국의 자동차세가 대형차에 대해서 지나치게 중과세를 하고 있기 때문에 누진세율을 조정하는 것은 불가피한 조치라는 것이다(재정공론사 1995, 30-34). 미국의 외압에 대해 우호적인 여론의 형성에는 현재와 같은 누진세율구조를 그대로 고수하면 미국이 주장하는 것처럼 GATT 3조 2항의 위배가 될지도 모른다는 우려도 크게 작용했다. GATT 3조 2항은 국내산 동종 상품에 대해 부과된 조세를 초과하여 외국산에 부과하는 것은 내국민 대우 위배로 규정하고 있다. 따라서 대형차 위주의 외국산 차에 높은 조세를 부과하고, 중소형차 중심의 국산차에 낮은 관세를 부과하는 것은 GATT 규정위반의 소지가 있다는 주장이다. 이들은 조세주권론에 대해서도 다른 해석을 하고 있다. WTO에서 경쟁정책, 환경, 노동기준 등의 국내 정책에 관한 국제적인 규칙이 논의되고 있는 지금으로서는 국내 정책의 국제 이슈화가 불가피하며 세제 또한 예외가 될 수 없다고 말한다. 따라서 자동차세 문제에 대한 미국의 외압에 한국 내의 선호가 '대등한 혹은 우호적인 균형'의 형태로 나타났던 것은 자동차세의 인하를 둘러싼 자유무역주의와 보호무역주의 간의 이념적 대립이 있었기 때문이다.

(2) 인지: 강경파와 온건파의 대립

관세문제에 대해서는 외무부와 통상산업부 모두 설령 미국이 WTO에 제소하더라도 승산이 있다고 판단했다. 따라서 관세문제에 대한 정부 내 대립은 없었고, 협상 관련 부처들은 미국의 외압에 대해서 대단히 비우호적이었다. 하지만 자동차세에 대해서는 한국 정부 내에 심각한 대립이 존재했다. 자동차세 문제의 해결전망을 둘러싸고 상이한 의견이 대립했던 것이다. 외무부는 자동차세에 대한 GATT 3조 2항의 내국민대우 조항의 적용은 무리라고 판단했다. 한국의 자동차세가 대형차에 높은 누진세를 적용하고 있기는 하지만, 국산차에 대해서도 똑같은 세율이 적용되고 있기 때문에 내국민대우를 위반하고 있지 않다는 것이다. 또한 외무부는 미국이 슈퍼 301조 조사대상국으로 선정해도 실제 보복조치가 발동되기까지 1년 정도의 시간이 있기 때문에 추가협상을 계속할 시간이 충분하다고 판단했다. 혹은 미국이 WTO에 제소하더라도 결론이 나올 때까지는 마찬가지로 1년이 소요되기 때문에 시간적 여유가 있다고 생각했다(조선일보 95/9/7). 일반적으로 볼 때 외교관계를 관리해야 하는 외무부는 대외온건파가 되기 쉬운 경향이 있다. 하지만 한 · 미 자동차협상에서 이례적으로 외무부는 강경파에 속했다. 이는 외무부가 가지고 있는 정보, 혹은 미래에 대한 예측, 상황인지 등의 요인이 작용했기 때문이다.

한편, 한국의 통상산업부는 온건파였다. 통산부는 양자간협상이 결렬되어 슈퍼 301조가 발동되거나, WTO로 가게 되면 EU와 일본까지 합세할 가능성이 있다고 판단했기 때문에, 어떻게 해서든지 한 · 미 자동차협상을 양자 간 차원에서 성공시키고자 했다. 통산부가 특히 우려했던 것은 일본차의 수입을 금지하고 있는 수입선다변화 정책이었다(이종재 1995, 40-42).[5] 사실, 수입선다변화 정책은 한국이 유일한 존치국이며, 이는 WTO 규정에 위배되고, OECD에서도 문제가 된다. 일본은 매년 한국의 수입선다변화 정책을 문제시해 왔다. 95년 1월의 OECD 무역보고서 작성과정에서도 일본은 한국의 수입선다변화 품목의 조기해제를 요구했고, 외교채널을 통해서 수입선다변화 품목의 완전철폐 스케줄을 제시할 것을 요청한 적이 있다(조선일보 95/2/7). 통산부를 더욱 긴장시킨 것은 미국이 수입선다변화 정책을 비판하기 시작했다는 점이었다(김소림 1999, 58-59). 실제로 미국 측은 이전에는 언급한 적이 없었던 한국 정부의 수입선다변화 정책을 비판하기 시작했다. 96년 4월 1일, 미 통상대표부는 제 11차 『국별무역장벽보고서(NTE)』를 발표했다. 이 보고서에는 한국의 다단계 세제를 강력히 비판하면서, 예년에는 언급하지 않았던 일본에 대한 수입선다변화 정책을 직접 언급하면서 한국 시장이 얼마나 폐쇄적인가를 상징적으로 보여 주고자 했다(이상영 1996, 17-20).[6] 김철수 WTO 사무차장도 한 · 미 자동차분쟁이 WTO의 분쟁해결 위원회에 회부되었더라면, 미국이 한국의 대일 수입선다변화 정책과 연계하

5 1996년 6월 15일, 통산부는 현재 유지되고 있는 162개 품목의 수입선다변화 지정 품목 중 10개 품목을 해제한다고 밝혔다. 95년 초 정부는 개방화 추세를 지속시킨다는 계획 아래 98년까지 93년도 기준(258개 품목)의 50%(129개 품목)을 해제한다고 밝힌 바 있다. 96년 6월 15일의 발표는, 그런데 이 수입선다변화 정책을 99년까지만 유지하고 2000년부터 완전히 철폐하여 일본으로부터의 수입을 전면 자유화한다고 발표했던 것이다.

6 1996 National Trade Estimate의 Republic of Korea, Other Barriers, Motor Vehicles 부분 참조. 참고로 원문을 소개하면 다음과 같다. "Korea has maintained a severely closed 'sanctuary' market with an array of trade barriers, including an import ban on Japanese cars"(밑줄은 필자가 강조한 부분임).

여 한국을 곤란하게 만들 가능성이 있었다고 지적했다. "분쟁해결을 위해 패널이 구성될 경우 일본 측이 패널에 한국의 자동차 수입선다변화 제도를 한 · 미 간 분쟁에 덧붙여 검토해 달라고 요청할 수 있다. 이 경우 한국으로서는 승산이 거의 없다. 다만 한 · 미 간의 자동차 분쟁만 다룬다면 승산이 있었을 것으로 본다"(조선일보 96/3/9). 따라서 통산부는 국제적으로 비난받을 수 있는 제도[7]를 가지고 있다는 약점 때문에, 자동차협상을 WTO로 가져가는 것에 결단코 반대했던 것이다. 따라서 이 같은 상황인식이 자동차 산업을 직접 관할하는 통산부를 협상에서 온건파로 만들었던 것이다.

(3) 관료적 이익: 외무부와 통산부의 주도권 경쟁

한국 정부 내부를 분열시킨 것은 미래에 대한 상이한 예측만은 아니었다. 관료적 이익의 관점에서도 정부 내 이질적인 이해관계가 발생했던 것이다. 이는 앞서 살펴본 바와 같이 외무부와 통산부가 서로 다른 상황인식을 했던 것과도 관련이 있다. 외무부는 협상을 결렬시키려고 했고, 통산부는 협상을 성공시키려고 했다. 외무부와 통산부의 관료정치적인 대립은 여러 차례 발견되었다. 우선 협상대표팀의 구성과정에서도 정부대표의 임명을 둘러싸고 외무부와 통산부는 대립했다. 따라서 한국 측은 회담이 개최되기 4-5일 이전까지 협상대표를 선임하지 못했다(뉴스플러스 1995. 10. 12, 28-29).[8] 더욱

7 하지만 형태는 다르지만 일본차에 대한 수입규제는 미국과 EU도 실시하고 있다. 미국은 80년대 초반부터 수입자주규제(VERs)의 형태로 일본차를 규제했고, 최근의 미 · 일 자동차협정에서는 결과지향적인 수치목표까지 요구하면서 일본 시장을 공략하고 있다. EU도 마찬가지이다. EU 또한 수출자주규제라는 형태로 총 수요량의 10% 이내로 일본차의 수입을 제한하고 있다. WTO의 룰에 입각하면 그 어느 쪽도 위반의 소지가 높지만, 양자협정의 형태로 이를 유지하고 있는 실정이다.

8 외무부 측이 협상대표권을 통산부에 최종적으로 양보한 것은 95년 10월의 김영삼 대

심각한 것은 협상 도중에 외무부 측 대표가 협상대표단과 상의도 하지 않은 채, 일방적으로 미국 측 초안을 외무부로 보고함으로써 협상을 결렬시키려고 했다는 사실이다. 협상이 결렬되어 자동차 마찰이 WTO로 가게 되면 대표권은 자연스럽게 외무부로 되돌아오게 된다는 계산도 작용했을 것이다.

한 · 미 양측이 첨예하게 대립했던 쟁점사항은 자동차세 문제였다. 미국 측은 95년 9월 21일 회담에서 2,500cc 이상의 자동차에 대한 세금을 모두 1cc당 250원으로 단일화하라고 요구했다. 한국 측은 2,500-3,000cc는 410원/cc, 3,000cc 초과는 630원/cc에서 각각 350/cc, 450원/cc로 인하하는 양보안을 제시했다. 9월 22일, 미국 측은 내부조정을 위해 9월 25일까지 회담을 연기한 뒤, 9월 25일, 2,500-3,000cc는 310원/cc, 3,000cc 초과는 370원/cc로 하되, 97년 1월 1일부터 2,500cc 이상의 자동차는 모두 250원/cc로 단일화하자는 최종안을 다시 제시했다(뉴스플러스 1995. 10. 12, 28-29).[9] 한국 측 협상 팀은 본국에 훈령을 요청했고 9월 26일, 서울에서는 관계 장관회의를 개최하여 "310-370원의 안은 수용하되, 97년부터의 250원 세율단일화는 수용할 수 없다"는 방침을 정한 뒤, 이를 협상 팀에 훈령으로 전달했다. 미국 측도 결과적으로 자신들의 두 가지 요구 중 한 가지가 수용된 것에 만족하여 한국 측의 수정제의를 수락했고, 양측은 9월 27일부터 최종 합의문안 작성(뉴

통령의 방미를 고려했기 때문이라고 한다(시사저널 1995, 78). 외무부 측은 전문협상기술을 내세웠고 통산부는 전문지식을 내세우면서 양측은 대표선임 문제로 대립했다. 결국 통산부가 한승수 대통령 비서실장에게 중재를 요청했고, 한영수 통산부 통상무역3심의관이 대표로 낙착되었다.

9 한국 측의 최초 양보안은 250원-350원-450원의 100원 차등안이었다. 즉 2,000-2,500cc는 현행대로 250원/cc로 하고, 2,500-3,000cc는 410원에서 350원으로, 3,000cc 초과는 630원에서 450원/cc로 하는 것이었다. 이후 한국 측은 250원-330원-410원의 80원 차등안을 다시 제시했지만 미국 측은 이것도 거부했다. 결국 미국 측은 250원-310원-370원의 60원 차등안을 역으로 제시했고 이는 한국 측의 최종 양보안과 일치하는 수치였다.

스플러스 95/10/12, 29)[10]에 들어갔다. 협상 팀 간에는 협상 성공의 분위기가 감돌기 시작했다. 미국 측은 9월 27일 하오 5시까지 결정하기로 한 우선협상대상국 관행(PFCP)의 지정시한을 28일 상오로 연기해 줄 것을 의회에 요청했고 미 의회는 이에 동의했다. 한 · 미 양측은 합의문구의 수정 작업이 끝날 때까지 외부와의 연락을 단절하기로 합의했다.

이런 와중에 외무부 측의 대표가 한국 대표단과의 상의도 없이 비밀리 미국 측 초안을 외무부에 보고했던 것이다. 한국 시각으로 9월 27일 오전 1시경이었다.

물론 이 초안에는 미국 측의 강경한 어투가 여과되지 않은 채였다. 외무부는 협상을 결렬시키고 WTO로 문제를 가져가자는 방향으로 방침을 정한 뒤, 이를 청와대에 보고했다(시사저널 95/10/12, 12).[11] 현지의 사정을 모른 채, 한국 정부는 협상 결렬의 분위기 쪽으로 방향을 급선회하기 시작했다. 미국 시간으로 새벽 6시까지 재경원에서 홍재형 부총리 주재로 외무부, 통산부, 재경원의 관계 장관회의가 계속되었다. 결국, 복잡한 정부 내 조정과정을 거쳐 워싱턴의 협상대표단에게 최종 승인은 내려졌다. 협상 초안의 유출 때문에 한국 정부의 최종 결정이 이루어진 것은 박건우 주미대사와 한영수 실장

10 가령 한국의 협상 팀은 "관세 등 미합의사항은 추후 협의한다"는 문구를 "합의사항에 대한 이행협의를 한다"로, 자동차세 인하를 "한국 정부가 의회에서 통과되는 것을 보장한다"를 "최대한 노력한다"고 수정했다. 그러나 수치목표설정으로 인식될 수 있는 "시장접근에의 실질적 증대(Substantial Increase in Market Access)"라는 문구는 한국 외무부가 심하게 반대했음에도 불구하고 수정할 수 없었다. 미 · 일 자동차협상에서 교훈을 빌려온다면 앞으로 '시장접근에의 실질적 증대'라는 문구는 또 다른 분쟁의 소지를 제공할 것이다.

11 청와대의 한이헌 경제수석에게 보고했다고 한다. 한 수석은 김영삼 대통령에게 보고하는 한편, 박운서 통산부 차관에게 협상 결렬의 원인을 물었다. 한편, 한국 정부의 분위기가 결렬 쪽으로 급선회하는 것을 눈치 챈 미국 측이 먼저 선수를 쳐서 미 통상대표부가 주한 미국대사관을 통해 "협상은 결렬되었다. 한국 정부에 이 같은 사실을 팩스로 통보하려 한다"는 메시지를 보냈다는 설도 있다.

이 바세프스키 부대표, 캐시디 대표보를 만나 협상을 최종적으로 타결짓기로 한 새벽 7시가 다 되어서였다(시사저널 95/10/12, 13).[12] 우여곡절 끝에 9월 28일 9시, 캔터 대표는 의회에 협상 성공을 보고함과 동시에 한국을 우선협상대상국 관행(PFCP)에서 제외시킨다고 발표함으로써 협상은 성공했다.

거의 성공했던 협상이 부처간 주도권 다툼으로 결렬될 뻔했던 것이다. 이 부처 간 주도권 싸움은 또 다른 후유증도 남겼다. 95년 9월 30일, 정부의 고위관계자는 "청와대 민정수석실 팀을 중심으로 외무부와 통상산업부의 마찰을 조사하고 있다. 외무부가 막판 협상에 차질을 빚을 정도로 워싱턴에서 보내온 양해각서 초안을 3시간 30분 뒤에 통상산업부와 재정경제원에 전달해 준 것과 정부가 당초 준비한 협상안이 외무부 등을 통해 밖으로 흘러나갔는지 여부를 확인하는 작업이 벌어지고 있다"고 밝혔다(조선일보 95/10/1). 협상안의 사전유출의혹은 미국 측이 마치 한국의 최종 양보안을 알고 있는 듯이 1원도 틀리지 않는 '310원-370원' 안을 역으로 제안했다는 사실에서 발단한다. 이홍구 국무총리도 95년 10월 4일, 국무회의에서 이 문제를 "적절히 조사할 필요가 있다고 생각된다"고 말했다(조선일보 95/10/5).

(4) 이익집단의 이해

한국 내의 주요 행위자들에게 있어서 관세문제에 대한 경제적 이해관계는 동질적이었다. 정부와 자동차업계는 현행 8%의 관세율을 유지하는 데 의견의 일치를 보았다. 하지만 자동차세에 대해서는 이해관계가 달랐다. 과

12 한국 측의 최종 입장이 정리된 것은 한이헌 경제수석과 박재윤 통산부장관 간의 20여 분간에 걸친 전화통화였다고 한다. 박 장관의 설득을 받아들인 한 수석이 최종적으로 김영삼 대통령에게 보고하자, 대통령은 "우리가 최종적으로 고수해야 할 것 세 가지를 뽑아보고 될 수 있으면 타결되도록 하라"고 지시했다.

도하게 누진적인 자동차세를 인하하는 것은 내수 확대로 연결되기 때문에 한국의 자동차업계는 이를 부분적으로 환영했다. 게다가 중장기적으로 볼 때, 중소형차에 지나치게 치우친 생산구조를 탈피하여 부가가치가 높은 중대형차를 생산하고 수출해야 하는 업계의 입장에서 보면 자동차세의 인하는 환영할 만한 조치였던 것이다. 자동차 산업의 균형적인 발전을 위해서는 자동차세의 단순화 및 인하가 불가결하다고 보았다. 한국 내에서 이미 자동차 관련 조세가 너무 복잡하고 무겁다는 견해가 힘을 얻고 있던 상황이었다. 자동차 1대에 물리는 세금과 공과금의 종류가 무려 14가지나 되고, 자동차세만 해도 수억대의 아파트의 재산세보다 무겁기 때문이다. 따라서 특소세와 자동차세가 더욱 과감히 인하되어야 하고 등록세, 면허세, 각종 교육세 등도 폐지되거나 단순화되어야 한다는 여론도 가세했다(박시룡 1997, 19). 물론 최대의 수혜자는 소비자들이었다. 수입 차에 대한 선택의 폭이 넓어지고 수입 차와 국산차의 실질적인 가격이 하락하기 때문이었다. 따라서 이들은 미국의 외압에 대해 우호적인 태도를 취했던 것이다.

(5) 국내적 선호와 대외통상협상에 관한 가설검토

따라서 외압의 강도가 같다고 가정했을 경우, 외압을 받는 측의 국내적 선호의 분포가 외압에 대해서 우호적이거나 대등한 경우가 비우호적인 경우보다 정책변경이 이루어질 가능성은 더욱 높아진다. 달리 표현하면, 외압이 요구하는 정책을 실현하기 위해서는 비우호적 균형의 사례에서 협박의 수준이 가장 높고, 다음은 대등한 균형의 사례, 그리고 우호적 균형의 사례의 순으로 나타난다(Tanaka 1996, 9-14). 따라서 한국이 95년 한 · 미 자동차 협상에서 자동차세 분야에 큰 양보를 하고 관세 분야에서는 전혀 양보하지 않았던 것은 이슈에 따라서 한국 내의 선호의 분포가 달랐기 때문이라고 설명할 수 있다. 관세 분야에 대한 한국 내의 선호의 분포는 미국의 요구에 대해서 대단히 비우호적 균형을 이루었던 것임에 반해서, 자동차세 부분에 대해서는 대등한 균형, 혹은 다소 우호적인 균형을 이루었던 것이다.

이런 관점에서 저항가설을 재검토해 볼 필요가 있다. 저항가설이란 국경조치상의 변화가 국내적 체제 변화보다 덜 반대된다는 명제이다(Tanaka 1996, 9-14). 이러한 가설은 얕은 통합(shallow integration)에 관한 이슈가 깊은 통합(deeper integration)에 관한 이슈보다 더 우호적인 균형을 만들어 내는 경향이 있다는 것을 암시하며, 외압은 깊은 통합의 이슈보다 얕은 통합의 이슈에 대해서 더욱 효과적이라는 의미이다. 외압의 대상 영역(scope)과 관련하여, 얕은 통합(전통적인 무역자유화), 깊은 통합(구조적, 내부적 변화), 수출자주규제(VERs), 수입자주 확대(VIEs)의 4가지 유형으로 무역이슈를 구분할 수 있다.

미 · 일 경제협상의 사례연구를 통해서 일반적으로 얕은 통합보다는 깊은 통합의 이슈에 대해서 일본 국내의 저항이 더 크다고 말한다. 가령 무역 혹은 투자 자유화는 SII(미 · 일구조협의)보다 훨씬 쉬웠다. 수출자주규제도 특히 수출업자의 수가 적을 때 국경조치와 그 성격이 비슷하다. 수입자주 확대는 예상되는 구매자의 수가 많을 때, 국내 체제의 변화와 그 성격이 비슷하다. 따라서 수출자주규제의 이슈보다 수입자주 확대의 이슈에 대한 저항이 더 크다. 물론 얕은 통합과 수출자주규제, 혹은 깊은 통합과 수입자주 확대 중에서 어느 쪽이 더 큰 저항에 직면하는지를 말하는 것은 쉽지 않다.

그러나 저항가설은 한 · 미 자동차협상 사례를 설명할 수 없다. 저항가설에 의하면, 얕은 통합의 이슈인 관세문제에 대해서 한국 측이 더 큰 양보를 했어야 한다. 하지만 결과는 깊은 통합의 이슈에 해당하는 자동차세 문제에서 한국 측이 양보하고 관세에 대해서는 전혀 양보하지 않았다. 자동차세는 내국세이면서 지방세이다. 협상에서 문제가 되었던 것은 한국의 누진세제 그 자체였고 세율이 쟁점이 되었다. 조세주권과도 관련이 되는 전형적인 깊은 통합의 사례임에 틀림없다. 하지만 관세 분야에 대해서 미국 측은 한국 내에서 우호적인 균형을 전혀 만들어 내지 못했고, 오히려 깊은 통합의 이슈인 자동차세 문제에서 대등한 혹은 다소 우호적인 균형을 만들어 냈던 것이다. 한 · 미 자동차협상 사례를 중심으로 말하자면, 외압수용국의 국내적 선호를 결정하는 요인에는 외압의 대상 영역 (혹은 무역이슈의 유형) 이외에도 다른 요인들이 동시에 작용하고 있다고 말할 수 있다. 따라서 국내적 선호의 분포를 결정하는 다른 요인들에 대한 분석이 불가결하다. 만약 저항가설을 그대로 받아들이려고 한다면 저항가설은 다음과 같이 '국내적 선호의 분포가 같다면' 이라는 조건이 전제되어야 한다.

6. 결론

이 논문은 이질적 이해관계와 정치적 대립, 혹은 선호의 분포와 같은 국내적 균열이 대외통상협상의 결과에 영향을 미친다는 결론을 내리고 있다. 이 논문에서는 95년 한 · 미 자동차협상의 사례분석을 통하여 국내적 균열, 특히 국내적 선호의 분포가 대외통상협상에 미치는 영향과 아울러 무엇이 국내적 선호를 결정하는지를 살펴보았다.

1995년 한 · 미 자동차 협상에서 미국은 관세 분야에서는 성공하지 못했지만, 내국세 분야(자동차세)에서는 큰 양보를 얻어낼 수 있었다. 외압의 강도가 같았음에도 불구하고 협상결과가 상이하게 나타났던 이유는 한국 내의 선호의 분포가 이슈별로 다르게 형성되었기 때문이다. 관세 분야에 대한 한국 내의 선호의 분포는 미국의 요구에 대해서 대단히 '비우호적 균형' 을 이루었던 것임에 반해서, 자동차세 부분에 대해서는 '대등한 균형', '혹은 다소 우호적인 균형' 을 이루었던 것이다.

이 사례연구의 결론은 다음과 같다. 첫째, 외압의 강도가 같다고 가정했을 경우, 외압을 받는 측의 국내적 힘 관계가 외압에 대해서 우호적이거나 대등한 경우가 비우호적인 경우보다 외압을 받는 측이 정책을 변경할 가능성은 더욱 높아진다. 둘째, 외압이 요구하는 정책을 실현하기 위하여 필요한 협박의 수준은 비우호적 균형의 사례에서 가장 높고, 다음은 대등한 균형의 사례, 그리고 우호적 균형의 사례의 순으로 나타난다. 셋째, 국내적 선호의 분포가 같다면, 국경조치상의 변화가 국내적 체제 변화보다 덜 반대된다. 넷째, 이슈의 성격(얕은 통합 혹은 깊은 통합) 이외에도, 이념, 정보(인지), 관료적 이익, 경제적 이익 등과 같은 요인들이 국내적 선호의 분포에 영향을 미쳤다.

참고문헌

김소림. 1996. "수입선다변화 해제영향 및 대응방안," 『자동차회보』 7월.

박시룡. 1997. "올해 상반기 자동차 산업의 평가와 전망," 『자동차회보』, 6월.

산업연구원. 1997. 『한국의 자동차 산업의 발전역사와 성장잠재력』.

양기웅. 1996. "1995년 미 · 일 자동차협상: 협박과 대항협박," 『IRI 리뷰』 가을.

이상영. 1996. "자동차 통상마찰 전망과 대응방향," 『자동차경제』 6월 25일.

이용택. 1995. "한 · 미 자동차협상 타결국면," 『이코노미스트』 10월 4일.

이종재. 1995. "부처주도권 싸움이 문제였다-한 · 미 자동차협상 적전 분열...정보의 사전유출 의혹까지." 『주간한국』 10월 19일.

이필상. 1995. "한 · 미 자동차협상의 문제점과 우리의 대응: 통상협상기구 단일화로 일관성 있는 대책마련 시급." 『전망』 11월.

재정공론사. 1995. "한 · 미 자동차 협상 타결." 『월간재정』 11월.

정태신. 1996. "업계와 협력을 통한 대응체제 구축." 『자동차회보』 3월.

『뉴스플러스』, 95/10/12

『시사저널』, 95/10/12

『조선일보』, 95/2/7; 95/9/7; 95/10/1; 95/10/5; 96/3/9.

Schoppa, Leonard J., 1993, "Two-level Games and Bargaining Outcomes: Why gaiatsu succeeds in Japan in some cases but not others," *International Organization*, vol.47, summer.

Tanaka, Akihiko, 1996, "Gaiatsu in Japan's Trade Politics: Concept and Hypotheses," prepared for International Conference at Hallym University, August.

The Detroit News, 1995, "U.S. auto industry turns attention to Korea", August 12 ; "Deal opens South Korean car market", September 29.

USTR, *1996, National Trade Estimate*, "Republic of Korea, Other Barriers, Motor Vehicles".

USTR, 1995, Press Release, September 28.

| 제2부 |

한국의 경제통상협상 —미국

제4장 한 · 미 지적재산권협상(1985-1986)

제5장 한 · 미 쇠고기협상(1989-1993)

제6장 한 · 미 통신협상(1989-1996)

제7장 한 · 미 반도체협상(1992-1998)

제8장 한 · 미 자동차협상(1993-1998)

제9장 한 · 미 철강협상(2002)

제10장 한 · 미 스크린쿼터협상(1998-2006)

제11장 한 · 미 FTA협상(2004-2007)

제4장 한·미 지적재산권협상(1985-1986)

1. 배경

1980년대 들어서 외국의 저작물, 음반, 컴퓨터 프로그램 등의 무단복제가 성행하게 되자 지적재산권에 대한 미국의 통상압력이 더욱 강해지기 시작하였다. 1985년 10월 16일 미국의 레이건 대통령은 통상법 제301조에 근거하여 미국의 지적재산권을 침해하는 관행에 대한 조사 착수를 지시했다.[1]

---

* 한·미경제통상협상파트에서는 좋은 선행연구로서 김종해(2004)의 연구성과를 많이 활용·인용하고 있음을 미리 밝혀둔다.

1 이를 위해 미국은 미 통상법 301조를 사용하였다. 이것은 외국 정부의 불공정관행을 적극적으로 제거할 필요에서 나온 것으로서 여기에서 불공정관행을 1) 통상협정상의 권리 이익을 침해하는 관행 또는 행위, 2) 부당한 관행 또는 행위, 3) 불합리한 관행, 4) 차별적인 관행으로 규정하고 있다. 특히 이 중에서 2) 부당한 관행은 국제법적 권리나 지적재산권을 침해하는 관행을 의미하는 것이었다. 미 통상법 301조에 따르면 이러한 외국의 불공정 관행에 대하여 미 통상대표부(USTR)의 자체적 결정 혹은 민간의 신청에 의

한국과 관련해서 미국은 한국의 특허법이 식료품 및 화학합성물에 대한 보호조치를 취하지 않고 있으며, 화학제품과 조제 약품에 대한 규제가 인정되지 않고 있어 미국산 특허품의 불법복제 및 제3국으로의 수출이 성행하고 있으므로 이에 따른 미국 측의 손실이 연간 수억 달러에 달하며, 서적 및 컴퓨터 소프트웨어 등 한국의 저작권 보호 미비로 인한 미국 측의 연간 손실액이 약 1억 7천만 달러에 상당한다는 결론을 내리게 되었다(김도형 1998, 78). 이후 미국은 한국에 대해 지적재산권 관련 협상을 제안하여 1986년 7월 21일에 양국은 지적 재산권과 관련된 301조 협상을 일괄타결하게 된다.

2. 과정

1985년 11월부터 한 · 미 지적재산권 협상이 시작되었다. 1985년 11월 14일 제1차 실무협상(워싱턴), 12월 19일 제2차 실무협상(서울)이 개최되었다. 1차와 2차 실무협상을 거치는 동안 저작권, 상표권, 특허권의 보호 수준과 방법, 시기 등 협상 전반에 걸친 협의가 이루어졌고 상표권과 저작권 보호와 관련해서는 전반적으로 합의가 이루어졌으나 물질특허의 도입시기와 관련해서는 여전히 입장차이를 좁히지 못했다.

1986년 1월 31일과 3월 27일 두 번에 걸쳐 주미 한국대사와 미 통상대표부 부대표 간의 협상이 이루어졌으며 2월 19일에는 미 통상대표부 부대표가 서울을 방문하여 협의를 시도했다. 이때까지도 소급보호와 관련된 문제들에 대해서는 여전히 합의에 도달하지 못하고 있었다.

하지만 협상시한이 가까워지고 소급보호에 대한 내용이 한국 국내에 알

해 조사를 개시할 수 있으며 조사결과를 토대로 통상대표부는 대통령에게 조치를 취할 것을 권고하며 대통령은 자신의 재량으로 조치를 취할 수 있었다(한용재 1999, 43-45).

려지면서 미국은 소급보호에 관한 요구사항을 어느 정도 완화하였고 소프트웨어 보호법을 저작권법과 별도로 입법하는 데 찬성하면서 합의를 도출할 수 있었다. 결국 1986년 7월 21일 한 · 미 무역실무회담에서 한 · 미 지적재산권 관련 통상협상 일괄타결을 발표하였다. 1986년 미국 레이건 대통령은 301조 조사 진행을 종결할 것을 지시하였고 1986년 8월 28일 한국을 대표하는 김경원 주미대사와 미국 정부를 대표하는 야이터 통상대표부 대사가 지적재산권 한 · 미 양해각서에 서명하였다(유석진 1997, 70-73).

3. 쟁점

1986년 7월 타결된 한 · 미 지적재산권 협상의 주요 쟁점은 첫째 물질특허의 도입, 둘째 소급보호의 인정, 셋째 저작권과 소프트웨어 보호문제 등으로 나눌 수 있다. 먼저 물질특허의 도입문제를 세부적으로 살펴보면 현행 특허법의 개정시기, 특허범위, 부다페스트조약[2] 가입 시기, 특허존속 기간, 이용발명에 대한 강제실시권한, 특허불실시에 대한 강제규정, 외국 특허, 한국의 제법특허 인정 등의 문제가 포함되었다. 그리고 소급보호의 인정문제에서는 물질특허, 저작권, 소프트웨어의 인정문제와 몇 년간 소급해서 인정할 것인지에 대한 문제가 다루어졌다. 마지막으로 저작권과 소프트웨어의 보호문제에서는 법 개정의 시기, 데이터베이스, 반도체, 음반의 보호문제, 미(美) 저작자 내국민 대우문제, 컴퓨터 소프트웨어의 보호와 시행시기문제,

2 부다페스트 조약이란 미생물에 관한 발명을 국제적으로 특허출원하는 경우에 출원대상국 모두에게 해당 미생물을 기탁해야 하는 불편을 덜기 위해 세계지적재산권기구(WIPO)에 의해 공인된 미생물 국제기탁기관에 기탁하면 특허보호를 지정한 모든 나라에서 인정을 받을 수 있도록 한 제도이다. 1977년에 체결된 이 조약에는 세계 53개국과 유럽특허기관(EPO) 등 3개의 정부간기구가 가입되어 있다.

교육목적의 복제허용문제 등이 다루어졌다.

물질특허의 도입에 관하여 미국 측은 1986년 3월 법 개정과 당해연도 시행을 요구했고 아울러 특허범위를 화학물질, 의약품, 농약으로 할 것을 주장하였다. 또한 부다페스트조약 가입시기를 1986년으로 하고 특허존속 기간을 17년으로 할 것을 주장하였다. 또한 이용발명에 대한 강제실시권한과 특허불실시에 대한 강제규정을 삭제할 것을 요청하였고 외국 특허 중 한국의 제법특허를 인정해 줄 것을 요구하였다. 반면 한국 측은 협상 초기 대부분의 개도국들이 물질특허 인정에 따른 기술료 지불에 부담을 가지고 있으며 한국의 산업화 추진에 장애가 있다는 이유로 물질특허의 도입을 반대하였다. 하지만 도입의 불가피성에 대한 인식은 있었기 때문에 도입 반대에서 개정시기 연기, 즉 개정시기를 1986년 9월 국회에 제출하여 1987년 7월부터 시행할 것을 주장하였다. 또한 특허범위를 화학물질과 의약품, 음식물, 농약에 한정해 줄 것을 요구하였고 부다페스트조약 가입을 1987년으로, 특허존속 기간을 미국 측 주장보다 2년 줄어든 15년으로 한정하고자 하였다. 이밖에 이용발명에 대한 강제실시권한과 특허불실시에 대한 강제규정에 대해서는 그 재량권을 축소시킬 것을 주장하였고 외국 특허 중 한국의 제법특허에 대한 불인정을 주장하였다.

소급보호와 관련해 미국은 물질특허에 대한 소급보호 인정, 저작권의 20년간 소급보호, 소프트웨어의 20년간 소급적용을 주장하였다. 한국은 이에 대해 물질특허, 저작권, 소프트웨어에 대한 소급보호의 인정 불가 입장을 밝히면서 그 이유로서 첫째 지적재산권에 관한 소급보호는 국제적으로 관례가 없고, 둘째 국민의 재산권에 관한 소급입법을 금지한 한국의 헌법에 위배되며, 셋째 물질특허도입에 대한 국내의 반발이 크기 때문에 불가입장을 표명했다.

또한 저작권과 관련하여서 미국 측은 저작권 관련법 개정안의 국회 상정시기와 시행시기, 세계저작권조약[3] 가입 등의 시기를 86년 중으로 할 것, 데이터베이스와 반도체 연구, 음반에 대해 향후 50년간의 보호, 미 저작자에 대한 내국민대우 적용 등을 요구하였다. 또한 행정규제대상을 확대하여 번역 및 개작을 행정규제대상으로 포함시킬 것, 저작권에 대한 처벌규정을 강화할 것을 요구하였다. 이에 대해 한국 측은 저작권 관련법의 국회 상정시기는 86년 9월 국회 제출과 87년 7월 시행, 세계저작권조약 가입은 88년 초로 하겠다는 입장을 고수하였다. 데이터베이스와 반도체에 대해서는 보호에 대한 연구를 검토할 것이며 음반보호는 현행의 음반에 관한 법률에 의해서 보호하겠다고 답변했다. 또한 미 저작자의 내국민대우와 저작권에 대한 처벌규정은 수용할 용의가 있지만 행정규제대상의 확대는 불가하다는 입장을 밝혔다.

컴퓨터 소프트웨어와 관련하여서 미국 측은 이에 대한 법령을 저작권법에 포함시키고 보호 기간을 50년으로 하며 86년까지 입법 및 시행을 요구하였다. 또한 교육목적의 복제를 허용하는 문제에 대해서는 특수 경우만 이를 인정하자는 입장을 내세웠다. 반면 한국 측은 컴퓨터 소프트웨어에 대한 법규는 별도로 보호법을 제정하여 보호 기간은 30년으로 하고 이에 대한 입법과 시행시기는 각각 86년, 87년으로 한다는 입장을 표명했다. 또한 교육목적의 소프트웨어의 복제에 대해서는 포괄적으로 인정해 줄 것을 요구하였다.

3 세계저작권조약(UCC: Universal Copyright Convention)이란 문학, 음악, 미술 및 지적인 작품을 포함한 저작물에 관해 저자와 저작권을 가진 자의 권리를 보호하는 국제조약이다. 1952년 유네스코의 제창에 따라 성립, 1955년에 발효되었다. 베른조약은 국내법에 요구하는 사항이 많고 가입 전에 나온 저작물까지 소급해서 보호대상이 되는 반면, UCC는 상호주의 원칙에 의해 외국인이라도 자기 나라에서 보호받는 것과 동일한 보호만 해 주면 되고 조약가입 이전에 나온 저작물에 대해서는 보호 의무가 없는 불소급원칙을 적용하고 있다. 한국도 1987년에 가입함으로써 동년 10월 1일부터 이 조약의 적용을 받게 됐다.

4. 결과

양국은 물질특허의 도입과 관련하여 특허법의 개정시기는 1986년, 시행시기는 1987년 7월로 하기로 하고, 특허범위는 화학물질, 의약품, 농약, 음식물로 한정하였다. 부다페스트조약 가입시기는 1987년으로 하고 특허존속기간은 15년으로 합의했다. 이용발명에 대한 강제실시권한과 특허불실시에 대한 강제규정은 그 재량권을 축소시키며 외국 특허 중 한국의 제법특허는 쌍무적으로 인정하기로 하였다.

소급적용과 관련하여 물질특허에 대한 소급적용은 예외적으로 인정하고 저작권에 대한 소급적용은 무단복제만 10년간 인정하기로 하였다. 저작권 보호와 관련하여 저작권에 대한 법 개정과 시행시기를 1986년 9월과 1987년 7월로 합의하고, 세계저작권조약의 가입시기는 1987년 9월말까지로 하였다. 또한 데이터베이스 보호와 반도체칩 보호는 추후에 연구검토하기로 하고 음반보호는 20년간으로 하기로 했다. 미국 저작자의 내국민대우는 수용하기로 하고 행정규제대상은 확대하지 않기로 하였다.

컴퓨터 소프트웨어 보호와 관련하여 별도 입법을 추진하기로 하고 보호기간은 50년으로, 소프트웨어의 보호의 시행시기는 1987년부터로 하고 교육목적의 복제에 대해서는 제한적으로만 허용하기로 하였다.

협상결과를 살펴보면 한국 측이 소급보호가 국제관례에 어긋남에도 이를 일부 인정한 것은 미국 측의 압력행사에 굴복한 것으로 평가되지만 소급보호에 대한 범위를 줄이고 법률보다는 행정지도방식을 채택한 것, 법 개정시기와 시행시기를 늦춘 것은 나름대로의 협상성과로 평가할 만하다.

한국 측은 저작권과 특허권의 소급보호에 대한 문제가 국내적으로 널리 알려져 국내의 반발이 심해지자 이를 명분으로 하여 저작권의 소급보호문제에 더 이상 양보할 수 없다는 일종의 '자기손목묶기' 전략(tying-hands-strategy)을 구사했다. 이는 자신의 협상재량권이 작음을 이유로 상대방에게 오히려 양보를 요구하는 전략을 의미한다. 하지만 이러한 한국 측의 협상전략은 처음부터 계획된 것이 아니라 의도하지 않게 협상과정이 언론에 노출되면서 발생한 결과에 편승한 것으로 보인다.

주요 연표

1983. 미국, 한 · 미 공업소유권회의에서 물질특허 도입 및 지식재산권 보호를 GSP 적용과 연계시켜 요구.

1981. 1. 10. 제10차 한 · 미 통상장관회담에서 미국, 한국의 물질특허제도 도입 정식 요청.

1985. 10. 16. 미 레이건 대통령, 한국의 지적재산권 침해 사례에 대해 1974년 무역법 제301조에 의거한 조사 지시. → 2차 301조 적용대상으로 한국의 지적재산권 문제만 지적함으로써 한국을 불공정무역거래 국가의 표본으로 부각시킴.

1985. 11. 4. 미 무역대표부, 대통령의 지시로 지재권의 보호를 관장하는 한국의 법률 적절성에 대해 1974년 무역법 301조 하의 조사권 발동.

1985. 11. 14. 제1차 실무협상(워싱턴).

1985. 12. 19. 제2차 실무협상(서울) 한국 측, 저작권 물질특허 등 지적재산권 보호시기를 당초 계획보다 1-2년 앞당기기로 주장./미국 측, 지적재산권 전 분야에 대한 보호요구. → 일괄적인 합의를 보지 못함.

1986. 1. 28. 한국 측 입장 미 무역대표부에 전달.

1986. 1. 31. 주미대사와 통상대표부 부대표 간의 협상.

1986. 2. 19-20. 미 통상대표부 부대표, 서울 방문 통해 협의 시도(지적재산권 소급보호주장).

1986. 3. 27. 주미대사와 통상대표부 부대표 간의 협상(미국, 법 개정 통해 1986년 중에 물질특허의 도입 시행, 특허 범위를 한국 측이 주장한 품목 중 음식물을 제외한 화학물질 · 의약품 · 농약으로 할 것, 부다페스트조약 가입시기를 1986년으로 하고 특허존속 기간을 17년으로 할 것을 주장).

1986. 7. 15-21. 한 · 미 양국 정부, 한 · 미 무역실무회담에서 한 · 미 지재권 관련

통상협상 일괄타결 발표.

1986. 8. 16. 미 레이건 대통령, 한국이 취할 것으로 제안한 조치들은 조사된 물품에 대해서 적절하고 가능성 있는 반응이었다고 결정하고 301조 조사 진행을 종결하도록 명령.

1986. 8. 28. 지재권에 관한 한 · 미 지재권양해각서 서명(김경원 주미 한국대사와 야이터 미 통상대표부 대사, 지적재산권 한 · 미 양해각서 서명) 및 발효.

1986. 12. 18. "제법특허 출원의 물질특허 보호제공에 관한 대한민국 정부와 미합중국 정부 간의 서한교환" 조약 923호에 대한 국회 비준 동의.

1986. 12. 31. 한국, 저작권법 및 특허법 등을 개정하여 외국인 저작물의 보호, 보호기간의 연장(생존 중 및 사후 50년 등) 등을 규정하고, 컴퓨터프로그램 보호법의 새로운 제정 통해 지식재산권 보호강화.

참고문헌

[단행본]

대외경제정책연구원. 1993.『지적재산권 국제화의 방향과 과제』.

저작권심의조정위원회. 1991. 『우루과이라운드 지적재산권 협상에 대한 우리의 대책: 저작권 분야를 중심으로 』. 서울: 저작권심의조정위원회.

양준석 · 김홍률. 2000.『주요 이슈별 한 · 미 통상현안과 정책과제』. 대외경제정책연구원.

윤기호 외. 1999. 『지식정보화사회에서의 지적재산권보호에 대한 경제적 분석』. 과천: 정보통신정책연구원.

특허청. 1999. 『지적재산권 국제 동향 및 전망: 양자 및 다자 차원의 주요 이슈 및 대응방안』.

특허청. 1993. 『무역관련지적재산권(TRIPs)협정: 추진경위, 내용 및 앞으로의 대책 』. 서울: 특허청.

[학위논문: 박사]

권기성. 1995. "한 · 미경제마찰의 배경과 실상에 관한 연구." 숭실대 대학원 박사학위논문.

[학위논문: 석사]

김도형. 1998. "한 · 미 지적재산권 관련 통상마찰에 관한 연구." 부산대 대학원 석사학위논문.

김새미. 2000. "미국의 지적재산권 보호정책: 일본, 중국, 한국정책을 중심으로." 이화여대 대학원 석사학위논문.

김승래. 1999. "지식정보사회에서 인터넷 · 멀티미디어 관련 지적재산권 보호에 관한 연구: WIPO 신조약과 미국 DMCA를 중심으로." 고려대 특수법무대학원 석사학위논문.

김종해. 2004. “한 · 미통상협상사례 비교연구와 한국외교의 특징분석.” 한림대 대학원 석사학위논문.

김재성. 1997. “WTO규범하에서 한 · 미 지적 재산권의 보호제도에 관한 연구.” 성균관대 무역대학원 석사학위 논문.

김현경. 1995. “미국 통상정책의 변화와 한국의 대응: 1980-1990년대 미통상법을 중심으로.” 연세대 대학원 석사학위논문.

김현철. 1996. “WTO체제하의 지적재산권: 저작권보호를 중심으로.” 연세대 특허법무대학원 석사학위논문.

김희정. 1992. “우리나라의 지적재산권 보호정책에 관한 연구.” 이화여대 대학원 석사학위논문.

맹광호. 1995. “우루과이라운드 지적재산권협정(TRIPs)에 관한 연구.” 연세대 대학원 석사학위논문.

민은주. 1994. “지적재산권의 보호에 관한 연구: 국제화 논쟁과 관련 국제기구의 개관.” 연세대 대학원 석사학위논문.

박성호. 1996. “지적재산권의 보호체제의 국제화에 관한 연구: 특허권을 중심으로.” 국방대학원 석사학위논문.

박윤소. 1999. “지적재산권 보호가 해외직접투자에 미치는 효과.” 동의대 중소기업대학원 석사학위논문.

박재수. 2001. “지적재산권 보호를 위한 세관의 역할과 개선방안에 관한 연구.” 국민대 산업재산권대학원 석사학위논문.

반영월. 2006 “WTO 지적재산권에 관한 연구.” 경남대 대학원 석사학위논문.

석재왕. 1994. “지적재산권의 국제적 분쟁실태와 대응방안에 관한 고찰.” 연세대 행정대학원 석사학위논문.

성미나. 1999. “미 · 중 지적재산권 협상에 관한 연구: 미국의 협박전략과 중국의 반응.” 서강대 대학원 석사학위논문.

송영석. 1994. “지적소유권 보호가 한국경제에 미치는 영향과 대응전략에 관한 연구.” 인하대 경영대학원 석사학위논문.

안희준. “한국의 지적재산권침해물품 수출입구제에 대한 비교법적 연구: 불공정무역행위조사 및 산업피해구제에 관한 법률 미국 1930년 관세법 제337조, TRIPs를 중심으로." 고려대 대학원 석사학위논문.
양종운. 1999. "미국의 통상정책과 한국의 대응방안." 한남대 대학원 석사학위논문.
원종익. "수입국의 지적재산권 보호가 수출에 미치는 영향: 한국의 경우." 충남대 대학원 석사학위논문.
유미희. 1991. "한 · 미 지적재산권분쟁과 우리의 대응방안: 특허권 관련 분쟁을 중심으로." 광운대 대학원 석사학위논문.
유정현. 2002. "EU의 지적재산권 보호동향에 관한 연구." 한국외국어대 대학원 석사학위논문.
이경직. 1994. "UR 지적재산권 협정과 저작권에 관한 연구: 베른협약가입문제와 관련한 우리의 대책을 중심으로." 중앙대 사회개발대학원 석사학위논문.
이동복. 1990. "한 · 미간 지적소유권 분쟁과 대응전략에 관한 연구." 서울대 행정대학원 석사학위논문.
이복섭. 2001. "국제지적재산권 보호와 통관절차에 관한 연구." 배재대 국제통상대학원 석사학위논문.
이상헌. 2001. "특허권보호에 관한 국제법체계의 현황과 문제점: TRIPs협정을 중심으로." 한양대 대학원 석사학위논문.
이영애. 1999. "미국의 지적재산권 보호정책에 관한 연구: Special 301조를 중심으로." 서울시립대 경영대학원 석사학위논문.
이영애. 2000. "미국의 지적재산권 보호정책에 관한 연구." 서울시립대 경영대학원 석사학위 논문.
이재천. 1993. "한국의 지적재산권상 대여권제도에 관한 연구: UR협상과 대여권제도 비교를 중심으로." 한양대 행정대학원 석사학위논문.
이진행. 1991. "한 · 미 통상마찰에 있어 지적재산권에 관한 법적 연구." 고려대 대학원 석사학위논문.
이현우. 1989. "한국산 반도체의 대미 지적소유권 분쟁 사례에 관한 연구." 서강대 대학원 석사학위논문.
임순철. 1999. "국제지적재산권 보호체제의 변화와 분쟁해결에 관한 연구." 청주대 대학원 석사학위논문.
장완호. 1998. "지적재산권 협정(TRIPs)의 대내적 영향과 대응방안에 관한 연구." 서울대 행정대학원 석사학위논문.
정경영. 1995. "클린턴 행정부의 통상정책 동향에 관한 연구: 한 · 미 통상마찰 해소를 위한 다각적 대안 제시." 고려대 경영대학원 석사학위논문.
정교진. "국제무역에 있어 지적재산권 보호제도에 관한 연구 :수출입물품에 대한 지적재산권보호를 중심으로." 연세대 법무대학원 석사학위논문.
조현석. 1991. "지적재산권의 분쟁과 대응책에 대한 연구." 국민대 대학원 석사학위논문.
차호석. 2002. "지적재산권의 행사에 대한 독점규제법상의 한계: 한국과 미국을 중심으로." 연세대 법무대학원 석사학위논문.
최태현. 1989. "지적소유권과 관련한 통상마찰과 우리의 대응전략." 서울대 행정대학원 석사학위논문.
한용재. 2000. "미국통상체제하의 지적재산권보호제도와 분쟁사례 연구." 청주대 대학원 석사학위논문.
허정옥. 1995. "지적재산권보호를 둘러싼 미국의 무역정책과 우리의 현실: 저작권 · 신지적재산권 보호를 중심으로." 고려대 국제대학원 석사학위논문.
황윤섭. 1995. "지적재산권의 통상마찰에 관한 연구." 경희대 대학원 석사학위논문.
황춘자. 1995. "지적재산권 국제화에 따른 한국기업의 과제 및 관리방안에 관한 연구." 건국대 경영대학원 석사학위논문.

[정기간행물: 학술논문]

강헌. 2005. "지적재산권법에서의 역내적용 추정에 관한 연구 — 미국에서의 논의를 중심으로—." 『경영법률』 Vol.16, No.1, 705-722.
서현제. 1990. "우루과이라운드 지적재산권 협상 타결과 관련한 공정거래법의 보완." 『경쟁법연구』 Vol.2 No.0, 117-140.
송하성. 2000. "한 · 미 지적재산권 분쟁과 대응방향." 『통상정보연구』 제2권 제1호(6월), 129-148.

신운환. 1995. "WTO 체제에 대응하는 지적재산권 전략." 『제3회 고분자 산 · 학 · 연 심포지움』 Vol.0, No.0, 111-121.

신창섭. 1998. "미국 무역규제법상 외국의 지적재산권침해의(知的財産權侵害) 규제에 관한 연구—제337조 절차 및 특별 301조 절차를 중심으로—." 『경영법률』 Vol.8, No.0, 517-553.

양승두. 1996. "WTO체제 출범과 지적재산권에 관한 국제적 법질서의 변화." 『과학기술법연구』 2(12월), 5-13.

이석용. 1999. "WTO 무역관련 지적재산권협정의 이행조치." 『창작과 권리』 Vol.14, No.0, 76-106.

[정기간행물: 잡지/기사]

노영욱. 1992. "지적재산권협상;UR협상의 진전상황과 우리의 대응." 『나라경제』(3월), 36-41.

박종한. 2005. "WTO 지적재산권 논의 동향." 『나라경제』(2월호), 70-73.

이상렬. 1990. "우루과이 라운드 지적재산권 협상과 우리의 대응방향." 『정보산업』 101(9월), 4-6.

최경수. 2003. "스페셜 301조, 미국의 대외 지적재산권 보호 무기." 『저작권 문화』(6월 1일), 4-6.

제5장 한 · 미 쇠고기협상(1989-1993)

1. 배경

1984년 10월 한국 내 소 값 파동으로 한국 정부가 쇠고기 수입을 전면 중단하자 미국은 이에 반발하여 쇠고기 수입 재개를 요구하였다. 이후 미국 정부는 미 육류수출업계의 청원에 따라 1988년 3월, 통상법 301조에 근거한 조사를 시작하였고 1989년 8월 17일 한국에 대하여 쇠고기 완전 시장 개방을 요구하게 되었다(한국사료협회 1988, 13-25). 이에 대해 한국 정부가 국내 축산농가와 국내 경제의 어려운 사정을 이유로 미온적인 태도를 보이자 미국은 호주, 뉴질랜드 등과 함께 이 문제를 GATT에 제소하기에 이르렀다. 1988년 5월부터 9월 사이에 3개의 GATT 패널[1]이 설치되어 조사가 실시되

1 패널위원들은 주로 3명에서 5명으로 구성되며, 증거조사와 함께 어느 쪽의 주장이 옳고 그른지를 결정한다. 청문, 의견진술과 증거조사과정을 거친 후에 패널은 보고서를

었다. 수개월간의 조사 기간을 거쳐 1989년 4월에 제출된 패널보고서에는 BOP(국제수지위원회) 규정에 의거한 한국의 쇠고기 수입제한조치 폐지 일정을 3개 당사국들과 협의하고 그 결과를 보고서로 채택 후 3개월 이내에 GATT에 보고하라는 내용을 담고 있었다. 그런데 당시 한국의 BOP 조항 원용문제가 GATT에서 타결되지 않았기 때문에 GATT 이사회는 패널보고서의 채택을 거부하였으나, 1989년 10월 27일 GATT 국제수지위원회 정기회의에서 한국이 제18조 B항[2]의 적용을 철회함으로써 11월 7일 GATT 이사회는 패널보고서를 수용하기로 하였다(최양부 외 1992, 13-24). 패널보고서 채택 이후 한국 정부는 보고서의 권고내용에 따라 본격적으로 미국과의 협상에 나서게 되었다. 1990년 3월 양해각서의 교환으로 쇠고기 문제는 마무리되는 듯했으나 1990년 10월 별도로 진행 중이던 UR 농업협상과 관련하여 한국이 GATT에 제출한 제안서에 쇠고기를 자유화 대상에서 제외시킴으로써 쇠고기 시장을 둘러싼 마찰이 재발되었다. 또한 제1차 협상에서 합의된 기간, 즉 1992년 이후의 수입쿼터량에 대한 추가논의가 필요하였고, 업계간자율거래(SBS) 시행에 관한 세부적인 사항도 결정해야만 했다.[3] 이러한 필요에 따라 1992년 6월부터 한국과 미국 간의 쇠고기협상이 재개되었다. 한 · 미 쇠고기협상은 1989년-1990년 제1차 협상시기와 1992년-1993년 제2차 협상시기로 나눌 수 있다.

작성하여 DSB(Dispute Settlement Body, 분쟁해결기구)에 보고하며 DSB는 만장일치에 의해서만 패널의 보고서를 거절할 수 있다. 패널보고서는 보고서 제출 후 60일 이내에 DSB에 의해 권고와 판정으로 채택되며 양 당사국은 이에 대해 항소할 수 있다.

2 국제수지 적자를 이유로 한 수입제한을 허용하는 규정이다.

3 업계간자율거래제도(SBS: simultaneous buy/sell system)란 일정범위의 국내 수요자에게 기본쿼터의 일부분을 배정하여 정부나 축산물유통사업단의 개입 없이 국내 수요자가 직접 상담, 수입할 수 있도록 허용하는 제도이다. '동시매매입찰제도', '자율구매제도'라고도 한다.

2. 과정

1990년 1월 11일의 한 · 미 쇠고기협상에서 미국 측은 패널보고서의 권고사항인 한국 측의 수입 개방일정 제시 외의 어떠한 논의에도 응할 수 없다는 강경한 입장을 고수하였다. 이에 대해 한국 측은 국내 축산업의 열악한 구조와 축산농가의 어려움을 고려할 때 수입 개방일정의 제시는 불가하다는 입장을 밝혔다(조선일보 90/01/12). 당시 한국은 미국의 301조 보복조치 유예 기간인 180일을 최대한 활용한다고 해도 1990년 3월 26일까지는 협상을 타결해야 하는 상황이었다. 아울러 한국 정부는 GATT의 권고사항을 이행해야 하는 부담까지 안고 있었다. 결국 한 · 미 쇠고기협상은 1990년 3월 21일 마침내 타결되어 가서명을 하였으며, 4월 27일 최종 서명을 하였다(조선일보 90/04/28).

하지만 이후 제1차 협상의 결과를 놓고 한국과 미국은 해석상의 큰 차이를 보였다. 한국 측은 미국 측이 요구해 온 수입 개방시기를 합의문에 명시하지 않고 협상을 타결했다고 주장한 반면, 미국 측은 1997년 7월까지 쇠고기 수입을 자유화하기로 한국 측이 약속했으며 1990년에서 1992년까지 3년간은 경과 기간으로 보고 수입쿼터량을 매년 늘려가기로 합의한 것으로 주장했다. 협정문에는 "1997년 7월까지 국제수지 적자를 이유로 한 수입제한 조치를 철폐하거나 GATT 규정에 합치시킬 것을 권고한 GATT 결정을 재확인했다"고 밝히고 있다. '재확인'의 의미를 미국 측은 '수입제한 철폐'라고 해석한 반면, 한국 측은 'GATT 규정에 합치시키는 것'이라는 의미로 해석했다. 결국 제1차 합의는 쇠고기 분쟁에 대한 근본적인 해결이 되지 못하고 수입쿼터증가와 입찰제도개선을 통하여 문제해결을 3년 뒤로 연기하는 결과를 산출했을 뿐이다.

1992년 6월 11일 한 · 미 쇠고기 제2차 협상이 시작되었다. 미국 측은

1993년의 쇠고기 수입 쿼터량을 1992년의 6만 6천 톤보다 두 배에 해당하는 12만 5천 톤(한국의 91년 실제 수입량에 해당하는 물량)으로 증대시킬 것과 미국산 쇠고기의 수입 증가로 연결되는 동시매매 입찰제도(SBS)의 물량과 참여자 수의 확대도 아울러 요구했다.

이에 대해 한국 정부는 1991년의 수입량이 쿼터를 크게 초과한 것은 사실이지만 이는 한시적인 조치에 불과하고 수입쿼터량 협의는 92년의 6만 6천 톤 기준에서 진행되어야 한다는 강경한 입장이었다. 한국 정부의 강경한 입장은 쿼터량을 일단 늘려 놓으면 국제무역의 관행상 축소가 거의 불가능하기 때문에 국내 축산업의 보호를 위해 과도한 쿼터 증가는 불가하다는 판단에 근거하고 있었다. 따라서 1993년 이후의 쿼터는 1992년의 쿼터 6만 6천 톤을 기준으로 매년 7-8% 늘릴 수는 있지만 우루과이라운드(UR) 협상이 마무리되지 않은 상황에서 완전개방 약속은 미리 할 수 없다고 반론했다(이용기 · 양승만 1995, 157-173). 또한 SBS제도 확대요구도 현행 유통체계를 유지하는 범위 내에서만 수용할 방침임을 밝힘으로써 양국의 이견차를 확인하는 수준에서 1차 회담은 성과 없이 끝났다(동아일보 92/06/11).

1992년 8월 31일 워싱턴에서 협상이 재개되었다. 여기서는 정부간협상과 업계간회의로 이원화되어 회담이 동시 진행되었다. 업계회의에서 한국 측은 축협과 국내의 쇠고기 수입창구인 축산업유통사업단 대표가 참석하였고, 미국 측에서는 육류수출협회(MEF)와 식품협회(AMI) 대표가 참석하여 상업적이고 세부적인 문제들을 논의하였고, 업계회의에서 도출된 합의점을 양국 정부에 건의하는 형식으로 진행되었다. 정부간협상에서는 쇠고기 수입 완전개방문제를 비롯한 쿼터문제가 주로 논의되었고 업계회의에서는 미국의 동시매매 입찰 확대 및 냉장육 수입 허용 요구 등 유통문제 등이 주로 협의되었다(동아일보 92/08/21).

하지만 이날 협상에서도 양국은 대립했다. 1997년까지 한국의 쇠고기 시장 완전개방을 전제로 하는 수입쿼터량 대폭 확대를 주장하는 미국과 GATT의 규정에 합치하는 범위 내에서 점진적으로 시장을 개방하면서 쿼터를 늘려나가겠다는 한국 측의 주장이 팽팽히 대립할 뿐이었다. 미국 측은 1990년도 협상에서 합의한 대로 1997년 7월까지 한국의 쇠고기 시장을 완전 개방하고 1991년도 수입실적 12만 5천 톤을 기준으로 1997년까지의 쿼터를 정하며, 고급육 수입창구인 업계간자율거래제도(SBS)에 대해서도 물량을 확대하고 미국 측의 공급자가 보다 자유롭게 한국 시장에 접근할 수 있도록 운영 방법을 개선하자고 주장하였다. 이에 대해 한국 측은 1989년에서 1991년까지 3년 동안 한국의 연평균 쇠고기 수입실적(8만 6천 톤)과 한국의 잠재 경제성장률을 감안하여 쿼터를 정할 것을 대안으로 제시하면서 1997년까지 쇠고기 시장의 완전자유화는 한국의 국내 사정 때문에 불가하다고 되풀이하여 반발하였다(동아일보 92/09/02). 양국의 대립 상황은 양국 모두 대통령 선거를 앞두고 있는 시점이어서 정치적인 계산이 포함된 것으로 보였다.

1993년 2월 11일, 한국에서 협상이 재개되었다. 쟁점은 작년과 동일했다. 하지만 이전의 협상들과는 달리 더 이상 쇠고기협상의 결렬을 되풀이할 시간적 여유가 없었기 때문에 시작단계에서부터 타결 가능성이 큰 것으로 관측되었다. 미국 측은 쿼터와 관련하여 1992년 수입량 13만 2천 톤을 기준으로 1997년까지 매년 20%씩 늘릴 것을 요구했고 SBS의 참여대상범위도 당시 축협, 한냉, 관광호텔용품센터 등 3개 기관에서 일선 정육업자나 백화점, 대형식당 등이 참여할 수 있도록 문호를 확대하라고 요구했다. 이에 대해 한국 측은 쿼터 및 SBS의 점진적인 확대를 주장하였다. 우여곡절 끝에 양국 협상 팀은 잠정적 합의안을 도출하였으나 미국 협상 팀이 본국 정부의 최종 재가를 받지 못하고 결국 2월 14일 협상결렬을 선언하였다.

2개월 후 1993년 4월 13일에서 14일, 이틀간의 일정으로 이루어진 제4차 한 · 미 쇠고기협상은 7일이나 일정을 연장하며 22일까지 계속되었다. 미국 측은 이 협상에서 한국 측의 요구대로 쿼터의 기준량을 92년 실제 수입량 13만 2천 톤보다 약간 축소한다는 입장을 보여 거의 의견접근을 보았으나 동시매매입찰제도(SBS)에서 견해차를 좁히지 못하였다. 하지만 결국 양국 대표단은 마라톤협상 끝에 수입쿼터의 경우 1993년 9만 9천 톤, 1994년 10만 4천 톤, 그리고 1995년 10만 9천 톤으로 3년간 평균 5%씩 늘리기로 했으며, 동시매매입찰(SBS)의 경우 1993년부터 3년 동안 평균 연 쿼터물량의 10%씩 최종 소비자를 매매입찰에 참여시키기로 합의하였다. 하지만 합의내용을 문서화하는 과정에서 미국 측이 쇠고기시장 개방문제 등의 내용까지 협정문에 포함시키려는 것을 한국 측이 반대해 결국 합의서에는 서명을 하지 못하였다. 이러한 미국 측의 요구는 협상 도중에 전혀 합의되지 않았던 사항으로 국제적인 관례에 어긋날 뿐만 아니라 1990년 합의한 97년 7월 1일까지 완전개방하거나 우루과이라운드(UR)협상에 의해 개정될 GATT 규정에 따른다는 조항과도 상치되는 것이었다. 한국 농림수산부는 이에 대하여 캐나다 등지로 쇠고기 수입국을 다변화하여 미국의 통상압력에 대처하고 이와 더불어 국내 축산농가에 1천 9백억 원을 지원하여 육질개선과 생산단가 저하를 통해 국제경쟁력을 강화해 나갈 의지를 표명하였다(동아일보 93/04/24).

클린턴 미국 대통령의 방한을 얼마 남겨두지 않은 시점인 1993년 6월 22-26일 한국에서 한 · 미 쇠고기협상이 재개되었다. 협상 초기 쇠고기 수입쿼터량, 업계간자율거래제도(SBS) 개선 등에서 미국 측의 입장이 워낙 강경하여 난항이 거듭되었으나 미국 측의 요구대로 수입쿼터를 늘리고 직접구매업체를 슈퍼마켓까지 확대하는 등 한국의 쇠고기 시장 개방 폭을 대폭 넓히는 선에서 마무리되었다. 1993년의 쇠고기 수입의 기본쿼터를 1992년의 6만 6천 톤에서 무려 50% 많은 9만 9천 톤으로 합의하였고, 1994년부터 전국

400여 개의 한국슈퍼마켓체인협회 직영점에서도 고급 수입쇠고기를 소비자들이 구입할 수 있게 되어 국내 한우사육 농가는 큰 타격을 입게 되었다. 또한 한 · 미 간의 협상결과는 호주와 뉴질랜드를 상대로 벌여온 양국 간 쇠고기협상에도 영향을 미치게 되었다. 하지만 한국은 미국 측이 집요하게 요구하여 온 1997년 시장 완전개방을 명문화하는 것은 추후로 미루는 데 성공하여 수입개방에 대비할 수 있는 시간을 어느 정도 확보하였고 미국의 업계간자율거래제도(SBS) 참여업체 확대요구도 완화하는 성과를 거두었다(동아일보 93/06/27).

3. 쟁점

협상과정의 주요 쟁점은 수입쿼터량과 업계간자율거래의 물량 및 참여업체의 확대문제를 포함하는 유통 체계문제로 집중되었다. 업계간자율거래 물량에 대해 쇠고기 수입쿼터량 중 일정비율을 정함으로써 미국은 자국산 쇠고기의 대한 수출을 보장받고자 했다. 그동안 한국은 한국 시장에 판매될 쇠고기의 규격을 정함으로써 미국만의 독특한 쇠고기 상품수출에 대한 기회를 박탈해 왔다. 또한 업계간자율거래 물량 문제는 한국 소비자가 미국 쇠고기를 어느 정도 소비할 수 있는가, 한국 시장이 미국산 수입쇠고기에 의해 어느 정도 잠식되느냐를 결정하는 중요한 문제였다.

제1차 협상에서 미국 측은 쇠고기 시장의 완전한 자유화와 수입개방일정의 제시를 요구하였고, 제2차 협상에서는 쿼터량의 증가폭을 높이고 업계간자율거래제도(SBS)의 물량 및 참여업체의 확대를 요구하였다. 하지만 1, 2차 협상과정에서 한국 정부는 미국의 쇠고기 시장 개방 압력에 대해 수용도 거부도 모두 어려운 입장에 처해 있었다. 국내 쇠고기 생산비용이 미국의 쇠고기 생산비용에 비해 압도적으로 불리하여 수입량의 증대는 국내 축산농가의 막대한 피해로 연결될 것이 예상되었지만 미국의 쇠고기 시장 개방 압력을 계속해 거부한다면 자동차나 전자제품 등과 같이 한국산 제조상품에 대한 보복조치로 인한 국내 산업의 피해도 예측 가능한 일이었다. 게다가 GATT 패널보고서도 한국에게 불리하게 작용했다. 한편 미국은 한국의 쇠고기 시장 개방에 대해 일관적인 태도를 유지하고 있었다. 미 전국우육협회(NCA), 미 육류수출협회(MEF), 미 육가공협회(AMI), 미 농업연합회(AFBF) 등은 미국 정부에 대해 정치적 압력을 행사할 능력이 있었고 실제로 단결된 모습으로 미국 정부에 대한 로비를 전개하였다.

4. 결과

제1차 협상에서 한국 측은 쇠고기의 수입 개방일정을 명시하지 않는 대신 수입쿼터량을 1989년의 5만 7천 톤에서, 1990년에 5만 8천 톤, 1991년에는 6만 2천 톤, 1992년에는 6만 6천 톤으로 확대하여 미국 쇠고기의 수입량을 늘려 나가기로 했으며, 쇠고기 수입일정 제시에 대해서는 한국 내의 농업여건과 분위기를 감안하여 1997년 7월까지 수입규제를 철폐하도록 한 GATT의 권고에 유의하기로 합의하였다. 또한 1990년 10월 1일까지 업계간 자율거래제도를 시행하기로 결정하고 전체 쿼터량의 7% 범위 내에서 입찰에 의한 대한 수출을 허용하기로 하였으며 그 응찰대상에 한국관광호텔용품센터, 축협, 한국냉장 3개 단체만이 경매에 참가할 수 있도록 했다(조선일보 90/03/23).

제2차 협상에서 한국 정부는 93년 9만 9천 톤을 기준으로 연간 기본량의 7%씩 쇠고기 수입을 증가시키는 것에 동의하였다. 또한 제2차 협상 이전까지 한국관광호텔용품센터, 축협, 한국냉장 3개만이 업계간자율거래제도에서 축산물유통사업단의 규제 없이 쇠고기를 수입할 수 있도록 권한이 허용되던 것에서 제2차 협상결과는 음식점협회, 육가공협회, 그리고 슈퍼체인 협회 등으로 참여단체 수를 확대시켰다.

하지만 협상 타결에도 불구하고 협상결과는 여전히 '잠정적인' 것으로 보인다. 즉, 협정 기간이 만료하면 분쟁은 재발될 것이고 궁극적으로는 한국 측의 시장이 완전개방될 때까지 마찰과 협상은 반복될 것이다. 한편 국내 축산농가에 대한 재정 지원 또한 '잠정적인' 조치로 보인다. 마찰과 협상 그리고 대외적 양보와 국내적 보상은 규모를 확대하면서 반복될 것이다. 한편, 한 · 미 쇠고기협상의 결과는 호주와 뉴질랜드와의 쇠고기협상에도 큰 영향을 미치게 되었다.

한 · 미 쇠고기협상에서 한국 측은 국내 축산업계와 사회단체들의 연계를 통한 거국적 반대운동을 명분으로 하여 설령 정부간협상이 타결되더라도 국내 비준이 어려울 것이라고 미국 측에 호소했다. 그러면서 한국 측은 협상시간을 최대한 지연시켜 현상을 유지하려는 협상태도를 보여 주었다. 이에 미국은 초기에는 시장의 완전개방을 원론적으로 요구하다가 후반부에는 전략을 수정하여 기능적이고 실용적인 접근법으로 전환했다. 즉 대립하여 시간만 낭비하는 것보다는 한국 측이 양보한 것을 일단은 수용하면서 추후 협상을 통해 계속적으로 한국 측에 요구 수준을 높여 가는 점진적인 접근법을 채택했던 것이다.

실제로 13대 대통령선거(1987년)에서 수입하지 않겠다고 공약되었던 미국산 쇠고기가 본격 수입되기 시작하자, 전국의 양축농가들은 수입저지운동에 앞장섰다. 각 지역의 낙우회가 중심이 되어 1월부터 꾸준히 조직적으로 반대시위를 전개하다가 1988년 12월 30일에는 광화문에서 민정당사까지 천 명의 낙농농가가 항의 시위를 벌였다. 1989년 2월 13일 여의도 광장에서 '수세폐지 및 고추전량수매 쟁취를 위한 농민대회'가 열렸고 여기서는 전국 60여 개 군에서 온 2만여 농민들이 '부당수세 폐지 및 적립금 반환', '농지개량 조합해체 및 수리청 신설', '남북 농산물직거래 즉각 수락', '고추 전량 수매', '통합 의료보험제 실시', '농축산물 수입 개방 중단' 등을 실현하기 위한 4당 총재 면담을 요구하면서 저지하는 경찰에 맞서 결렬하게 시위하였다.

주요연표

1984. 10. 미국 정부, 한국 내 소 값 파동으로 한국 정부가 쇠고기수입을 전면 중단하자 이에 반발하여 쇠고기수입 재개 요구.

1988. 2. 16. 미국 쇠고기수출협회(MEF), 1974년에 통상법 301조에 의거하여 한국 정부에 대항하는 항의서 제출.

1988. 3. 미 육류수출업계의 청원에 따라 통상법 301조에 의거한 조사 개시.

1988. 10. 20. GATT 이사회, 쇠고기 패널의 구성과 운영절차 최종 확정.

1989. 8. 17. 한국에 대해 쇠고기 완전시장 개방 요구.

1988. 5. 9. 한국 쇠고기수입문제에 대한 미국 정부의 GATT 제소에 따라 이를 조사하기 위한 3개의 GATT 패널 설치.

1989. 4. 패널보고서 작성 및 제출[BOP(국제수지위원회) 규정에 의거한 한국의 쇠고기 수입제한조치 폐지 일정을 3개 당사국들과 협의하고 그 결과를 보고서로 채택 후 3개월 이내에 GATT에 보고하라는 내용].

1989. 10. 27. 한국, GATT 국제수지위원회 정기회의에서 제18조 B항(국제수지 적자를 이유로 한 수입제한을 허용하는 규정)의 적용 철회.

1989. 11. 7. GATT 이사회, 패널보고서 수용 결정.

1990. 1. 1. 한 · 미 쇠고기협상 개시, 미국 측, 패널보고서의 권고사항인 한국 측의 수입 개방일정 제시 외의 어떠한 논의에도 응할 수 없다는 강경입장 고수 /한국 측, 국내 축산업의 열악한 구조와 축산농가의 어려움을 고려, 수입 개방일정 제시 불가 입장 표명

1990. 3. 21. 한 · 미 양국 정부, 한 · 미 쇠고기협상 타결 및 가서명.

1990. 4. 27. 한 · 미 양국 정부, 한 · 미 쇠고기협상 최종 서명.

1990. 10. 별도 진행 중이던 UR 농업협상과 관련하여 한국이 GATT에 제출한 제안서에 쇠고기를 자유화 대상에서 제외시킴으로써 쇠고기 시장을 둘러싼 마찰 재발.

1992. 6. 11. 한 · 미 쇠고기 2차 협상 시작 · 미국 측 1993년의 쇠고기수입 쿼터량을 1992년의 6만 6천 톤보다 두 배에 해당하는 12만 5천 톤(한국의 91년 실제 수입량에 해당하는 물량)으로 증대시킬 것과 미국산 쇠고기의 수입 증가효과가 큰 동시매매 입찰제도(SBS)의 물량과 참여자 수의 확대 요구.

1992. 8. 31. 협상 재개(워싱턴) · '업계간회의'(한국 측-축협과 국내의 쇠고기 수입창구인 축산업유통사업단 대표 참석, 미국 측-육류수출협회와 식품협회 대표 참석, 미국의 동시매매 입찰 확대 및 냉장육 수입 허용 요구 등 유통문제 협의)와 '정부간협상'(쇠고기 수입 완전 개방문제를 비롯한 쿼터문제 논의)으로 이원화/미국 측, 1997년 7월까지 한국의 쇠고기 시장을 완전 개방하고 1991년도 수입실적 12만 5천 톤을 기준으로 1997년까지의 쿼터를 정하며 고급육 수입창구인 동시매매 입찰제도(SBS)에 대해서도 물량을 확대하고 미국 측의 공급자가 보다 자유롭게 한국 시장에 접근할 수 있도록 운영 방법 개선 주장/한국 측, 1989년에서 1991년까지 3년 동안 한국의 연평균 쇠고기 수입실적(8만 6천 톤)과 한국의 잠재 경제성장률을 감안하여 쿼터를 정할 것을 대안으로 제시하면서 1997년까지 쇠고기시장의 완전자유화는 한국의 국내 사정 때문에 불가하다는 입장 유지.

1993. 2. 1. 협상 재개(서울) · 미국 측, 쿼터와 관련하여 1992년 수입량 13만 2천 톤을 기준으로 1997년까지 매년 20%씩 늘릴 것 요구, 한국 측 쿼터 및 SBS의 점진적인 확대 주장.

1993. 2. 14. 양국 협상 팀은 잠정적 합의안을 도출하였으나 미국 팀이 본국 정부의 최종 재가를 받지 못하고 협상 결렬 선언.

1993. 4. 13-22. 제4차 한 · 미 쇠고기 협상 재개 · 양국 대표단, 마라톤협상 끝에 수입쿼터의 경우 1993년 9만 9천 톤, 1994년 10만 4천 톤, 그리고 1995년 10만 9천 톤으로 10년간 평균 5%씩 늘리기로 결정, 동시매매 입찰(SBS)의 경우 1993년부터 3년간 평균 연 쿼터물량의 10%씩 최종 소비자를 매매입찰에 참여시키기로 합의, 그러나 합의내용을 문

서화하는 과정에서 미국 측이 쇠고기시장 개방문제 등의 내용까지 협정문에 포함시키려는 것을 한국 측이 반대해 결국 합의서에는 서명하지 못함.

1993. 6. 22-26. 한 · 미 쇠고기협상 재개(서울), 미국 측의 요구대로 수입쿼터를 늘리고 직접구매업체를 슈퍼마켓까지 확대하는 등 한국의 쇠고기시장 개방 폭을 대폭 넓히는 선에서 마무리 됨, 1993년의 쇠고기 수입의 기본쿼터를 1992년의 6만 6천 톤에서 50% 많은 9만 9천 톤으로 합의.

참고문헌

[단행본]

농림부. 1997. 『한우산업백서: 2001년 쇠고기 수입개방에 대비한 정책방향』. 과천: 농림부.

미트저널사. 1993. 『미국의 육류산업』.

한국농어민신문. 1999. 『21C 축산물 완전개방에 대비한 축산업의 활로모색 워크숍』.

한국농업의 장래를 연구하는 모임 저. 1993. 『소: 개방의 갈등과 새로운 도전』. 농민신문사.

한국농촌경제연구원. 1995. 『쇠고기 수입자유화에 따른 한우산업의 경쟁력 제고 방안』. 서울: 한국농촌경제연구원.

허덕. 2000. 『쇠고기 수입자유화와 한우산업 발전방안』. 서울: 한국농촌경제연구원.

[학위논문: 석사]

강두열. "시장 개방에 따른 국내 쇠고기산업의 활성화 방안." 단국대 경영대학원 석사학위논문.

김중헌. 1993. "우리나라의 농산물 무역 현황 분석: 주요 품목과 대상국을 중심으로." 고려대 대학원 석사학위논문.

김찬동. 1990. "미국의 통상압력에 대한 韓國의 정책대응체제에 관한 연구: 韓美 농산물 통상마찰을 중심으로." 서울대 행정대학원 석사학위논문.

김호진. 1994. "시장 개방에 대비한 한국 축산정책의 방향: 한우송아지 가격보장제를 중심으로." 연세대 경영대학원 석사학위논문.

박범진. 2001. "시장 개방에 따른 국내쇠고기 산업의 가격 안정화 및 대응전략에 관한 연구." 한양대 경영대학원 석사학위논문.

손창영. 1992. "韓國의 쇠고기 산업과 수입정책에 대한 고찰." 인하대 대학원 석사학위논문.

신덕인. 2000. "경제의 한우산업." 한국외국어대 세계경영대학원 석사학위논문.
양승만. 1996. "UR타결에 따른 축산물시장 파급영향 분석: 쇠고기, 돼지고기, 닭고기를 중심으로." 경남대 대학원 석사학위논문.
유장현. 2000. "90년대 한 · 미 통상마찰의 과제와 대응." 성균관대 국제통상대학원 석사학위논문.
유진석. 1994. "한 · 미 농산물 무역마찰에 관한 연구; 1983-1993." 연세대 대학원 석사학위논문.
이승철. 1996. "'투레벨게임' 으로 본 한 · 미 통상협상과정 분석: 한국의 쇠고기시장 자유화를 중심으로." 연세대 대학원 석사학위논문.
임종덕. 1994. "축산물시장 개방과 유통체계 개선방안: 수입쇠고기 유통시장을 중심으로." 성균관대 무역대학원 석사학위논문.
전익수. 2000. "한국쇠고기시장에 대한 관세 및 환율효과의 실증적 분석 : 다지역 다시장모형." 서울대 대학원 석사학위논문.
정희식. 1995. "농산물 시장접근물량 수입관리방안에 관한 연구." 서울대 대학원 석사학위논문.

[정기간행물: 학술논문]

김은영. 2002. "WTO 쇠고기협상에서 드러난 GATT 1994 해석과 의의." 『국제상학』 제17권 제1호, 341-366.

제6장 한·미 통신협상(1989-1996)

1. 배경

1980년대 한국은 물가안정과 재정흑자, 7% 이상의 고도성장을 기록했고 1980년대 중반부터는 10% 이상의 고도성장을 달성하여 무역흑자시대를 열었다. 당시의 무역흑자의 대부분은 대미 무역에서 얻어진 것이었다. 한국은 만성적인 대일 무역적자를 대미 무역흑자로 보충함으로써 전체적으로는 흑자를 유지하는 구조를 가지고 있었고 대미 무역불균형은 심화되고 있었다. 1987년 한국의 대미 무역수지는 9,553백만 달러 흑자였던 것에 비해 대일 무역수지는 5,220백만 달러 적자였다.

미국은 통신 분야 육성의 국가적 중요성과 확대되고 있는 대한 무역수지 불균형 문제의 축소를 위하여 대한 통신시장 진출을 모색하게 된다. 당시 미국의 관점에서 보면 한국 정부의 통신시장 개방 정도는 불충분했고 한·미

간에는 통신마찰이 빈발하고 있었다. 특히 한국 정부의 국책사업의 일환으로 전자교환기인 TDX[1]가 개발되자 한국 통신시장에서 미국산 장비에 대한 수요가 감소하기 시작하였다. 한국의 통신기술 국산화 계획은 미국의 대한 수출 품목인 통신장비에 대한 한국 시장의 수요 감소로 연결되었고 전체적으로 볼 때 대한 무역적자의 확대 원인의 하나로 인식되어 미국의 불만은 증폭되고 있었다.

당시의 미국의 통상정책의 뚜렷한 특징 중의 하나는 자국이 경쟁우위에 있는 분야에 대해서는 무역상대국 시장을 공격적으로 개방시키는 것이었다. 미국은 1988년 종합무역법의 통신 관련 조항들[2] 중 1374조[3]에 의거해 1989년 2월 한국을 정보통신 부문에서 우선협상대상국(PFC, Priority Foreign Country)으로 지정하고 1년 이내에 양자협상을 타결하지 못하는 경우에는 종합무역법에 의해 보복하겠다는 입장을 취하였다(정정용 1999). 이러한 상황배경과 미국의 압력에 의해서 한 · 미 통신협상은 시작되었다.

한 · 미 양국은 1989년 2월 13일 1차 회담부터 1992년 2월 17일 10차 회담까지 총 10차 협상을 가진 끝에 최종적으로는 합의에 도달하여 양해각서(Record of Understanding: ROU)를 체결하였다. 하지만 1989년부터 1992년까지의 3년간의 협상을 통해 한국은 통신시장 개방에 대한 미국의 요구를 어

1 1976년부터 국산 전전자교환기의 개발에 대한 논의가 시작되었고 1977년 전담부서인 한국통신기술연구소가 발족되면서 본격적인 개발계획의 수립과 연구개발이 시작되었다. 1, 2차 시험기의 개발을 기반으로 1981년도에 3차 시험기가 제작되어 1982년 7월 용인군 송정우체국에 362가입자를 수용하여 시험운용하면서 이름을 TDX-1X로 결정하였으며, 이때부터 TDX로 불리게 되었다

2 1988년 종합무역법 1371-1382조는 통신 부문 무역만을 겨냥한 통신 부분 스페셜 301조를 신설하였다. 이 부분을 특별히 1988년도 통신무역법이라고도 한다.

3 USTR은 통신 분야 불공정 무역관행국에 대한 충분한 정보를 구비한 경우, 해당국을 PFC로 지정할 수 있으며 지정한 날로부터 해당국과 기한을 정하고(12-36개월간) 협상을 해야 한다.

느 정도 수용했지만 통신장비 형식승인문제가 여전히 쟁점으로 남아 있었다. 1995년 클린턴 행정부는 이에 대한 협상이 1995년 3월 말까지 타결되지 않을 경우 한국을 다시 정보통신 분야 우선협상대상국으로 지정하여 보복조치를 취하겠다는 입장을 한국 측에 통보하였다(조선일보 95/02/19). 결국 미국은 1996년 7월 27일 한국을 우선협상대상국으로 다시 지정하였고 이에 따라 한·미 양국은 1997년 6월 19일까지 5차례에 걸쳐 통신협상을 진행하게 되었다.

2. 과정

1989년 1월 23일 미 통상대표부(USTR)는 한국을 통신 분야 불공정무역국으로 잠정적으로 지정하였다. 이후 2월 13-18일 워싱턴에서 개최된 한·미 통신협상에서 미국은 한국의 통신시장의 전면 조기개방을 요구하였으나, 한국 측은 통신시장 특히 통신서비스 시장 개방은 각국의 통신산업 발전단계를 고려하여 점진적으로 이루어져야 함을 주장하여 합의에 이르지 못하였다. 이에 따라 미국은 한국과 EC를 통신 분야 우선협상대상국으로 지정하게 되었다(조선일보 90/02/15).

1990년 2월 15일 워싱턴에서 열린 통신회담에서 한국의 통신시장 개방문제에 관해 양국은 이견을 상당히 좁힐 수 있었다(조선일보 90/02/17). 회담 초기 미국 측은 협상시한인 2월 23일까지 타결을 요구함과 동시에 합의도출에 실패할 경우 보복조치를 취하겠다는 태도를 보였으나 당시의 우호적인 한·미관계를 고려하여 1년간의 협상시한 연장을 요구하는 한국 측의 입장을 수용했다. 이 회담에서 한국 측은 1990년 7월까지 통신장비의 명료한 표준제정절차를 마련하고, 한국 내에서 단순 데이터베이스 및 정보처리 서비스에 대한 등록제를 폐지하여 사업을 완전 자유화하고 늦어도 1991년 말까지는 이 분야 서비스 사업을 대외적으로 개방하기로 약속하였다. 하지만 가장 큰 쟁점이 되어 왔던 고부가가치 통신망(VAN) 사업시장의 개방 여부와 한국이 외국과 경쟁 가능한 서비스의 범위, 개방시기에 대해서는 지금까지의 양자협상 대신에 당시 진행 중이던 우루과이라운드협상의 서비스 부분 다자간 협상테이블로 협상무대를 옮기기로 합의하였다.

1992년 2월 17일, 국내 통신시장 개방문제를 놓고 3년간 지속되어 온 한 · 미 통신협상이 타결되었다. 2월 11-17일 미 통상대표부(USTR)에서 협상을 벌여온 양국 대표단은 최종 합의에 도달하게 되고 미국은 한국에 대한 우선협상대상국 지정을 해제하기로 하는 내용을 합의문에 삽입하였다. 이 회담의 결과, 1994년 1월부터 부가가치통신망에 대한 외국인 투자제한을 폐지하고, 통신장비의 형식승인기준을 완화하고 관세를 OECD 수준으로 인하하며, 조달청 및 한국통신의 조달시장을 개방하기로 하였다.

1차 합의 이후 1995년 3월 21일 워싱턴에서 열린 한 · 미 통신실무협상에서 나온 AT&T사의 정부입찰 참여문제로 2차 마찰이 발생하였다. 미국 측은 AT&T가 1993년 11월에 신청한 새 전화교환장비(5ess-2000)를 3월 말까지 형식 승인하여 정부입찰에 참여할 수 있도록 강력히 요구하였다. 이에 대해 한국 측은 AT&T 측이 형식승인에 필요한 서류를 늦게 제출하였으므로 한국통신의 입찰참여가 사실상 어렵다는 입장을 밝혔다. 하지만 미국 측은 AT&T 통신장비문제가 타결되지 않을 경우 미 종합무역법 1377조를 발동, 한국을 통신 분야 불공정관행국으로 지정하여 보복조치를 취하겠다는 위협을 가해 왔다(조선일보 95/03/22). 결국 한 · 미 양국은 1995년 3월 22일 통신장비시장 개방 실무회의에서 한국통신의 신형 전자교환장비 입찰에 AT&T를 참여시키기로 합의하였다.

1996년 3월에 열린 한 · 미 통신협정 연례 점검회의에서 미국 측은 한국에 대해 통신환경의 새로운 변화를 이유로 새로운 구속력이 있는 통신협정의 체결을 요구하였다. 미국 측은 한국 정부가 국내 통신민간업체의 구매과정에 개입하여 외국산 제품의 시장접근을 어렵게 하는 등 통신협정을 제대로 이행하지 않으므로 이에 대한 개선약속을 해 줄 것을 요구였으나, 한국 측은 기존 합의사항은 잘 이행되고 있다고 주장하였다. 결국 1996년 6월 미국은 한국을 통신 분야 우선협상대상국으로 지정하였다.

1996년 한국에 대한 통신 분야 우선협상대상국 2차 지정 이후 한 · 미 양국은 본격적인 협상에 들어가 1997년 6월까지 5차에 걸친 회의에서 새로운 통신협정의 체결 대신 한국 측이 정책성명을 한국정보통신부 회보에 게재하는 것으로 합의함으로써 한국은 미국의 두 번째 우선협력대상국 지정에서 벗어나게 되었다(조선일보 97/07/24). 이때 게재된 한국의 정책발표문의 주요 내용을 살펴보면 민간사업자의 장비구매에 대해서는 상업적 고려에 의한 구매, 과도한 정보 요구의 자제, 외국인의 동등한 구매자격 부여 등의 내용이 포함되어 있으며, 이 밖에도 국제기준에 부합되는 표준 제정, 지적재산권 보호 확대 등이 포함되어 있었다.

3. 쟁점

한 · 미 양국은 1989년 2월 정보통신 분야 우선협상대상국의 지정 이후 1992년 2월까지 10차 회담을 통해 통신협상을 타결하고 양해각서를 체결하였다. 이 협상에서는 개방대상 및 개방 일정문제, 투자제한의 폐지문제, 전용회선 사용제도문제, 통신기기 표준제정의 투명성 확보문제, 명확한 형식승인 기준문제, 정부조달에서의 차별금지문제, 합의사항 이행점검을 위한 통신회담 개최 여부 등이 중점적으로 논의되었다.

1996년 한국에 대한 두 번째 통신 분야 우선협상대상국 지정 이후 1997년 6월까지 5차 회담까지 진행된 제2차 한 · 미 통신협상에서는 민간사업자 통신장비구매의 정부 불간섭문제, 사업허가의 투명성 문제, 장비의 형식승인 및 입찰제도 개선문제, 위성서비스 시장 개방문제 등이 논의되었다(김성철 1997, 57-95).

미국 측은 한국 통신시장에 대한 미국 기업의 진출을 모색하기 위해 광범위한 개방을 요구하였고 한국은 개방의 불가피성은 인식하면서도 급진적인 개방보다는 점진적인 개방을 추구하고자 하였다. 먼저 1989년 9월부터 1992년 2월까지의 1차 통신협상에서 주요 쟁점은 서비스 분야에 대한 개방문제, 통신기기 분야에 대한 표준제정 및 절차문제, 정부조달문제 등으로 나눌 수 있다. 각각에 대한 양측의 기본입장은 다음과 같다.

먼저 서비스 분야 개방범위에 대해 미국 측은 전신전화 및 기반시설만 유보서비스로 규정하고 나머지는 NTNS[4]로 분류하여 모두 개방되어야 한다고 주장하였다. 미국은 시장 개방의 대상을 유보서비스와 경쟁서비스로 분류하는 영역설정에 대해 많은 관심을 보였음에 반해 한국 측은 유보영역을 최소화한다는 원칙 아래 NTNS 개념의 수용을 거부하였다. 부가통신서비스 문제에 대해서 미국 측은 첫째 투자제한을 폐지하고 1993년 1월부터 100% 투자를 허용할 것, 둘째, VAN[5] 서비스 확대범위를 매호마다 부가가치 발생요건을 폐지할 것, 셋째로 국제 DB/DP 등록제를 신고제로 전환할 것을 주장하였다. 이에 반해 한국 측은 첫째, 1994년 1월부터 100% 투자를 허용할 것, 둘째로 부가음성 및 팩스 제공 시 매호마다 부가가치 발생요건으로 정할 것, 셋째, 국제 DB/DP제도를 등록제로 유지할 것을 주장하였다. 그리고

4 비유보서비스(NTNS: Non-reserved Telecommunication Network-based Service)란 독점을 위하여 유보된 서비스(전화와 텔렉스 같은 기본 통신서비스)를 제외한 나머지로 국제 간 교역의 대상이 되는 서비스를 말한다.

5 부가가치통신망(VAN: Value Added Network)이란 네트워크와 컴퓨터를 결합함과 동시에 정보통신 및 정보처리 기능을 부가하여 이용자의 요구에 부합되는 각종 부가가치 통신서비스를 제공하는 것을 말한다.

회선 사용문제에 대해 미국 측은 전용회선의 이용범위를 확대해 줄 것과 전용회선의 공중망 접속에 대해서는 공중망의 양단측 접속을 요구하고, 또한 전용회선의 공동사용 신청절차를 단순 신고로 하여 간소화시키기를 요구하였다. 이에 한국 측은 전용회선의 이용범위는 현행 범위를 유지하며 전용회선 공중망 접속의 경우 음성회선을 접속 불가로 하고 국제 데이터전용회선의 단측 접속의 허용을 검토하고자 하였다. 또한 전용회선의 공동사용 신청절차에 공동사용자 리스트 및 입증서류를 제출하게 함으로써 미국 측의 단순 신고제 도입을 거부하였다. 그리고 서비스의 공정경쟁 보장제도에 있어 미국 측은 1994년 1월까지 공정경쟁 보장제도의 전면적인 이행을 요구한 것에 비해 한국 측은 점진적인 공정경쟁 보장 제도를 확립해 나가고자 하였다.

통신기기 분야에 있어 미국 측은 표준제정 및 인증절차를 미국과 동일한 수준까지 공개적이고 투명하게 보장할 것을 요구하였다. 즉, 민간자율기구에서 표준을 제정하고 정부의 간여를 배제하며, 표준제정절차에서 미국 업체의 참여를 보장하여 통신기술협회(ITA)가 표준제정절차와 표준절차 개정 시에 참여할 수 있도록 요구하였다. 또한 형식승인에 대한 인증절차를 간소화시켜 제출서류 중 생산설비 목록을 제외시킬 것을 요구하였다. 이에 대해 한국 측은 현재에도 공개적인 절차를 취하고 있으며 표준제정을 민간 표준기구인 ITA에 일임할 것이고 형식승인의 인증절차는 현행 제도를 고수하겠다는 입장이었다. 특히 표준제정에 대해 미국 측이 한국 측의 상당한 양보에도 불구하고 지속적으로 문제제기를 거듭한 것에는 표준제정과정에서 한국 정부가 영향력을 행사할 것을 우려하는 미국 측의 의심이 있었던 것으로 보인다.

마지막으로 조달 분야에 있어 미국 측은 한국통신 이외에 조달청, 체신부의 추가개방을 요구하였고 이에 대해 한국 측은 한국통신만 개방하기를 원하였다(이종윤 1992; 이상일 1991, 54-58).

1996년 제2차 협상 쟁점에 대한 양국의 입장은 다음과 같다. 민간사업자의 장비구매와 기술규격의 제정에 있어 미국 측은 정부간협정에 의한 정부의 장비구매 불간섭사항을 서면으로 보장하고 국제표준에 따르는 기술규격을 제정해 줄 것을 요구하였으나, 한국 측은 서면보장은 할 수가 없고 기술규격은 한국이 정한 기준을 적용하겠다는 입장을 취하였다. 또한 공정거래를 위해 미국 측은 기간통신사업자의 허가절차를 투명하고 공개적으로 시행하고, 통신사업자간 상호 접속에 대한 규정과 회계분리에 대한 법령을 제시하고 개선할 것을 한국 측에 요구하였다. 이에 대해 한국 측은 현행 시행되고 있는 절차는 문제가 없으므로 그대로 유지하기를 주장하였다.

이 밖에 미국 측은 이용자의 편익 증진 및 단말장비의 교역 확대를 위해 전기통신 기자재 형식승인을 간소화하고, 공정한 상거래 질서를 확립하기 위해 장비 구매시 과도한 정보요구를 금지해 줄 것을 요구하였고, 한국 측은 한국이 정한 형식승인절차를 따르고 장비에 대한 자세한 정보 요구는 필수적이라는 입장을 취하였다. 또한 지적재산권의 보호를 위한 정부 차원의 노력을 촉구하고 정보통신정책의 상담창구를 설치해 달라는 미국 측의 요구에 대해서는 한국 측이 양보하여 이를 수용하겠다는 입장을 밝혔다(김경훈 1998).

4. 결과

1992년 2월 17일 제1차 한 · 미 통신협상은 마침내 타결되어 양해각서가 작성되었다. 이로 인해 미국은 한국을 우선협상대상국에서 제외하고 협정사항의 이행 여부를 매년 점검하기로 합의하였다.

주요 협상결과를 살펴보면 먼저 서비스 개방은 부가통신사업에 한정하여 개방하기로 하였다. 부가통신서비스에 대해 투자제한을 폐지하여 1994년 1월부터 100% 투자를 허용하기로 하고 VAN 서비스 범위를 확대하기 위해 부가음성 및 팩스 제공 시 매호마다 부가가치를 발생하기로 했다. 그리고 국제 DB/DP에 대한 등록제를 1993년 말까지 폐지하는 것을 검토하기로 했다. 전용회선의 이용제한은 1992년 말까지 검토 후 확대해 나가기로 하였고 전용회선의 공동사용 신청절차를 간소화하기 위해 공동사용자의 리스트는 제시하되 입증서류 제출요건을 삭제하기로 하였다. 또한 1992년 말까지 공정경쟁 보장제도 시행일정을 제시하기로 하고 이는 기간통신사업자에게만 적용하기로 합의하였다.

통신기기 분야에 있어 강제표준제정 및 권고표준제정을 위한 투명하고 공개적인 절차를 수립하기로 하고 민간표준제정기구의 표준화 작업과 행정전산망 표준 제정 시 외국인의 참여를 보장하기로 했다. 또한 형식승인 신청시의 제출서류 간소화를 위해 현행 제출 서류 중 생산설비의 목록을 제외하기로 한 미국 측 안에 합의하였다. 조달 개방대상기관은 한국통신과 조달청으로 하고 일반통신장비의 조달은 1992년 1월부터 통신망장비의 조달은 1993년 1월부터 시행하기로 하였다(이종윤 1992).

제2차 한 · 미 통신협상은 1997년 6월 19일 합의한 대로 새로운 양해각서 없이 한국 정부의 정책발표문[6]을 발표하는 방식으로 합의도출이 이루어졌다. 이 정책발표문을 통하여 공식적인 정부입장을 표명하여 민간사업자의 장비구매에 대한 정부의 불간섭원칙을 확인하였고, 공공기관 등의 기술규격 제정원칙에 대해서는 디자인보다 성능에 기초하며 국제표준이 있는 경우 국제표준을 우선 채택하기로 합의한 내용을 포함하였다. 또한 기간통신사업자 허가절차의 개선을 위해 허가신청요령, 허가시기, 세부심사 기준 등을 미리 고시하고 그 내용을 개정, 변경할 시에는 충분한 사전 기간을 두고 공고해야 함을 명시하였다.

통신위원회의 기능을 강화하고 통신사업자 간의 공정한 경쟁을 촉진하

6 1997년 7월 14일자 정보통신부 회보에 정책발표문이 게재되었다.

기 위해 통신사업자 간 상호 접속을 90일 이내에 체결토록 하고 만일 체결이 어려울 시에는 통신위원회에서 제정하도록 하였다. 그리고 기간통신사업자는 각각의 서비스별로 회계를 분리하도록 하였다. 또한 이용자의 편익 증진과 단말장비의 교역을 확대하기 위해 형식승인제도를 지속적으로 간소화해 나가기로 합의하였다. 지적재산권을 보호하고 강화하기 위해 공공기관에서는 지적재산권 침해제품을 구매하는 것을 금지하기로 하고 통신사업자는 자신이 취득한 제3자의 영업 비밀을 적극 보호하기로 하였다.

미국 측은 협상 개시과정에서는 협박전략을 구사하였지만 일단 협상이 개시되고 본격화될수록 양보하는 입장을 보였다. 미국이 양보 입장으로 선회하는 것은 협상에서 시간제약을 느끼고 있었거나 혹은 다른 사안과 연계하여 보상을 기대했기 때문인 것으로 분석된다. 미국은 제1-2차 통신협상에서 유연한 협상자세를 유지했다. 한 · 미 통신협상만을 놓고 보자면 한국 측이 미국에게 적지 않은 양보를 얻어낸 것으로 보인다. 하지만 이러한 협상결과의 이면에는 한국을 다자간협상에 참여시켜서 더 큰 양보는 다자협상에서 얻어내고자 하는 미국의 의도도 있었던 것으로 보인다. 이런 맥락에서 살펴보면 앞서 언급한 바와 같이 고부가가치 통신망(VAN) 사업 시장의 개방 여부 등 외국과 경쟁 가능한 서비스의 범위와 개방 시기에 대해서 우루과이라운드 협상의 서비스 부분 다자간 협상테이블로 협상무대를 옮기기로 한 · 미 양국이 합의하였던 것의 의미를 이해할 수 있다. 또한 1997년의 협상 타결에는 한국 측 대미 통신투자와 관련한 이면 약속이 숨겨져 있었다는 주장도 있다.[7]

---

7 1997년 2월 WTO 기본통신서비스 협상에서 한국이 한국통신(KT)의 외국인 지분을 98년부터 20%, 2001년부터는 33%까지 개방하기로 약속하자 미국 측은 KT의 미국 통신회사 투자를 이와 병행하는 수준까지만 하겠다는 이면약속을 해달라고 요구했다고 한다(조선일보 97/08/14).

〈표 6-1〉 제1차 한 · 미 통신협상의 양국의 입장과 결과

	쟁점	미국 측 입장	한국 측 입장	협상결과
서비스 분야	개방범위	전면개방(전신전화 및 기반시설 제외)	NTNS 개념의 수용거부	부가통신사업에 한정하여 개방
	부가통신서비스의 투자 제한 폐지시기	1993년 1월 100% 투자허용	1994년 1월부터 100% 투자허용	1994년 1월부터 전면 허용
	VAN 서비스 확대범위	매호마다 부가가치 발생요건 폐지	부가음성 및 팩스 제공 시 매호마다 부가가치 발생요건으로 정함	부가음성 및 팩스 제공 시 매호마다 부가가치 발생요건으로 정함
	DB/DP 제도	신고제 등록제 폐지 검토	등록제	1992년 말까지
	전용회선 사용	전용회선의 이용범위 확대, 공중망 양단측 접속 요구	전용회선 이용범위는 현행유지, 국제데이터 전용회선의 단측접속 허용	1992년 말까지 국제 데이터 및 국내 음성전용회선의 단측 허용
	전용회선 공동사용	단순신고제 신청절차	공동사용자 List 및 입증서류 제출	공동사용자 List는 제시하되 입증서류 중 생산설비의 목록을 삭제
	공정경쟁보장제도	1994년 1월까지 보장제도 전면이행	점진적인 보장제도 도입	1992년 말까지 보장제도 시행일정 제시
통신 기기 분야	표준제정	정부간섭배제	이미 시행중	합의
	형식승인 간소화	인증절차 간소화 (제출서류 중 생산설비 목록 제외)	민간 표준기구인 ITA에 일임	인증절차 간소화 (제출서류 중 생산설비 목록 제외)
조달 분야	조달업체	한국통신, 조달청, 체신부의 개방	한국통신만 개방	한국통신과 조달청을 개방

〈표 6-2〉 제 2차 한 · 미 통신협상의 양국의 입장과 결과

쟁점	미국 측 입장	한국 측 입장	협상결과
민간사업자 장비구매	민간사업자 장미구매에 정부의 불간섭 서면보장	수용불가	서면보장은 하지 않고, 민간사업자는 상업적고려에 의해서만 장비를 구매한다는 정부입장 발표
기술규격 제정원칙	국제표준에 따르는 기술규격 제정	현행유지	공공기관 기술규격 제정 시 성능에 기초하여 국제 표준이 있을 시 동 표준을 우선 채택
기간통신사업자 허가절차 개선	기간통신사업자허가 절차상의 공개성, 투명성 요구	현행유지	허가신청요령, 허가시기, 세부심사 기준 등을 미리 고시 고시 내용 변경 시는 충분한 기간 확보
통신위원회 기능강화 및 통신사업자 간 공정경쟁 촉진	공정경쟁 촉진을 위한 상호접속, 회계분리에 관한 법령을 제시, 개선요구	현행유지	상호접속 협정을 90일 이내 체결, 체결이 어려울시 통신위원회에서 제정 기간통신사업자는 각각의 서비스별 회계분리
전기통신기자재형식 승인 간소화	이용자의 편익증진 및 단말장비의 교역 확대를 위해 형식 승인 간소화 요구	현행유지	국내외 상업용 위성을 자유롭게 사용토록 허용, 형식승인을 간소화함
지적재산권 보호, 강화	지적재산권 보호를 위해 정부 차원의 노력촉구	현행유지	공공기관 지적재산권 침해제품 구매금지 제3자 영업비밀 적극보호
장비구매시 과도한 정보요구	공정한 상거래질서 확립을 위해 과도한 정보요구 금지	현행유지	장비공급자에게 불필요한 정보 요구 자제 당부 공급자는 적절한 정보제공
정보통신 정책상담 창구설치	국내의 이해 당사자와 상담할 창구 마련	수용	국내외 통신사업자, 통신기기 제조업체 등의 민원사항을 처리할 상담창구 설치

주요연표

1989. 2. 미국, 1988년의 종합무역 및 경쟁력법(the Omnibus Trade and Competitiveness Law) 1371-1382조 통신 및 재정서비스의 무역에 대한 조치들 중 1374조에 의거, 한국을 정보통신 부문 우선협상대상국(PFC)으로 지정, 1년 이내에 쌍무협상이 타결되지 않을 경우 1988년 종합무역법에 근거하여 보복조치를 취하겠다고 발표.

1989. 2. 13-18. 한 · 미 통신협상(워싱턴)에서 미국, 한국의 통신시장의 전면 조기개방 요구, 한국 통신서비스 시장 개방은 각국의 통신산업 발전단계를 고려하여 점차적으로 이뤄져야 한다고 한국 측이 주장하여 결렬, 미국은 한국과 EC를 통신 분야 우선협상대상국으로 지정.

1992. 2. 17. 한국의 통신시장 개방문제를 둘러싼 3년간의 한 · 미 통신협상 타결. 회담결과 1994년 1월부터 부가가치통신망에 대한 외국인 투자제한 폐지, 통신장비의 형식승인기준의 완화, OECD 수준의 관세인하, 조달청 및 한국통신의 조달시장의 개방을 약속함.

1993. 3. 29. 1993년 양해각서의 이해점검회담에서 미국 측은 한국통신에 대한 조달규정을 한국 측이 공개하지 않고 있다면서 양해각서의 불이행을 이유로 미 종합무역법 1377조에 따른 제재조치를 취하고자 함. 이에 한국 측이 규정을 공개하고 외무장관이 방미하여 유화조치를 취하자 미국은 국가경제회의를 통과한 한국에 대한 제재 조치안을 철회.

1995. 2. 클린턴 행정부, 통신장비 형식승인문제에 관한 협상이 1995년 3월 말까지 타결되지 않을 경우 한국을 다시 정보통신 분야 우선협상대상국으로 지정하여 보복조치를 취하겠다는 입장 통보.

1995. 3. 21. 한 · 미 통신실무협상(워싱턴)에서 AT&T사의 정부입찰 참여에 대한 문제로 2차 마찰 발생. 미국 측은 AT&T가 1993년 11월에 신청한 새 전화교환 장비를 3월 말까지 형식 승인하여 정부입찰에 참여할 수

있도록 강력히 요구, 한국 측은 AT&T가 형식승인에 필요한 서류를 늦게 제출했으므로 한국통신의 입찰 참여가 어렵다는 입장을 취함. 이에 미국 측은 미 종합무역법 1377조를 발동하여 한국을 통신 분야 불공정관행국으로 지정하여 보복하겠다고 위협.

1995. 3. 22. 한 · 미 양국, 통신장비시장 개방 실무회의에서 한국통신의 신형 전자교환장비 입찰에 AT&T를 참여시키기로 합의.

1996. 3. 미국, 한 · 미 통신협정 연례 점검회의에서 한국에 대해 통신환경의 새로운 변화를 이유로 새롭게 구속력이 있는 통신협정의 체결을 요구.

1996. 4. 3. 미 무역대표부(USTR), 한국에 대하여는 협정불이행국 지정 여부를 1996년 7월 1일 재결정할 계획이며 상호 시장진입과 관련한 협의를 96년 6월 30일까지 시한으로 해서 추진할 계획임을 밝힘.

1996. 4. 24. 한국 정보통신부장관, 미국이 일방적으로 협정불이행국 지정 여부를 재결정키로 하고 상호 시장진입 관련 협의와 연계하는 것은 양국 대표 간 합의사항에 어긋나는 것으로서 국제적으로 전례가 없는 경우임을 서한을 통해 미국 측에 표명하고 민간사업자의 구매문제는 정부 관여의 대상이 아님을 밝힘.

1996. 5. 미국, 신규통신시장의 개방접근을 위해 한국에게 장비조달 부문에서 정부의 간섭을 없애고 일 년에 2회 이행점검회의를 개최할 것을 요구. 이에 대해 한국 측은 민간기업의 장비구매는 정부간 협의의 대상이 될 수 없다고 반박하고 새로운 규정의 명문화는 불가하다며 단호히 대응.

1996. 7. 26. 미국, 한국을 우선협상대상국으로 지정.

1997. 6. 19. 제2차 한 · 미 통신협상 합의, 새로운 양해각서 없이 한국 정부의 정책발표문의 형식으로 합의 도출(한국 정보통신부 회보에 발표문 게재, 1997/07/14).

참고문헌

[단행본]

국회사무처 법제예산실. 1996. 『WTO 기본통신협상전망과 우리나라 통신사업의 경쟁력 현황 및 정책적 과제』. 국회사무처 법제예산실.

김준동. 2001. 『주요국의 서비스업 시장 개방 현황과 WTO 뉴라운드 서비스협상 : 통신 · 환경 · 에너지 서비스를 중심으로』. 대외경제정책연구원.

왕윤종 · 나수엽. 1997.『韓 · 美 통상마찰의 추이와 대응방안』. 대외경제정책연구원.

유석진 편. 1997.『한국의 통상협상』. 세종연구소.

이한영 외. 2002.『WTO 뉴라운드 통신협상 전략 연구』. 정보통신정책연구원.

이한영 · 최계영 · 류정우 공저. 2000.『한 · 미/한 · 일 투자협정, 한 · 칠레 자유무역협정, WTO뉴라운드협상 등 최근 진행중인 정보통신관련 무역 · 투자협정 연구』. 정보통신정책연구원.

통신개발연구원. 1994.『개방경제와 통신협상』. 통신개발연구원.

통신개발연구원. 1997. 『WTO 기본통신협상 종합보고서』. 통신개발연구원.

통신개발연구회. 1991.『통신시장 개방과 정보사회』. 풀빛.

[국내 학위논문: 석사]

김경훈. 1999. "미국의 대한 통신협상과 자동차협상의 비교연구." 한림대 대학원 석사학위논문.

김연태. 1999. "미국의 정보통신 자유화와 규제완화에 대한 우리의 대응방안." 가톨릭대 국제대학원 석사학위논문.

김종해. 2004. "한 · 미 통상협상사례 비교연구와 한국외교의 특징분석." 한림대 대학원 석사학위논문.

박내안. 1991. "정보통신시장 자유화에 따른 한국 정보통신산업의 해외진출전략연구." 고려대 경영대학원 석사학위논문.

박 생. 2005. “한 · 미 통신협상의 경과와 전략분석 : 무선인터넷플랫폼 표준화를 중심으로.” 부산대 행정대학원 석사학위논문.

서승완. 1994. “서비스교역에 관한 법적 연구.” 한양대 대학원 석사학위논문.

유징우. 1996. “WTO체제하의 통신산업에 대한 규율: GATS 통신부속서의 국내적용과 기본통신서비스협상을 중심으로.” 고려대 대학원 석사학위논문.

이상일. 1991. “통신서비스 시장의 개방에 관한 연구.” 광운대 산업정보대학원 석사학위논문.

이승철. 1994. “한 · 미간 국제교역환경의 변화와 미국의 대한 통상정책에 관한 연구: 정보화산업을 중심으로.” 한양대 산업기술경영대학원 석사학위논문.

이유선. 1994. “통신시장 개방에 따른 대응방안 연구.” 성균관대 무역대학원 석사학위논문.

이지현. 2000. “WTO 기본 통신 협상과 우리 통신법의 개선 방향.” 중앙대 대학원 석사학위논문.

[정기간행물: 학술논문]

강신원. 2002. “통신 분야 한 · 미 ROU 개정협상을 위한 연구.” 『전자통신동향분석』 제17권 제6호 통권 78호, 89-98. 한국전자통신연구원.

강용중. 1997. “WTO 기본통신협상의 타결과 의미.” 『기업경제』 44호, 88-93. 현대경제사회연구원.

김미호. 1999. “우리나라 전기통신에 관한 법개정 방향: 미국 통신법과의 비교를 중심으로.”『논문집』 19권, 187-208. 선린대.

김영철. 1991. “통신개방과 통신주권의 위기.” 『인하』 27집, 262-273. 인하대.

김한석. 1996. “WTO체제와 통신사업의 경쟁력.” 『정보처리』 1호, 24-37. 한국정보처리학회.

내외전기통신사한 편. 2001. “한 · 미 무역관계 : 협력, 마찰 그리고 전망.” 『내외전기통신저널』 137호, 46-53. 내외전기통신사.

노장우. 1992. “韓 · 美 통신협상 타결경과와 정책대응.” 『무역』 308호, 6-10. 한국무역협회.

서영길. 1996. "韓 · 美 통신협상 진행현황과 그 전망." 『통상법률』 11호, 182-190. 법무부.

성극제. 1990. "통신무역 국제환경변화와 정보통신산업 발전." 『국회보』. 제284호, 130-145. 국회사무처.

이교용 · 이한영. 1997. "WTO 기본통신협상의 결과 및 정부대책." 『정보화사회』 112호, 15-36. 한국 정보통신진흥협회.

이상락 · 김칠성. 1992. "美國의 통신시장 개방압력상황 인식을 위한 소고; 우루과이라운드와 쌍무통신협상에서의 쟁점을 중심으로." 13집, 525-547 대구보건전문대학.

이종원 · 최병일. 1991. "통신서비스 시장 환경변화와 공정경쟁 촉진방안." 『공정거래』 3호, 186-201. 경제기획원.

이종윤. 1992. "한 · 미통신회담 결과에 따른 대응방향." 『한국통신경영과기술』 35호, 54-62. 한국전기통신공사.

정신량. 1996. "韓美 전기통신 무역마찰과 우리의 대응." 『격주간 통신정책동향』 169호, 1-38. 통신개발연구원.

정정용. 1999. "미국의 한국 통신시장에 대한 개방압력." 『정정』 12호, 119-132. 건국대 대학원 정치학과.

최병일. 1992. "韓 · 美 통신교역협상; 갈등의 부분적 해소." 『통신정책 ISSUE』 36호, 1-47. 통신개발연구원.

[정기간행물: 잡지/기사]

김창균. 1996. "통신협상 힘겨루기." 『조선일보』(11월 4일), 2.

이재권. 1997. "통신시장 무한경쟁시대 돌입/WTO기본통신협상 타결 의미." 『서울경제』(2월 17일), 2.

제7장 한·미 반도체협상(1992-1998)

1. 배경

1990년대 반도체산업은 한국의 주요 수출동력으로 성장하였다. 아시아 금융위기 이후 한국 수출에 있어서 반도체의 중요성은 더욱 확대되어 1999년도 한국의 반도체 수출은 총수출의 13%를 차지하였다. 어떤 의미에서 한국이 세계적인 반도체 생산자가 된 데에 한 계기를 제공한 것은 미 · 일 반도체협정이라고 할 수 있다. 1980년대 일본의 대미 반도체수출은 빠른 속도로 증가하였고, 위기감을 느낀 미국의 반도체회사들은 보호정책 수립을 요구하였다. 미국의 반도체업계는 일본 기업들을 반덤핑혐의로 제소하였고 결국 1986년 미국과 일본은 반도체 무역협정을 체결하였다. 이 과정에서 반도체가 미래지향적, 하이테크 지향적인 전략산업이므로 보호를 받아야 한다는 업계 대표, 일부 학자, 언론과 미국 통상정책결정자들의 견해가 반영되어 미국은 반도체산업의 보호정책을 도입하였다. 미 · 일 반도체무역협정이 체결됨에 따라 일본은 대미 수출이 제약을 받았고 그 공백을 한국 기업들이 메워 갔다.

이후 미국의 반도체회사들은 한국 기업들도 제소하기 시작했다. 미국의 마이크로칩 회사인 마이크론 테크놀러지사가 1992년 4월 22일 현대, 삼성, 금성 등 3개 한국 회사를 상대로 미 상무부와 국제무역위원회(ITC)에 반덤핑 제소를 함으로써 7년 전 미 · 일 반도체 무역 분쟁이 한 · 미 간에 재현되는 상황이 발생하게 되었다(동아일보 92/05/06).

2. 과정

1992년 5월 29일 예정이었던 예비판정은 10월 22일 발표되었다. 미 상무부는 한국산 반도체에 대한 예비판정에서 마진 덤핑률을 삼성 87.4%, 금성 52.41%, 현대 5.99%로 결정하였고 이에 따라 한국의 반도체회사들은 대미 수출에 큰 타격을 입게 되었다(동아일보 1992/10/22). 현대를 제외한 두 업체의 높은 예비판정 마진율이 93년 2월 초 예정의 최종 결정에서도 그대로 결정된다면 1992년 8억 달러 상당의 반도체를 미국에 수출하여 미 시장점유율을 30%로 유지하기는 힘들어지는 상황이었다. 아울러 예비판정대로 국내 업계는 마진율만큼의 유가증권이나 현금을 미 세관에 예치해야 수출이 가능해 확정판정 이전에도 상당한 자금 부담을 안게 되었다. 한국 정부와 업계는 연내에 실시될 미 상무부의 한국 현지 실사 때 충분한 근거 자료를 제시하여 최종 판정에서는 마진율이 대폭 낮아지도록 노력하기로 하였다. 이와 함께 수출가격을 생산원가 이하로 책정하지 않겠다는 내용의 협정 체결을 미국 측과 협의하기로 하는 한편, 업계 스스로가 수출물량과 가격을 조절하는 자율규제방식을 미국 측에 제시하여 협상을 벌여 나갈 계획을 수립하였다.

1993년 1월 13일 워싱턴에서 한국산 반도체 반덤핑 조사의 원만한 해결을 위해서 반도체 덤핑조사중지협정 추진을 목표로 하는 한 · 미 반도체협상을 가졌다. 채재억 상공부 제1차관보를 단장으로 한 한국 반도체 협상대표단은 이날 미 상공부의 알래던 수입담당 차관보 및 미 통상대표부의 도널드 필립스 산업담당 대표보를 만나 양국 업계 간 추진되는 반도체조사중지협정과 함께 포괄적인 반도체 분야의 협력을 위해 미 · 일 반도체협정과 같은 정부간협정 체결문제를 협의하였다(동아일보 93/01/15).

하지만 이러한 노력에도 불구하고 한 · 미 반도체덤핑조사중지협정(SA) 체결협상은 결렬되었다. 미국 측은 반도체덤핑조사중지협정 체결이 자국 산업에 유익하다고 인식하고는 있었지만 마이크론 테크놀러지사의 반대가 워낙 거세었고 미국 측이 반도체덤핑조사중지협정를 인정할 경우 당시 덤핑조사가 이루어지고 있는 철강에도 같은 요구가 있을 때 거부할 수 없다는 판단이 작용한 것으로 보인다.

3. 쟁점

1992년 4월 22일 미국의 마이크론 테크놀러지사가 현대, 삼성, 금성 등 3개 한국 회사를 상대로 미 상무부와 국제무역위원회(ITC)에 반도체 반덤핑 제소를 한 것에 대해 미 상무부가 10월 22일, 한국산 반도체에 대한 예비판정에서 마진덤핑율을 삼성 87.4%, 금성 52.41%, 현대 5.99%로 결정하자 한 · 미 반도체협상이 시작되었다.

마이크론 테크놀러지사는 한국 반도체업체들의 세계 시장 점유율이 1988년 8,3%, 1989년 10.5%, 1990년 10.4%, 그리고 1991년에는 21.0%로 확대된 것은 세계 반도체시장의 39%를 차지하는 북미 반도체시장에서의 점유율이 확대되었기 때문이라면서, 이러한 점유율의 확대를 위하여 한국 회사들이 반도체를 미국 생산업자의 판매가격 이하로 판매함에 따라 미국 생산업체는 심각한 재정적 손실을 보게 되었다는 것이다(동아일보 1992/04/25). 이에 대해 한국무역협회, 삼성, 금성, 현대 등 업계관계자들은 반도체 분야에서 한국의 대미 수입이 대미 수출을 초과하는 무역역조를 보이고 있는데도 미 업계가 한국산 반도체에 대해 최저 13%, 최고 283%까지의 터무니없는 반덤핑제소를 한 것은 한국 반도체 산업의 기반을 무너뜨리기 위한 시도라고 반발하였다. 그리고 미 상무부와 무역위원회가 심의과정에서 높은 반덤핑 관세율을 부과할 경우 그동안 주로 미국에서 수입해 온 반도체 장비 및 반도체 재료 등을 일본 등 제3국에서 수입하는 방안을 강구하는 등 강력 대응을 하기로 의견을 모았다. 이 같은 미 업계의 움직임은 미 · 일 반도체협정 체결로 일본산 반도체의 견제에 어느 정도 성공한 경험이 있는 미 회사가 한국산에 대해서도 수입수량 및 가격을 규제하는 등 무역관리체제에 편입시키기 위한 시도라고 한국의 반도체업계는 해석하고 있었다(동아일보 92/05/06).

4. 결과

1993년 2월 미 상무부는 삼성전자 0.74%, 현대 7.19%, LG 4.97%의 덤핑판정을 내렸고 미 무역위원회(ITC)는 산업피해 긍정판정을 내림으로써 반덤핑 관세부과 결정을 최종 확정하였다(조선일보 93/02/18). 한국의 반도체 3사는 이에 불복하여 미 국제무역재판소에 제소를 하였고 상무부는 미 국제무역재판소의 판결에 따라 95년 8월 삼성전자 미소마진(0.22%)[1], 현대

1 관세에서의 미소마진(de minimis)이란 수출시 판매가격과 매출원가와의 차액, 즉 매출총이익이 극히 적은 경우를 말한다. 미국이나 유럽의 상계관세 적용기준은 전체 마진율 1% 이상으로 설정하고 있다.

5.15%, LG 4.28%로 덤핑마진을 축소하였다. 매년 덤핑 여부를 재심하던 미국이 3년 연속 미소마진 판정에도 불구하고 반덤핑관세를 유지하자 한국 정부는 결국 1997년 8월 미국을 세계무역기구(WTO)에 제소하였다. 이후 WTO는 미국이 현대전자 및 LG 반도체에 대한 반덤핑 조치를 지속시키면서 적용한 미국 연방행정규제법 관련 조항이 WTO 반덤핑 협정에 어긋난다고 판결하였고 미국에 관련 조항의 시정을 요구하였다(동아일보 98/12/08). 결국 미국은 하이닉스 · 마이크론의 합의를 계기로 2000년 9월 비로소 반덤핑관세부과를 해제하였다.

한 · 미 반도체협상에서 한국 측은 양자협상 이외에 세계무역기구와 같은 다자기구를 통한 해결을 모색하였다. 미 상무부와 무역위원회의 덤핑판정과 반덤핑 관세부과결정에 대해 한국은 미국과의 이면협상보다는 세계무역기구에 제소함으로써 문제를 정면으로 해결하고자 하였고 결과적으로는 한국은 세계무역기구에서 승소하여 성공을 거둘 수 있었다. 이번 협상과정을 살펴보면 한국의 정부와 업계의 긴밀한 협조체제 구축이 협상 성공의 한 요인이었다. 한 · 미 반도체협상은 한국의 대미 통상협상전략이 점차 맞대응형으로 변화하고 있음을 보여 주는 사례로 평가된다.

주요연표

1992. 4. 22.	미국의 마이크론 테크놀러지사(반도체회사), 현대 · 삼성 · 금성 등 3개 한국 회사를 상대로 미 상무부와 국제무역위원회(ITC)에 반덤핑 제소.
1992. 10. 22.	미 상무부, 한국산 반도체에 대한 예비판정에서 마진덤핑률을 삼성 87.4%, 금성 52.41%, 현대 5.99%로 결정. 한 · 미 반도체협상 개시결정.
1993. 1. 13.	한 · 미 양국, 워싱턴에서 한국산 반도체 반덤핑 조사의 원만한 해결을 위해 반도체덤핑조사중지협정(SA) 추진을 전제로 한 · 미 반도체협상을 벌임.
1993. 2.	미 상무부, 삼성전자 0.74%, 현대 7.19%, LG 4.97%의 덤핑판정을 내리고, 무역위원회(ITC)는 산업피해 긍정판정을 내림으로써 반덤핑 관세부과결정 최종 확정.
1995. 8.	한국의 반도체 3사가 ITC의 반덤핑 관세부과결정에 대해 불복하여 미 국제무역재판소에 제소. 미 상무부는 미 국제무역재판소의 판결에 따라 삼성전자 미소마진(0.22%), 현대 5.15%, LG 4.28%로 덤핑마진을 축소.
1997. 8.	한국 정부, 매년 덤핑 여부를 재심하던 미국이 3년 연속 미소마진 판정에도 불구하고 반덤핑과세를 유지하자 미국을 세계무역기구(WTO)에 제소.
1998. 12.	WTO, 미국이 현대전자 및 LG 반도체에 대한 반덤핑조치를 지속시키면서 적용한 미국 연방행정규제법 관련 조항이 WTO 반덤핑 협정에 어긋난다고 판결하고 미국에 관련 조항의 시정 요구.
2000. 9.	미국, 하이닉스 · 마이크론의 합의를 계기로 반덤핑관세부과 철폐.

참고문헌

[단행본]

Clyde V. Prestowitz 저 · 김석희 역. 『왜 미국은 일본에 추월당했나?』. 시사영어사.

세계경제연구원. 1996. 『세계 반도체산업의 발전전망과 한국의 대응전략』. 세계경제연구원.

양준석 · 김홍률. 2000. 『주요 이슈별 한 · 미 통상현안과 정책과제』. 대외경제정책연구원.

조동성. 1995. 『한국 반도체의 신화 : 미국과 일본에 도전한 한국기업의 성공』. 비룡소.

조민호. 1994. 『반도체 산업』. 웅진출판.

[국내 학위논문: 석사]

고승현. 1991. "미 · 일 반도체 무역마찰과 한국의 대응방안에 관한 연구" 계명대 무역대학원 석사학위논문.

권중서. 2000. "미국 통상정책의 신보호주의 경향에 관한 연구." 배재대 국제통상대학원 석사학위논문.

김병전. 1996. "한국 반도체산업의 세계화 전략에 관한 연구." 중앙대 대학원 석사학위논문.

김화순. 2001. "한 · 일간 반도체 무역의 결정요인에 관한 분석." 동국대 대학원 석사학위논문.

백유미. 1999. "한국수출상품의 반덤핑규제 사례에 관한 연구." 한남대 대학원 석사학위논문.

빙진호. 1987. "미 · 일 반도체 무역마찰과 우리의 대응방안에 관한 연구." 한국외국어대 무역대학원 석사학위논문.

안홍섭. 1994. "미 · 일 반도체 무역마찰에 관한 연구 : 미 · 일 반도체 협정을 중심으로." 한국외국어대 대학원 석사학위논문.

유장현. 2000. "90년대 한 · 미 통상마찰의 과제와 대응." 성균관대 국제통상대학원 석사학위논문.

이승철. 1994. "한 · 미간 국제교역환경의 변화와 미국의 대한 통상정책에 관한 연구: 정보화산업을 중심으로." 한양대 산업기술경영대학원 석사학위논문.

이원철. 1995. "정보기술혁명 하에서의 신흥공업국의 발전전망: 한국의 정보기기와 반도체산업의 제약요인을 중심으로." 서강대 대학원 석사학위논문.

이재오. 1995. "미-일 반도체 협상 연구: 일본의 협상전략 특이성을 중심으로." 서울대 대학원 석사학위논문.

이현우. 1989. "한국산 반도체의 대미 지적소유권 분쟁 사례에 관한 연구." 서강대 경영대학원 석사학위논문.

[국내 학위논문: 박사]

이원철. 1995. "한국 반도체산업의 기술흡수와 연구개발: 삼성전자(주)의 사례연구." 서강대 대학원 박사학위논문.

조현석. 1994. "반도체산업의 국제 정치: 미 · 일간 전략적 경쟁과 한국의 반도체산업." 서울대 대학원 박사학위논문.

[정기간행물: 학술논문]

김영철. 1987. "미 · 일 반도체 분쟁과 영향." 『경제브리프스』 363호, 1-22. 한국산업은행.

김원철. 1985. "미국의 반도체칩 보호법과 우리의 대책." 『컴퓨터비전』 20집, 132-139. 정보시대.

김은민. 1999. "한 · 미간 반도체 무역분쟁의 최근 동향." 『정보통신정책』 226집, 40-42. 정보통신정책연구원.

노강식. 1998. "한국 반도체산업의 경쟁력요인 분석: 미국, 일본, 대만과의 비교." 『산은조사월보』 515집, 27-57. 한국산업은행.

박광오. 1988. "미 · 일 반도체마찰 그 이후와 기술개발 동향." 『전자진흥』 8권 5호, 30-35. 한국전자산업진흥회.

방용태. 1989. "미 통상법 301조의 발동요건과 그 타당성 ; 「불합리한」무역관행을 중심으로." 『세계경제동향』 7권 3호, 48-60. 산업연구원.

서준석. 1988. "시장 개방과 한국경제의 선택 ; 대미통상교섭을 중심으로." 『무역학회지』 15권, 287-327. 한국무역학회.

송봉식. 1991. "미 · 일 반도체협정 체결에 따른 우리나라에 미치는 영향분석." 『반도체』 4권7호, 2-10. 한국반도체연구조합.

신용대. 1987. "미 · 일 반도체 마찰과 우리의 대응." 『무역』 249권, 6-11. 한국무역협회.

안좌희. 1985. "미 · 일 반도체 전쟁 10년." 『경영과 컴퓨터』 105권, 39-54. 민컴.

양준석 · 김홍률. 2001. "주요 산업별 한 · 미통상 현황." 『국제통상연구』 6권 1호, 221-249. 한국국제통상학회.

온기운 · 이경숙. 1996. "미 · 일 반도체 협상 타결." 『KIET실물경제』 81권, 16-18. 산업연구원.

이경숙. 1996. "미 · 일 첨단기술제품 수출경쟁 심화." 『KIET실물경제』 81권, 7-11. 산업연구원.

이영주. 1991. "미 · 일 반도체 무역마찰에 따른 우리 산업의 영향." 『세계경제동향』 9권 8호, 19-39. 산업연구원.

이영주. 1993. "한 · 미 통상관계의 전망과 우리의 대응방향." 『세계경제동향』 11권 3호, 44-53. 산업연구원.

임병우. 1999. "한 · 미 한국산 DRAM 반도체 분쟁에 관한 WTO 패널 평결의 분석." 『통상법률』 29권, 110-135. 법무부.

임영애. 1986. "우리는 어떻게 대응할 것인가 ; 미 · 일반도체 협정, 동상이몽의 내막." 『컴퓨터』 142권, 148-160. 월간컴퓨터사.

장 동. 1987. "미 · 일 반도체 협상과 영향." 『전자진흥』 7권 4호, 18-23. 한국전자산업진흥회.

주대영. 1991. "반도체산업의 한 · 미 협력 방안(上)." 『반도체』 4권 2호, 2-8. 한국반도체연구조합.

주대영. 1991. "반도체산업의 한 · 미 협력 방안(中)." 『반도체』 4권 3호, 2-8. 한국반도체연구조합.

한국무역협회 편역. 1985. "격화되는 미 · 일 반도체 전쟁." 『무역』 227권, 12-17. 한국무역협회.

한국반도체연구조합 편. 1990. "미 · 일 반도체 산업의 Governance 구조 비교." 『반도체』 3권 6호, 2-20. 한국반도체연구조합.

한국반도체연구조합 편. 1991. "미 · 일 반도체 무역협정의 4년." 『반도체』 4권 3호, 26-41. 한국반도체연구조합.

황성진. 1988. "한 · 일간 반도체 무역마찰." 『통신정책동향』 8권, 112-122. 통신개발연구원.

[정기간행물: 잡지/기사]

김창기. 1991. "미 – 일 「반도체전쟁」 새 양상." 『조선일보』(5월 10일).

이 홍. 1991. "한 · 미 · 일 반도체 전쟁: 21세기 세계경제 주도권을 겨냥한 기술개발 경쟁." 『월간조선』(5월), 200-217. 조선일보사.

최홍섭. 1999. "세계 반도체시장 구조조정 '초읽기': 미 마이크론, 저가 공세로 대만 포위 삼성 · 현대 · NEC 등 4인방 체제로." 『주간조선』(6월 10일), 28-29. 조선일보사.

제8장 한·미 자동차협상(1993-1998)

1. 배경

한국 자동차산업은 1970년대 중화학공업 투자를 기반으로 1980년대 이후 비약적인 발전을 하였다. 1979년 자동차 생산 20만 대를 기록하고 이후 내수의 꾸준한 증가와 수출증대, 1986년 미국 시장 진출로 자동차 생산대수가 100만 대를 돌파하는 놀라운 성과를 거두기도 하였다. 1990년대 중반부터는 한국의 자동차업계는 독자적인 개발능력을 보유한 것으로 평가되고 있다(오성철 1999).

미국은 외제 차 보유자를 대상으로 세무 조사하는 등의 한국 정부의 정책이 외제 차에 대한 소비자 인식을 부정적인 것으로 만드는 원인을 제공하

* 이 장의 일부 내용은 양기웅(1998)에서 빌려온 것임을 미리 밝혀둔다.

며, 한 · 미 간의 심각한 자동차무역역조는 한국 자동차시장의 폐쇄성에서 기인한다고 주장하였다. 1993년도 한국의 자동차 수출은 64만 대였고 그중 대미 수출이 11만 대인 데 비해, 한국의 자동차 수입은 겨우 1,800여 대였고 그중 미국 차는 1,300여 대에 불과했다. 한편, 한국의 자동차 내수시장은 크게 성장하여 당시 일본 다음으로 아시아 제2위의 시장규모로 발전하고 있었다.

점차 한 · 미 자동차 마찰이 심화되면서 1994년 6월 22일 워싱턴에서 열린 제12차 한 · 미 경제협의회에서 한 · 미 양국은 한국의 자동차 수입관세율을 현행 10%에서 8%로 인하조정하고 수입 차 소유자에 대한 차별대우를 없애는 등 한국의 자동차시장을 미국에 개방하기로 합의하였다(윤순국 2001).

〈표 8-1〉 1994년 한 · 미 자동차 협상의 주요 합의내용

주요 쟁점	타결내용
관세	10%에서 8%로 인하(1995년부터)
자동차 세제	7천만 원 이상 고급 승용차에 대한 15% 중과세 폐지
자동차 유통시장	전면개방(1995년부터)
수입 차 광고	자유화
세무조사	고소득자의 외제 차 보유 여부 신고제도 폐지
형식승인	2005년까지 단계적 폐지

이후 1995년 4월에 열린 한 · 미 무역실무협의에서 미국은 외국 차 분야에서 외제 차의 낮은 시장 점유율을 지적하면서 한국 측에 추가적인 개방을 요구하였다. 또한 1995년 9월에는 미국의 빅 3 자동차 회사인 GM, 포드, 크라이슬러가 미제 차 판매를 위해 한국의 자동차 관련 세제를 개정하기 위한 압력을 미국 정부에 행사했고 미 통상대표부(USTR)는 한국 측이 납득할 만한 자동차시장 개방안을 제시하지 않을 경우 9월 27일 우선협상대상국

(PTC) 지정은 불가피하며 조사대상으로 결정되면 즉시 조사에 들어갈 것이라고 발표하였다(조선일보 95/09/02). 미 대통령 무역정책 및 협상 자문위원회(ASPN)는 한국 시장은 폐쇄적으로 고수하면서 세계무역에 무임승차하려는 한국의 시도를 세계무역기구(WTO)에 제소해서 저지해야 한다는 보고서를 제출하였다. ASPN는 이 보고서에서 한국, 중국, 인도, 베트남 등 아시아 4개국에 대한 무역장벽을 조사하여 클린턴 대통령에게 보고하였다. 이 보고서는 한국의 무역장벽을 인증 및 검사제도, 검역 및 통관절차, 표준, 규범제정의 투명성, 외국 회사에 대한 차별대우, 정부의 가격개입, 세금, 투자 등 8개 항목에 걸쳐 나열하면서 한국의 시장 개방노력이 불충분하다고 지적했다. 또한 바셰프스키 미 통상대표부 부대표도 한국의 자동차 세제 중 절반이 WTO 규정에 위배된다고 지적하고 WTO 제소를 통한 해결을 주장하였다(조선일보 95/09/19).

이러한 미국 측의 공세에 한국의 협상 팀은 안팎의 제약을 받고 있었다. 한국의 협상 팀은 정부 부처 간 이해관계의 대립으로 일관성 있는 협상전략을 세우지 못하고 있었다. 당시 외무부는 WTO에서 미국과 대결하자는 강경한 입장이었고 통상산업부는 양자협상으로 문제를 해결하자는 온건한 태도를 보였고 재정경제원은 자동차 세제를 전면적으로 손댈 수 없다는 입장이어서 협상 팀은 내부적으로 분열되어 있었다. 한국 정부는 대미 양보안으로서 배기량 기준 자동차 관련 세제 중 쟁점이 되고 있는 특별소비세, 자동차세, 지하철 공채에 대한 배기량 2,000cc 이상 중과세는 폐지하는 안을 검토하고 있을 뿐이었다. 한편 한국 정부는 미국이 한국을 슈퍼 301조 조사대상국으로 선정해도 조사 기간이 무려 1년 정도 소요되고 또 WTO의 제소도 결론도출까지 1년이라는 시간이 걸리기 때문에 미국이 실제 무역보복에 착수하기까지는 1-2년 정도 협상시간이 있다는 계산을 하고 있었다(조선일보 95/09/07)

한편 한 · 미 자동차 마찰의 이면에는 한국의 수입 장벽 제거라는 단기적 목표 이외에도 급성장하고 있는 한국의 자동차산업을 견제하려는 동기도 있는 것으로 보였다. 트로트만 포드사 회장은 미국 자동차업계의 첫 번째 목표는 한국 자동차업계의 과도한 설비투자에 제동을 거는 것이라고 밝힌 바가 있었다. 심지어 미 · 일 자동차협상에서와 마찬가지로 미국 차에 대한 한국 내 시장점유율을 수치로 요구할 의도까지 내비치고 있었다. 미 자동차 협회는 한국을 슈퍼 301조에 따른 우선협상국으로 지정해 달라는 청원서를 제출하면서 무역 장벽만 없다면 미국 차의 한국 시장 점유율은 5%(5만 대)에 도달하고 가까운 시일 내에 10%(10만 대) 판매도 가능하다고 주장한 바 있다. 한편, 95년의 한 · 미 자동차 마찰은 96년의 대통령 선거를 의식한 클린턴 행정부가 미국 내 자동차산업의 이해관계를 적극적으로 수용한 측면도 있었다(조선일보 95/09/20).

이후 1995년 한 · 미 양국은 자동차협상을 타결하여 양해록을 체결했다. 하지만 그 이후에도 한 · 미 자동차무역불균형이 해소되지 않자, 미국 측은 1997년 다시 협상할 것을 요구하게 된다.

2. 과정

1995년 9월 19일 한국 내 자동차시장 개방을 위한 한 · 미 간 통상실무회담이 워싱턴에서 개최되었다. 한영수 통상산업부 통상무역 3심의관을 대표로 재정경제원, 건설교통부, 환경부, 외무부로 구성된 정부대표단은 이날 크리스티나 런드 미 통상대표부(USTR) 한국 담당 국장과 한국의 시장 개방 문제를 논의하였다. 한국 측은 최근 세법개정을 통해 배기량 2,000cc급 이상 승용차의 세율을 20%에서 5% 포인트 인하 조정한 것과 자동차 금융할부회사의 외국인 참여문호를 개방하는 등의 한국 정부의 노력을 설명하였다. 또한 1994년보다 외제 차 판매가 100% 이상 증가하는 등 국내 자동차시장에서 외제 차의 비율이 계속 올라가고 있으며 한 · 미 간 무역수지도 한국이 적자라는 점을 지적하면서 27일로 예정된 우선협상대상국에서 한국을 제외시켜 줄 것을 요청하였다.

하지만 1995년 9월 19일 개최된 한 · 미 자동차협상은 예상대로 난항을 거듭했다. 역시 최대관건으로 예상되었던 관세인하와 자동차 관련 세제개편문제에서 논쟁이 되풀이되었다. 미국 측은 한국의 특별소비세, 자동차세, 지하철 공채 등 차량 관련 세금과 공과금이 미국의 주력 차종인 2,000cc 이상의 중대형차에 불리하게 책정되었다고 주장하며 세제상 차별을 없애줄 것을 요구하였고 이에 대해 한국 측은 2,000cc 이상 차량에 대한 특별소비세율을 25%에서 20%로 낮추기로 했으나 기타 세제에 대해서는 조정이 어렵다는 입장을 고수하였다. 미국 측은 한국 측의 특소세 5% 인하 방침에도 불구하고 자동차세와 지하철공채 등 일부 자동차 관련 지방세의 세율구조(배기량에 따라 차등 부과되는 자동차세와 차등구매가 요구되는 지하철 공채매입)를 단일화해 줄 것을 요구하고 수입 자동차에 대한 관세도 현행 8%에서 추가로 인하할 것을 요구하였다.

협상 개시 3일째 21일 협상에서 한국 측은 할부금융사 외국인 지분참여 조기실시, 미국 차에 대한 형식승인 추가면제하기로 하고 배기량 기준의 누진과세제도는 고치지 않는 대신 배기량 2,500cc, 3,000cc 이상의 자동차에 대해 누진할증률을 하향조정하여 현행 410원에서 630원 사이였던 것을 300-400원 정도로 인하하는 조정안을 제시하였다. 하지만 관세에 관해서는 이미 1995년 1월 1일을 기준으로 10%에서 8%로 양보했고 EU의 관세율이 10%인 점 등을 이유로 추가적인 양보를 하지 않았다. 한국 측의 양보안에 대해 미 통상대표부는 자동차업계, 상무부, 국무부와도 정책조정에 어려움을 겪었으나 (자동차세 누진제 자체의 폐지를 요구하는 미 국내 의견이 많았기 때문), 결국 조정 작업을 통해 2,500-3,000cc급의 자동차세는 1cc당 410원에서 310원으로 24.3%, 3,000cc 초과는 630원에서 370원으로 인하한다는 수정안을 역제안했고 이를 한국 측은 27일 관계 장관회의의 승인을 받아 수용하였다(조선일보 95/09/28).

외제 차의 TV 광고시간 확보문제도 제기되었는데 미국 측은 협상에서 현행의 한국 광고공사체제에서는 외제 차의 TV 광고시간 확보가 불가능하다고 지적하고 시장원리에 입각한 새로운 기준을 요구했다. 결국 95년 10월 1일부터 TV 광고고정물을 전면폐지하고 광고 물량을 3개월 단위로 사회공익성 광고, 신규청약광고, 무거래광고, 일반광고의 순으로 정하기로 합의하였다.

문안작성 작업도 난항했다. 핵심쟁점사항이었던 누진세 차등안이 합의되었지만 미국 측은 문안작성과정에서 관세나 대형차에 대한 누진세율구조 등에 대해 "추후 협의한다"는 문구 삽입을 강력히 요구하였고 자동차세 인하에서도 "한국 정부가 의회에서 통과되는 것을 보장한다"는 문구를 요구하였다. 결국 '협의사항에 대한 이행 합의', "의회에서 통과되도록 노력한다"는 식으로 문구를 완화하여 수정문안이 작성되었다. 수정문안은 28일 오후 6시 30분 워싱턴에 있는 한국의 협상대표단에게 훈령으로 전달되었고 오후 8시에 박건하 주미대사, 한덕수 통상부통상무역실장 등이 USTR로 가로버트 캐시니 차관보 등을 만나 설득 끝에 최종 타결하였다. 한국 측 협상대표인 한영수 통상산업부 통상무역 제3심의관과 미국 대표인 크리스티나 런드 미 통상대표부(USTR) 부대표보는 이날 밤 막판 협상을 속개하여 자동차세 인하문제 등 주요 쟁점 사항에 대해 일괄합의하고 29일 새벽 합의문서에 서명하였다. 미국 측은 이에 따라 29일 새벽 1시에 발표한 우선협상국대상관행(PFCP) 지정에서 한국을 제외하고 세계무역기구(WTO) 제소도 하지 않기로 하여 한 · 미 간의 최악의 무역전쟁은 회피되었다.

하지만 미국 측은 1997년 8월 21 한 · 미 자동차 실무협의에서 미국에 비해 높은 한국의 승용차 관세율을 낮추고 자동차 배기량별로 누진과세하는 제도도 개선해 줄 것을 다시 요구하였다. 또한 형식승인절차를 간소화하는 대신 리콜제를 도입하고 통관기준으로 집계하는 한국의 수입산 자동차 통계방식도 변경해 줄 것 등을 요구하였다. 이에 대해 통산부는 자동차관세를 낮추거나 현행 배기량기준의 세제를 변경할 계획은 전혀 없다는 입장을 분명히 하였다(동아일보 97/08/22). 이어 9월 11일 워싱턴 미 상공부 회의실에서 있었던 제2차 한 · 미 자동차 실무협의에서도 양측은 의견접근을 보지 못하였다.

9월 30일 슈퍼 301조 발동을 앞두고 1,2차 협의를 통해 성과를 얻지 못하자 미국 자동차 업계는 미 정부에 한국에 대한 슈퍼 301조의 발동을 촉구하였다. 또한 존 록펠러 의원을 비롯한 미 상원의원 13명도 클린턴 대통령에게 서한을 보내 슈퍼 301조에 근거하여 한국 자동차시장의 불공정 무역관행에 대한 규제조치를 채택할 것을 촉구하였고, 센더 레빈 의원 등 하원의원 44명은 한국 자동차시장의 개방을 촉구하는 공동서한을 클린턴 대통령에게 보냈다(동아일보 97/09/25). 이미 미국 정부는 정부 차원에서 한국이 만족할 만한 수준의 자동차시장 추가개방안을 제안하지 않으면 우선협상대상국 관행으로 지정하겠다는 입장을 비공식적으로 밝힌 바 있었다(동아일보 97/09/21). 이러한 상황에서 9월 25일부터 워싱턴에서 제3차 한 · 미 자동차 실무협의가 개최되었다. 제3차 회의에서도 한국 측은 현행 8%인 국내 자동차 관세를 낮추고 자동차에 대한 누진세제 등 내국세를 개선해 달라는 요구를 수용할 수 없다는 종전의 방침을 재확인하였다. 미국 측은 자동차 관련 관세인하와 세제개편은 97년 중이 아니더라도 차기 정부에서라도 실시할 것을 약속하라는 새로운 제안을 하였으나 한국 측은 이러한 주장을 거부하였다. 실무협상이 난항하자 미국은 한국을 비롯한 불공정무역관행이 있는 것으로 알려진 국가들에 대해 슈퍼 301조 적용을 위한 실무 작업에 착수한 것으로 알려졌고 한국 측도 미국의 슈퍼 301조 발동을 WTO에 제소하는 방안을 검토하는 등 강경정책으로 대립하였다. 28일 회의에서 한국은 정치경제적 상황의 어려움을 설명하고 미국이 요구하는 자동차세 세제개편은 수용하기 어렵다는 입장을 최종적으로 전달했고 미국 측은 확답을 보류하였다(이원복 1997, 69-72). 한국 측 수석대표인 김종갑 통상산업부 통상협력심의관은 대미 무역적자의 증가와 기아자동차 사태를 비롯한 전반적 어려움을 호소하고 미국 측의 이해를 요구하였으나 미국 측은 한국의 상황은 이해하나 미국 내 자동차업계의 불만이 너무 커 한국 정부의 입장을 수용하기 어렵다는 반응을 보였다.

실제로 미국은 이 문제에 대해 내부적으로 의견이 양분되었다. 29일 열린 백악관의 국가경제회의(NEC)에서 한국의 자동차시장을 우선협상대상국 관행으로 지정하는 것을 둘러싸고 재무부, 국무부, 상무부는 반대 입장을 밝혔다. 이들 미 정부부처는 한국의 정치경제적 상황으로 미루어 슈퍼 301조의 발동은 무리가 있다고 주장했다. 여기에 국가안보회의(NSC)의 샌디 버거 안보보좌관도 반대의사를 밝혔다. 하지만 통상대표부(USTR)과 농무부, NEC의 스폴링 경제보좌관은 슈퍼 301조의 발동을 지지하였다. 이들은 강력한 메시지를 한국에 주어야 시장 개방에 대한 개선조치가 있을 것이라는 논리를 폈고 그 바탕에는 미 자동차제조업자협회(AAMA)의 강력한 지지가 있었다. NEC 회의에서 결론도출이 어려워지자 사안은 클린턴 대통령에게까지 올라가게 되었다.

결국 10월 1일 국가경제각료회의(NEC)에서 미국의 슈퍼 301조 발동과 이에 따른 우선협상대상국 지정이 결정되었다(동아일보 97/10/02). 이로써 한 · 미관계는 자동차문제를 둘러싸고 심각한 대결국면에 직면하게 되었다. 이 같은 미국 정부의 결정은 미 자동차제조업자협회의 영향력이 강하게 작용한 결과로 보인다. 이들은 29일 각료회의 직후 백악관을 찾아가 협상결과를 도저히 받아들일 수 없다는 입장을 밝혔다. 또한 스탠리 로스 미 국무부 동아태 담당 차관보도 이날 미 하원 국제관계 소위원회에서 연간 1백 50만 대 수준의 한국 자동차시장에서 미국 차가 4천 대밖에 팔리지 않는 것은 시장접근이 잘 되어 있다고 보기 어렵다는 것을 강조했다(동아일보 97/10/02). 미국의 이 같은 결정에 대해 한국 측은 미국의 슈퍼 301조 발동으로 인한 보복조치가 감행될 경우 미국의 관련 조치를 WTO에 제소할 것을 거듭 밝히고 기존의 한국 정부 양보안은 전부 백지 상태로 되돌리고 원점에서 재협상을 시작할 것임을 분명히 하였다(동아일보 97/10/03).

한 · 미 양국은 미국 정부의 슈퍼 301조 발동에 따라 중단되었던 한 · 미 자동차협상 실무협의회를 1998년 5월 13일 재개하였다(동아일보 98/05/14). 당시 한국의 경제사정은 IMF 관리체제 하에서 어려움을 겪고 있었다. 협상에 앞서 주한 미 대사 스티븐 보스워스는 본국 정부에 한국을 너무 압박할 경우 반미감정을 유발할 수 있다고 경고하고 최근 외환 금융위기를 겪고 있는 한국의 사정을 고려하여 협상에 임할 것을 제안하였다(동아일보 98/05/11). 5월 13일 실무협의 전체 회의에서는 양측이 상당히 만족할 만한 의견접근을 보았으나 여전히 추가절충이 필요한 사항이 있었다(동아일보 98/05/17).

1998년 8월 11일 2차 회담에서 미국 측은 수입 자동차에 대한 한국 측의 관세율 인하와 배기량에 따른 누진제를 택하고 있는 한국 자동차 세제의 단일화, 그리고 외제 차를 관용으로 사용할 것 등을 요구하였다. 특히 한국 측의 세제 및 관세 분야 추가양보 없이는 슈퍼 301조 발동에 따른 양국의 자동차분쟁을 타결할 수 없다는 강경한 입장을 표명하였다. 회담은 공전하였고 9월 중에 서울에서 제3차 회의를 하기로 결정하고 종료되었다(동아일보 98/08/14).

9월 14일 한국에서 개최된 3차 실무협의에서 미국 측은 배기량에 따라 누진되는 자동차세를 단일화하고 8%인 자동차 관세를 2.5%로 낮추라는 종전요구를 반복하였다. 이에 대해 한국 측은 자동차세 누진체계를 현행 7단계에서 5단계로 완화할 수는 있으나 관세는 내릴 수 없다고 맞섰다. 미국은 10월 19일까지 양국의 자동차협상이 타결되지 않으면 슈퍼 301조에 따라 보복조치를 취하겠다고 입장을 표명한 바 있다. 결국 3차 회의도 성과 없이 끝났고 10월 18일 이전에 한 번 더 실무회의를 가지기로 하였다.

10월 13일 워싱턴에서 회담이 재개되자 양측은 최종 시한인 18일 이전에 협상을 타결해야만 하는 부담을 안고 협상에 임하였다. 미국의 보복조치가 한국 내 자동차 산업에 막대한 타격을 줄 것은 분명해 보였다. 결국 한국 대표단은 배기량 2,000cc를 초과하는 중대형 자동차에 대한 현행의 3단계 누진세율을 폐지하여 일률적으로 1cc당 220원의 세율을 적용하고, 1,500cc 초과에서 2,000cc 미만의 자동차는 현행 cc당 220원에서 200원으로 인하하는 방안을 제안하였다. 하지만 미국 측은 여전히 2,000cc 초과 중대형 자동차에 대해 모두 1cc당 200원으로 인하할 것과 자동차 수입관세를 8%에서 6%로 인하해 줄 것을 요구하였다.

결국 협상은 20일에 극적으로 타결되었고 미국은 한국에 대한 우선협상대상국 지정을 철회하기로 하였고 한국 측도 보복조치나 세계무역기구 제소 방침을 철회하였다. 개략적인 협상결과는 다음과 같다. 우선 자동차세 구조를 개편하여 3단계의 누진세율을 폐지하는 대신 일률적으로 cc당 220원의 세율을 적용하겠다는 한국 측의 양보안을 미국이 받아들였다. 단계별로 부과되는 세액도 9-20% 인하하기로 하였다. 하지만 1천 500cc를 초과하는 모든 승용차에 대해 단일 세율로 개정하는 장래의 입법계획을 제시하라는 미국 측의 요구는 수용하지 않되, 향후 세제 개편 시 미국 측의 관심사항을 검토하는 선에서 절충되었다. 또한 한국 정부는 모든 승용차에 대해 98년 7월 말까지 한시적으로 시행중인 특소세 30% 인하조치를 연장하라는 미국 측의 요구는 받아들였다. 하지만 관세율을 8%에서 6%로 인하하라는 요구는 다자간 논의사항임을 명분으로 해서 거부하였다. 그 외에 외제 차 소유주에 대한 차별대우 금지선언, 대국민 교육프로그램 실시, 저당권 설정 확대 등에 대해서는 미국 측의 요구를 수용하였다(동아일보 98/10/21).

3. 쟁점

살펴본 바와 같이 1995년 한 · 미 자동차협상의 주요 쟁점은 첫째, 수입관세율의 인하문제, 둘째, 자동차세의 누진세율의 문제, 셋째, 형식승인문제, 넷째, 할부금융업 문제, 다섯째, 자동차 광고문제, 여섯째, 소비자 인식 개선문제 등이었다. 95년의 제1차 자동차협상은 1995년 9월 29일 치열한 협상과정을 거쳐 어렵게 타결되었다. 하지만 1997년 미국 측은 다시 새로운 협상을 요구했다. 제2차 자동차협상의 주요 쟁점은 1995년의 관세 및 자동차세 관련 합의안과 형식승인문제에 대한 한국 측의 추가적인 양보, 승용차에 대한 저당권 설정문제, 미니밴의 승용차 분류문제 등이 설정되었다.

1995년 제1차 협상의 주요 쟁점과 양측의 입장은 다음과 같다. 첫째, 관세문제에 대해서 미국 측은 1994년 합의된 자동차 수입관세율 8%를 미국 수준인 2.5%까지 인하할 것을 요구하였다. 이에 대해 한국 측은 현행 관세율 8%는 유럽연합(EU)의 10%나 캐나다의 9.2%보다 낮은 수준이어서 추가 인하는 어렵다는 대응을 보였다. 둘째, 자동차세 누진세율 개선문제에 대해 미국 측은 엔진배기량에 따르는 누진구조는 미국산 중대형차의 수입을 저해하는 요인으로 작용하므로 배기량에 관계없이 세율을 단일화하되, 일정 금액 이상의 고급차종에 한해 사치세를 부과하는 미국 방식을 채택할 것을 요구하였다. 하지만 한국은 배기량 기준의 내국세는 국내 정책의 목적에 따라 내외국산의 차별 없이 모든 자동차에 적용되는 기준이고 또한 세율 단일화를 추진할 경우 한국의 조세제도의 기본 틀이 흔들릴 우려가 있다는 이유로 미국 측의 요구를 거부하였다. 미국이 이 문제에 집착한 이유는 미국의 수출 주력차종이 주로 중대형차이기 때문이었다. 셋째, 형식승인문제에 대해서 미국 측은 형식승인 제출서류를 미국 업계 성능시험작성서로 대체해 줄 것을 요구하고 성능검사 면제기준을 현행 100대에서 5,000대 이상으로 상향 조정할 것을 요구하였으나, 한국 측은 이미 현재 28개 항목이 면제되었고 나머지 항목도 곧 폐지될 예정이므로 아무런 문제가 없으며, 성능검사 면제에 대해서는 유럽과 같이 1대를 수입해도 성능검사를 요구하는 국가가 다수임을 명분으로 미국 측의 요구를 거부하였다. 넷째, 자동차 할부금융업과 관련하여 미국 측은 할부금융기관에 대한 투자제한, 즉 지분과 자본금요건 제한 등의 조기철폐를 주장한 것에 대해 한국 측은 이미 49% 범위 내의 투자를 허용하였고 미국 2개사를 포함한 21개 소매금융회사 설립을 예비승인하여 이들이 1996년 1월 1일부터 영업이 가능하므로 문제될 것이 없다고 반론하였다. 다섯째, 광고규제문제에 대해 미국 측은 UR 협상시 1995년 1월 1일부터 광고서비스의 개방에 대해 약속을 했으므로 어떠한 광고제한도 WTO 규정위반이며, 공익광고를 제외한 모든 광고에 대한 우선순위제도를 폐지하고 광고업주들의 공정한 경쟁, 즉 광고비나 신청순서와 같은 시장원리에 따르는 선정이 될 수 있도록 하여야 한다고 주장하였다. 반면 한국 측은 고정광고비율을 이미 50% 수준으로 축소하였고 추가적인 광고 개선안을 마련 중이라고 설득하였다. 마지막으로 소비자 인식문제에 대해서 미국 측은 한국의 소비자 인식개선을 위한 정부 노력의 실체를 보여 줄 것을 구체적으로 요구하였고 한국 측은 이미 외제 차 소유자에 대한 세무조사는 중단되었으며 이로 인한 소비자의 인식은 더 악화되지 않을 것이라고 설명하고 앞으로도 이외 정부 차원에서의 소비자 인식개선 노력을 진행해 나갈 예정이라고 밝혔다.

1998년 제2차 협상의 쟁점과 양측의 입장은 다음과 같다. 미국 측은 95년의 쟁점을 재론하여 자동차 관세율의 2.5% 수준의 인하, 자동차 배기량별 누진적 세율구조의 철폐, 소비자 인식개선대책 등을 요구하였고 이에 대해 한국 측은 제1차 협상의 합의결과를 이행 중이라고 대응하였다. 미국 측은 형식기준문제에 있어 불필요한 절차를 더욱 간소화해 줄 것을 요구하였고 양해록 체결 이후 신규로 도입된 6가지 안전기준의 폐지도 요구하였다. 이에 대해 한국 측은 95년의 한 · 미 자동차 양해록에 따라 간소화 조치는 이행되었으며 신규로 도입한 안전기준은 증가하는 교통사고를 예방하기 위한 조치이므로 이의 폐지 요구를 수용할 수 없다는 반응을 보였다. 또한 미국 측은 자동차 할부금융의 활성화와 채권회수 안전장치 마련을 위해 승용차의 저당권제도를 도입하고 한국 측의 미니밴에 대한 승용차 분류조치를 폐지해 줄 것을 요청하였고 한국 측은 저당권 설정 대신 자동차 등록원부에 할부금융차량임을 표기하는 방안과 미니밴의 승용차세율 적용을 2005년으로 연기한다는 양보안을 제시하였다.

4. 결과

협상결과를 정리하면 다음과 같다. 우선 관세율 분야에서는 98년 협상에서도 한국 측 주장이 관철되어 현행의 관세율 8%를 계속해서 유지하기로 하였다. 한국은 미국 측의 집요한 추가인하 요구에 대하여 유럽 등 다른 선진국들보다 한국의 관세율 수준이 더 낮다는 명분을 내세워 양보하지 않았다. 만약 미국 측의 요구대로 관세인하조치가 이루어졌다면 중형차 부분에 있어 한국 차와 가격차이가 많이 축소됨으로써 외제 차의 한국 시장 잠식이 빠르게 진행되었을 가능성도 있다. 특히 품질 수준, 소비자의 신뢰도, 스타일 친숙성 등을 감안하면 중형차 시장에서 일본 차의 시장잠식을 우려하는 목소리도 높았다(윤순균 2001).

반면 자동차 관련 세제 분야에서는 한국 측은 95년에 이어 98년 협상에서도 미국에 대해 많은 양보를 하였다. 한국 측이 양보한 이면에는 한국 내 여론도 작용한 것으로 보인다. 한국 내에서도 자동차 관련 세제가 너무 복잡하고 또 자동차의 구입과 보유에서 세율이 너무 높다는 의견이 많았기 때문에 한국 정부는 이러한 세제 조정 그 자체에 대해서는 긍정적인 태도를 이미 가지고 있었으나 누진세제의 골격은 유지하고자 하였다. 한국은 특별소비세에 대하여 95년 협상에서 2,000cc 이상의 자동차에 대해 25% 세율을 적용하던 것을 20%로 인하하기로 약속하였는데 (1996년 1월 1일부터 시행) 98년 협상에서는 95년의 합의사항을 2005년까지 지속하기로 다시 합의하였다. 그리고 자동차세(지방세)에 대해서는 95년 협상에서는 2,500-3,000cc 차량 리터당 410원에서 310원, 3,000cc 초과 차량 리터당 630원에서 370원으로 인하하기로 합의하였고 98년 협상에서는 더욱 양보하여 2,000cc 이상 차량에 대해서는 리터당 220원으로 동일하게 과세하기로 합의하였다.

검사인증문제와 형식승인 분야에서는 95년 협상에서 자동차 검사에 대한 서류를 간소화하기 위해 미 업계가 리콜에 대비하여 작성하는 성능시험 성적으로 대체하고 성능검사 면제기준을 1998년 1월 1일부터 1,000대로 조정하기로 합의하였다. 98년 협상에서는 자가인증제를 2002년까지 도입하는 것에 합의하였고 형식승인제를 폐지하기로 하였다.

또한 할부금융업 분야에서는 95년 협상에서 1997년 이후 제한철폐계획을 유지하되 추후협의하기로 합의하였고, 98년에는 저당권 제도의 도입과 자동차 경매절차의 간소화에 대해 합의하였다. 자동차 저당권 제도는 93년 폐지되었으나 98년 협상을 통하여 저당권 제도를 재도입(99년 상반기 중)하기로 합의하였다.

광고 및 소비자 인식 분야에서는 95년 협상에서 고정광고주제를 폐지하고 (95년 10월 1일 시행) 방송광고기준 개선문제는 한국광고공사와 주한 미국 대사관이 추후 협의하기로 합의하였다. 소비자 인식문제에 대해서 한국 측 95년과 98년 협상에서 외제 차 구매를 억제하지 않는다는 정부 방침을 재확인하였다.

1, 2차 자동차협상에서 미국은 전형적인 협박전략을 구사했다. 제1차 협상에서는 슈퍼 301조와 WTO 제소카드를 사용하였고 제2차 협상에서는 슈퍼 301조 카드를 보다 강력하게 사용하여 한국 측을 압박했다. 한편, 제2차 협상에서 미국 측은 98년 당시 한국이 처한 정치경제적 상황은 충분히 고려할 만하지만 미 의회와 업계가 양보하지 않는다는 식의 '자기손목묶기' 전략을 사용했다. 즉 협상자 자신은 양보할 의사가 있지만 자신의 비준자가 강경하고 협상자 자신에게는 재량권이 없기 때문에 자신이 양보하는 것은 힘들고 결국 협상을 성공시키기 위해서는 상대방이 좀 더 양보하는 수밖에 없다는 것이 바로 자기손목묶기 전략인 것이다. 하지만 미국 측은 협상이 결렬되어 최종적으로 보복조치를 실행하는 것도 상당히 부담스러워하였다. 이 때문에 미국 측도 협상의 마무리 단계에서 상당한 양보를 한 것으로 평가된다. 즉 미국 측은 '완전 승리 혹은 보복'의 극단적 선택보다는 '부분적 승리'의 온건한 선택을 하였다. 이는 협박의 실행에는 협박하는 측에게도 많은 비용이 발생한다는 협박가설의 타당성을 재확인시켜 주는 것으로도 해석할 수 있다.

한국 측도 타협을 선호하였다. 제1차 협상에서 한국 측은 내부논란 끝에 결국 WTO 제소라는 강경대응보다는 양자협상을 통한 문제해결이라는 타협적 자세를 보였다. 98년 제2차 협상에서도 슈퍼 301조 발동 직전에 양보하는 모습을 보였다. 그러나 한국 측은 다양한 쟁점 중에서 우선순위가 높은 정책(가령 관세 분야)에서 끝까지 양보하지 않는 집중력을 보였고 미·일 협상에서 일본이 자주 보여 주었던 '조금씩 천천히 양보하는' 스타일을 보였다. 그런데 한국의 정책이나 협상전략을 살펴보면 아쉬운 부분도 있다. 먼저 국제적 기준에 합치되지 못하는 국내 정책, 법규, 관행은 국제적인 협상쟁점이 되는 최근의 상황에 비추어볼 때 불합리한 정책이나 제도를 먼저 개선하지 못함으로써 처음부터 협상지위를 불리하게 만들었다. 예를 들어 95년 협상 당시 한국의 자동차 관련 세제는 누가 보기에도 불합리하게 보였다. 한편, 한국 측은 미국의 통상정책과 협상목표를 분쟁예방 차원에서 사전에 분석하고 대비하는 노력이 부족하였다. 95년 미 · 일 자동차협상이 난항하는 것을 보면서도 한국 측은 한 · 미 간에는 마찰이 없다는 식의 낙관론을 유지하였고 결국 미 · 일 자동차협상을 타산지석으로 활용하지 못하는 우를 범한 것으로 평가된다. 95년의 제1차 협상과 98년의 제2차 협상을 정리하면 〈표8-2〉와 같다.

〈표 8-2〉 1995년도 제1차 한 · 미 자동차협상

쟁점사항		미국 측 입장	한국 측 입장	합의사항
관 세		관세율 2.5%로 인하요구	추가인하 불가	현행유지
내국세	자동차세	엔진배기량에 따른 누진적 조세 구조개선 2,500cc 초과시 250원/cc 단일화	누진세율 단일화 요구 수용불가	2,500cc-3,000cc 410원에서 310원, 3,000cc 이상 630원에서 370원
	특별 소비세	한국 정부의 계획을 긍정평가	96. 1. 1부터 2,000cc 초과 시 현행 25%에서 20%로 세율인하 입법예고 중	현행유지
	취득세	긍정적 평가	7천만 원의 고급차 취득세를 15%에서 2%로 이미 인하	현행유지
자동차 할부금융		할부금융기관에 대한 투자제한(지분제한, 자본금 요건)의 조기철폐	49% 범위 내 투자는 이미 허용 미국 2개사를 포함한 21개 소매금융회사설립을 예비승인, 1996년 1월 1일부터 영업 가능	추후협의
소비자 인식문제		소비자 인식문제를 위해 정부 차원의 노력을 할 것	이미 노력 중	합의

〈표 8-3〉 1998년도 제2차 한 · 미 자동차협상

<table>
<tr><th colspan="2">쟁점사항</th><th>미국 측 입장</th><th>한국 측 입장</th><th>합의사항</th></tr>
<tr><td colspan="2">관세율</td><td>2.5% 인하요구</td><td>현행유지</td><td>WTO에 현행관세(8%)로 양허</td></tr>
<tr><td rowspan="2">세재
개편</td><td>자동차세</td><td>1,500cc 이상 차량에 대한
동일기준 과세요구</td><td>현행유지</td><td>2,000cc 이상 차량에
동일기준 과세</td></tr>
<tr><td>특별
소비세</td><td>98년 7월 시행한 특소세
인하를 영구화</td><td>현행유지</td><td>특소세 인하조치를
2005년까지 지속</td></tr>
<tr><td colspan="2">할부승용차
채권확보</td><td>미국 방식의
저당권 제도 도입</td><td>도입 불가</td><td>저당권 제도를 도입하되
자동차 경매절차의 간소화</td></tr>
<tr><td colspan="2">표준 및
인증절차 간소화</td><td>안전시험 간소화(EU
공인기관에 의한 검사시
현지시설 확인 생략)</td><td>단계적인 조정</td><td>EU 공인기관의
시험성적서 인정</td></tr>
<tr><td colspan="2">자가인증제도</td><td>자가인증제도의 조기도입</td><td>자가인증 및
강제리콜제도 도입을
추진 중에 있음</td><td>2002년까지 도입</td></tr>
<tr><td colspan="2">완성검사 면제</td><td>완성검사를 자체품질검사
확인으로 대체</td><td>자체품질검사가
한국 기준에 부합하거나
상회하는 경우 면제</td><td>관련법 개정을 통해
1999. 4월부터 시행</td></tr>
<tr><td colspan="2">미니밴의
승용차 분류</td><td>차종 재분류조치 철회 또는
차종분류 기준변경에 따라
세 부담 변동은 없어야 함</td><td>2000년으로 시행연기,
세금은 2005년부터
3년에 걸쳐
연차적으로 인상</td><td>7-10인 승합차를 승용차로
분류하는 것은 국제 기준에도
어긋나므로 수용불가</td></tr>
<tr><td colspan="2">소비자
인식개선</td><td>개선을 위한 정부의 구체적
계획을 협정문에 포함</td><td>이미 노력하고 있음</td><td>인식개선을 위한 노력 지속</td></tr>
</table>

주요연표

1993. 10. 미국, 한·미 간 무역실무회의에서 자동차시장문제를 공식적으로 제기.

1994. 3. 미국 NTE 보고서에서 한국 자동차시장 폐쇄성 언급.

1994. 4. 한·미 무역실무회의, 자동차시장 개방문제 중점 협의.

1994. 6. 미국 빅 3 대표단 방한, 연간 5만 대 이상 수입 요구.

1994. 6. 22. 한·미 양국, 워싱턴에서 열린 제12차 한·미 경제협의회에서 한국의 자동차 수입관세율을 현행 10%에서 2%를 내린 8%로 인하조정하고 수입 차 소유자에 대한 차별대우를 없애는 등 한국의 자동차시장을 미국에 개방하기로 합의.

1994. 7. USTR, 한국 측 개선안에 대한 공식입장 전달.

1994. 10. 미국, 한국의 자동차 관련 조세제도 문제와 한국 시장 내에서 미국 자동차의 판매가 증가되지 않는 것에 불만을 표시하면서 슈퍼 301조를 통해 한국의 자동차시장을 '관심관행'으로 지정.

1995. 4. 한·미 무역실무위원회, 한국의 자동차 수입장벽 완화문제 협의. 미국, 한·미 무역실무협의회에서 외제 차의 낮은 시장 점유율을 문제 삼고 한국 측에게 추가적인 개방 요구.

1995. 8. AAMA, 우선협상대상국 관행 지정을 위한 의견서를 USTR에 제출.

1995. 9. 미국 빅 3 자동차 회사(GM, 포드, 크라이슬러), 미국 차 판매를 위해 한국의 자동차 관련 세제를 개정하기 위한 압력을 미국 정부에 행사. 이에 USTR은 한국이 납득할 만한 자동차시장 개방안을 제시하지 않을 경우 9월 27일에 한국의 PTC 지정은 불가피하며 조사대상으로 결정되면 즉시 조사에 들어갈 것이라고 발표.

1995. 9. 19. 한국의 자동차시장 개방을 위한 한·미 간 통상 실무회담 개최(워싱턴). 한국 측, 1994년 대비 외제 차 판매가 100% 이상 증가하는 등 국내 자동차시장에서 외제 차 비율이 계속 증가되고 있으며 한·미 간

무역수지도 한국이 적자라는 점을 들어 27일로 예정된 슈퍼 301조에 따른 우선협상대상국에서 한국을 제외시켜 줄 것을 요청. 이에 미국 측, 한국의 자동차 관련 세금과 공과금이 미국의 주력 차종인 2,000cc 이상 중형차에 불리하게 책정되었다고 주장하며 세제상 차별을 없애 줄 것 요구.

1995. 9. 28. 2,500-3,000cc급의 자동차세는 cc당 410원에서 310원으로 24.3%, 3,000cc 초과는 630원에서 370원으로 인하한다는 미국 측의 수정안을 한국 측이 27일 관계 장관회의의 승인을 받아 수용.

1995. 9. 29. 미국 측, 우선협상국대상국 관행(PFCP) 지정에서 한국을 제외하고 세계무역기구(WTO) 제소도 하지 않기로 결정.

1996. 12. AAMA, 97년 NTE에 대한 의견 제출 시 한국의 자동차시장 언급.

1997. 3. USTR, NTE에서 한국의 자동차시장 개방 문제 재언급.

1997. 7. AAMA, 우선협상대상국 관행 지정을 위한 의견서를 USTR에 제출.

1997. 8. 21. 미국 측, 미국에 비해 높은 한국의 승용차 관련 세율을 낮추고 자동차 배기량별로 누진과세하는 제도도 개선해 줄 것 요구. 한국 측, 자동차 관세를 낮추거나 현행 배기량별 과세제도를 바꿀 계획 없다는 입장 표명.

1997. 9. 25. 제3차 한 · 미 자동차 실무협의 개최(워싱턴). 미국이 한국을 슈퍼 301조 적용을 위한 작업에 착수. 한국 측도 미국의 슈퍼 301조 발동을 WTO에 제소하는 방안을 검토. 1997/09/29 미 국가경제회의(NEC)에서 한국의 자동차시장을 우선협상대상국 관행으로 지정하는 문제로 내부적 논란을 노정. USTR과 농무부는 지정 찬성, 재무부, 국무부, 상무부는 반대 입장 표명.

1997. 9. 30. 미국 자동차업계, 제1차 한 · 미 자동차 실무협의 결렬에 따라 한국에 대한 슈퍼 301조 발동 촉구.

1997. 10. 1. 미 국가경제회의(NEC), 한국에 대해 슈퍼 301조 발동과 이에 따른 우선협상대상국 관행 지정.

1998. 4. USTR, NTE에서 한국 자동차시장 폐쇄성 다시 언급.

1998. 5. 3. 한 · 미 자동차협상 실무협의회 개최.

1998. 8. 11. 한 · 미 자동차협상 실무협의회 제2차 회담 개최. 미국 측, 한국 측의 세제 및 관세 분야 추가양보 없이는 슈퍼 301조 발동에 따른 양국의 자동차분쟁을 타결할 수 없다는 강경한 입장 표명.

1998. 9. 14. 한 · 미 자동차협상 실무협의회 제3차 회담 개최(서울). 미국 측 자동차세 단일화 요구에 대하여 누진체계를 현행 7단계에서 5단계로 완화할 수는 있지만 관세인하는 불가하다는 타협안 제시.

1998. 10. 13. 자동차시장 개방과 자동차 관련 관세 및 세제개혁을 한국 정부가 약속하는 양해각서(MOU) 체결. 미국 측, 슈퍼 301조 우선협상대상국 지정 철회.

참고문헌

[단행본]

김규태 · 이항구 · 조철. 1998. 『한 · 미 통상현안과 우리의 대응: 자동차협상을 중심으로』. 서울: 산업연구원.

국회사무처 법제예산실. 1997. 『한 · 미 자동차협상의 평가와 대응책: 슈퍼 301조의 국제통상법적 평가를 중심으로』. 국회사무처.

산업연구원. 1998. 『한 · 미 통상현안과 우리의 대응: 자동차협상을 중심으로』. 산업연구원.

국회도서관 입법조사분석실. 1997. 『한 · 미 자동차 협상과 슈퍼301조』. 국회도서관 입법조사분석실.

왕윤종 · 나수엽. 1997. 『한 · 미 통상마찰의 추이와 대응방안』. 대외경제정책연구원.

정문종. 1995. 『한 · 미 자동차협상과 향후 전개』. 국회도서관 입법조사분석실.

[국내 학위논문: 석사]

고영남. 1998. "1995년 한 · 미 자동차 협상에 관한 연구: 투레벨게임(Two-level Games) 이론의 관점에서." 강원대 대학원 석사학위논문.

권영우. 2001. "NAFTA 출범과 한국의 대미 자동차수출 확대 방안에 관한 연구." 인제대 대학원 석사학위논문.

김경훈. 1999. "미국의 대한 통신협상과 자동차협상의 비교연구." 한림대 대학원 석사학위논문.

김규진. 1998. "국제 정치경제환경의 변화와 국제협상: 미국과 일본의 자동차 협상을 중심으로." 고려대 국제대학원 석사학위논문.

김명제. 1988. "최근 노동쟁의의 유형 및 요인에 관한 연구: 87年度 自動車 운수산업을 中心으로." 동국대 경영대학원 석사학위논문.

김정미. 1997. "국제화 및 개방화에 따른 한 · 미 자동차산업 협력방안에 관한 연구."

서강대 경영대학원 석사학위논문.

김종수. 1996. "자동차시장 개방화추세에 따른 자동차 관련 세제의 바람직한 개편방안에 관한 연구." 연세대 경영대학원 석사학위논문.

김한수. 1996. "구조적 제약 하의 협상전략: 한 · 미 자동차분쟁을 중심으로." 서울대 행정대학원 석사학위논문.

박종부. 1999. "한 · 미 통상정책에 관한 신제도주의적 비교연구: 한 · 미 자동차 협상을 중심으로." 연세대 대학원 석사학위논문.

손현규. "한국해운시장의 개방화와 정책대응 방향." 한국외국어대 무역대학원 석사학위논문.

오강현. 2002. "97 한 · 미 자동차 협상결렬의 원인에 관한 연구: Putnam의 양면게임이론을 중심으로." 고려대 행정대학원 석사학위논문.

유주봉. 1997. "통상행정체제가 통상협상에 미치는 영향에 관한 연구: 한 · 미통상행정체제를 중심으로 분석." 연세대 행정대학원 석사학위논문.

윤순균. 2001. "한 · 미 자동차협상과정에 대한 게임 이론적 분석 :Two Level 게임중심으로." 건국대 대학원 석사학위논문.

이용호. 2000. "게임이론적 접근에 의한 한 · 미 무역에 관한 연구: 게임이론 측면의 자동차협상 중심으로." 한양대 국제금융대학원 석사학위논문.

이은영. 1999. "통상압력에 대한 한 · 일대응전략 선택의 비교연구: 95년 자동차협상을 중심으로." 고려대 대학원 석사학위논문.

이종무. 2001. "미국의 관리무역과 통상마찰에 대한 대응전략 연구: 자동차산업을 중심으로." 연세대 행정대학원 석사학위논문.

이현숙. 2000. "미 · 일 자동차협상의 진행과정과 협상력 결정요인." 동국대 대학원 석사학위논문.

이혜영. 1998. "미국의 관리무역정책과 향후 한 · 미 통상마찰에 대한 대응 방안 연구: 자동차 무역분쟁을 중심으로." 서울대 행정대학원 석사학위논문.

이호심. 1999. "한 · 미통상마찰 해소를 위한 미통상법 연구." 관동대 대학원 석사학위 논문.

한재영. 1998."미국 통상정책의 변천과정과 정책결정기구에 관한 연구." 이화여대 대학원 석사학위논문.

한창윤. 1999. "한 · 미 자동차 협상에 관한 연구: 투레벨게임적 시각을 통해본 양국의 협상전략." 한국외국어대 대학원 석사학위논문.

[정기간행물: 학술논문]

곽동운. 1981. "레이건 행정부의 무역정책과 방향." 『무역진흥』 6월 142집, 89-103. 대한무역진흥공사.

김경엽 · 김준규. 1995. "한 · 미 자동차협상 타결 이후의 우리나라 자동차산업." 『산업과 경영 』 11월 68집, 1-18. 대우경제연구소.

김관옥. 2000. "국제협력의 과정과 결과 결정요인 연구: 미 · 일 자동차협상 사례를 중심으로." 『국제 정치논총』 40집 1호, 5-34. 한국국제 정치학회.

김광종. 1995. "한 · 미 자동차 협상, 미국 속셈은 무엇인가; 한 · 미통상협상 분석." 『두레사상 』 11월 3집, 326-351. 두레시대.

김현희. 1998. "한 · 미 통상 현안과 대응: 최근 자동차협상을 중심으로." 『의정자료』 4월 25집, 1-15. 한국의회발전연구회.

박석호. 1998. "한 · 미 자동차협상: 단순 게임이론적 접근." 『기업경영연구』 12월 2집, 79-88. 목포대 기업경영연구소.

서창록. 2000. "통상교섭의 정치경제: 대미 자동차협상 사례연구." 『통상법률』 32집, 86-131. 법무부.

손준상 · 김진섭 · 남금천 · 손상기 · 이정세. 1999. "한 · 미 자동차협상 및 슈퍼301조 발동에 관한 연구(A Study on U.S.Automotive Trade Negotiation with Korea and Super 301)." 『국제통상논총』 1집 1호.

안명수. 1998. "한 · 미 자동차협상 타결." 『나라경제』 12월 97집, 76-79. 한국개발연구원 부설 국민경제교육연구소.

안세영. 1998. "한 · 미 자동차협상에 관한 연구(U. S.-Korea Automotive Issues)." 『국제통상연구』 3집 2호.

양기웅. 1996. "1995년 미 · 일 자동차협상: 협박과 대항협박." 『IRI 리뷰』 12월 2집 4호, 111-160. 고려대 일민국제관계연구원.

양기웅. 1998. “한 · 미통상마찰과 미 · 일통상마찰의 비교연구: 1995년 자동차협상의 사례분석.” 『한국과 국제 정치』 12월 29집, 213-240. 경남대 극동문제연구소.

양기웅. 1998. “협상과 협박카드의 선택: 클린턴 행정부와 1995년 한 · 미 자동차협상.” 『IRI 리뷰』1월 2집 4호, 65-109. 고려대 일민국제관계연구원.

이원복. 1997. “한 · 미 자동차 통상현안과 협상의 주무부서 문제.” 『국회보』 11월 373집, 69-72. 국회사무처.

이충배. 1997. “WTO하의 미통상법 슈퍼301조와 한 · 미 통상분쟁.” 『국제경영논총』 12월 15집, 7-40. 중앙대 국제경영대학원.

임혜란. 2003. “한 · 미 자동차 협상의 정치경제 :1995년과 1997년 협상의 비교분석.” 『국제정치논총』 9월 43집 3호, 163-187. 한국국제정치학회.

장승화. 1996. “자동차 누진세제와 내국민대우 원칙; 한 · 미 자동차분쟁사례를 중심으로.” 『통상법률』 6월 9집, 7-33. 법무부.

재정공론사 편. 1995. “한 · 미 자동차 협상 타결; 자동차 형식 승인 개선, 소비자 인식 개선,자동차세 인하 등 합의.” 『재정』 11월 419집, 27-36. 재정공론사.

차철호 외 저. 1995. “WTO체제하의 다자간 무역협상과 쌍무적 통상협상의 조화 : 한 · 미 · 일간의 자동차 통상사례를 중심으로.” 『산업경영연구』12월 4권, 1-34. 중앙대 산업경영연구소.

[정기간행물: 잡지/기사]

김방희. 1995. “자동차 협상, 망신 대행진.” 『시사저널』 311집(12월), 12-13. 시사저널사

박광희. 1995. “미국이 한국 자동차세 내렸다.” 『주간조선』 1374집(12월 ?), 74-75. 조선일보사.

이교관. 1995. “미국, 한국차 질주에 바리케이드.” 『시사저널』 310집(10월), 76-77. 시사저널사.

이용택. 1995. “한 · 미 자동차협상 타결 국면.” 『이코노미스트』 307집(10월), 90-91. 중앙일보사.

이필상. 1995. “한 · 미 자동차협상의 문제점과 우리의 대응: 통상협상기구 단일화로

일관성 있는 대책 마련 시급.”『전망』107집(11월), 97-101. 대륙연구소.

장택준. 1995. “한 · 미 자동차협상; 새로운 갈등과 마찰 예고.”『한세정책』17집(11월), 76-79. 한세정책연구원.

조현태. 1987. “미 · 일간 MOSS(분야별 시장 개방)협상.”『세계경제동향』5집 10호(10월), 81-91. 산업연구원.

최현필. 1995. “한 · 미 자동차 협상 결과.”『해외통상정보』151집(11월), 2-5. 대한무역투자진흥공사.

한상춘. 1995. “미 · 일 자동차 협상결렬과 우리 기업에의 시사점.”『전경련』367집(6월), 4-5. 전국경제인연합회.

제9장 한·미 철강협상(2002)

1. 배경

2002년 3월 5일(미국 시간) 미 행정부는 철강 판재류 등 14개 수입 철강제품에 대해 향후 3년 동안 8-30% 관세를 부과하는 '긴급수입제한조치'(미 통상법 201조 조치)를 발표하였다. 이번 조치로 대미 철강수출의 약 50%를 차지하는 열연, 냉연, 아연도 강판 등 판재류 제품에 3년간 고율관세(1년차 30%, 2년차 24%, 3년차 18%)가 부과됨으로써 한국의 대미 철강 수출은 적지 않은 타격을 받을 것으로 우려된다(양기웅 2002).

미국에서 철강산업은 산업보호혜택을 가장 많이 받은 산업 중의 하나였다. 철강산업은 특정지역 집중분포하면서 과점형태로 업계 · 노동자 · 정치

* 이 장의 일부 내용은 양기웅(2002)에서 빌려온 것임을 미리 밝혀둔다.

인들의 유착관계를 형성하여 의회와 행정부에 강한 영향력을 발휘해 왔다. 1998년 동아시아 금융위기를 전후해 한국의 대미철강수출이 급증하자 미국의 업계와 노조는 보호무역조치에 대한 압력을 다시 높이기 시작했다. 철강산업을 둘러싼 통상마찰은 초기에는 주로 미국과 일본, 유럽 간의 대결구도였으나 점차 그 대상이 전 세계 철강생산자로 확대되어 갔고 한국도 예외는 아니었다. 1998-99년 한국의 대미 철강수출이 급증하였다. 미국 경제의 활성화로 철강수요가 늘었고 동아시아 금융위기로 이 지역의 수요위축이 대미 수출을 급증시킨 원인이었다.

미국의 철강업계는 반덤핑 및 상계관세제도[1]와 미 통상법 201조[2]에 호소하여 보호조치를 요구하기 시작하였다. 미 통상법 201조에 근거하여 부시 미 대통령은 철강 세이프가드를 발동하기로 결정하고 2001년 10월 22일 철강 부문에 대한 세이프가드 조치를 위한 조사 착수를 결정하였다.[3] 조사결과 열연강판, 냉연강판 등 판재류 등 주요 품목이 포함된 16개 품목에 대해 산업피해 판정이 내려졌고 이 품목들에 대해서는 쿼터, 관세부과, 수량제한 개정 또는 신설 등의 형태로 세이프가드 조치가 취해질 예정이었다.

1 반덤핑관세와 상계관세는 불공정 무역행위에 대한 시정조치를 위한 것으로 일반 관세에 추가 관세를 부과하여 가격경쟁력을 약화시키는 것을 말한다. 단, 반덤핑관세는 개별 기업의 덤핑행위를 대상으로 하고 상계관세는 국가의 해당 산업 · 기업에 대한 불공정 지원을 대상으로 패널티를 부과하여 자국 산업을 보호한다.

2 미 통상법 201조는 공정한 거래라도 미국 내 산업에 심각한 피해를 주었을 경우 긴급관세를 부과하고 특정 품목의 수입을 제한할 수 있도록 하고 있다. 즉, 다른 규제조치보다 훨씬 포괄적이고 강력한 조치라 할 수 있다.

3 WTO 회원국들이 수입품에 대해 세이프가드 조치를 발동하기 위해서는 첫째, 당해 물품이 국내 생산에 비해 절대적, 또는 상대적으로 증가된 수량으로 수입될 것과 둘째, 그로 인해 동종 물품이나 직접적인 경쟁 물품을 생산하는 국내 산업에 심각한 피해를 야기하거나 심각한 피해의 우려가 있을 것 등의 두 가지 요건이 충족되어야 한다(WTO 세이프가드협정 제2조). 즉, 국내 생산에 비해 절대적 · 상대적 수입량 증가사실이 있고 국내 산업에 심각한 피해 사실이 존재하면 긴급수입제한 조치를 취할 수 있는 것이다.

2. 과정

2002년 3월 15일 한 · 미 양국은 미국의 철강 세이프가드 조치와 관련하여 WTO 세이프가드 규정에 따르는 양자협의를 개최하였다. 이 회의에서 한국 측은 미국의 철강 세이프가드조치는 세계적으로 보호주의 조치를 확산시킬 뿐 아니라 현재 회복조짐을 보이고 있는 세계경제에도 부정적인 영향을 미친다는 점을 지적하면서 우려를 표명하였다. 또한, 미 철강산업의 어려움은 구조조정 지연으로 야기된 문제로서 수입증가에 기인하는 문제가 아님에도 불구하고 구조조정을 위한 조치 없이 수입 철강에 대해 30%에 달하는 고율의 관세를 추가로 부과한 것은 납득하기 어려우며, WTO의 관련 규정과도 합치하지 않는 과도한 조치임을 지적하고 이 조치의 즉각적인 철회를 요구하였다. 또한 이 조치가 부과되는 철강 품목별로 동 조치의 부당성을 지적하면서 조치의 철회 또는 WTO 관련 협정과 합치될 수 있도록 조치내용을 대폭적으로 완화할 것을 요구하였다. 특히, 한국의 주 수출품인 판재류 제품에 대한 조치의 부당성을 지적하고, 이와 함께 구체 품목으로 냉연 및 도금강판, 석도강판, 강관 및 스테인리스강선 제품에 대한 조치의 철회 또는 완화를 강력하게 요구하였다. 이에 대해 미국 측은 세이프가드조치는 미 무역위(ITC)의 적법한 절차에 따른 산업피해 판정 및 조치 건의에 따라 대통령이 구제조치를 결정한 사항으로서, WTO 관련 협정과 합치되며 관련국들에게 피해가 최소화될 수 있도록 다각적인 고려(한국의 경우, 포철의 UPI사 공급용 열연코일 조치적용 제외 등)를 하였다는 점을 강조하고 한국 측이 제기한 품목별 요구사항에 대해서는 각국과의 양자협의 후 내용을 종합하여 검토할 것이라고 언급하였다.[4]

4 외교통상부: http://www.mofat.go.kr/ko/news

3월 20일 한국은 미국의 세이프가드 조치가 WTO협정에 위배됨을 이유로 WTO에 제소하였다.[5] 이에 따라 4월 11일과 12일 WTO 분쟁해결절차 규정에 따라 양자협의가 제네바에서 개최되었다. 동 협의에서 한국은 미국의 철강수입제한조치가 명백히 WTO 규정 위반임을 지적하면서 조치의 철회 또는 즉각적인 시정을 요구하였다. 이 협의에서 한국 측의 철회요청에도 불구하고 미국이 세이프가드 조치를 유지하겠다는 기존의 입장을 반복함에 따라 양자협의절차는 사실상 종료되었다고 판단하고 미국 측의 입장 변화가 없는 한, 한국 측 제소일로부터 60일이 되는 5월 20일 이후 다른 제소국들과의 협의를 거쳐 WTO 패널설치를 요청할 방침을 밝혔다.[6]

이어 4월 29에서 4월 30일 이틀간 스위스 제네바에서 WTO 세이프가드 위원회 회의[7]가 개최되어 한국은 미국과 EU의 철강제품 세이프가드 조치의 문제점을 지적하고 이를 조기 철회할 것을 요청하였다. 특히 미국의 철강 세이프가드 조치에 대해 한국은 EU, 일본, 중국, 스위스, 노르웨이 등과 함께 공동입장을 발표하고 미국의 조치가 WTO 세이프가드 협정 요건에 합치하지 않는다고 비판하였다. 이에 미국은 전 세계적인 철강 산업의 과잉

5 WTO 분쟁해결절차를 간략히 설명하면 다음과 같다. 양자협의 요청 후 60일 이내에 합의되지 않을 경우, 제소국은 패널설치를 요구할 수 있고, 분쟁해결기구(DSB)는 첫 회의에서 만장일치로 부결되지 않는 한, 2번째 회의에서 설치된다. 그 다음 절차로는 패널위원 구성-패널검토-패널 중간보고서 당사국 제출-중간보고서 회원국 회람-패널보고서 채택(회람 후 60일 이내)-보고서 이행(15개월 이내)-이행 여부에 대한 이행패널절차-당사국 보상협의(20일 이내)-보복조치 승인(보상이 이루어지지 않을 경우)의 절차를 밟게 된다. 회원국 회람단계에서 피제소국이 상소를 하게 되면 약 90일 정도의 상소기일이 더 소요된다. 한국이 승소할 경우 미국은 판정결과에 따라 이번 조치를 변경 또는 철회할 의무를 지게 된다.

6 외교통상부: http://www.mofat.go.kr/ko/news

7 WTO 세이프가드 위원회 회의는 각국이 취한 세이프가드 조치에 대한 검토 등을 위해 정기적으로 개최되는데 WTO 회원국들은 이 위원회에서의 논의를 동 조치를 취한 국가에 대한 압력수단으로 활용하고 있다.

설비와 과다한 보조금 지급에 따른 가격인하로 자국 내 철강산업에 심대한 피해가 발생함으로써 이러한 조치를 부과하게 되었다고 설명하고 조치를 결정함에 있어 관련 국가들의 이해를 적절히 반영하였다고 주장하였다.[8]

5월 9일 한국 측은 주미 한국대사관을 통해 WTO 세이프가드 협정에 따라 미국의 철강세이프가드 조치로 인해 한국이 입고 있는 연간 약 1.72억 달러 상당의 추정 피해액에 대한 보상요청서한을 미국 측에 전달하였다. 정부는 상기 피해액에 대한 보상 수단으로 한국의 대미 수출 품목에 대하여 관세를 면제하여 줄 것과 현재 미국이 한국산 철강재에 대하여 부과하고 있는 반덤핑 및 상계관세조치를 철회하여 줄 것을 각각 요청하였다.[9]

3. 쟁점

미국 정부와 의회는 철강업계로부터의 강한 압력에 직면하고 있었다. 미 철강업계는 원가경쟁력 하락, 노후설비 및 비생산적 설비 과다보유 등 구조적인 문제를 가지고 있었다. 2002년 3월 5일 발표된 미국 측의 철강 세이프가드의 조치내용을 살펴보면, 먼저 판재류 중 냉연강판, 열연강판, 표면처리강, 후판, 석도강판 등에 대해서는 2002년 3월 20일부터 3년간의 추가관세를 각각 30%, 24%, 18% 부과하기로 하였다. 또한 봉 · 형광류에서 철근에 대해서는 15%, 12%, 9%로, 열연봉강과 냉연봉강에 대해서는 30%, 24%,18%를 부과하기로 하였다. 강관류 중 용접강관에 대해서는 3년간 추가관세를 15%, 12%, 9%로, 강관연결제품에 대해서는 13%, 10%, 7%를 부과하기로 했다. 스테인리스 및 공구류 중 강선은 8%, 7%, 6%로, 봉강과 봉강류는 15%,

8 외교통상부: http://www.mofat.go.kr/ko/news

9 외교통상부: http://www.mofat.go.kr/ko/news

12%, 9%를 부과하고, 공구류와 강관연결제품에 대해서는 추가관세조치를 취하지 않기로 하였다.

이러한 미국의 세이프가드 조치에 대해 한국은 강하게 반발하였다. 한국은 수입급증에 따른 피해여부의 인과관계가 성립되지 않는다고 주장하였다. 한국산 철강제품의 대미 수출은 1998년 최고치를 기록하기는 하였으나 그 이후로는 점차 감소추세에 있었다. 또한 수입국 정부는 조치를 취하기 전에 수출국 정부에게 조치내용을 사전에 통고하여 수입국 정부와 협의를 준비하기 위한 충분한 시간적 여유를 제공해야 한다는 세이프가드 협정 12조 3항을 들어 미국 측이 의무 준수에 실패하였다고 주장하였다. 또한 NAFTA 국가를 규제대상에서 제외한 점은 WTO 협정 제2조 2항의 무차별 적용의 원칙을 위반하였고 WTO 협정 제5조 1항 국내 산업 피해 정도에 따른 수입규제조치와 관련 미국의 수입규제내용은 과도한 조치였다고 주장하였다. 이에 따라 한국은 판재류 중 냉연강판과 표면처리강에 대해서는 1998-2000년의 수입량을 기준으로 한 관세 쿼터(TRQ) 형태로 조치 변경을 요구하고 석도강판에 대해서는 ITC(미 국제무역위원회) 위원 간 3 : 3 동수로 겨우 피해 판정을 받은 품목이고 급격한 수입증가가 없었으며, 업계에 심각한 피해를 야기하지 않은 품목이므로 30% 고율관세 부과조치의 즉각적인 철회를 요구하였다. 또한 용접강관에 대해서는 ITC의 건의대로 2000년 수입물량을 기준으로 한 관세 쿼터(TRQ) 형태로 조치 변경하고 스테인리스 강선에 대해서는 ITC 위원간 3 : 3 동수로 겨우 피해 판정을 받은 품목이고 동 산업이 산업피해 조사 기간 중 흑자를 기록하고 있음에 비추어 산업피해가 있었다고 보기 어려우므로, 동 품목에 대한 8% 관세 부과조치의 즉각적인 철회를 요구하였다.[10]

10 외교통상부: http://www.mofat.go.kr/ko/news

미 무역위(ITC)는 2001년 10월 22일, 지난 6월 22일 미 통상대표부(USTR)의 요청에 의해서 개시된 미 통상법 201조(긴급수입제한조치)에 따른 33개 철강제품에 대한 산업피해 조사를 실시하여 그 결과 이 중 16개 제품에 대하여 미국 내 산업에 피해가 있다고 판정하였고, 2001년 12월 7일, 철강에 대한 긴급수입제한조치(201조 조치)와 관련하여, 10월 22일 산업피해가 있다고 판정한 16개 외국산 수입철강제품 대부분에 대해 4년간 20-40%의 관세를 부과할 것을 대통령에게 건의하였다.

미 대통령은 ITC의 조치 건의 후 60일 이내에 긴급수입제한조치를 최종 결정하게 되어 있는 미 통상법의 절차에 따라 2002년 3월 5일, 판재류 등 14개 수입 철강제품에 대해 향후 3년 동안(2002. 3. 20-2005. 3. 21) 8-30% 관세 부과조치를 취하기로 결정했다.[11] 그 발동절차를 살펴보면 1단계: ITC의 조사개시(업계 및 노조청원, 대통령 또는 USTR의 요청, ITC 직권, 하원 세입위 또는 상원 재무위 결의 등에 의함), 2단계: ITC의 산업피해 판정(청원 또는 요구 제기 후 120일 이내, 30일 연장 가능), 3단계: ITC의 대통령에 대한 구제조치 건의(청원 또는 요구 제기 후 180일 이내), 4단계: 대통령의 구제조치 결정(ITC의 구제조치 건의 후 60일 이내)의 수순을 밟게 된다. 최종적으로 대통령은 관세인상, 관세쿼터, 수입수량제한 등의 구제조치를 취할 수 있다. 또한 대통령의 최종 결정 이전에도 청원자가 긴급한 사정(critical circumstances)이 있다고 주장하고 ITC가 이를 받아들여 대통령에게 보고하면 대통령은 7일 이내에 잠정조치를 부과할 수 있다.

미국 측의 이러한 조치는 수입규제를 둘러싼 미국 내 찬반세력의 이해관

11 미 통상법 201조-204조 규정에 따르면 특정 품목의 수입급증으로 인해 동종제품 또는 직접적 경쟁제품을 생산하는 국내 산업에 심각한 피해나 피해위협이 야기되는 경우 동 산업에 대한 일시적 구제조치로 동 수입 품목에 대해 긴급수입제한조치(safeguards)를 부과할 수 있다.

계를 동시에 계산한 일종의 타협안으로 평가된다. 미 철강업계는 철강가격 하락, 국내 수요 감소 및 수입증가 등으로 인해 어려움이 가중되어 97년 말 이후 31개 업체가 파산 신청을 했고, 이에 따라, 미 철강업계, 노조 및 의회 등이 긴급수입 제한조치 발동을 통해 수입 철강제품에 대해 20-40% 수준의 관세를 부과해 줄 것을 행정부에 적극 요청하였다. 체니(Cheney) 부통령이 이번 결정과정에 깊이 관여하였고, 에반스(Evans) 상무장관 등이 고율의 관세부과에 동조한 반면, 린드시(Lindsey) 대통령 경제정책보좌관, 오닐(O' Neill) 재무장관, 백악관 외교정책 팀 등은 부정적인 입장을 견지한 것으로 알려져 있다(외교통상부 "철강제품에 대한 미 행정부의 긴급수입 제한조치," 2002년 3월 19일). 이번의 미국 측 조치는 철강문제가 금년 중간선거와 2004년 대선에 미치는 정치적 민감성 등을 종합적으로 고려하여 철강생산자의 요구와 소비자의 반발을 동시에 고려한 타협안적인 성격을 띤다고 볼 수 있다.

4. 결과

5월 21일 한국 측의 WTO 패널 설치 요청에 따라 6월 14일에는 WTO 분쟁해결기구(DSB) 특별회의에서 패널이 설치되었다. 7월 11일 미국의 수입산 철강에 대한 세이프가드 조치의 WTO 협정 위반 여부를 심리해 왔던 WTO 패널은 동 조치가 WTO 세이프가드 협정 등에 위반된다는 내용의 최종 보고서를 회원국들에게 회람하였다. WTO 상소기구는 11월 10일(제네바 시간) 미국의 철강 세이프가드 조치가 WTO협정에 위배된다는 패널의 주요 결정을 재확인하고, 한국을 비롯한 8개 공동제소국의 승소 판정을 내렸다. WTO 상소기구는 패널의 주요 판정을 아래와 같이 대부분 재확인하였다.

(1) 세이프가드 조치 결정시 선결요건인 예상치 못한 상황의 발생을 입증하지 못했다는 패널의 판정 확인(GATT 19조 위반).

(2) 판재류 등 조치대상 철강제품 중 상당 부분의 수입증가를 입증하지 못했다는 패널의 판정 확인(세이프가드 협정 제2.1조 및 제3.1조 위반).

(3) NAFTA 회원국인 멕시코와 캐나다로부터의 수입을 조사대상에 포함하고도 조치대상에서는 제외한 것은 parallelism[12] 위배라는 패널의 판정 확인(세이프가드 협정 제2.1조 및 제2.2조 위반).

WTO의 결정에 따라서 미국 정부는 패널 및 상소기구의 판정과 합치되도록 조치를 변경하거나 철회하여야 하며 미국이 조치를 철회하지 않을 경우 한국을 비롯한 제소국들은 미국으로부터의 수입품에 대해 양허정지조치 등을 취할 수 있게 되었다. WTO에서 한국 등의 승소판결에 따라 미국은 2003년 12월 4일 WTO 상소기구의 최종 판정결과를 존중하여 2003년 3월부터 시행중인 철강 세이프가드 조치를 조기에 철회한다고 발표하였다. 이에 대해 한국 정부는 철회 결정이 국제 자유무역의 촉진과 동 세이프가드 조치로 인한 수출국들의 부당한 피해를 최소화하기 위한 적절한 결정이라고 평가하면서 이를 환영하였다. 이후 한 · 미 양국은 2004년 1월 1일자로 철강을 무관세 품목으로 지정하게 된다.[13]

이번 한 · 미 철강 마찰 사례에서 보이는 한국 외교협상의 특징은 대결전

12 Parallelism이란 세이프가드 조치 관련 산업피해 조사대상과 이에 따른 조치대상이 일치해야 하는 원칙을 말한다.

13 2004년 1월 1일부터 한국과 미국은 철강 분야를 무관세 품목으로 이미 전환하였다. 그리고 2007년 5월 한 · 미 자유무역협정(FTA)이 체결되었다. 이미 철강은 무관세 품목이기 때문에 자유무역협정 체결로 인한 추가적인 관세인하효과는 없다. 다만 한국측은 한 · 미 FTA 체결로 총 18건 중 12건에 달하는 미국의 수입규제가 완화될 것이라는 기대를 하고 있다. 한국 정부는 FTA 체결로 인해 수입규제 완화로 인한 안정적 대미 수출 및 현지투자 활성화가 수출 확대로 이어져 철강재 간접수출이 연평균 5천만 달러 증가할 것으로 예상하면서 수요산업과의 연계 진출 강화, 해외 마케팅 능력 확충, 고부가가치 강재 및 혁신소재 개발, 한 · 미 철강산업 간 협력강화 등을 새로운 성장전략으로 제시하고 고급강재 위주의 산업구조 개편을 목표로 하고 있다(산업자원부 2007/05/03).

략으로 요약된다. 과거의 한 · 미 통상마찰과 협상과정에서 한국 측이 보인 대응전략의 특징은 순응전략이었다. 예를 들어 1995년 한 · 미 자동차협상에서 한국 측은 정부 내 대립은 있었지만 결과적으로는 미국의 요구에 순응하는 반응을 보였다. 협상과정에서 한국 측은 슈퍼 301조 발동에 굴복하지 말고 미국을 WTO에 제소함으로써 맞대응하자는 외무부와 미국의 요구를 최대한 수용하여 양자협상에서 해결하자는 통산부가 대립했고 결국 양자간 협상에서 양보하는 방식을 채택했다. 이는 비슷한 시기에 있었던 미 · 일 자동차협상에서 일본이 보여 준 대응전략과는 대조적이었다. 미 · 일 자동차협상에서 일본 측은 미국 측의 협박에 대항협박으로 맞섬으로써 협상결렬을 불사하는 강경한 자세를 보였다. 일본 측은 대항협박카드로서 첫째, WTO 제소, 둘째, 대미 무역제재 리스트 작성, 셋째, 유럽연합의 개입유도, 넷째, G7, OECD와 같은 다자간 기구의 활용, 다섯째, 다른 협상 분야와의 연계, 여섯째, 금융파워의 활용 등의 수단을 이용했다. 2002년 한 · 미 철강협상에서 한국이 보여 준 대응전략은 1995년 미 · 일 자동차협상에서 일본이 구사했던 대응전략과 유사한 측면이 있다. 물론 1995년의 자동차협상과 2002년의 철강협상을 동일한 기준에서 비교하기는 어렵다. 자동차협상에서는 한국 시장 개방이 쟁점이었고 철강 분야에서는 미국 시장 보호가 쟁점이었다.

이번 사례가 시사하는 바는 통상마찰을 둘러싼 한국 외교의 대응전략이 과거와는 다르게 변화하고 있다는 사실이다. 그러면 한국 외교의 대응전략 변화의 배경은 무엇인가? 변화는 첫째, WTO 레짐 강화와 관련성이 있는 듯하다. 미국에게는 레짐을 만들어 내는 힘이 있지만 일단 만들어진 레짐에는 미국도 구속을 받는다. 물론 아직도 WTO의 분쟁해결능력이 충분한 것은 아니지만 그렇다고 해서 아무도 WTO의 결정을 정면으로 부인하기는 힘들다. 가까운 선례로서는 한 · 미 스테인리스 철강제품 반덤핑 사례를 들 수 있다. 2001년 8월 24일, 미 상무부는 2001년 2월 1일 WTO 패널이 한국의 스테인리스 철강제품에 대해 취한 미국의 반덤핑 조치가 WTO 협정에 위반된다고 판정한 것에 대한 이행조치로서 포항제철 등 한국 철강회사들의 스테인리스 후판(Plate) 및 스테인리스 판재(Sheet)의 덤핑마진율을 각각 6.08%, 2.49%로 하향 조정할 것이라고 알려왔다. 이는 미국이 이행 기간 만료시한을 염두에 둔 행동으로 평가되었다. 한국은 1999년 5월과 6월, 포항제철의 스테인리스 후판과 스테인리스 판재(Sheet)에 대하여 각각 16.26%, 12.12%의 덤핑마진율을 적용한 미국의 반덤핑 조치가 WTO 협정에 위반된다고 판단하여 1999년 7월 30일 WTO에 동 조치를 제소하였다. 이에 대해 2001년 2월 1일 WTO 패널은 최종 보고서를 통해 미국의 아래와 같은 덤핑마진 산정방식이 WTO 협정에 위반된다고 판정하고 미국에 대하여 동 반덤핑조치를 WTO 협정에 일치하도록 권고하였으며, 미국 측은 이러한 판정에 근거하여 덤핑마진율을 재계산한 결과, 하향 조정을 실시하게 된 것이다. 두 번째는 한국의 국내 정치의 기류 변화와 관련이 있는 듯하다. 한국 외교는 이제 내압과 외압을 동시에 계산해야 하는 상황을 경험하고 있는 것이다. 한국 사회는 대미 양보를 비판하는 민족주의적 여론이 점차 세력을 확장하고 있는 중이다.

주요연표

2001. 6. 5. 부시 대통령, ITC에 철강산업 피해조사 요청.

2001. 10. 22. 미국, 통상법 201조에 근거한 부시 미 대통령의 철강 세이프가드의 발동결정에 의해 철강 부문에 대한 세이프가드 조치를 위한 조사 착수.

2001. 11. 5. 피해판정 품목을 대상으로 구제조치 관련 ITC 공청회.

2001. 12. 17. OECD 다자간 철강협상 개최.

2001. 12. 19. ITC, 구제조치 대통령 건의안 확정.

2002. 2. 18. 미국 부시 대통령, 철강 부문 세이프가드 조치 최종 결정.

2002. 3. 5. 미국 부시 대통령, 통상법 201조에 따라 한국, EU, 중국, 러시아, 일본, 브라질에서 수입되는 14개 철강 품목에 세이프가드 조치를 취한다고 발표. 이에 한국 측, 미국이 세이프가드 협정 준수의무를 위반하였고 미국이 WTO 협정 2조 2항의 무차별적용 원칙을 위반하고 있다고 반발.

2002. 3. 15. 한 · 미 양국, 미국의 철강 세이프가드 조치와 관련하여 WTO 세이프가드 협정에 따른 양자협의 개최. 한국 측, 미국의 철강 세이프가드 조치는 세계적으로 보호주의 조치를 확산시킬 뿐 아니라 현재 회복조짐을 보이고 있는 세계경제에도 부정적인 영향을 미친다는 점에 깊은 우려 표명. 이에 미국 측, 세이프가드 조치는 미 무역위(ITC)의 적법한 절차에 따른 산업피해 판정 및 조치 건의에 따라 대통령이 구제조치를 결정한 사항으로 한국의 경우 포철의 UPI사 공급용 열연코일 조치 적용 제외 등을 하였다는 점을 강조.

2002. 3. 20. 한국, 미국의 세이프가드 조치가 WTO 협정에 위배됨을 이유로 WTO에 제소.

2002. 4. 11-12. WTO 분쟁해결절차 규정에 따른 양자협의 개최(제네바). 협의에서 미국 측의 입장 변화가 없는 한 한국 측 제소일로부터 60일이 되는

5월 20일 이후 다른 제소국들과의 협의를 거쳐 WTO 패널설치 요청 방침 표명.

2002. 4. 29－30. WTO 세이프가드 위원회 회의 개최(제네바). 한국 측, 미국과 EU의 철강제품 세이프가드 조치의 문제점 지적하고 이를 조기 철회할 것 요청. 이에 미국 측, 세계적인 철강 산업의 과잉설비와 과다한 보조금 지급에 따른 가격인하로 자국 내 철강 산업에 심대한 피해가 발생함으로써 이러한 조치를 부과하게 되었다고 설명.

2002. 5. 9. 한국 정부, 주미 대사관을 통해 WTO 세이프가드 협정 제8.1조에 따라 미국의 철강 세이프가드 조치로 인해 한국이 입고 있는 연간 약 1.72억 달러 상당의 추정 피해액에 대한 보상 요청서한을 미국 측에 전달.

2002. 5. 21. 한국 측, 미국의 철강 세이프가드 조치의 WTO 협정 위반 여부를 판정할 WTO 패널 설치를 WTO에 정식으로 요청.

2002. 6. 14. WTO 분쟁해결기구(DSB) 특별회의에서 패널 설치.

2002. 7. 11. WTO 패널, 미국의 세이프가드 조치가 WTO 세이프가드 협정 등에 위반된다는 내용의 최종 보고서를 회원국들에게 회람.

2002. 11. 10. WTO 상소기구, 미국의 철강 세이프가드 조치가 WTO 협정에 위배된다는 패널의 주요 결정을 재확인하고 한국을 비롯한 8개 공동제소국의 승소 판정을 내림.

2003. 12. 4. 미국, WTO 상소기구의 최종 판정결과를 존중하여 2003년 3월부터 시행중인 철강 세이프가드 조치를 조기에 철회한다고 발표.

참고문헌

[단행본]

국회사무처 법제예산실. 1997.『철강 산업과 국제통상문제: 미국철강업계의 청원서를 중심으로』.

국회사무처 법제예산실. 1997.『철강 산업과 국제통상문제: 미국철강 업계의 청원서를 중심으로』.

산업연구원. 2000.『WTO 회원국의 불공정무역규범 운용이 우리나라 대외무역에 미치는 영향 및 대응방안』. 산업연구원.

산업연구원. 2000.『철강무관세화에 따른 영향 검토』.

양준석 · 김홍률. 2000.『주요 이슈별 韓 · 美 통상현안과 정책과제』. 대외경제정책연구원.

채 욱 · 서창배. 2001.『WTO 무역분쟁의 추이와 한국 관련 분쟁사안에 대한 종합평가 및 정책시사점』. 대외경제정책연구원.

최낙균 외저. 2001.『국제관세의 비교분석 및 부문별 무세화협상의 경제적 효과: WTO 뉴라운드 공산품협상에의 시사점』. 대외경제정책연구원.

탁승문 외저. 2000.『뉴 밀레니엄 철강산업의 도전과 기회』. 한국철강신문.

포스코경영연구소 경제본부 저. 1995.『한 · 미 철강통상마찰: 역사와 향후 과제』. 포스코경영연구소.

[국내 학위논문: 석사]

김광율. 1995. "UR 協商妥結과 韓國經濟의 對應方案에 관한 연구: 제조업(자동차, 전자, 철강)을 중심으로." 경희대 경영대학원 석사학위논문.

김광현. 1994. "세계 철강 산업의 반덤핑에 관한 연구." 한국외국어대 무역대학원 석사학위논문.

김형남. 2002. "미국의 공격적 상호주의 통상정책 : 한 · 미 철강 부문 사례를 중심으로.” 중앙대 대학원 석사학위논문.

박진호. 2001. “U.S. Antidumping measure in steel industry and its economic implication.” 한국외국어대 국제지역대학원 석사학위논문.

송길재. 2001. “미국과 EU의 대한 철강 산업의 수입규제와 대응방안 연구.” 서울시립대 대학원 석사학위논문.

오인환. 1985. “미국 철강 보호무역에 관한 고찰.” 연세대 경영대학원 석사학위논문.

유장현. 2000. “90년대 한 · 미 통상마찰의 과제와 대응.” 성균관대 국제통상대학원 석사학위논문.

이상길. 2002. “WTO상의 세이프가드조치에 대한 법적고찰 : 2002년 미국의 철강 부문 세이프가드조치를 중심으로.” 경희대 국제법무대학원 석사학위논문.

이서영. 2001. “한국 철강 산업의 국제경쟁력 결정요인에 관한 분석.” 단국대 대학원 석사학위논문.

장 준. 2003. “미국통상법 201조의 실체와 대응방안: 수입 철강 세이프가드발동에 따른 문제점과 한국철강산업의 대응 및 향후과제를 중심으로.” 고려대 법무대학원 석사학위논문.

최문영. 2003. “미국의 철강 세이프가드 조치에 대한 한국 철강 산업의 대응방안.” 인천대 국제경영대학원 석사학위논문.

한내희. 1997. “90년대 미국의 철강수입 패턴과 통상이슈.” 『POSRI 철강경제』 2집 4호(8월), 100-122. 포스코경영연구소.

[정기간행물: 학술논문]

김용환. 2001. “美國의 韓國産 철강제품에 대한 덤핑관세 부과사례분석.” 『무역구제』 3(7월), 222-242. 산업자원부무역위원회.

김홍률. 2000. “미국의 철강산업 보호정책과 한국에 미치는 영향.” 『KIEP세계경제』 18(3월), 67-75. 대외경제정책연구원.

박노형 · Cameron,Donald B. Jr. 1997. “미국 철강산업의 통상법 활용사례 연구.” 『통상법률』17(10월), 131-153. 법무부.

박로경. 1990. “쿼타규제 수입시장에서 품질고급화와 후생변화에 관한 실증분석; 한국의 대미철강수출품을 중심으로.” 『경영경제연구』 13집 1호(7월), 91-117. 조선대 경영경제연구소.

방용태. 1988. “미국통상법 201조의 적용메카니즘: 철강사례를 중심으로.” 『세계경제동향』 6집 6호(6월), 93-101. 산업연구원.

양기웅. 2002. “한 · 미 간의 경제통상마찰-한 · 미철강마찰”. 『외교』 제62호.

양준석 · 김홍률. 2001. “주요 산업별 한 · 미통상 현황.” 『국제통상연구』 6권 1호, 221-249. 한국국제통상학회.

오바 요지. 2002. “역사적 재편에 들어간 세계의 철강산업,2.” 『극동문제』 24권 11호 통권285호(11월), 81-92. 극동문제연구소.

윤기관. 2002. “미국의 수입철강에 대한 세이프가드조치 발동과 한국의 대미통상정책.” 『경영경제연구』 25권 1호(6월), 111-132. 충남대 경상대학경영경제연구소.

윤기관. 2003. “WTO체제하에서 미국의 보호무역정책과 한국의 대미통상정책: 수입철강 세이프가드를 중심으로.” 『무역구제 통권』 12호(10월), 32-59. 산업자원부무역위원회.

이금용. 1997. “한 · 미 · 일 철강산업의 총요소생산성 비교.” 『POSRI철강경제』 2집4호(8월), 4-24. 포스코경영연구소.

이영주. 1993. “한 · 미 통상관계의 전망과 우리의 대응방향.” 『세계경제동향』 11집3호(3월), 44-53. 산업연구원.

이윤희. 2001. “미국 철강산업의 세이프가드 발동 사례 분석.” 『통상법률』 39(6월), 174-194. 법무부.

[정기간행물: 잡지/기사]

Barnette,Curtis H. 1997. “미국의 경제,철강시장 그리고 국제통상.” 『철강보』 261(5월), 20-24. 한국철강협회.

Donald B. Cameron. 2002. “미 철강 201조 Safeguard 조치의 법적 문제점.” 『철강보』 28권 3호 통권 319호, 2-4. 한국철강협회.

Horliek,Gary. 1992. “미국의 철강무역 정책 II.” 『철강보』 203(6월), 37-40. 한국철강협회.

KDI 경제정보센터 경제정보분석팀 편. 2002. “미국의 철강 수입관세 인상 배경과 국제무역규범.” 『나라경제』 13권 6호 139호(6월), 115-124. KDI 경제정보센터.

Tony Emerson. 2001. “철강무역 전쟁의 불을 댕기다: 미국은 아시아 · 유럽 국가들의 덤핑 공세로 피해를 본다고 주장.” 『뉴스위크한국판』 11권 51호 510호(12월 26일), 68-69. 중앙일보사.

곽강수. 2002. “미국의 201조 발동이후 세계 철강시황 전망.” 『철강보』 28권 4호 통권 320호(4월), 5-8. 한국철강협회.

곽강수. 2003. “미국 201조 발동 1년, 성공인가? 실패인가?.” 『철강보』 29권 3호 통권 331호(3월), 6-10. 한국철강협회.

김동운. 1983. “미국 철강업계 철강수입 규제를 위한 입법논의.” 『활발쇳물』 132(3월), 30-33. 포항종합제철 주식회사.

김성우 외. 2000. “Capitol Hill을 둘러싼 미 철강업계의 통상활동.” 『철강보』 294, 2-6. 한국철강협회.

김성우. 1992. “최근 미국 철강업계의 무역제소 움직임.” 『철강보』 201(4월), 42-46. 한국철강협회.

김성우. 1993. “미국의 공정무역주의 추구의 허구성.” 『철강보』 211(2월), 60-66. 한국철강협회.

김성우. 1999. “미국의 철강수입규제 움직임과 대응활동.” 『철강보』 282(2월), 4-6. 한국철강협회.

김성우. 2000. “세계 철강교역의 구조적 문제점과 해결방안에 관한 미상무부 보고서 II.” 『 철강보』302(10월), 8-18. 한국철강협회.

김일광. 2002. “미국의 세이프가드 조치에 따른 대응방안 및 국내 철강업계 영향 분석.” 『조흥경제』 443호(5월), 2-12. 조흥은행.

김재중. 2002. “철판 깐 부시 ‘위험한 도박’ : 美 수입철강 고율관세 부과… 자국 물가 소비 악영향, 세계는 자유무역 흐름 큰 타격.” 『뉴스메이커』 11권 11호 통권 465호(3월 21일), 68-69. 경향신문사.

김재훈. 2002. “미국의 일본산 철강제품(“Hot Rolled Steel”)에 대한 덤핑관세부과 사례분석.” 『무역구제』 통권 7호(7월), 212-224. 산업자원부무역위원회.

김홍률. 1999. “최근 철강수입증가에 대한 미국의 대응.” 『철강보』 283(3월), 18-24.

한국철강협회.
김홍률. 2002. "미국 철강 세이프가드조치의 주요 내용과 평가." 『KIEP세계경제』 5권 4호 통권 43호(4월), 40-50. 대외경제정책연구원.
드러몬드, 래크런. 1981. "보호 속에 회복세보이는 미국철강업계." 『세계경세주보』 417(9월), 34-37. 한국무역협회.
산업자원부. 2007/05/03. "한 · 미 FTA는 철강산업 선진화의 계기".
성기영. 2001. "미 通商 압력은' MD 압박' 카드?: "철강 세이프가드 조사"부시, 직접 지시 이례적... 행정부,의회 입지 강화용 포석도." 『주간동아』 289호(6월 21일), 36-37. 동아일보.
신 전. 1985. "미국의 철강수입 규제와 우리나라 철강수출 보진방안." 『경제브리프스』 317(6월), 1-20. 한국산업은행.
신현필. 2002. "철강산업 : 미국의 201조 발동과 이에 따른 파급 효과." 『기업평가』 15권 4호 통권 제209호(4월), 30-33. 한국기업평가주식회사.
윤현순. 1995. "미국의 자존심인 US Steel의 몰락과 부활." 『철강보』 241호(9월), 57-61. 한국철강협회.
이광기. 1985. "미국의 철강수입 규제와 향후 전망." 『철강보』 119호(6월), 3-9. 한국철강협회.
이윤희. 2001. "미 201조 피해판정에 대한 각국의 입장." 『철강보』 27권 11호 통권 315호(11월), 5-9. 한국철강협회.
임정성. 2003. "미국 철강산업의 아킬레스건, Legacy Cost란 무엇인가?" 『철강보』 29권 7호 통권 335호(7월), 10-15. 한국철강협회.
재정공론사 편. 2002. "주요 철강국 미세이프가드에 대한 대책 마련에 부심." 『재정』 통권 497호(5월), 32-37. 재정공론사.
정은미. 2002. "미국의 철강수입규제와 산업구조조정 본격화." 『KIET산업경제』 통권 41호(2월), 20-30. 산업연구원.
정행득. 2002. "한 · 미 철강산업 분쟁의 분석과 시사점." 『무역구제』 통권 8호(10월), 62-80. 산업자원부무역위원회.
조종형. 2001. "BUSH 행정부의 철강정책: 우리의 현실과 대응." 『철강보』 306호(12

월), 8-13. 한국철강협회.

조종형. 2002. “부시 행정부의 철강 201조 구제대책 수립과 고민.” 『철강보』 28권 2호 통권 318호(2월), 3-7. 한국철강협회.

최의현. 2000. “과점기업의 전략적 행동과 무역패턴에 관한 연구: 한 · 미 · 일 3국의 철강 교역을 중심으로.” 『대외경제연구』 11집(8월), 43-99. 대외경제정책연구원.

최인범 외 . 1994. “미국의 철강산업.” 『철강보』 225호(5월), 9-32. 한국철강협회.

한국금속공업협동조합 편. 2002. “미국 201조 철강 긴급수입제한조치 정보 종합.” 『금속공업』. 통권 226호(4월), 38-45. 한국금속공업협동조합.

한국재경사 편. 1985. “국제경쟁에 패배한 미국의 3개 산업 ; 신발 · 철강 · 하이테크 산업.” 『재경춘추』 15호(11월), 46-50. (주)한국재경사.

한국철강협회 관리본부 기획팀 편. 1998. “동아시아 철강수출과 미 · EU의 보호주의.” 『철강보』 274호(6월), 4-5. 한국철강협회.

한국철강협회 관리본부. 1996. “한 · 미 철강통상 전망과 현안 과제.” 『철강보』 249호(5월), 4-9. 한국철강협회.

한국철강협회 국제협력본부 국제협력팀 편. 2003. “OECD 철강협상: 철강보조금 협상 난항, 각국별 입장차 커 : 협정 품목 범주, 금지보조금 성격 등 주요 4개 이슈 우선협의대상 선정 미국 협정 품목 범주에 강관 포함 강력 주장, 핫이슈로 부상.” 『철강보』 29권 5호 통권 333호(5월), 25-28. 한국철강협회.

한국철강협회 국제협력본부 국제협력팀. 2003. “국내외 시장 모두 지켜라.” 『철강보』 29권 3호 통권 331호(3월), 2-5. 한국철강협회.

한국철강협회 조사본부 통상협력반 편. 1998. “대미 철강통상사절단 추진활동 성과 및 행후 대응방안.” 『철강보』 278호(10월), 4-6. 한국철강협회.

한국철강협회 조사본부 통상협력반 편. 2002. “미국 201조 긴급수입제한조치의 주요 내용과 영향.” 『철강보』 28권 3호 통권 319호(3월), 5-8. 한국철강협회.

한국철강협회조사본부 통상협력반 편. 2001. “미국 철강 201조 산업피해 판정과 전망.” 『철강보』 27권 11호 통권 315호(11월), 2-4. 한국철강협회.

한국철강협회조사본부 통상협력반 편. 2001. “최근의 통상마찰 현황과 그 대응책 : 한 · 미 통상마찰을 중심으로.” 『KIET산업경제』 35호(8월), 23-32. 산업연구원.

제10장 한 · 미 스크린쿼터협상 (1998-2006)

1. 배경

1990년대 후반 이후 한 · 미 통상관계에서 최대 현안은 한 · 미 투자협정(BIT: Bilateral Investment Treaty)과 한 · 미 자유무역협정(FTA: Free Trade Agreement)이었다. 1998년 6월 김대중 대통령과 클린턴 대통령 간의 정상회담에서 한 · 미 투자협정을 체결하기로 하면서 여러 차례 실무협상이 개최되었으나 한국 영화산업 보호정책인 스크린쿼터(screen quota)제도의 축소 및 폐지문제에 합의를 보지 못하여 투자협정 체결협상은 중단되었다.

한편 스크린쿼터제는 국내 영화의 보호를 위한 목적을 가지고 있기 때문에 자유시장원칙에 위배된다는 대내외적인 비판을 받기도 한다. 특히 한국 내에서도 의무적으로 일정 비율의 한국 영화를 상영하여야만 하는 현행의 제도에 극장주들의 불만은 증대되어갔다. 극장주 측은 1994년 위헌심판청구소송을 제기하였다. 이에 대해 헌법재판소는 스크린쿼터제에 대한 합헌 판정을 내림으로써 스크린쿼터 지지자들의 손을 들어주었다. 미국 측은 한국 영화의 관객비율이 일정 수준까지 올라와 있고 1994년 한국 영화 〈쉬리〉의 관객 수가 200만 명을 넘은 상황에도 불구하고 이 제도가 계속해서 유지되어야 한다는 한국 측의 주장에 납득하지 못하였다.

자유무역에 반하는 보호정책으로서 스크린쿼터는 다자간 국제협약에 의해 그 시행이 예외적으로 허용되는 제도 중 하나이다. 국제 사회에서는 세계시장의 경쟁구조와 미국 영화의 거래관행(독점적 지위남용과 덤핑)을 고려하여 영화 수입국의 경쟁력 회복의 차원에서 스크린쿼터를 정당한 정책으로 인식하고 있는데, 이는 문화를 자유무역의 대상에 포함시키는 것에 대한 비판적 인식에서 비롯되었다. OECD의 '무형사업의 자유화에 관한 협정'은 자국산 영화를 보호하기 위한 정책으로서 생산보조금 지급과 스크린쿼터제 시행을 명시적으로 허용하고 있으며, GATT법 제4조 역시 '내국민대우' 원칙에 대한 예외로 영화의 경우 원산지에 따른 수량규제를 허용하고 있다. 하지만 GATT 제4조는 양자협상의 경우 이러한 수량규제에 관해서 당사국 간 협상이 가능한 것으로 규정하고 있는데 한 · 미 투자협정 체결에 있어 스크린쿼터제도가 쟁점이 될 수 있었던 것은 바로 이 규정에 근거한다. 이 규정에 따르면 한국이 스크린쿼터제도의 유지를 주장하는 것도 정당하지만, 미국 또한 동 조항을 근거로 하여 스크린쿼터제도의 축소 및 폐지 협상을 한국 정부에 요구할 수 있기 때문이다(김재범 2001).

또한 한 · 미 투자협정 표준문안 제6조는 협정 당사국이 자국산 상품이나 용역의 구매, 사용을 강제하는 것을 금지하고 있는데 스크린쿼터제도는 이러한 '의무이행강제 금지 조항'에 저촉될 가능성이 있다(김대영 2005).[1] 즉

1 투자협정 표준문안 제6조에 따르면 미국 기업이 한국에 투자할 경우 일정 비율 이상의 한국산 재화와 서비스 사용을 강제할 수 없게 하는 조항이 있다. 한국에 진출한 미국인

스크린쿼터제도는 국제적 통상협상이나 다자간 협약에 있어서의 문화적 예외조항으로서 그 집행에 대한 정당성을 가지는 제도이지만, 한 · 미 투자협정과 같은 양자협상에서는 협상의 대상이 될 수 있기 때문에 쟁점으로 부각된 것이다.

한편, 한국 사회 내부적으로는 스크린쿼터제도를 '문화주권'의 논리로 정당화하였고(쌀 시장 개방 압력에 대한 '식량주권' 논리와 비슷하게) 이는 강력한 국내적 지지 세력을 만들어 내는 데 성공하였다.[2]

2. 과정

1963년에 시작되어 1987년에 이르는 기간 동안 한국의 영화산업정책은 수입쿼터제(import quota)였다. 수입쿼터제는 일종의 직접보호무역정책으로서 그때까지는 외국 영화에 대한 한국 영화의 상영비율이 높았기 때문에 스크린쿼터제도를 실시할 필요성이 존재하지 않았다. 한 · 미 통상마찰이 격화되던 1980년대 중반 미국 영화수출협회는 한국의 외화수입쿼터가 불공정교역행위라며 미 무역대표부(USTR)에 청원서를 제출하였다(김종원 외

제작자와 극장주도 한국 영화의 의무상영일수를 규정하고 있는 한국의 스크린쿼터제도를 지켜야 하므로 미국 측은 이러한 것이 바로 표준문안 제6조의 위반이 된다고 주장하고 있으며, 이에 대해 한국 영화산업은 이러한 조항이 삽입되어 있는 한 · 미 투자협정의 체결을 거세게 반대했다(문화관광부 2000, 133).

2 이창동 문화관광부 장관은 2003년 4월 23일 국회 문화관광위원회에서 "스크린쿼터제는 국제적으로도 성공적 문화정책으로 인정받고 있다"며 계속 유지해 나가겠다고 말했으며, 또한 "영화를 포함한 문화는 상업논리가 아닌 문화논리로 대응할 것"이라고 밝혔다(조선일보 03/04/24). 하지만 미국 측의 시각은 이와는 다르다. 토마스 허바드 주한 미국대사는 스크린쿼터 축소문제를 거론하면서 "스크린쿼터가 한 · 미 투자협정 체결에 걸림돌이 되고 있다"며 "먼저 스크린쿼터 문제를 해결한 다음 투자협정을 체결하고, 그 다음에 한 · 미 FTA협상을 시작하겠다는 게 미국 정부의 방침"이라고 강조한 바 있다(조선일보 04/01/15).

2001, 367). 결국 1985년 제1차 한 · 미 영화협상이 열리게 되어 외국 영화사의 국내 영화업 허용, 수입편수 쿼터제 및 외화수입가액 상한제 폐지, 외화 수입편당 1억 원이었던 국산영화진흥기금 납부제 폐지 등도 합의되었다(문화관광부 2002). 이에 따라 외화수입쿼터제가 폐지되고 외화직배가 허용되었다. 다만 스크린쿼터는 미국 측의 양해 하에 존속되었다. 하지만 1988년 미국 영화수출협회는 미국 영화의 한국 시장 내 영업활동에 장애가 되는 각종 제도와 시책들이 사실상의 쿼터제라고 주장하며 슈퍼 301조에 의한 조사를 USTR에 다시 청원하였다. 이후 제2차 한 · 미 영화협상이 개최되었고 외국 영화 수입(복사)필름 벌수의 제한이 단계적으로 철폐되었다(노정동 1994). USTR은 연례 무역장벽보고서를 통해서 한국의 스크린쿼터제가 영화시장의 자유경쟁을 제한하고 있다고 지적해 오고 있다.

한 · 미 투자협정은 1994년 미국 정부가 먼저 제의하였으나 당시 김영삼 행정부는 한국의 경제자유화 수준이 높지 않다는 이유로 이를 거절하였다. 하지만 1997년 외환위기 사태 이후 이러한 입장이 바뀌어 한국이 먼저 미국에게 투자협정의 체결을 적극적으로 제의하기 시작하였다.[3] 1998년 4월 20일 미국 영화협회 윌리엄 베이커 회장이 문화관광부를 방문하여 스크린쿼터 일수를 줄여주면 한국에 5억 달러 규모의 투자를 하겠다는 제안을 하여 스크

3 외교통상부는 이러한 입장 변화의 이유를 경제자유화 조치가 상당 부분 이루어졌기 때문에 이를 활용하여 한국 경제정책의 대외신인도를 높이고 국제경쟁력 강화를 위한 외국 기업과의 전략적 제휴를 촉진하기 위해서라고 설명했다. 비슷한 시기에 논의되던 한 · 일 투자협정, 한 · 일 FTA도 역시 이와 유사한 이유에서 김대중 정부에 의해 추진되었다고 볼 수 있다. 한 · 미 투자협정안의 주요 내용은 다음과 같다. ① 투자와 관련해 내 · 외국인을 동등하게 대우(내국민 대우)할 것을 원칙으로 하고, 일부 민감 업종만 예외로 함. ② 투자 관련 분쟁해결절차의 강화를 위해 외국인 투자자에게 국내 법원을 거치지 않고 국제공인중재기관에 제소할 수 있는 권한 부여. ③ 외국인 투자자가 투자한 원금 및 이에 따른 과실을 국내외로 송금할 수 있는 권리보장. ④ 외국인 투자자에게 일정 비율 이상의 국산부품이나 서비스를 사용토록 하는 강제적 이행의무 부과행위 금지(문화관광부 2002, 78)

린쿼터 문제가 본격적으로 제기되기 시작하였다. 6월에 미국에서 열린 한 · 미 정상회담에서 김대중 대통령은 미국에 투자협정 체결을 제안하였고, 양국 정상은 조속한 시일 내에 협정을 체결하기로 합의하였다. 정상회담 바로 다음 달인 1998년 7월 워싱턴에서 있었던 제1차 실무회의에서 미국 측은 스크린쿼터가 국산 영화를 업계에 강요하고 있음을 지적하고 국내 의무 조항인 스크린쿼터 철폐를 요구하였다. 이러한 미국 측의 요구가 외부로 공개되면서 스크린쿼터 현행유지를 위한 한국 영화인들의 강력한 반대운동이 전개되었다. 이러한 한국 내의 움직임에 대해 미국 측은 스크린쿼터를 없애지 않으면 양국 정상이 합의한 투자협정이 무산될 수밖에 없다고 강조하였다. 1998년 10월 26-27일에 제2차 실무회의가 서울에서 열렸지만 합의도출에는 실패하였다. 내국민대우 유보 분야의 범위와 외환거래 일시제한조치(safeguard) 도입여부를 놓고 절충에 실패했기 때문이었다. 11월 17-18일에 워싱턴에서 개최된 제3차 실무회의에서 미국 측은 스크린쿼터를 1999년에 30일로 축소하고 2001년에는 완전 폐지할 것을 주장하였다. 이에 대해 한국은 '문화적 예외' 인정을 전제로 2002년까지 92일로 축소하는 마지노선을 제시하였다. 하지만 미국은 최종적으로 18일로 축소할 것을 제시하였고 협상은 결렬되었다(최병일 2004; 문화관광부 2001, 184).

1998년 11월 21일 서울에서 열린 한 · 미 정상회담에서 양국 정상은 연내에 투자협정을 마무리하기로 합의한 이후 문화관광부는 기존의 입장에서 후퇴하여 현행 의무상영일수의 축소조정이 불가피하기 때문에 2002년부터 92일로 축소하고 대신 현재의 40일 경감 조항을 폐지하자는 양보안을 제시하였다. 외교통상부는 더 양보하여 의무상영일수 92일에 40일의 경감 조항을 적용하여 실제로는 의무상영일수를 52일로 축소하자고 주장하였다. 이때부터 한국 내의 스크린쿼터축소 반대투쟁이 본격적으로 전개되기 시작하였다. 문화관광부를 비롯한 정부의 입장에 반대하는 민주노총, 경실련, 전교

조, 환경운동연합 등 22개 단체들이 연대하여 '우리영화지키기 시민사회단체 공동대책위원회(공대위)'를 조직하고 대규모 거리시위를 벌이며 스크린쿼터제도의 현행유지를 요구하였다(최병일 2004).

반대가 점점 심해지자 문화관광부의 입장은 다시 변화하였다. 문화관광부는 기존의 입장을 바꾸어 "한국 영화의 시장점유율이 40%를 넘을 때까지는 현행제도를 유지해야 하며 투자협정 체결 시 어떠한 형태로든 스크린쿼터를 금지하는 조항을 두어서는 안 된다"며 외교통상부를 압박하였다. 이에 대하여 통상교섭본부에서는 '현행 스크린쿼터 유지만이 유일한 해결책이라는 주장은 무리이며, 투자협정은 한국이 먼저 제의했던 것이므로 한국 측의 협상준비가 관건'이라고 밝혔다(김정수 2004). 결국 12월 16일로 예정되었던 제4차 실무회의는 한국 국내적 이견이 조정되지 않아서 개최되지도 못하고, 협상은 해를 넘기게 되었다.[4] 당시 미국 역시 한국 정부의 스크린쿼터 대응이 소극적이라는 이유로 한·미투자협정의 체결을 원점에서 제고하고 있는 것으로 알려졌다(조선일보 98/12/30).

1999년 1월 25일에 개최된 비공식 실무협의에서도 스크린쿼터에 대한 양국의 이견은 좁혀지지 않았다. 한국 정부는 강경한 국내 여론을 이유로 스크린쿼터 축소는 현실적으로 어려우므로 투자협상과 분리하여 따로 협상할 것을 제안하였으나 미국 정부는 기존의 입장을 양보하지 않았다.[5] 4월 28일

4 영화계가 강력히 반발하는 가운데 국회도 국내 협상과정에 참가하였다. 국회 문화관광위원회는 12월 29일 한국 영화의 사장점유율이 40%가 될 때까지 스크린쿼터를 현행대로 유지할 것을 촉구하는 결의안을 채택하였다. 그리고 1999년 1월 5일에는 국회 본회의에서 같은 내용의 '한국 영화 의무상영제 유지촉구 결의안'이 통과되었다(최병일 2004).

5 리처드 피셔 미국 무역대표부 부대표는 1999년 2월 3일 한·미 양국이 협상 중인 투자협정에 대해 '협정은 한국이 먼저 제안한 것'이라며 '협정 포기 여부도 한국 정부가 결정할 사항으로 (한국이 포기하더라도) 미국은 이의가 없다'고 말하며 한국 정부의 명확한 입장 표명을 주문했다(조선일보 99/02/04). 3월 25일에는 윌리엄 데일리 미국 상

에는 워싱턴에서 비공개 실무협의가 다시 열렸다. 미국은 협정발효 즉시 60일로 축소할 것을 제안하였지만, 한국은 장기적으로는 축소가 가능하나, 당분간은 현행일수를 고수해야 한다고 맞섰다. 최후의 양보 선으로 미국은 90일, 한국은 120일을 각각 제시하였으나 이번에도 합의에는 실패하였다(김정수 2004; 최병일 2004).

1999년 김대중 대통령의 두 번째 방미를 앞두고 스크린쿼터 논쟁은 다시 한 번 치열하게 전개되었다. 쿼터 유지를 주장하던 문화관광부가 투자협정 타결을 위해 2002년부터 스크린쿼터를 단계적으로 축소하는 협상안을 검토 중이라고 입장 변화를 밝히자, 비대위 등 반대세력은 이에 반발하기 시작하였다. 6월 21일 박지원 장관이 "신축적 대응이 불가피하다"며 스크린쿼터 축소 가능성을 공식적으로 발표하였다. 이와 동시에 한국 영화 전용관 설치, 2001년까지 총 1천억 원의 지원기금 조성 등을 주 내용으로 하는 한국 영화 지원방안도 발표되었다. 하지만 이에 대한 영화계의 반응은 냉담하였다(최병일 2004).

2000년 이후 한 · 미 투자협정은 소강 상태에 빠졌고 국내적 입장조율도 더 이상 진행되지 않았다. 스크린쿼터 논쟁이 재현된 것은 2002년 1월이었고 그 원인은 역설적으로 2001년 한국 영화가 거둔 성공 때문이었다. 2001년 국내 영화시장에서 한국 영화의 시장점유율은 서울 기준 46.1%이었다. 1999년 1월과 2000년 12월 두 차례 국회에서 "한국 영화 점유율이 40%대가 될 때까지 현행 스크린 쿼터 제도를 유지한다"는 내용의 '스크린쿼터 유지 촉구 결의안'을 채택하면서 '40%'라는 수치는 스크린쿼터 문제의 중요한

무장관이 방한하여 '스크린쿼터 폐지가 한국 영화산업에 기여할 것'이라고 말하며 폐지를 촉구하였다. 한편 김대중 대통령은 "우리 영화업계에서는 정부에 많은 압력을 가하고 있다"면서 '미국도 그렇겠지만 정부나 정치인은 유권자들에게 약하다'고 말했다(조선일보 99/03/26 ; 27).

기준이 되었다. 재정경제부는 전년도 한국 영화 점유율이 40%를 넘어 50% 가까이 증가하였으니 73일을 최저 선으로 하여 상반기 내에 미국 측과 협상을 타결하고자 한다고 발표하였다.[6] 이에 대해 스크린쿼터 문화연대를 비롯한 각종 영화단체 및 영화인들은 기자회견을 통해 대미 종속적 투자협정을 즉각 철회할 것을 요청하였다.[7]

3. 쟁점

한 · 미 양국은 스크린쿼터 제도의 폐지 혹은 스크린쿼터 기간 축소의 문제를 놓고 대립하였다. 협상 초기 미국은 스크린쿼터의 폐지를 요구하다가 한국 측의 반발이 예상보다 거세자 폐지입장에서 축소(상영일자축소)로 입장을 선회하였다. 한국 정부 내에서는 문화관광부가 영화계의 이해를 반영하여 스크린쿼터 유지를 주장하다가 한 · 미 투자협정의 체결이라는 정책우선순위가 결정되자 스크린쿼터의 부분 축소로 후퇴하였고 외교통상부와 재정경제부는 보다 양보적이고 타협적인 입장을 보였다. 그리고 한국의 국회

6 또한 한국 영화 수익률 조정을 둘러싼 극장주들의 '스크린쿼터 폐지' 요구도 재정경제부의 논지에 도움을 줬다. 한국 영화 제작자들은 그동안 수익을 6(극장주) 대 4(제작자)로 나누던 것을 외화와 마찬가지로 5 대 5로 반분하자고 요구하자 극장주 측은 그렇다면 스크린쿼터도 없애라고 반발하였다(조선일보 02/01/28).

7 영화계는 한국 영화 스크린쿼터 축소나 폐지는 시기상조라고 주장하였다. 시장점유율 40%에 대해서도 전혀 다른 해석이다. 스크린쿼터 문화연대 양기환 사무처장은 '안정적이고 지속적으로 40%를 유지할 때를 말하는 것이다. 한국 영화는 일부 영화의 대박으로 지난해 처음 40%대에 들어섰을 뿐' 이라고 지적하며 '기본적인 상영일수조차 확보하지 못하는 영화가 90%' 라고 정부의 '시장점유율 40% 달성론' 을 반박하였다. 또한 재경부에서 흘리고 있는 '연 73일 최저선' 에 '영화계에서는 전혀 알지 못하는 수치' 라며 "단 하루라도 축소될 경우 순차적으로 제도 자체가 와해될 가능성이 높기 때문에 상영일수에 대한 협상의 여지는 전혀 없다" 고 덧붙였다. 또 미국 측이 스크린쿼터 축소의 대가로 제시하고 있다는 5억 달러 투자에 대해서도 '멀티플렉스 건설에 쓰일 5억 달러는 우리 극장업계로서도 좋을 게 없는 투자' 라고 비판하였다(조선일보 02/01/28).

는 스크린쿼터 유지 결의안을 통과시켰다. 국내적 반발이 예상보다 광범위하게 확산되자 1999년 7월 주한상공회의소 회장 제프리 존스는 한·미 투자협정에서 스크린쿼터를 분리할 것을 미 무역대표부(USTR)와 미국 영화협회(MPAA)에 요구하였으나 MPAA가 이를 거절하였다.

4. 결과

스크린쿼터협상은 한·미 양국 모두 협상자의 윈셋이 과도하게 제약되어 있었던 협상사례였다.[8] 노무현 정부가 발족된 이후에도 스크린쿼터를 둘러싼 한·미 간 갈등과 한국의 국내적 갈등은 해결되지 않았다. 하지만 그동안 영화계의 이익을 대변해 오던 문화관광부의 입장은 과거와 다르게 변화하기 시작하였다. 2004년 6월 12일, 이창동 문화관광부 장관은 '한국 영화산업의 미래를 위하여 스크린쿼터 일수의 축소 조정 및 변화에 대하여 검토해야 할 시점'이라고 발표하였다. 문화관광부는 한국 영화산업의 심각한 위축신호가 나타날 때 스크린쿼터제를 회복할 수 있는 연동제의 도입, 예술·실험영화 등 비상업적 영화 상영을 보장하는 새로운 쿼터의 신설 등을 포함한 쿼터제의 전면 재검토, 재정 지원을 포함한 쿼터 이외의 종합적 지원방안 마련 등을 포괄적으로 제시하였다. 하지만 대책위는 문화관광부의 입장 변화를 강력하게 비판하였다(조선일보 04/06/11).

8 한국과 미국의 양자간 투자협정의 체결 논의는 1998년 6월 9일 미국을 방문한 김대중 대통령이 클린턴 대통령과의 정상회담에서 당시 한국의 외환위기 상황에서 외자유치의 필요성 때문에 이를 제안하면서 시작되었다. 그 몇 년 전인 1994년에는 클린턴 행정부가 한국의 김영삼 정부에 대해 투자협정 체결을 제안한 바 있었으나 한국 정부는 경제자유화의 수준이 국제 수준과 너무나 차이가 커 이러한 미국의 제의를 거절한 바 있다. 하지만 김대중 정부는 곧 스크린쿼터 문제로 국내적으로 광범위한 반대에 직면하여 협상재량권이 축소되면서 미국과의 협상 주도권을 잃어버리게 된다.

하지만 스크린쿼터 논쟁에 새로운 변수가 등장하였는데 바로 한 · 미 자유무역협정(FTA)의 체결이 그것이다. 2005년 3월 14일에 스크린쿼터 폐지론자인 한덕수 전 통상교섭본부장이 경제부총리로 취임하였고, 3일 후인 16일 국책연구소인 대외경제정책연구원은 '경쟁정책적 관점에서 본 영화시장 개방'이란 보고서를 통해 '한국 영화유통시장의 전반적 경쟁구조는 상당한 정도의 경쟁을 유지하고 있기 때문에 외국 직배사가 자신의 시장지배력을 이용해 '끼워팔기' 등 경쟁제한 행위를 조장할 우려는 거의 없다고 말할 수 있다'는 연구결과를 발표하였다. 2006년 1월 한 · 미 자유무역협정 협상의 개시가 합의되면서 미국 측은 스크린쿼터와 관련하여 현행(연간 146일)의 절반인 73일로 상영일수를 축소할 것을 요구하였고 한국 측은 110일(30%)안으로 대응하다가 마침내 미국의 요구를 수용하는 형태로 한 · 미 양국은 2006년 1월 26일, 스크린쿼터를 현재의 연간 146일(연간 상영일수의 40%) 이상에서 오는 7월부터 절반인 73일 이상으로 줄이기로 합의하기에 이르렀다. 스크린쿼터 문제의 해결은 한 · 미 FTA협상 개시의 전제조건이었다. 한국 정부가 미국이 FTA협상 개시의 전제조건으로 요구한 스크린쿼터 축소, 미국산 자동차에 대한 배출가스기준 적용 유예, 미국산 쇠고기 수입 재개, 의약품 약가 산정기준 개선 등 4개항을 모두 해결하자, 한 · 미 양국은 5월 초부터 FTA 체결을 위한 공식협상에 착수하여 2007년 3월까지 협상을 마무리한다고 공식 발표하였다.

주요연표

1993. 10. 27. 임권택 감독, 정지영 감독, 배우 안성기 · 박중훈 등 영화인 300여 명, 영화진흥공사 시사실에서 스크린쿼터 축소 반대 규탄대회 개최.

1994. 6. 23. 전국극장연합회, 스크린쿼터제를 규정한 영화법에 대해 헌법재판소에 헌법소원 제기.

1998. 4. 20. MPAA 윌리엄 베이커 회장, 문화관광부 방문하여 스크린 쿼터 일수를 축소하면 한국에 5억 달러 규모의 투자계획 제안(스크린쿼터 문제 본격제기).

1998. 6. 9. 김대중 · 클린턴 대통령 간의 워싱턴 한 · 미 정상회담에서 김대중 대통령, 양자간 투자협정(Bilateral Investment Treaty)의 체결 제안.

1998. 7. 21-22. 제1차 한 · 미 투자협정 실무협상(워싱턴)에서 미국 측, 한국의 국산영화 의무상영제도(스크린쿼터)가 현지생산품(local content) 사용 의무를 금지한 양자간 투자협정 표준문안 제6조 A항에 위배된다고 지적하며 철폐 요구.

1998. 7. 23. 영화계와 문화관광부 외교통상부 측에 스크린쿼터 축소 반대의사 전달.

1998. 7. 30. 영화계, 정부에 스크린 쿼터 한 · 미 투자협정서 제외 요구. 양국 정부 워싱턴에서 양국 간 투자촉진협정에 서명.

1998. 8. 30. 미국 정부, 한국이 스크린쿼터제를 폐지하지 않으면 양국 정상이 6월에 합의한 투자협정 체결협상을 중단시킬 수밖에 없다는 입장을 한국 정부에 전달.

1998. 10. 26-27. 제2차 한 · 미 투자협정 실무협상(서울)에서 한국 측, 상대국 기업에 대한 내국민 대우를 유보할 분야에 대해서는 일부 민감 분야에 대한 유보의 불가피성을 강조/세이프가드 도입 관련 내법 개정을 통한 투기성 외화자본의 급격한 이동을 규제할 수 있는 조치를 도입하

겠다는 입장 표명. 이에 미국 측 유보 범위를 최소화할 것을 주장, 외환거래를 전면자유화해야 한다는 기존 입장 되풀이. 내국민대우 유보 분야의 범위와 외환거래 일시제한조치(safeguard) 도입 여부 놓고 합의 도출 실패.

1998. 11. 17-18. 제3차 한 · 미 투자협정실무협상(워싱턴)에서 한국 측, '문화적 예외' 인정을 전제로 2002년까지 92일로 축소하는 대신 현재의 40일 경감 조항을 폐지하는 안을 제시. 이에 대해 미국 측은 1999년에 30일로 축소하고 2001년에는 완전히 폐지할 것 주장.

1998. 11. 21. 한 · 미 정상회담(서울)에서 한 · 미 양국, 윌리엄 데일리 상무장관을 단장으로 한 무역투자사절단을 내년 한국에 파견하고, 양국 투자협정을 조기 체결키로 하는 등 지난 1차 협상 후속조치 매듭.

1998. 12. 1. 임권택 감독, 배우 김혜수 · 김승우 · 박중훈 · 안성기 · 문성근 등 영화인 700여 명 광화문에서 '한국 영화 죽이기 음모 규탄대회' 개최.

1998. 12. 3. 문화관광부, 한 · 미 투자협정에서 논란을 빚고 있는 스크린쿼터(한국 영화 의무상영) 적용 일수를 오는 2002년부터 92일로 줄이는 방안 마련, 통상 관련 부처에 전달.

1998. 12. 5. 문화관광부, 축소 논란을 빚고 있는 스크린쿼터제와 관련 현행 제도를 유지하겠다는 방침 최종 확정.

1998. 2. 16-17. 한국 내부의 이견 조정이 되지 않은 관계로 제4차 한 · 미 투자협정 실무협상 개최 실패.

1998. 12. 29. 국회 문화관광위원회, 한국 영화의 시장점유율이 40%가 될 때까지 스크린쿼터를 현행대로 유지할 것을 촉구하는 결의안 채택.

1999. 1. 5. 국회 본회의에서 한국 영화의 시장점유율이 40% 될 때까지 스크린쿼터를 현행대로 유지한다는 내용의 '한국 영화 의무상영제 유지촉구 결의안' 통과.

1999. 1. 25. 투자협정 체결과 쇠고기 분쟁 등 주요 통상현안에 대한 제1차 비공식 실무협의(워싱턴)에서 한국 측, 강경한 국내 여론을 감안할 때 스크린쿼터 축소는 현실적으로 어려우므로 투자협정과 분리하여 따로 협상

할 것을 제안. 이에 미국 측, 스크린쿼터 문제가 해결되지 않고는 의회의 인준을 받기 어렵다며 이를 거부. 결국 외환거래규제에 대해서는 양측의 이견이 좁혀졌으나 여전히 스크린쿼터 문제로 인하여 합의에 이르지 못함.

1999. 2. 3. 피셔 USTR(무역대표부) 부대표, 방한 통해 "투자협정 체결 여부는 한국 정부가 결정할 사안이며 미국으로서는 결렬되어도 이의가 없다"고 발언.

1999. 3. 26. 윌리엄 데일리 상무장관, 방한 후 김대중 대통령과의 면담자리에서 김대중 대통령에게 "OECD나 UR에서도 쿼터제를 인정하고 있고 한국적인 현실이 고려되어야 한다"고 언급.

1999. 3. 27. 미국 영화제작가협회(MPAA) 잭 발렌티 회장, 기자회견 통해 "스크린쿼터를 현행보다 큰 폭으로 줄여 연 50일 정도로 하는 것이 적정하다"며 "이는 5-7년의 시간을 두고, 첫해 90일부터 시작해 70일, 50일로 단계적으로 축소해 나가자는 것"이라고 주장. 또 "해외 투자를 유치하려면 스크린쿼터를 줄이는 수밖에 없다"며 "한국 정부에서 쿼터를 현행대로 유지하겠다고 고집한다면 어쩔 수 없는 일이며 반대하지 않는다"고 밝힘.

1999. 4. 27-28. 제2차 비공식 실무협의(워싱턴)에서 미국 측, 협정발효 즉시 스크린쿼터 60일로 축소 제시. 한국 측, 장기적으로는 축소가 가능하지만 당분간은 현행일수를 고수하겠다는 의견 제시(미국: 90일, 한국: 120일 제안).

1999. 5. 21. 한국 정부가 스크린쿼터를 60-80일 축소 안을 가지고 비밀리에 미국 측과 BIT실무협상을 벌이고 있다는 사실이 언론에 보도.

1999. 6. 9. 문화관광부, 스크린쿼터 단계적 축소 검토.

1999. 6. 18. '스크린쿼터 사수를 위한 범영화인 비상대책위원회', 광화문빌딩 앞 광장에서 최지우 · 황신혜 · 심혜진 · 최민식 · 한석규 · 이미연 등 영화인 700여 명 참석한 가운데 규탄대회 개최. 정지영 · 박찬욱 · 박광춘 · 박광수 · 이미례 감독 등 99명 삭발.

1999. 6. 21. 당시 박지원 문화관광부 장관, "협상에는 상대방이 있기 마련이며 또한 경제사정이 어렵기 때문에 신축적 대응이 불가피하다"며 스크린쿼터 축소 가능성을 공식적으로 발표. 이와 동시에 한국 영화 전용관 설치, 2001년까지 총 1천억 원의 지원기금 조성 등을 주 내용으로 하는 한국 영화 지원방안도 발표.

1999. 6. 24. '스크린쿼터 사수를 위한 범영화인 비상대책위원회'(비대위)와 '우리 영화 지키기 시민사회단체 공동대책위원회'(공대위) 소속 회원과 시민, 대학생 등 1천여 명 광화문 빌딩 앞 광장에서 '스크린쿼터 축소 결사 저지와 굴욕적 한 · 미투자협정 반대를 위한 범국민 보고대회' 개최.

1999. 6. 25. 김대중 대통령, 한 · 미 정상회담에서 스크린쿼터 문제 논의하지 않겠다고 발표.

1999. 6. 27. 정부와 여당 관계자, 스크린 쿼터제의 대안의 하나로 영화배급사를 일정한 수로 제한하고 이들 배급사가 극장에 배급하는 전체 영화 가운데 한국 영화 편수를 일정 비율(가령 40%) 이상으로 하도록 유도하는 일본식 '배급 쿼터제' 도입 검토계획 발표.

2000. 5. 1. 미국 무역대표부(USTR), 매년 각국의 지적재산권 보호 실태를 평가하는 보고서에서 미국의 통상법 182조(스페셜 301조)에 의해 한국의 스크린 쿼터, 저작권 소급보호대상 기간 연장, 약품 제조허가 시 침해 여부 검토문제 등의 현안들이 해결되지 않아 한국을 '감시(Watch)대상국'에서 '우선 감시(Priority Watch)대상국'으로 한 등급 상향 조정했다고 밝힘.

2000. 11. 16대 국회 통일외교통상위원회의 외교부 국정감사에서 한덕수 통상교섭본부장, "현재 가장 필요한 것은 대외신인도 제고이며, 투자협정 추진과정에서 어느 한 부분의 입장만을 대변하는 것은 바람직하지 않다"는 발언 통해 스크린쿼터 문제 제기.

2000. 12. 5. 통일외교통상위원회, 투자협정 협상과정에서 스크린쿼터 폐지/축소를 반대하는 결의안 채택.

2000. 12. 8. 국회 본회의에서 스크린쿼터 현행유지 결의안 통과.

2002. 1. 20. 진념 재정경제부총리, "전년도 국산영화 점유율이 40%를 훨씬 초과하여 50% 가까이 증가하였으니 이제 부처 간에 새로운 조율이 필요하다"는 입장을 표명하며 한 · 미 투자협정을 상반기까지 마무리하겠다고 발표.

2002. 1. 22. 미 무역대표부(USTR) 존 헌츠먼 부대표, 한 · 미 통상 현안을 논의하기 위해 방한 후 한국 정부에 대해 스크린쿼터 문제로 지연되고 있는 한 · 미 투자협정(BIT)을 조속히 체결하고 한국의 자동차 수입관세를 인하, 자동차시장 개방을 확대해 줄 것 요구. 이와 더불어 한국이 한 · 미 투자협정(BIT)에 최대 걸림돌이 되고 있는 스크린쿼터제를 다음 달쯤 일부 개정하겠다는 의사를 미국 측에 전달해 왔다고 밝힘.

2002. 2. 1. 진념 재정경제부총리, 한 · 미 투자협정을 체결하기 위해 연간 146일로 정해져 있는 영화관 스크린쿼터(한국 영화 의무상영일수)를 축소하는 방안을 관련 부처가 논의하고 있다고 밝힘.

2002. 3. 21. 월스트리트저널, "한국의 일관성 없는 영화 산업정책이 향후 경제발전에 필수적인 한 · 미투자협정에 장애물이 되고 있다"면서 '미국 측의 협상중단 경고에도 불구하고 스크린쿼터 유지 주장을 수용하는 한국 정부는 결국 투자협정에 대한 정치적 의지가 없는 것'이라며 비판.

2003. 2. 3. 유지나 스크린쿼터 문화연대 이사장, 프랑스 파리에서 열린 국제 문화 전문가 단체 회의(CCD)에서 주제 발표 통해 한국의 스크린쿼터제를 소개하면서 "자국 문화를 지키기 위해 취할 수 있는 국가 차원의 지원정책들은 어떤 이유로도 방해받아서는 안 된다"며 "지난해 10월 세계 47개국 문화부 장관들이 합의한 문화협정 초안을 바탕으로 문화 부문을 자유무역대상에서 제외할 수 있는 국제문화협정을 체결하자"고 제안.

2003. 3. 26. 마이런 브릴리언트 한 · 미 재계회의 미국 측 수석 부회장 겸 미국 상공회의소 부소장, 서울에서 기자회견을 통해 '현재 한 · 미 통상의

최대 현안은 4년 넘게 논의하고 있는 한 · 미 투자협정(BIT) 체결' 이라고 규정하고, '투자협정 체결에 걸림돌이 되고 있는 스크린 쿼터(국산영화 의무상영일수) 문제만 해결된다면 올해 중 체결도 가능할 것' 이라고 발표.

2003. 4. 25. 태미 오버비(Overby) 주한 미국상공회의소(AMCHAM) 수석부회장, 기자 회견 통해 BIT의 가장 큰 걸림돌은 스크린쿼터 문제지만 양국 교역에서 영화가 차지하는 비중은 지극히 미미하다고 설명.

2003. 5. 20. 제네바에서 열린 세계무역기구(WTO) 도하개발아젠다(DDA) 서비스 분야에 관한 한 · 미 양자협상에서 미국 측, 한국은 지난 3월 말 제출한 서비스 시장 개방계획서에 스크린 쿼터와 관련된 영화상영 서비스 분야와 라디오 · TV 서비스 분야를 포함시키지 않았다고 이의를 제기하고, 앞으로 서비스협상에서 시청각 분야의 개방을 협의해 나갈 계획이라는 의사 전달.

2003. 6. 1. 노무현 대통령, 재계 대표들과의 오찬에서 투자협정을 빨리 체결해 달라는 건의가 나오자 조속한 시일 내에 해결방안을 마련하라고 지시.

2003. 6. 5. 이창동 문화부장관, 청와대에서 열린 국정과제회의에 앞서 기자들과 만나 'BIT가 40억 달러의 투자효과가 있다 하더라도 이걸 한국의 미래산업인 영상산업과 바꿀 수는 없다' 고 발언.

2003. 6. 12. 재경부 권태신 국제업무정책관, 한 조찬 세미나에서 '스크린쿼터는 (영화업계의) 이기주의' 라고 주장. 이에 영화인들, 기자회견을 갖고 "일부 친미(親美) 경제 관료들이 참여정부의 정체성을 흔들고 있다" 며 반박하며 스크린쿼터 축소 논의 중단과 한 · 미 투자협정 체결 거부 촉구.

2003. 6. 14. 김진표 경제부총리, KBS TV '생방송 심야토론' 에 출연, "영화산업이 세계시장에 진출할 수 있는 방법 등 지원방안을 고려하고, 이를 토대로 영화계를 설득해 스크린쿼터 문제를 해결한 뒤 한 · 미 BIT를 체결해야 한다" 고 밝힘.

2003. 6. 15. 김진표 부총리 겸 재정경제부 장관, '스크린쿼터 축소 계속 추진' 발언.

2003. 7. 2. '한 · 미 투자협정 저지와 스크린쿼터 지키기 영화인 대책위원회' 결성.

2003. 7. 17. 재정경제부 김광림 차관, 평화방송과의 인터뷰에서 "우리가 미국에 많은 상품을 수출하고 있는 만큼 BIT는 빨리 타결돼야 한다"며 '스크린쿼터와 BIT 문제를 분리 처리하는 방안을 관계 부처와 논의할 것' 이라고 설명.

2003. 11. 19. 노무현 대통령, 청와대에서 영화인들과 만나 "(스크린쿼터가) 없어도 될 것 같은데 계속 그렇게 (스크린쿼터 유지를) 주장한다면 당장 밀어붙이지는 않겠다"고 밝힘.

2004. 1. 14. 토머스 허버드 주한 미국 대사, 전국경제인연합회 주최 오찬간담회에서 "스크린쿼터가 한 · 미 간 BIT(투자협정) 체결에 걸림돌이 되고 있다"며 '먼저 스크린쿼터 문제를 해결한 다음 BIT를 체결하고, 그 다음에 한 · 미 간 FTA(자유무역협정) 협상을 시작하겠다는 게 미국 정부의 방침' 이라고 주장.

2004. 4. 28. 스크린쿼터문화연대, "스크린쿼터와 한국영화발전의 상관관계", "스크린쿼터 축소시 파생되는 경제효과" 등 두 건의 보고서를 통해 스크린쿼터(현행 146일)를 하루 축소할 경우 한국 영화시장 매출이 327억 9,600만 원, 30일 축소할 경우 7,955억 5,800만 원 감소할 것이라고 주장.

2004. 6. 11. 이창동 문화관광부 장관, '스크린쿼터 지키기 영화인대책위원회' 와 면담을 갖고 '한국 영화산업의 미래를 위해 스크린쿼터 일수의 축소 조정 및 변화에 대하여 검토해야 할 시점' 이라고 밝히며, 한국 영화산업의 심각한 위축신호가 나타날 때 쿼터제를 회복할 수 있는 연동제 도입, 예술 · 실험영화 등 비상업적 영화 상영을 보장하는 새로운 쿼터 신설을 포함한 쿼터제의 전면 재검토, 재정 지원을 포함한 쿼터 이외의 종합적 지원방안 마련 등을 전제조건으로 제시.

2004. 6. 16. "한 · 미 투자협정 저지와 스크린쿼터 지키기 영화인대책위', 기자회견 통해 '22일 스크린쿼터 사수 영화인궐기대회를 시작으로 능동적이고 전면적으로 투쟁해 나가겠다"고 선언.

2004. 7. 15. 여야 의원 38명, 스크린쿼터 현행 일수를 법률로 정하는 영화진흥법 개정안 제출.

2004. 8. 31. 영화인과 문화관광부, 스크린쿼터 협의체 구성.

2004. 10. 17. 공정거래위원회, 스크린쿼터 축소 · 폐지 입장 표명.

2004. 1. 1. 크리스토퍼 힐 주한 미국 대사, '자유무역협정(FTA) 로드맵'을 주제로 한 고려대학교 특강에서 "한국 정부와 국민은 FTA와 스크린쿼터 중 하나만 택해야 한다"면서, "미국은 한국의 영화산업이 호황을 누리고 있는데도 상영일 중 40%를 한국 영화로 유지하게 하는 것을 불필요한 조치라고 생각하고 있다"고 밝힘.

2005. 1. 18. 주한 미국 상공회의소(AM CHAM) 웨인 첨리 신임 회장, 취임 기자간담회 통해 'APEC 정상회담에 앞서 한 · 미 상호투자협정(BIT)이 체결된다면 그 효과는 더 클 것'이라고 말하고, "7년 이상 끌어 온 한 · 미 상호투자협정의 가장 큰 걸림돌은 스크린쿼터 문제이지만, 한국 영화산업이 크게 성장했고 오는 6월에 APEC 통상장관회담이 열리기 때문에 적어도 4월까지는 이 문제가 해결될 것으로 기대한다"고 밝힘.

2005. 3. 16. 대외경제정책연구원(KIEP), "경쟁정책적 관점에서 본 영화시장 개방"이란 보고서를 통해 "한국 영화유통시장의 전반적 경쟁구조는 상당한 정도의 경쟁을 유지하고 있기 때문에 외국 직배사가 자신의 시장지배력을 이용해 '끼워팔기' 등 경쟁제한행위를 조장할 우려는 거의 없다"고 주장 / KIEP는 근거로, 개별 외국 직배사 시장점유율(2003년 기준)이 10% 미만이고, 영화배급시장에서 외국 직배사들이 차지하는 비중이 21.9% 수준이며, 상위 배급 3사의 합계점유율도 48.6%로 시장 지배적 배급사업자(시장점유율 50% 이상)가 없다는 점 등을 지적.

2005. 6. 20. 로버트 포트먼 미국 무역대표부(USTR) 대표, 워싱턴 미 상공회의소에서 열린 제18차 한 · 미 재계회의 개막 연설에서 "한 · 미 자유무역협정(FTA) 회담을 시작하기 위해서는 '미국산 쇠고기 수입금지 해

제' 와 '스크린쿼터 축소' 등 미국의 2대 우선 관심 분야에서 더 많은 진전이 먼저 이뤄져야 한다"고 밝힘.

2005. 11. 4. 정부 고위 관계자, 미국과의 FTA(자유무역협정) 체결협상을 위한 사전 조치로, "국내 영화업계와의 협의를 거쳐 내년 3월쯤 영화진흥법 시행령을 개정해 스크린쿼터를 연간 146일에서 절반 수준으로 축소하는 대신 금융 지원 및 투자촉진방안 등 영화산업 지원책을 마련키로 했다"고 밝힘.

2006. 1. 19. 정부 관계자, 정부는 한 · 미 자유무역협정(FTA) 협상 개시를 위해 스크린쿼터를 축소키로 미국 측과 합의했다고 밝히고, "현재 양국은 구체적인 축소 비율과 한국 정부가 스크린쿼터 축소를 위한 영화진흥법 시행령을 언제까지 개정할 것인지에 대해 집중적인 협상을 하고 있다"며 "양국은 한국 정부가 앞으로 6개월 이내에 법령을 개정하는 방안을 검토하고 있다"고 언급.

2006. 1. 20. 권태신 재경부 차관, "집단이기주의가 스크린쿼터에도 있다"고 발언.

2006. 1. 26. 한 · 미 양국, 국내 영화관이 한국 영화를 일정 기간 상영토록 의무화하는 스크린쿼터를 현재의 연간 '146일(연간 상영일수의 40%) 이상' 에서 오는 7월부터 절반인 '73일 이상' 으로 줄이기로 합의. 한덕수 부총리 겸 재경부 장관, "스크린쿼터 현행 146일에서 73일로 축소해 7월부터 시행" 발표. 이에 대해 '한 · 미 투자협정 저지와 스크린쿼터 지키기 영화인 대책위' (이하 영화인 대책위), 긴급 기자회견 통해 '이날을 '문화 국치일' 로 규정하며 가능한 수단과 방법을 총동원하여 끝까지 투쟁하겠다"고 선언.

2006. 1. 27. 정동채 문화관광부 장관, 스크린쿼터 축소에 따른 영화산업 지원방안 발표하면서 '국고 2,000억 원은 2007년과 2008년 2년에 걸쳐 지원하고, 5% 모금은 관련법 개정절차를 거쳐 2007년 1월 1일부터 시행할 계획' 이라고 밝힘.

2006. 2. 3. 한 · 미 양국, 한 · 미 FTA 공식 출범 선언.

2006. 2. 4. 스크린쿼터 축소 항의 1인 시위 개시.

2006. 2. 5. CCD(국제문화전문가단체 · Coalition for Cultural Diversity) 국제운영위원회 대표 로버트 필론, 스크린쿼터 지지차 내한.

2006. 2. 7. 영화배우 최민식, 영화 〈올드보이〉의 칸 영화제 심사위원 대상 수상 공로로 받은 옥관문화훈장 반납.

2006. 2. 9. 김재윤, 손봉숙, 정병국, 천영세 국회의원 기자회견 통해 "스크린쿼터 유지 법안 통과에 힘쓰겠다"고 발표.

2006. 2. 15. 박찬욱 감독, 베를린에서 스크린쿼터 축소 방침에 반대하는 1인 시위 진행.

2006. 2. 16. 노무현 대통령, 대외경제위원회 주재 자리에서 5월 본격 개시되는 한 · 미 자유무역협정(FTA) 협상과 관련, "국내 이해단체의 저항 때문에 못 가는 일은 절대로 없도록 하자"고 발언하고, 스크린쿼터 문제에 대해 "어린 아이는 보호하되 어른이 되면 독립하는 것 아니냐"면서 "한국 영화가 어느 수준인지 스스로 판단할 때가 됐다"고 발언.

2006. 3. 6. 스크린쿼터 사수 영화인대책위, 장외 철야 농성 돌입.

2006. 3. 7. 한국 정부, 국무회의에서 오는 7월부터 한국 영화의 의무상영일수를 현행 146일에서 73일로 축소하는 내용의 영화진흥법 시행령 개정안 의결(한국 영화의 연간 상영일수는 현행 5분의 2〈146일〉 이상에서 5분의 1〈73일〉 이상으로 축소됨). 이에 대해 '스크린쿼터 사수를 위한 범국민대책위 준비위' 소속 영화인과 시민단체 대표, '문화주권을 팔아먹은 행위'라며 비판.

참고문헌

[단행본]

모종린 · 최병일 . 2004.『한국의 통상협상: 쌀에서부터 스크린쿼터까지』. 서울: 오름.

양건열. 1999.『한국 스크린쿼터의 현황과 발전방안에 관한 연구』. 서울: 한국문화정책개발원.

영화진흥위원회. 2003.『한 · 미투자협정과 스크린쿼터』. 서울: 영화진흥위원회.

원용진. 1999.『스크린쿼터와 문화주권』. 서울: 문화과학사.

한 · 미FTA민간대책위원회. 2006.『한 · 미 FTA, 미래를 위한 선택』. 서울: 한국무역협회.

[학위논문: 박사]

조은영. 2004. "1993년부터 2002년까지 한국 영화산업에서의 스크린쿼터제의 효과에 대한 평가." 서울대 국제대학원 박사학위논문.

[학위논문: 석사]

김대영. 2005. "스크린쿼터제도와 한국영화 흥행 결정요인 분석." 중앙대 석사학위논문.

유영민. 2001. "스크린 쿼터제도에 관한 부처간 정책갈등 연구." 고려대 석사학위논문.

이은지. 1998. "스크린 쿼터제의 산업정책적 근거에 관한 연구." 서강대 석사학위논문.

전제연. 2000. "한국영화 의무상영제도(스크린쿼터제도)정책 연구." 서울대 행정대학원 석사학위논문.

주용환. 2005. "스크린쿼터제도 존폐 갈등의 문화이론적 분석." 광운대 석사학위논문.

[정기간행물: 학술논문]

김덕수. 2006. "스크린쿼터와 국내 영화산업 발전 방안 연구."『현대문학이론연구』

28권, 5-28.
김수남. 1999. “밀레니엄 정보화시대에 직면하여 스크린쿼터 지키기의 문화적 의미.” 『영화교육연구』 1권, 33-52.
김정수. 1999. “스크린쿼터와 딴따라: 대중문화에 대한 정부개입과 문화산업경쟁력에 관한 시론.” 『한국행정학보』 33권 3호, 195-213.
김정수. 2004. “한 · 미 투자협정과 스크린쿼터: 양면게임 모델을 응용한 협상 분석.” 『국제통상연구』 9권 1호, 95-121.
오정일 · 조현승. 2005. “스크린쿼터제의 문화정책적 유효성 검증.” 『한국정책학회보』 14권 1호, 55-72.
정미정. 2006. “스크린쿼터에 관한 뉴스보도 담론분석.” 『한국언론정보학회』 35권, 147-180.

[정기간행물: 잡지/기사]

김수남. 1999. “스크린쿼터 지키기의 문화적 의미.” 『청예논총』 16권, 125-141.
박평식. 1990. “스크린 쿼터 논쟁과 한국영화의 활로.” 『한국인』 9권 10호, 120-121.
손봉석. 2004. “손봉석의 산책: 스크린쿼터 폐지는 단지 시작일 뿐이다.” 『노동사회』 90권, 138-141.
손봉석. 2004. “손봉석의 산책: 스크린쿼터제도가 국수적이라고?” 『노동사회』 88권, 126-129.

제11장 한 · 미 FTA협상

1. 배경

한 · 미 FTA는 1989년 미 국제무역위원회(USITC)의 "아태지역 국가들과의 FTA 체결에 대한 검토보고서"에서 처음 논의된 이후, 한국 측의 반응을 얻지 못하다가 2004년 5월 미 무역대표부(USTR) 부대표가 한 · 미 FTA 체결에 대한 관심을 표명하였고, 한 · 미 양국은 11월 칠레에서 개최된 통상장관회담에서 FTA 추진 가능성 점검을 위한 사전실무점검회의 개최에 합의하였다.

* 이 글의 일부 내용은 양기웅(2006)에서 빌려온 것임을 미리 밝혀둔다.

2. 과정

제1차 사전실무점검회의에서 미국은 스크린쿼터, 농산물, 지적재산권 등 주요 현안에서 상당한 진전이 있어야만 미국 내 지지를 확보하여 한 · 미 FTA협상을 추진할 수 있다는 입장을 표명하였다. 2005년 3월 28일 제2차 사전실무점검회의에서는 관세인하, 원산지, 통관절차, 지적재산권, 정부조달, 농업 등 관련 내용 분석을 중심으로 논의하였고, 4월 28일 제3차 사전실무점검회의에서는 양국이 제3국과 체결한 FTA 협정문의 주요 내용에 관한 비교분석을 중심으로 논의가 진행되었다. 이후 2005년 5월 2일부터 2006년 1월 31일까지 한 · 미 양국은 6회에 걸친 통상장관회담을 개최하여 한 · 미 FTA의 추진 가능성을 모색하였다. 마침내 2006년 2월 3일 한국의 통상교섭본부장과 미국의 무역대표부(USTR) 대표는 공동기자회견을 통하여 한 · 미 FTA협상추진을 공식 발표하였다.

3. 쟁점

제1차 협상에서 최대 쟁점 분야는 미국이 요구하는 농업, 의약품, 자동차 등 3개 분야와 한국이 요구하는 섬유 분야였다. 농업 분야에서 미국은 예외 없는 개방을 요구하였다. 하지만 미국 측은 서비스 분야 중에서 교육과 의료시장 진출은 관심이 없음을 일찍 표명하였다. 개성공단 제품의 한국 원산지 인정에 대해서 미국 측은 단호히 반대하였다. 한국 측은 주요 관심사항으로서 섬유시장 개방과 미국의 상계관세와 반덤핑관세 요건 완화를 제안하였다.

제2차 협상에서는 여전히 이견대립이 많았지만 상품 분야에 대한 양허안의 기본 틀을 마련하는 성과를 보이기도 하였다. 양국은 상품 양허안 틀을 1만 여 개에 달하는 각 상품에 대해 관세철폐 이행 기간을 '즉시철폐-3년-5년-10년-기타(민감 품목 등)' 등 5단계로 구분하기로 합의했다. 또 양국은 100여 개에 이르는 서비스 유보안을 상호 교환했고, 제네바에서는 별도로 정부조달 분야회의를 열고 양허안을 교환했다. 양국은 신금융서비스와 관련해서도 의견접근을 보았다.

제3차 협상에서도 양국은 우선 합의할 수 있는 분야부터 타협하는 점진적인 접근 방법을 유지하였다. 미국은 한국의 서비스 분야 시장 개방대상을 방송, 통신 등 11개 분야로 줄이고 온라인 등을 통한 국경 간 금융거래를 보험중개업, 자산운용업 등으로 한정하였고, 쌍방이 취약한 분야(미국의 섬유 분야와 한국의 농산물 분야)에 대해서는 상대방의 시장 개방안을 적극 검토하기로 한 것도 성과였다. 미국은 섬유 분야에서 세이프가드 조치의 도입을 요구했고 한국 측은 전문직의 자격 상호 인증문제를 제기하였다.

제4차 협상(10월 23일)에서 한국 측은 자동차 관련 세제 폐지 요구에는 반대 입장을 견지하였으며 의약품/의료기기 분야에서 '약제비 적정화 방안'의 연내 시행 방침을 재확인하고, '약제비 적정화방안' 시행계획과 관련하여 미국 측의 구체적인 입장에 대한 설명을 요구하였다. 또한 농산물 특별 세이프가드의 기본적 운영방식에 관해 협의했고 섬유 세이프가드, 우회수출 방지 등에 대한 협의를 진행하여 미국 측 섬유 양허안 수준의 개선을 강하게 요구하고, 품목별 원산지기준을 협의하였다.

제5차 협상(12월 4일)에서 한국 측 관심사항인 무역구제조치 완화를 위한 한국 측 제안내용에 대한 기본적 합의 도출에 협상력을 집중하였다. 주요 쟁점에 있어서도 본격 협상을 통해 타협 가능한 대안 마련을 추진하고 양측 간 이견 폭을 축소하여 타협기반을 조성하도록 했다.

제6차 협상(2007년 1월 15일)에서 기존 입장을 계속 견지하였다. 문안 절충이 필요한 내용은 국내 제도의 변경을 수반하지 않으면서, 양자간 교역 확대에 도움이 되는 방향으로 합의 노력하고 농업 분야에서 농산물 특별 세이프가드, 관세할당제도(TRQ) 관련 문안의 구체적인 내용은 품목별 민감성을 반영하는 방향으로 협상 진행하였다.

제7차 협상(2월 11일)에서 주요 핵심 쟁점은 '주고받기식 빅딜' 이었다. 한국 측은 한국 측 관심 분야인 무역구제와 미국 측이 요구하는 자동차 세제 및 의약품 분야 제도 개선을 상호 연계하겠다고 하였으며 '7차 협상의 목표는 핵심 쟁점들의 타결방안을 모색하고 나머지 쟁점에 대해선 최대한 합의를 도출하는 것' 이라고 말했다.

제8차 협상(3월 8일)은 모든 분야에서 전향적인 협상자세를 견지하였으며, 전체 협상의 타결을 추진하였다. 한국 측 관심사항의 반영을 적극 추진하면서, 전 분야에서 협상 타결을 위해 최대한 융통성을 발휘하였고 소수 미타결 쟁점이 있을 경우, 3월 말 이전에 고위급 협의를 통해 최종 합의 도출하도록 하였다. 협정문상 모든 잔여 쟁점들은 8차 협상에서 전향적 절충안으로 협상 타결을 추진하여 양측이 교환한 수정안에 대하여 최대한 유연성을 발휘해 나가는 방향으로 협의하여 합의가 도출되도록 하였다.

4. 결과

2007년 4월 2일 한 · 미 양국은 협상 타결을 발표하였다. 미국 측은 민감한 부문인 쌀과 쇠고기 문제는 전혀 언급하지 않는 대신 '10억 달러 이상의 미국 농작물 수출품이 즉시 무관세 혜택을 받을 것' 이라며 '남아 있는 대부분의 관세와 쿼터(수입물량) 제한도 10년에 걸쳐 단계적으로 철폐될 것' 이라고 협상의 성과를 부각시켰다. 반면 한국 측은 쌀을 양허(개방)대상에서 제외하고, 쇠고기 관세를 15년에 걸쳐 점진적으로 철폐하기로 했다고 발표했다. 또 수확기 오렌지, 식용 콩, 감자, 분유, 꿀 등은 한국 농업의 민감성을 반영해 현행 관세를 유지하기로 했다고 밝혔다. 개성공단과 관련된 내용은 미국의 발표 자료에서는 찾을 수 없었다. 한국 측 발표문엔 한 · 미 양국이 개성공단을 '역외 가공지역' 으로 지정할 수 있는 근거를 마련한 부분을 비중 있게 다루었다. 한국 측은 미국의 승용차 관세가 즉시 또는 3년 안에 모두 철폐된다는 사실에 무게를 실어 발표했다. 이에 비해 미국 측은 "승용차를 한국 시장에 수출하는 데 오랫동안 중요한 장애물이었던 배기량기준의 자동차세 차별을 없애기로 했다"고 밝혔다. 또 "협정문은 미국 자동차 제조업체들이 우려하는 특수 조항까지 언급하는 등 강력한 조치를 담고 있다"고 강조했다. 미국 측은 투자자 보호와 관련, 자국의 투자자들이 한국에서 현지인과 똑같은 지위를 받게 될 것이라고 말했다. 이에 비해 한국 측은 다른 쟁점에 더 초점을 맞추었고 한국 정부의 공공정책으로 뜻하지 않게 피해를 본 미국 투자자가 보상받을 수 있는 대상에서 부동산 · 조세정책 등이 제외된 사실을 강조했다(조선일보 07/04/02). 이후 한 · 미 양국은 미 의회가 제시한 관심사항을 중심으로 추가협상을 추진하였고 마침내 6월 30일(미국 측의 무역촉진법의 시한) 한국의 통상교섭본부장과 미국의 무역대표부 대표가 합의문에 최종 서명을 마쳤고 양측 모두 비준절차만 남겨놓고 있다.

주요연표

1989. 미 국제무역위원회(USITC), "아태지역 국가들과의 FTA 체결에 대한 검토보고서"에서 한국과의 자유무역협정 체결을 긍정적으로 평가.

2003. 8. 한국, FTA 추진 로드맵 마련(중장기적 과제로 미국과 FTA 추진상정).

2004. 5. USTR 부대표, 한 · 미 FTA 체결에 대한 관심 표명.

2004. 6. 25. 미국, 한 · 미 FTA협상 위한 대화 개시를 제안.

2004. 11. APEC 계기 한 · 미 통상장관회담(칠레)에서 한 · 미 양국, FTA 추진 가능성 점검을 위한 사전 실무 점검회의 개최 합의.

2005. 2. 3. 한 · 미 FTA 사전실무점검회의 제1차 회의 개최(서울).

2005. 3. 28-29. 한 · 미 FTA 사전실무점검회의 제2차 회의 개최(워싱턴).

2005. 4. 28-29. 한 · 미 FTA 사전실무점검회의 제3차 회의 개최(워싱턴).

2005. 5. 2. OECD 각료이사회 계기 한 · 미 통상장관회담(파리) 개최.

2005. 6. 3. APEC 계기 한 · 미 통상장관회담(제주) 개최.

2005. 7. 24-28. 통상교섭본부장 방미, 미 상하원의원 및 업계 설득.

2005. 9. 19-21. 통상교섭본부장 방미, 미국 주요 정부관계자 면담.

2005. 9. 미 행정부, 한국 등 4개국을 FTA 우선협상대상국으로 선정.

2005. 9. 20. 한 · 미 통상장관회담(워싱턴) 개최.

2005. 10. 11. 한 · 미 통상장관회담(제네바) 개최.

2005. 11. 16. APEC 계기 한 · 미 통상장관회담(부산) 개최.

2006. 1. 19. 한 · 미 FTA협상 내달 개시선언.

2006. 1. 30. 한 · 미 FTA협상 본격 착수.

2006. 1. 31. 통상교섭본부장 · Portman USTR 대표 면담(워싱턴), 한 · 미 FTA협상단 80-90명 구성, 협상 선언.

2006. 2. 2. 한 · 미 FTA 추진 관련 공청회 개최.

2006. 2. 3. 한 · 미 FTA 추진 발표. 협상 공식 출범.

2006. 2. 12. 한 · 미 FTA 당 · 정 · 국회 3자 특위 구성.

2006. 3. 6. 한 · 미 FTA 제1차 비공식 사전준비협의 개최.

2006. 3. 10. 문화예술단체, 한 · 미 FTA 저지 공동대책위 출범.

2006. 3. 14. 금융권, 한 · 미 FTA 저지 공감대 확산.

2006. 3. 5. 한국 노총 한 · 미 FTA 논의 본격화.

2006. 3. 28. '한 · 미 FTA 저지 범국민운동본부' 발족-270개 단체 결집…전국 동시집회.

2006. 4. 10. 한 · 미 FTA 신중론 확산.

2006. 4. 13. 한 부총리, 한 · 미 FTA 소비자단체 간담회.

2006. 4. 14. 한 · 미 FTA 2차 사전협의 워싱턴서 개최.

2006. 4. 17-18. 한 · 미 FTA 제2차 비공식 사전준비협의 개최. 농협 포함한 한 · 미 FTA 대책위 출범.

2006. 5. 3. 정부, 한 · 미 FTA협상 전 부처합동공청회 개최. 한 · 미 FTA 관련 업종별 파급효과 세부적 검토.

2006. 5. 4. 전경련, 한 · 미 FTA 대책회의.

2006. 5. 15. 한 · 미 FTA협상목표 · 초안 발표 금융 일부 빼고 전면개방.

2006. 6. 3. 한 · 미 FTA협상단 오늘 출국.

2006. 6. 5-9. 한 · 미 FTA 제1차 공식협상 개최(워싱턴).

2006. 6. 10. 한 · 미 FTA 1차 본 협상 마무리.

2006. 6. 27. 한 · 미 FTA 추진 관련 공청회 개최.

2006. 7. 7. 정부 한 · 미FTA 대 국민담화문 발표.

2006. 7. 10-14. 한 · 미 FTA 제2차 공식협상 개최.

2006. 9. 6-9. 한 · 미 FTA 제3차 공식협상 개최.

2006. 10. 23-27. 한 · 미 FTA 제4차 공식협상 개최.

2006. 12. 4. 한 · 미 FTA 제5차 공식협상 개최.

2007. 1. 15. 한 · 미 FTA 제6차 공식협상 개최.

2007. 2. 11. 한 · 미 FTA 제7차 공식협상 개최.

2007. 3. 8. 한 · 미 FTA 제8차 공식협상 개최.

2007. 4. 2. 한 · 미 FTA협상 타결 발표.

2007. 6. 30. 한 · 미 FTA 최종 서명.

참고문헌

[단행본]

국정홍보처. 2006.『한 · 미 FTA를 말한다』. 서울: 국정홍보처.

대한민국 정부. 2006.『한 · 미 FTA가 뭐길래?: 한 · 미 FTA의 모든 것. 29인의 궁금증을 말끔히 해소한 책!』. 서울: 대한민국 정부.

사회진보를 위한 민주연대. 2006.『한 · 미 FTA, 이미 실패한 미래』. 서울: 사회운동.

송기호. 2006.『한 · 미 FTA의 마지노선: 악마는 각론에 숨어 있다』. 서울: 개마고원.

우석훈. 2006.『한 · 미 FTA 폭주를 멈춰라』. 대구: 녹색평론사.

이재기. 2005.『자유무역협정의 이해』. 서울: 한올출판사.

이해영. 2006.『낯선 식민지, 한 · 미 FTA』. 서울: 메이데이.

전국경제인연합회. 1998.『양자간 자유무역협정(FTA)체결의 타당성과 추진전략』. 서울: 전국경제인연합회.

정보통신정책연구원. 2000.『연구보고00-06 ,한 · 미/한 · 일 투자협정, 한 · 칠레 자유무역 협정, WTO뉴라운드협상 등 최근 진행중인 정보통신 관련 무역 · 투자협정 연구』. 경기도: 정보통신정책연구원.

최인범. 2001.『한 · 미 자유무역협정의 타당성과 파급영향 』. 서울: 한국무역협회.

한 · 미FTA민간대책위원회. 2006.『한 · 미 FTA, 미래를 위한 선택』. 서울: 한국무역협회.

한 · 미FTA저지 범국민운동본부. 2006.『한 · 미 FTA 국민보고서』. 서울: 그린비.

[학위논문: 석사]

김병찬. 2006. “우리나라의 FTA 추진에 따른 대상국별 대응방안 연구.” 원광대 석사학위논문.
김유수. 2004. "Evaluating a Korea-US free trade agreement(FTA)." 고려대 석사학위논문.
김제희. 2005. "세계 무역경제통합의 변천과 한국의 FTA에 대한 문제점과 대응책." 단국대 대학원 석사학위논문.
김주연. 2003. "한국의 쌍무적 FTA형성의 정치경제: 경제적 효용성과 국내정치적 측면에 관한 고찰." 서울시립대 대학원 석사학위논문.
남은정. 2003. "(A) model of free trade area between the US and Korea: potential benefits of a Korea-US FTA." 고려대 석사학위논문.
문영주. 2006. "Korea-US Free Trade Agreement(FTA): Gains and Costs of the Korea-US FTA." 고려대 국제대학원 석사학위논문.
박지현. 2000. "미국의 자유무역지대 확대정책과 라틴아메리카." 부산대 대학원 석사학위논문.
안중찬. 2004. "FTA 추진현황 및 대응전략에 관한 실증연구." 고려대 석사학위논문.
양지연. 2004. "Korea's strategic choice for a Korea-US FTA." 고려대 석사학위논문.
윤승환. 2006. "Assessing a Korea-US FTA: Free Trade Agreement." 고려대 국제대학원 석사학위논문.
장경순. 1994. "한 · 미 자유무역권(FTA) 체결이 한국의 대미무역에 미치는 효과분석." 고려대 석사학위논문.
정혜순. 2003. "미국의 FTA 전략과 협상에 관한 연구." 한양대 경영대학원 석사학위논문.
조태형 · 신동천. 2006. "한 · 미 FTA의 경제적 효과." 연세대 경제대학원 석사학위논문.
최문수. 2005. "한국 FTA 추진 전략: 미국과 호주 · 뉴질랜드를 중심으로." 중앙대 대학원 석사학위논문.
한성신. 2003. "자유무역협정(FTA)과 한국경제." 연세대 경제대학원 석사학위논문.
홍성목 · 정갑영. 2003. "자유무역협정의 세계적 추세와 한국기업의 대응방안에 관한 연구." 연세대 경제대학원 석사학위논문.

황규선. 2005. "세계 주요국의 FTA 추진실태와 한국의 대응방안에 관한 연구." 원광대 석사학위논문.
황현진. 2004. "한국의 FTA 전략 방향설정에 관한 연구." 건국대 대학원 석사학위논문.

[정기간행물: 학술논문]

김석균 . 1999. "FTA 의 세계적인 확대와 한국의 대응전략." 『산업경제연구』 12권 4호, 479-495.
김윤식. 2006. "부분균형모델에서 대체효과를 고려한 FTA 효과 분석 - 쇠고기 시장을 중심으로." 『농업경제연구』 47권 3호, 31-51.
김중기. 2003. "우리나라 FTA 추진과 농업 부문 대응의 과제." 『응용경제』 5권 2호, 111-126.
김창태. 1998. "북미자유무역협정(NAFTA)에서 나타난 자유무역협정(FTA)의 통상정책적 도구로서의 원산지규정." 『충북개발연구』 9권 1호, 31-67.
나낙균. 2006. "한 · 미간 방송 시장 개방(FTA) 협상과 문화다양성협약의 의의." 『한국언론정보학보』 35권, 36-87.
엄광렬 · 홍길종. 2006. "한 · 미 FTA 추진에 따른 원산지 결정기준에 관한 연구." 『국제지역연구』 10권 2호, 342-366.
이용식. 2006. "한 · 미 자유무역협정(FTA): 쟁점과 전망." 『국제거래법연구』 15권 1호, 213-228.
장우환 · 권용덕. 2005. "논문: FTA 체결에 대비한 임산물 경쟁력 수준과 수출전략 품목 분석." 『한국임학회지』 94권 1호, 50-57.
정재호. 2006. "현안분석(2): 미국의 FTA 관세유예기간 분석." 『재정포럼』 117권, 22-43.
최태욱. 2006. "한국의 FTA 정책결정과정." 『한국과 국제정치』 22권 2호, 87-118.
한국기계산업진흥회. 2006. "일반기계 분야 FTA 협의체 회의자료: FTA 관련 일반기계산업 대응방안; 세계 FTA 추진동향 및 2006년 전망." 『2006년도 연구보고서』 2권, 1-32.
한국기계산업진흥회. 2006. "일반기계 분야 FTA 협의체 회의자료: FTA 관련 일반기계산업 대응방안; 한 · 미국 FTA." 『2006년도 연구보고서』 2권, 57-79.

[정기간행물: 잡지/기사]

『재정포럼』 120권, 127-135.

강민수. 2006. "'한 · 미 FTA'를 어찌할 것인가; 생태계, 건강권 파괴하고 뭘 얻겠다는 것인가?" 『노동사회』 111권, 53-59.

김봉태. 2004. "주요국의 수산 부문 FTA 전략과 시사점 ; 미국, 수산 부문 협정 나라별로 큰 차이." 『월간 해양수산』 236권, 39-46.

신용상. 2006. "금융 포커스: 한 · 미 FTA 금융서비스 부문의 쟁점사항과 대응전략." 『주간 금융 브리프』 15권 10호, 12-15.

신용상. 2006. "한(韓), 미(美) FTA 금융협상의 쟁점과 대응방향." 『주간 금융 브리프』 15권 15호, 3-11.

양희선. 2006. "특집: '한 · 미 FTA'를 어찌할 것인가; 인간다운 삶을 위해 지켜져야 할 것들-교육, 의료 분야 한 · 미 FTA협상." 『노동사회』 111권, 70-80.

이경형 · 이병관. 2004. "국제금융이슈: 미국, 자유무역협정(FTA)체결 국가 확대 전망/유럽, 은행재편 본격화 전망." 『주간국제금융동향』 13권 28호, 17-21.

이인우. 2002. "쟁점: 자유무역협정(FTA), 무엇이 문제인가?" 『노동사회』 64권, 36-41.

이주환. 2006. "'한 · 미 FTA'를 어찌할 것인가 ; 노동, 사회운동이 꾸는 대형사고의 꿈, 부활의 꿈!" 『노동사회』 111권, 40-52.

이한진. 2006. "'한 · 미 FTA'를 어찌할 것인가; 금융의 '국민경제 관점' 완전히 포기하라는 건가-미국의 FTA 전략과 자본시장." 『노동사회』 111권, 60-69.

장효욱. 2006. "기획연재: 자유무역협정(FTA)과 노동 2: FTA(NAFTA) 전후 미국 노동시장." 『국제노동브리프』 4권 9호, 29-37.

전창환. 2006. "'한 · 미 FTA'를 어찌할 것인가; 한 · 미 FTA의 본질과 그 파장." 『노동사회』 111권, 26-37.

하준경. 2006. "금융개방에 대한 케인즈의 견해와 한 · 미 FTA." 『주간 금융 브리프』 15권 30호, 15-30.

| 제3부 |

한국의 경제통상협상 — 일본

제12장 수입선다변화정책 (1978-1999)

제13장 1차 한 · 일 어업협정 (1952-1965)

제14장 2차 한 · 일 어업협정 (1996-1998)

제15장 한 · 일 월드컵공동개최협상 (1994-1996)

제16장 한 · 일 투자협정협상 (1998-2001)

제17장 한 · 일 대중문화시장 개방협상 (1998-2004)

제18장 한 · 일 FTA 협상 (1998-)

제12장 수입선다변화 정책(1978–1999)

1. 배경

1978년 도입 이후 1999년 폐지된 수입선다변화 제도는 한 · 일 양국 간의 무역에 많은 영향을 미쳤다. 수입선다변화 제도의 대상국은 무역역조 폭이 심한 수출 초과국이었는데 당시의 적용대상국은 일본뿐이었다. 한국은 이 제도를 통하여 일본에 대한 수입선 편중 해소, 국내 유치산업 보호, 대일무역역조 개선의 효과를 거둘 수 있었다[1](오남경 2001, 23). 하지만 점차 자동차,

* 한일경제통상협상파트에서는 김준동, 김명진 석사의 도움을 많이 받았음을 미리 밝혀 둔다.

1 수입선다변화 제도가 도입된 1978년은 한국의 수입정책기조가 기본적으로 변한 시기이다. 그 이전까지 수입정책은 만성적인 무역수지 적자를 억제하고, 수출주도형 성장정책 추진을 보완하는 수단으로 운영되어 왔으며, 가급적 수입 억제정책을 취하여 왔다. 하지만 70년대 말부터 경제규모가 확대되면서 수입자유화가 본격 추진되었고 따라서 수입정책도 개방을 통한 경쟁력 강화와 통상마찰 해소에 주안점이 주어졌다.

조선, 전자 등 주요 수입선다변화 품목에 있어서 한국의 생산규모가 국제적 수준으로 확대되면서 이 제도는 한 · 일 간의 통상마찰의 쟁점이 되어 갔다.

1976년부터 1979년까지의 한 · 일 무역수지를 살펴보면 한국은 매년 10억 달러 이상의 무역적자를 기록하였다(대미무역은 1976년 이후 약간의 무역수지 흑자를 기록). 품목별 수입동향을 살펴보면 원유, 비식용 원재료 등 필수 천연 원자재를 제외하고는 중화학공업의 기반조성에 소요되는 각종 기계류의 수입이 큰 비중을 차지하였다. 이는 공업기반이 취약한 상태에서 압축 성장을 하는 과정에서 일본으로부터 많은 자본재, 특히 기계 및 운반용 기계의 도입을 늘린 결과였다.[2] 1970년 후반기의 품목별 수입비중을 살펴보면 주요 원자재인 비식용 원재료, 광물성 연료를 제외한다면 공업화를 위해 필수적인 기계류[3] 분야의 수입이 평균 30%선을 넘고 있었고 자본재[4]와 원자재의 수입이 총 수입금액의 80%선을 차지하고 있었다(신현수 1999, 68).

1979년의 대일 무역은 26억 달러 수출에 비해 60억 달러의 수입으로 33.5억 달러의 무역역조를 기록했다. 이런 상황 속에서 한국 정부는 대일 무역역조를 축소시키고 대미 통상마찰을 완화시키는 방안으로서 수입선다변화 제도를 도입하게 된 것이다.[5] 아울러 수입선다변화 정책은 수입자유화를 확대하는 과정에서 수입증가로 인하여 발생하는 국내 산업의 피해를 방지하고 유치산업을 보호 육성하는 목적도 가지고 있었다(신현수 1999, 66-67).

2 관세청, 「무역통계연보」

3 예를 들어, 각종 기계, 전기기기, 선박, 운반용 기계, 철도, 항공기 등

4 예를 들어, 광물성 연료, 윤활유, 석탄, 코크스, 시멘트, 강철, 비철금속 등

5 대미 무역의 경우 1976년 이후 매년 5-6억 달러의 흑자를 기록하고, 1979년에는 10억 달러의 무역흑자를 기록함으로써 한 · 미 간 통상마찰이 발생하였다. 이는 한국이 수입선다변화 정책을 추진하는 또 다른 배경이 되었다.

2. 과정

그런데 1990년대 세계무역환경이 변화하면서 수입선다변화 정책의 해제를 요구하는 압력이 높아지기 시작하였다. 첫째, 수입선다변화 정책은 대일 통상마찰의 가능성을 높였다. 둘째, 수입선다변화 정책은 보호 기간의 장기화로 인하여 특정 산업을 과도하게 보호하여 담합 및 불공정 관행을 초래하는 역기능이 나타났다. 셋째, 1997년 외환위기 당시 세계통화기구(IMF)의 정책 권고사항에 수입선다변화 품목의 폐지가 포함되었다. 넷째, 한국의 자동차, 조선, 전자산업의 규모와 경쟁력이 세계적 수준으로 향상되면서 이 제도의 유지는 당사국인 일본은 물론 미국, 유럽과도 통상마찰을 일으킬 우려가 높아졌다. 다섯째, 동 제도는 WTO의 기본원칙 중 하나인 최혜국대우 원칙에 위배될 뿐만 아니라 수입절차의 간소화, 공정성, 투명성, 명료성 등에도 배치되었다.[6]

수입선다변화 품목은 1978년 261개 품목을 처음으로 지정 운용한 이래 1981년 208개, 1982년 209개 품목을 유지하다가 1990년대 들어서면서부터 그 품목 수를 점차 축소하여 1990년대 하반기인 1999년 7월 1일부터 전면 폐지하였다(강용찬 · 이대호 1998, 248).

한국 정부는 그동안 대일 수입의 충격이 작은 품목은 개방을 하면서 신규 산업 및 취약 분야의 품목은 신규 보호지정을 하는 방식으로 수입선다변화 제도를 탄력적으로 운영하려고 노력하였다.[7] 그리고 한국 정부가 1997년

---

6 1998년 초 OECD가 발표한 「무역 및 투자 자유화의 경제적 이점 분석(The Benefits of Trade and Investment Liberalization)」 보고서는 무역 및 투자 자유화가 비단 자유화를 단행하는 당사국뿐 아니라 세계 전체의 후생을 증대시키는 효과를 가지므로 선진국이든 개발도상국이든 세계 모든 국가들이 이를 적극 추진해야 한다고 강조한 바 있다.

7 상공부는 1991년 5월 13일 현행 268개인 수입선다변화 품목 중 30개 품목을 규제대상에서 해제하고, 20개 품목을 신규지정, 수입선다변화 품목을 258개로 축소했다고 밝혔

7월 수입선다변화 품목의 전면적 철폐를 결정하게 된 배경에는 수입선다변화 제도 실시에도 불구하고 일본의 해외직접투자 증가에 따른 제3국으로부터의 우회수입이 증가하고 있는데다, 수출용 원자재 수입 등 예외수입의 증가 등으로 수입선다변화 제도의 유효성이 반감되고 있던 것도 중요하게 작용한 것으로 보인다.

〈표 12-1〉 수입선다변화 품목 연도별 추이

연도	1978	1981	1982	1983	1984	1985	1986	1987	1988	1989	1990
지정 품목 수	261	208	209	174	168	160	159	632	344	262	268
연도	1991 -1993	1994 상반기	1995 하반기	1996 상반기	1997 하반기	1998 상반기	1998 하반기	1999 상반기	1999 하반기		
지정 품목 수	258	230	204	152	113	해제 25 (존치 88)	해제 40 (존치 48)	해제 32 (존치 16)	0		

자료 : 한국무역협회, 무역연감 종합

3. 쟁점

1990년대 들어서 일본은 한국의 수입선다변화 제도를 명백한 보호무역주의로 간주하고 이의 폐지를 요구해 오기 시작했다. 1992년 3월 16-17일

다. 이번에 해제된 품목은 면직물, 순항선, 색연필, 비디오 튜너 등 장기간 수입규제를 해 오거나, 기술개발로 경쟁력이 확보된 품목, 수입 수요가 적고 국산 공급이 불가능한 품목들이다. 이에 비해 형광램프, 골프채, 비디오 게임용구 등은 국내에서 개발된 초기 제품이거나 산업육성을 위해 일정 기간 보호가 필요하다고 판단, 수입선다변화 품목으로 신규 지정했다(조선일보 91/05/14). 그리고 그해 10월에 상공부는 국산제품이 개발됐거나 국내 업체끼리의 과당경쟁으로 수입액이 필요 이상으로 크게 오른 21인치 칼라 TV, 카폰, 인쇄용지, 워드프로세싱 머신, 초음파영상진단기 등을 수입선다변화 품목으로 지정, 고시했다(조선일보 91/10/29).

한 · 일 무역협력회의에서 일본 측은 한국의 수입선다변화 제도를 철폐하고, 한국 내에서 일본 종합무역상사의 수출입 업무를 허용하며, 한국의 외국인 투자금지 및 제한업종의 자유화 품목도 확대해 줄 것을 요구하였다.[8]

또한 일본은 「1996년 불공정무역 보고서」를 통해서 한국의 수입선다변화 제도에 강한 불만을 표시하였다. 동 보고서에서 일본은 수입선다변화 품목 1백 62개에 대해 사실상 수입을 봉쇄하고 있는 것은 수량제한을 금지하는 GATT 조항에 명백히 저촉된다고 지적하고 있다. 또 동 제도가 당초 '전년 무역역조가 최대인 국가'를 대상으로 삼았다가 후에 일본을 대상으로 내용을 수정한 것에 대하여 상당한 불쾌감을 표현하였다. 즉, 1982년 사우디아라비아가 한국의 무역역조 최대국이 된 것을 계기로 한국이 1983년 '과거 5년간 최대 무역역조국'으로 적용기준을 변경한 데 따른 불만이었다(김기홍 1995, 16-17).

일본은 한국의 OECD 가입협상을 협상 지렛대로 활용하고자 하였다. 일본은 당시 OECD 가입을 추진하고 있던 한국에 대해 OECD 제115차 무역위원회에서 수입선다변화 정책의 전면해제를 강력히 요구한 것이다.[9]

이러한 일본과 OECD 가입국들의 수입선다변화 제도의 완전해제 요구에 한국은 협상테이블에서 단계적, 점진적 해제방안으로 대응하려고 하였다. 1992년 7월 1일에 타결된 한 · 일 무역역조 개선협상에서는 일본 무역상사들에게 부분적으로 한국 내에서 자기명의의 수출 업무를 허용하였다. 한국

8 일본 측은 종합상사문제의 경우 일본 상사들이 원칙적으로 한국 내에서 수출입 업무를 모두 할 수 있도록 갑류무역업허가를 해 주되, 굳이 수출업무만 허용한다면 수출대상국을 일본에만 국한시키지 말아달라고 요청했다(조선일보 92/03/21).

9 한국은 OECD 무역위원회에 정부가 1995년부터 수입선다변화 제도 적용 품목의 점진적 축소를 가속화하고 있다는 사실을 설명했다. 하지만 무역위원회 제115차 본회의에서 일본, 미국, 캐나다 등 회원국들은 대일 수입을 억제하는 한국의 수입선다변화 제도의 전면철폐를 요구하였다(조선일보 96/05/05).

재무부는 "일본 상사들이 무역업 허가를 받으려면 현재의 한국지사 형태를 현지법인 형태로 우선 바꾸어야 한다"고 말했으며, '그러나 일본 상사들의 수입 업무는 계속 허용하지 않을 방침'이라고 발표하였다.

4. 결과

앞서 살펴본 바와 같이 수입선다변화 품목은 1990년대 들어서면서부터 그 품목 수를 점차 축소하다가 1990년대 하반기인 1999년 7월 1일부터 전면 폐지하였다. 이 과정에서 한국은 자본재, 원자재보다 대일 수입의존도가 상대적으로 높지 않았던 소비재 품목부터 보호를 해제함으로써 시장 개방의 충격에 대비하고자 하였다. 이와 동시에 신규산업 및 취약 분야의 품목은 신규보호지정을 하여 수입선다변화 제도의 목적을 유지하려고 하였다.

수입선다변화 제도를 개괄하면 여러 가지 긍정적 효과도 있었지만 주 목적이었던 대일 무역역조현상의 해소효과는 제한적이었다고 평가된다. 대일 무역역조현상을 해결하기 위해 지정된 수입선다변화 품목 중 상당수의 대일 수입량은 오히려 증가하는 현상을 보여 주었다.[10] 한국의 국가 차원의 대일 무역역조 해소노력이 그 효과를 거두지 못한 이유는 한·일 간 무역, 유통 구조의 특징에서 찾을 수 있다. 우선 일본의 가격경쟁력은 선적 기간, 운임 등 가격 외적인 면에서도 주요 다른 선진공업국에 비해서 유리하였다. 또한 일본의 대한 수출은 자본재 중심이었는 데 반해 한국의 대일 수출은 1차 산업 혹은 경공업 중심이었기 때문에 무역수지적자는 어느 정도 불가피하였

---

10 상공부는 1992년 10월 17일 제출한 국감자료에서 258개 수입선다변화 품목 가운데 절반이 넘는 1백 33개의 품목의 대일 수입이 계속되고 있으며, 특히 전체의 40%에 이르는 53개 품목은 올 들어 지난 8월 말까지 대일 수입액이 지난해 같은 기간보다 늘어났다고 밝혔다(조선일보 92/10/18).

고 이러한 무역역조는 한국 경제가 성장하면 할수록 대일적자가 확대되는 악순환을 반복하였다.

〈표 12-2〉 수입선다변화 제도를 둘러싼 협상개관

<table>
<tr><td colspan="2">협상 배경</td><td colspan="2">1970년대 대일 무역역조 개선을 위해 만들어진 한국의 수입선다변화 정책에 대해 일본이 동 제도를 보호무역주의이며 불공정무역이라고 비판하면서 수입선다변화 정책 폐지에 대한 협상이 시작됨</td></tr>
<tr><td rowspan="3">쟁점 사항</td><td></td><td>한국</td><td>일본</td></tr>
<tr><td>기본 쟁점</td><td>수입자유화 이후 대일 수입이 급격히 증가되어 무역역조가 심화될 것을 우려, 품목별 단계적으로 보호 품목을 폐지하는 방안을 선호</td><td rowspan="2">수입선다변화 제도의 완전폐지를 요구</td></tr>
<tr><td>세부 쟁점</td><td>대일 수입자유화로 인해 가장 많은 피해를 입는 자동차, 철강, 공작기계 등의 품목에 대해서는 가능한 동 제도를 유지하고자 함</td></tr>
<tr><td colspan="2">수입선 다변화 제도의 변천과정</td><td colspan="2">① 1977년 7월, 7개 품목을 선정하여 수입선다변화 품목을 최초로 운용
② 1978년 3월 무역진흥 확대회의에서 제1차 수입자유화 보완책의 일환으로 동년 5월 99개 품목을 추가함으로써 본격적으로 시행
③ 1988년에 344개 품목, 1990년에 128개 품목, 1992년에 258개 품목, 1997년 7월 113개 품목으로 단계적으로 축소하여 운용. 정부는 1999년 말에 완전 폐지한다는 계획이었고 이를 WTO에도 통보해 양해를 받았으나, IMF에 제출한 의정서에 의해 이 제도의 폐지 일정이 1999년 6월 말로 6개월 앞당겨지게 되었고 마침내 1999년 6월 수입선다변화 제도는 완전 폐지됨</td></tr>
<tr><td colspan="2" rowspan="2">협상 전략</td><td>한국</td><td>일본</td></tr>
<tr><td>① 단계적-점진적 축소방안으로 압력에 대응하고자 함. ② 신규사업과 취약산업은 신규품목으로 지정하고, 경쟁력 있는 산업은 보호조치를 해제하는 방식으로 또한 전체적인 품목 수를 줄이는 방식으로 명분과 실리를 동시에 추구하고자 함</td><td>① 한국의 OECD 가입과정을 협상지렛대로 활용, 자유무역원칙의 명분으로 한국을 압박. ② 제3국을 통한 우회수출로 수입선다변화에 대한 피해를 최소화하려 함</td></tr>
<tr><td colspan="2">협상 결과</td><td colspan="2">1999년 12월 동 제도의 완전폐지를 WTO에 통보, 이후 IMF 제출 의정서에서 동년 6월로 제도 폐지 일정을 단축</td></tr>
</table>

주요연표

1977. 7. 한국 측, 일본에 대해 7개 품목을 선정하여 수입선다변화 품목을 최초로 운용.

1978. 3. 무역진흥 확대회의에서 제1차 수입자유화의 보완책의 일환으로 동년 5월 99개 품목을 추가함으로써 동 제도의 본격시행.

1991. 5. 13. 상공부, 현행 268개인 수입선다변화 품목 중 30개 품목을 규제대상에서 해제하고 20개 품목을 신규지정, 수입선다변화 품목을 258개로 축소한다고 밝힘.

1992. 3. 16-17. 한 · 일 무역협력회의에서 일본 측, 한국의 수입선다변화 제도를 철폐하고 한국 내에서 일본 종합무역상사의 수출입업무 허용과 한국의 외국인 투자금지 및 제한업종의 자유화 품목 확대 요구.

1992. 7. 1. 한 · 일 무역역조개선협상 타결. 한국 측, 일본 무역상사들에게 부분적으로 한국 내에서 자기명의의 수출업무 허용.

1992. 10. 17. 상공부, 국감자료를 통해 2백 58개 수입선다변화 품목 가운데 절반이 넘는 1백 33개의 품목의 대일 수입이 계속되고 있으며, 특히 전체의 40%에 이르는 53개 품목은 지난 8월 말까지의 대일 수입액이 지난해 같은 기간보다 늘어났다고 밝힘.

1996. 일본 측, 「1996년 불공정무역 보고서를 통해 수입선다변화 품목 1백 62개에 대해 사실상 수입을 봉쇄하고 있는 것은 수량제한을 금지하는 GATT 조항에 저촉된다고 지적.

1999. 7. 1. 한국 측, 1999년 말 폐지 일정을 앞당겨 IMF에 제출한 이행서에서 6월 말 폐지를 결정.

참고문헌

[단행본]

김연곤 · 박혜리. 2004. "수입선다변화제도 철폐 5년의 평가: 가전산업의 대응전략을 중심으로." 『대외경제정책연구원』. 서울: 대외경제정책연구원.

대한무역진흥공사. 1987. 『수입선다변화를 위한 구주상품공급경쟁력조사』. 서울: 대한무역진흥공사.

대한서울상공회의소. 1989. 『수입선다변화 저해요인 조사보고』. 서울: 대한서울상공회의소.

[학위논문: 석사]

강용찬. 1988. "한국수입정책의 경제적 효과에 관한 연구." 홍익대 대학원 석사학위논문.

고강식. 1979. "국제무역환경의 변화와 수입자유화방도." 한국외국어대 무역대학원 석사학위논문.

고영환. 1989. "대일무역역조의 개선방안에 관한 연구." 단국대 경영대학원 석사학위논문.

김병술. 1994. "우리나라 무역관리제도의 개편방향에 관한 비교연구: 대외무역법을 중심으로." 성균관대 무역대학원 석사학위논문.

김원철. 1989. "한국의 대일무역역조 요인분석과 개선방안에 관한 연구." 단국대 경영대학원 석사학위논문.

김재관. 1988. "대일무역수지적자의 개선을 위한 정책방안에 관한 연구." 서울대 행정대학원 석사학위논문.

김종진. 1979. "수입선 다변화 방안에 관한 연구" 전북대 경영대학원 석사학위논문.

김진용. 1996. "우리나라의 대일 무역역조 개선방안에 관한 연구." 단국대 경영대학원 석사학위논문.

신만식. 2001. "수입선다변화 해제가 대일 무역에 미친 영향에 관한 연구." 고려대 대학원 석사학위 논문.
신용재. 2004. "수입선다변화 제도에 대한 사회심리적 분석." 중앙대학교 대학원 석사학위논문.
안계철. 1982. "대일무역역조 시정방안에 관한 연구" 고려대 경영대학원 석사학위논문.
오남경. 2001. "수입선다변화제도에 관한 연구." 서울대 행정대학원 석사학위논문.
오병욱. 1993. "한 · 일무역구조와 대일무역역조의 개선방안." 영남대 대학원 석사학위논문.
오충섭. 1987. "한국기계공업의 발전과 대일 무역역조연구." 서강대 경제대학원 석사학위논문.
윤봉섭. 1981. "한국의 수입자유화정책에 관한 연구." 경희대 대학원 석사학위논문.
이기호. 2000. "우리나라의 대일무역 수지 개선방안에 관한 연구." 조선대 경영대학원 석사학위논문.
이명호. 1998. "우리나라 수입선다변화 제도에 관한 연구." 서강대 경제대학원 석사학위논문.
이봉화. 2001. "한국의 무역구조에 관한 연구." 창원대 경영대학원 석사학위논문.
이성덕. 1993. "우리나라 대일무역역조의 문제점과 개선방안." 단국대 경영대학원 석사학위논문.
이영원. 1988. "대일무역역조와 그 시정방안에 관한 연구." 한국외국어대 무역대학원 석사학위논문.
이정순. 1980. "한국의 수입자유화정책에 관한 연구." 경희대 경영대학원 석사학위논문.
임대택. 1999. "수입선다변화정책의 해제와 한국소비자의 일본자동차 평가 및 구매의사에 관한 연구." 고려대 경영대학원 석사학위논문.
정원익 1977. "수입선다변화 정책." 서울대 행정대학원 석사학위논문.
정재윤. 1987. "한 · 일간 무역불균형 요인 분석." 경희대 대학원 석사학위논문.
조 송. 1998. "대일무역역조개선방안에 관한 연구." 성균관대 무역대학원 석사학위논문.
조창우. 1995. "수입선다변화 제도가 복사기산업에 미치는 효과분석." 서강대 경제대학원 석사학위논문.

[학위논문: 박사]

정상규. 1997. "한국경제성장과 수입자유화정책." 대구대 대학원 박사학위논문.

[정기간행물: 학술논문]

유진수. 1999. "자동차산업 수입선다변화 해제의 효과분석." 『경제경영논집』 29집 1호(8월), 23-43. 숙명여대 경제경영연구소.

전의천. 2001. "수입선다변화제도 폐지의 영향과 대응과제." 『전문경영인연구』 6호(3월), 159-179. 한국전문경영인(CEO)학회.

조혜성. 2000. "수입선다변화제도 해제가 일반기계산업에 미친 영향." 『산은조사월보』 536호, 47-64. 한국산업은행.

최규선 외. "수입선다변화 해제에 따른 주요 산업별 영향분석." 『산업과 경영』 74호(8월), 1-50. 대우경제연구소.

[정기간행물: 잡지/기사]

김기홍. 1995. "수입선다변화제도 폐지, 어떻게 대응해야 하나." 『월간무역』.

김도형. 1979. "수입시장구조와 수입선다변화-대일무역불균형과 그 시정을 중심으로." 『무역진흥』 135호(9월), 43-48. 대한무역진흥공사.

김인규. 1986. "수입선다변화의 중요성과 기업의 역할." 『무역대리점』 177호(10월), 9-16. 한국무역대리점협회.

김인중. 1995. "수입선 다변화 제도 해제의 영향." 『기업경제』(19), 9-17.

남상열 · 이홍배. 2000. "수입선다변화 해제 이후 대일수입 증가의 특징 및 원인 분석."

대우경제연구소. 1996. "수입선다변화 제도의 해제에 따른 국내전자업계의 영향 및 대응전략." 『전자진흥』 16집 10호(10월), 38-49. 한국전자산업진흥회.

박국선. 1995. "수입선 다변화 품목 부분해제: 다변화제도 폐지 전에 경쟁력 확보가 과제." 『한세정책』 14호, 90-96. 한세정책연구원.

박진달. "수입선다변화 해제의 영향과 정책과제." 『월간무역』 394호(7월), 34-35. 한국무역협회.

박진현 · 한승수. "이동전화단말기 수입선다변화 해제에 따른 파급효과 분석." 『정보통신정책』 11집 6호, 23-39. 정보통신정책연구원.

신광철. 1999. "고삐 풀리는 '일제 대공습 임박: 수입선다변화제도 완전 폐지." 『주간 한국』 1775호(6월 17일), 52-53. 한국일보사.

신현수. 1999. "수입선다변화제도 해제의 영향과 대응." 『KIET산업경제』 6호(3월), 66-78. 산업연구원.

연정희. 1996. "원산지 판정기준변화와 수입선 다변화제도 해제가 국내광학산업에 미칠 파고를 집중 점검한다." 『광학세계』(44), 17-22.

최규선. "기계 산업의 수입선다변화제도 해제의 평가 및 대응방안." 『기계공업』 239호(5월), 38-43. 한국기계공업진흥회.

한승동. 1999. "일제의 유혹이 거세진다: 수입선다변화제 완전폐지로 본격 상륙 임박...자동차에서 전기밥솥 · 휴대용 무선전화기까지." 『한겨레 21』 264호(7월 1일), 42-44. 한겨레신문사.

홍승표. 1978. "대일무역역조와 수입선다변화." 『조사월보』 207호(5월), 1-27. 한국산업은행.

제13장 제1차 한·일 어업협정(1952-1965)

1. 배경

제2차 세계대전 이후 미국은 일본의 어업활동을 일본 근해로 제한하는 맥아더 라인[1]을 선포하였다. 하지만 일본 어선이 맥아더 라인을 넘어 한국 근해에서 어획을 계속하자 이승만 대통령은 맥아더 라인을 침범하는 외국 어선의 나포특명을 내렸다.[2] 이후 1951년 샌프란시스코 대일강화조약이 체결되자[3] 맥아더 라인은 자동적으로 실효되고 일본은 보다 자유로운 어업활

1 '맥아더 라인' 은 점령의 군사적 목적과 일본 어선의 남획방지 및 어업자원 보호를 위하여 설치되었다.

2 1947-51년 사이 맥아더 라인을 침범하여 나포된 일본의 어선 수는 92척이었다.

3 샌프란시스코 강화조약은 제2차 세계대전에서 패배한 일본과 연합국 측이 1951년 9월 8일에 조인하여 1952년 4월 28일 발효하였다. 이 조약에서 한국에 관계되는 조항을 살펴보면 제2조(a) 일본국은 한국의 독립을 승인하여 제주도, 거문도 및 울릉도를 포함하

동을 할 수 있게 되었다. 한국 측은 강화조약 제9조 "일본은 각국과 어업협정을 반드시 체결해야 한다"는 내용에 입각하여 일본에 대해 어업협상을 제안했으나 일본은 이를 거부하였다. 이에 대한 대응조치로서 한국은 1952년 1월 18일 '평화선'(일명 '이승만 라인')을 선언하였다.[4] 결국 한·일 간에 어업협상은 14년간의 한·일회담의 가장 뜨거운 쟁점 중 하나가 되었고 일본 측은 어업 및 평화선 문제를 먼저 해결하지 않으면 청구권 문제를 토의할 수 없다고 주장하였다.

2. 과정

한국과 일본은 식민지배 등 과거문제를 해결하고 국교를 정상화하기 위하여 무려 13년 8개월간의 긴 협상을 벌였다. 이를 위한 한·일회담은 법률해석, 민족감정, 경제적 실익, 국내 정치 등이 복잡하게 교차되면서 장기화되어 갔다. 그리고 한·일 어업협상은 한·일회담의 핵심쟁점이 되었다. 1952년 2월 15일 제1차 회담 개최 이후 1965년에 청구권, 어업협정 등 4개 협정에 서명하면서 협상이 타결되었다.

한·일회담을 간략히 정리하면 다음과 같다. 1952년 2월 15일에서 1953년 10월 21일까지 제1-3차 회담이 개최되었으나 일본 측의 소극적 태도와 양국 간 견해차가 극명하게 대립하여 전혀 성과를 내지 못하였다. 제1차 회담에서 한국 측은 '한·일 간 재산 및 청구권 협정 요강 8개 항'을 제시했지만 일본 측이 대한(對韓) 일본인 재산청구권 등을 주장하자 회담은 결렬되었다.

는 한국에 대한 모든 권리 및 청구권을 포기하는 것, 제4조 한국의 대일청구권에 관한 규정, 제9조 어업협정체결에 관한 조약, 제12조 통상항해 조약체결에 관한 것이 있다(국회도서관 입법조사국 1976, 117).

4 이 선언은 국제법상 공해 자유의 원칙에 입각하여 동해 및 서해 남중국해에서 어업활동을 하는 일본 어선에 심각한 타격을 주었다.

한국 측은 기본관계 합의문서에는 과거청산에 따른 새로운 관계 수립이라는 정신에 입각해야 한다고 주장한 데 반해 일본 측은 이 문제를 축소하려고 하였다. 제3차 회담(1953. 10. 6-10. 21)은 이른바 '구보타 망언'으로 결렬되었고, 5년 뒤 1958년 4월에 제4차 회담이 개최될 때까지 한 · 일협상은 정체되었다. 제3차 회담에서 일본 측 대표였던 구보타(久保田貫一郎)는 '일본의 36년간 통치는 한국인에게 은혜를 베푼 것'이라는 망언을 하였다.

제4차 회담이 1958년 4월 15일 어렵게 재개되었다. 구보타의 망언으로 회담 결렬 이후 양측 감정이 극도로 악화되면서 결렬 상태는 거의 5년간 지속됐다. 일본 측이 1957년 12월 구보타 망언을 정식으로 취소함으로써 1958년 4월 15일 제4차 회담이 재개됐지만 1960년 4.19 혁명으로 회담은 다시 중단되었다.

제5차 회담은 4.19 혁명으로 집권한 민주당 장면 정권에 의해 개최되었으나 다시 1961년 5.16 쿠데타로 회담이 중단되었다.

제6차 회담은 1961년 10월 20일 5.16 쿠데타로 집권한 박정희 의장에 의해 주도되었다. 한국과 일본은 양국의 이해관계와 미국의 압력을 계기로 한 · 일협상의 실질 타결을 시도하게 된다. 1961년 11월 22일 당시 박정희 국가재건최고회의 의장이 방일하여 이케다 하야토(池田勇人) 일본 총리와 면담하여 조속한 시일 내에 국교를 정상화하기로 합의했다. 1962년 10월 20일 김종필 당시 중앙정보부장이 도쿄에서 오히라 마사요시(大平正芳) 일본 외상과 회담하여 '무상 3억 달러, 유상 2억 달러, 상업차관 1억 달러 이상'으로 청구권 문제를 실질 타협하여 이른바 '김종필-오히라' 메모를 작성했다. 하지만 제6차 회담은 어업회담에서 수역문제에 대한 대립과 한국 내 1964년 4월 한 · 일회담의 중단을 요구하는 시위 격화로 다시 중단되었다. 어업문제가 한 · 일회담에서 가장 해결하기 어려운 쟁점으로 부각되었던 것이다.

제7차 회담이 1964년 12월 3일 개최됐다. 제7차 회담 개최 후 시나 에쓰사부로(椎名悅三郎) 외상이 1965년 2월 17일부터 나흘간에 걸쳐 방한, 서울에서 기본관계에 관한 조약에 임시 조인하였고 1965년 6월 22일 당시 이동원 외무장관과 시나 외상이 도쿄 일본 총리 관저에서 '한 · 일 협정'에 서명함으로써 한 · 일회담은 13년 8개월 만에 타결되었다. 한 · 일협정 서명 이후 한국에서는 야당의 불참 속에서 1965년 8월 14일 찬성 100표, 기권 1표 등으로 국회 비준을 받았고 일본 측은 11월과 12월 중의원과 참의원 비준을 각각 마쳤다(조선일보 05/08/26). 이와 함께 제1차 한 · 일 어업협정도 체결, 비준되었다.

3. 쟁점

한 · 일 어업협상의 주요 쟁점은 전관수역의 범위문제, 공동규제수역 내 출어제한문제, 규제조치 어선에 대한 단속문제였다.

첫 번째 쟁점은 전관수역의 범위문제에 관한 것이었다. 당시 일본의 어업능력은 한국보다 훨씬 뛰어났다. 따라서 전관수역문제는 수세에 있는 한국으로서는 어족자원을 보호하기 위해서는 양보할 수 없는 사안이었다. 한국은 1963년에 40해리 어업전관수역을 지정하였다. 이에 대해 일본 측은 가능한 어업전관수역을 좁게 하여 한국 근해의 어족자원에 쉽게 접근하고자 하였다. 일본은 12해리 전관수역안을 제시하였다.

두 번째 쟁점은 공동규제수역 내 출어제한문제였다. 공동규제수역은 한국 쪽 연안에만 있었을 뿐 일본 측에는 없었다. 공동규제수역 내에 출어하는 어선의 수와 규모를 제한하자는 한국 측 주장과 제한하지 말자는 일본 측 주장이 대립하였다.

세 번째 쟁점은 재판 및 단속권에 관련된 문제였다. 이는 공동규제수역

내에서 조업하는 어선이 규제조치를 위반할 경우 누가 재판권을 행사하느냐의 문제이다. 재판 및 단속 관할권을 행사하는 방식에는 두 가지가 있다. 하나는 연안국주의이고 또 다른 하나는 기국주의이다. 연안국주의에 의하면 한국 측의 공동규제수역에서 조업하는 어선이 위반을 했을 경우 한 · 일 양국의 국적에 관계없이 한국 측이 일괄적으로 단속하게 된다. 반면, 기국주의를 채택하면 어선의 등록된 국가의 정부가 단속하는 것으로 일본 어선이 위반할 경우 일본이 단속하고 한국 어선이 위반한 경우에는 한국이 단속하는 것이다. 평화선 선포 이후 많은 일본 어선들이 한국 측에 나포되었으므로 일본 측은 기국주의를 주장하였다.

4. 결과

협상결과를 정리하면 다음과 같다. 첫째, 전관수역의 범위는 일본 측 주장대로 12해리로 결정되었다. 원래 한국이 평화선을 통해 확보하고 있던 233마일과 비교하면 이 쟁점의 결과는 한국 측의 일방적인 양보라고 평가되었다. 둘째, 공동규제수역 내 출어제한문제에서는 한국 측 주장이 받아들여졌다. 하지만 한국 연안의 어족자원을 대상으로 하는 협상이었기 때문에 반드시 일본 측이 양보했다고 보기는 어렵다. 또 연안국인 한국이 해양생물자원의 보존과 개발의 주권적 권리를 행사할 수 없다는 점에서 연안국우선의 원칙이 배제되었다. 셋째, 재판 및 단속권에 관한 분야는 일본 측의 주장대로 기국주의가 받아들여지게 되었다. 협상 당시 제1차 어업협정은 한국에게 불리한 것으로 평가되었다.[5]

5 하지만 협상에 대한 평가는 대단히 어렵다. 가령 1965년 당시 한국의 국력과 일천한 외교경험을 고려하면 국익확보를 위하여 마지막까지 최선을 다한 협상으로 평가할 수도

〈표 13-1〉 제1차 한 · 일 어업협상의 배경, 쟁점, 결과

협상배경		샌프란시스코 강화조약에 따라 맥아더 라인이 실효되고 일본 측 어선의 어족자원남획이 이루어지자 한국 정부는 평화선을 선언하고 한 · 일 간 어업분쟁이 발생	
쟁점사항	기본쟁점	한국 측	일본 측
		대일청구권, 어업협력차관에 더 많은 관심을 집중	어업 및 평화선 문제에 더 많은 관심을 집중
	세부쟁점	어업전관수역 40해리 주장	어업전관수역 12해리 주장
		공동규제수역 내 출어제한 주장	공동규제수역 내 출어무제한 주장
		단속 및 재판관할권에서 연안국주의	기국주의 주장
협상과정		7차례의 한 · 일회담 중 어업문제에 대한 실질적 진전은 1961년 5월 16일 후에 이루어졌음. 제6차 회담 중인 1962년 10월에 청구권 문제해결에 어느 정도 합의, 어업문제에 관해서는 1963년 한 · 일 외상회담과 한 · 일 어업전문가회의에서 정치적, 기술적 문제해결을 시도. 일본 내 정권 교체 후 개최된 제7차 회담 초반에는 의견차이를 좁히지 못하다가 1965년 4월 3일에 있었던 양국 외상회담에서 어업협상의 핵심쟁점사항이었던 전관수역과 어업규제문제가 타결	
협상결과		○ 어업전관수역: 12해리(일본안 수용) ○ 공동규제수역 내 출어: 제한(한국안 수용) ○ 단속 및 재판관할권: 기국주의(일본안 수용)	

있고, 또 실제로 전관수역 12해리의 확보는 당시의 국제적 수준에서 볼 때 결코 양보한 것이 아니라고도 평가할 수 있다.

주요연표

1952. 1. 18. 한국, 샌프란시스코 강화조약 제9조 "일본은 각국과 어업협정을 반드시 체결해야 한다"는 내용에 입각하여 일본에 대해 어업협상 제안했으나 일본이 거부하자 대응조치로서 '평화선'(일명 '이승만 라인')을 선언.

1952. 2. 15. 제1차 한·일회담 개최. 한국 측, '한·일 간 재산 및 청구권 협정 요강 8개 항' 제시. 일본 측의 일본인 재산청구권 주장 등으로 1차 회담 결렬.

1953. 10. 6-21. 제3차 한·일회담 개최. 일본 측 대표 구보타 망언으로 회담 결렬.

1957. 12. 일본 측, 구보타 망언 정식 취소.

1958. 4. 15. 제4차 한·일회담 재개. 1960년 4.19 혁명으로 인해 중단, 제5차 한·일회담 역시 1961년 5.16 쿠데타로 회담 중단.

1961. 10. 20. 제6차 한·일회담 개최.

1961. 11. 22. 당시 박정희 국가재건최고회의 의장과 이케다 하야토 일본 총리 회담. 조속한 시일 내 국교정상화를 합의.

1962. 10. 20. 김종필 당시 중앙정보부장이 도쿄에서 오히라 마사요시 일본 외상과 회담. '무상 3억 달러, 유상 2억 달러, 상업차관 1억 달러 이상'으로 청구권 문제 타결. '김종필-오히라' 메모를 작성.

1963. 한국 측, 40해리 어업전관수역 지정. 이에 대해 일본 측은 12해리 전관수역안 제시.

1964. 4. 어업회담에서 수역문제에 대한 이견과 국내의 한·일회담 반대 시위로 한·일회담 중단.

1964. 12. 3. 제7차 한·일회담 개최.

1965. 2. 17-20. 시나 외상 방한, 서울에서 기본관계에 관한 조약에 임시 조인.

1965. 6. 22. 이동원 외무장관과 시나 외상이 도쿄 일본 총리 관저에서 '한·일협

정’ 서명.

1965. 8. 14. 한국에서는 야당 불참 속 찬성 100표, 기권 1표 등으로 국회 비준 완료.

1965. 11-12. 일본 측, 중의원과 참의원 비준 완료. 제1차 한 · 일 어업협정의 체결 및 비준 완료.

제14장 제2차 한·일 어업협정(1996-1998)

1. 배경

1995년 2월 한·일어업 실무협의에서 일본 측은 한·일 어업협정의 개정을 강력하게 요구하였다. 일본 측의 개정요구 배경에는 한국 어선의 조업능력 향상, 일본 어민의 상대적 손실 확대, 한국 어선의 불법조업 등이 있었다.

1965년의 한·일 어업협정은 기국주의 원칙을 채택하였다. 이는 당시 어업능력에서 한국보다 경쟁력이 뛰어났던 일본에게 유리했고 일본 어선은 사실상 한국 근해에서 자유롭게 조업할 수 있었다. 따라서 협정 체결 당시 한·일 어업협정은 한국에게 심각하게 불리한 불평등협정이라는 비판이 대세였다. 하지만 한국 정부는 어선의 증가, 대형화, 동력화, 어로장비의 과

* 이 장의 일부 내용은 양기웅(2005)에서 빌려왔음을 미리 밝혀둔다.

학화 사업을 꾸준히 추진하여 1970년대 중반부터 한국의 어업능력은 현저하게 확대되었다(한국수산기술협회 1968, 61-75). 이에 반해 일본 측의 사정은 조업비용 상승으로 악화되고 있었다. 역설적으로 한 · 일 어업협정이 한국 측에 오히려 유리하게 작용하는 반전(反轉)이 일어났던 것이다.

반전 효과의 첫 번째는 공동규제수역에서 생기고 있었다. 공동규제수역은 한국에게는 있지만 일본에게는 없기 때문에 한국은 일본의 12해리 밖에서는 어디서든 조업을 할 수 있었다. 둘째, 전관수역을 좁게 설정한 것도 한국에게 유리하게 작용했다. 한국 어선들은 어족자원이 풍부한 홋카이도 근해까지 활발하게 진출하고 있었다. 셋째, 기국주의를 채택함으로써 한국 어선에 대한 일본 측의 단속이 어려워졌다. 이제 한국 측이 기국주의의 이점을 최대한 활용하기 시작한 것이다.[1] 기국주의 원칙 때문에 일본 근해 어장까지 진출한 한국 어선을 단속하기 어려운 상황에 불만을 품은 일본 어민들은 자국 정부에 협정개정을 강력히 요구하기 시작했다.

수산업계로부터의 강력한 압력을 받던 일본 정부는 1994년 11월 16일 배타적 경제수역의 선포와 함께 연안국주의를 채택한 UN 해양법이 발효되어 새로운 해양질서가 구축되자[2] 한국 정부에 대해 더욱 강하게 협정 개정을 요구하게 되었다. 그리하여 1996년 5월 9일 제1차 한 · 일 어업실무자회담을 시작으로 개정협상이 시작되었던 것이다.

1 특히 일부 한국 어선들이 특정 해역에서 일본 어선들에게는 금지된 트롤어업 등을 함으로써 일본 어민의 피해와 불만은 증대되어 갔고 양측의 갈등은 골이 깊어져 갔다.

2 유엔 해양법 협약은 1982년 12월 10일 제3차 UN 해양법 회의에서 154개국 대표들이 참여한 가운데 채택되었다. 유엔 해양법은 12해리 영해범위, 통과통항제도, 200해리 배타적 경제수역 설정, 대륙붕 개념의 변화 및 포괄적 해양 분쟁해결제도의 확립과 심해저 발전을 위한 국제기구의 창설 등을 규정함으로써 기존의 전통적 해양질서를 전면적으로 개편하였다.

2. 과정

한국은 UN 해양법 협약의 채택 이후에도 배타적 경제수역에 대해 적극적인 입장을 취하지 않았다. 하지만 일본이 1995년 경제수역을 선포하고 중국도 1996년에 경제수역을 선포하자 한국도 경제수역 선포하기로 정책 방향을 정하였다. 한국 정부는 1996년 2월 28일 UN 해양법 협약을 비준한 뒤, 동년 8월 「배타적 경제수역법」과 「배타적 경제수역에서의 외국인 어업 등에 대한 주권적 권리의 행사에 관한 법률」을 제정하여 경제수역제도를 정식으로 수용하였다(이창위 1997, 4).

일본은 1996년 6월 20일, 해양법협약을 비준하면서 경제수역 관련 법률들을 제정하고 기존의 「어업수역잠정조치법」은 폐지하였다. 그리고 개정된 영해 및 접속수역법에 의해 자국 연안에 165개의 직선기선을 채택하였다. 일본은 경제수역제도를 받아들이고 또한 직선기선을 채택함으로써 자국의 어업관할권을 대폭 확장하려고 하였던 것이다.

한 · 일 양국은 이상과 같이 경제수역제도를 국내적으로 받아들이고 나서 기존의 어업질서를 재편하기 위한 협상에 임하였다. 양국은 1996년부터 구협정을 개정하기로 합의하고 실무자회의를 개최하였다. 어업 협정의 개정을 촉구하는 일본의 요구를 더 이상 무시할 수 없었던 한국은 1995년 2월 일본과 실무회의를 갖게 되었고, 1996년부터 양국의 바람직한 어업질서를 위한 협상을 개시할 것을 합의했다. 그리하여 1996년 5월 9일 제1차 한 · 일 어업실무자회담을 도쿄에서 실시한 것을 시작으로 해서 1997년 11월 26일 제10차 한 · 일 어업실무자 회담을 서울에서 실시하기까지 19개월에 걸친 기간 동안 양국의 협상이 계속되었다. 하지만 양국의 입장차이가 좁혀지지 않아 협상의 진행은 순조롭지 않았다. 제2차 한 · 일 어업협상과정을 일지 형태로 정리하면 다음과 같다.

〈제2차 한 · 일 어업협상 일지〉

94. 11. 16. UN 해양법 조약발효

96. 2. 28. 한국, 국제연합 해양법조약의 발효(비준 1월 29일)

96. 3. 2. 한 · 일 정상회담 개최(방콕), EEZ 경계확정 조속협의 합의

96. 5. 9. 제1차 한 · 일 어업협정실무자협의(도쿄)

96. 6. 23. 한 · 일 정상회담(제주도)

96. 7. 20. 일본, UN 해양법 조약발표(EEZ 설정)

96. 7. 24. 외무장관회담(자카르타) 어업회담 및 EEZ 경계확정 회담개최 합의

96. 8. 13. 제1차 EEZ 경계확정교섭(도쿄)

96. 11. 7. 제3차 한 · 일 어업실무자협의

97. 3. 6. 제4차 한 · 일 어업실무자협의

97. 4. 30. 제5차 한 · 일 어업실무자협의

97. 5. 26. 제2차 EEZ 경계확정교섭

97. 6. 13. 제6차 한 · 일 어업실무자협의

97. 6. 8. 일본, 한국 어선 5척 나포

97. 7. 8. 한 · 일 외무장관회담, 어선나포 재발방지 합의

97. 8. 13. 제7차 한 · 일 어업실무자협의(도쿄)

97. 9. 10. 제8차 어업 실무자협의, 잠정 어업협정 체결방안 합의

97. 10. 8. 제9차 한 · 일 어업실무자협의

97. 11. 3. EEZ 경계확정 교섭

97. 11. 26. 제10차 한 · 일 어업실무자협의(서울)

97. 11. 30. 고무라 일본 외무차관 두 차례 방한 협의: 고무라 차관이 한국 측안 수용

97. 12. 29. 한 · 일 외무장관회담, 일본 측이 더 많은 양보 요구

98. 1. 6. 김종필 자민련 명예총재 방일

98. 1. 20. 일본, 3만 구 호 나포

98. 1. 23. 일본, 한 · 일 어업협정 파기, 한국, 어업자율규제 철폐

98. 4. 29.	3월의 오부치 외상 방한 시 합의한 한 · 일 어업실무자회의 재개
98. 5. 21.	박정수 외무장관 방일, 김 대통령 방일 전 어업협정 타결 합의
98. 6. 24.	김 대통령, 사토 고코 일본 자민당 국제어업특별위원장 등 면담
98 · 7. 1.	한국, 대일 어업자율규제조치 재개
98. 9. 25.	신한 · 일 어업협상 타결
98. 10. 9.	신한 · 일 어업협정 기본합의서 가서명
98. 11. 28.	신한 · 일 어업협정 체결
98. 12. 11.	일본 중의원, 신한 · 일 어업협정 비준동의
99. 1. 6.	한국 국회, 신한 · 일 어업협정 비준동의
99. 1. 22.	한 · 일 비준서 교환, 신어업협정 발효
99. 2. 5.	실무협상 타결
99. 3. 8.	쌍끌이, 복어채낚기등 재협상 시작
99. 3. 17.	한 · 일 양국 장관 재협상 합의문 발표

* 자료: 조선 · 중앙 · 동아일보 검색 및 외교통상부, 해양수산부 자료 재구성

1997년 6월 제3차 어업회담에서 일본은 EEZ 경계획정 교섭이 독도문제로 장기화할 가능성이 큰 만큼 우선 독도의 주변수역을 양국의 공동 관리하에 두자는 이른바 '잠정수역안'을 거듭 제시하며 어업문제의 잠정적 해결을 요구했다. 한국이 어업협정 개정에 미온적이라고 판단한 일본 측은 1997년 6월 내에 개정이 이루어지지 않으면 어업협정을 파기하겠다는 협박과 함께 국내 여론과 자민당의 압력 등을 이유로 자신들이 일방적으로 획정한 직선기선을 넘어 조업을 했다는 이유로 한국 어선을 나포하는 초강수를 두었다. 이에 한국 정부는 1997년 콸라룸푸르에서 한 · 일 외상회담을 개최하고 그동안 중단되었던 어업협상을 재개하고 조속한 시일 내에 협상을 마무리할 것을 합의했다. 1997년 11월에 재개된 고무라 차관과의 제2차 협상에서 한국 측은 'EEZ 경계획정과 어업협정 동시타결'에서 '선(先) 어업협정

개정수용’ 쪽으로 양보했다. 동시에 한국은 일본의 직선기선 영해상 한국 어선 나포, 한국 선원 구타사건 등 다른 현안에서는 일본 측의 양보를 이끌어냈다.

하지만 일본의 정치계는 고무라 차관의 타협안에 불만을 표시하고 1997년 12월 29일 오부치 외상을 한국에 보내 더 많은 양보를 요구했으며 결국 잠정수역안 합의에도 불구하고 협상이 늦어진다는 이유로 1998년 1월 23일 구 어업협정의 폐기를 한국 측에 일방적으로 통고하게 되었다.[3] 한국 측은 이에 반발하여 1998년 1월 23일부터 한 · 일 양국에 의해 실시해 온 조업자율규제를 즉각 해지하였다.[4]

일본의 실질적인 협정파기에 의해, 한 · 일 양국은 1998년 1월 23일부터 1년 동안 구 협정의 유효 기간을 갖게 되었다. 양국이 새로운 협정을 1년 내에 체결하지 않으면 양국의 어업분쟁은 심각한 수준으로 악화될 상황에 놓여 있었다. 한 · 일 양국은 모두 새로운 협정의 체결을 서두르지 않을 수 없었다. 1998년 3월, 오부치 일본 외상이 방한하여 어업협상 재개에 합의를 하였고, 그 해 4월 29일 제1차 한 · 일 어업실무자회의가 개최되었다. 1998년 5월 21에는 박정수 외무부 장관이 일본을 방문하여 김대중 대통령 방일 전까지 어업협정을 타결하기로 일본 측과 합의했다. 이후 98년 7월 2일부터 9월 24

3 양측 협상안 중 이견을 보인 부분은 전관수역의 범위를 34해리 내지 35해리로 하는 문제 및 동해에서의 동쪽 한계선을 135도 또는 136도로 하는 문제에 불과했다. 또한 당시 한국은 IMF 체제에 들어가 있었고 새 정부가 출범하기 직전이었기 때문에 일본에 대한 비판여론은 더욱 거세었다.

4 상대국이 설정한 배타적 경제수역에 출어하는 자국 어선들의 조업을 스스로 제한하겠다는 양국 간의 약속이다. 당장은 어로자율규제협약의 파기로 일본 측 영해 외측인 자율규제수역 안쪽에 제한 없이 출어할 수 있으므로 보다 많은 어획고를 올릴 것으로 예상된다. 하지만 한국 어선이 조업자율규제선을 넘어 고기를 잡고 일본이 직선기선을 통해 영해에서 한국 어선을 강제적으로 나포하면 한 · 일 양국 간 관계가 심각하게 경색될 우려가 높았다(조선일보 98/01/23).

일까지 6차례의 어업실무자회의를 개최했고, 98년 9월 25일에 어업협상은 최종 타결되었고 98년 11월 28일에 정식으로 협정을 체결하게 되었다. 그리고 양국 국회의 비준을 거쳐 99년 1월 22일 새로운 어업협정이 발효되었다.

그러나 한국 측이 2월 13일 끝난 어업협정 후속 실무협상에서 어선들의 업종과 어기를 제대로 파악하지 못해 쌍끌이 선단을 업종에서 누락시키고 오징어 성어기가 조업 기간에서 제외되는 실수를 하자, 국내적인 비판이 들끓었고 결국 한 · 일 양국은 재협상을 하게 되었다. 한국은 쌍끌이 어획량을 일부 일본으로부터 양보 받는 대신 '제주 저인망 조업' 을 일본에게 양보하는 것으로 재협상을 마무리하였다.

3. 쟁점

제2차 어업협상의 주요 쟁점은 배타적 어업수역(EEZ: Exclusive Economic Zone)[5]의 범위문제, 중간수역의 설정 여부문제, 중간수역의 동쪽 한계 설정문제 등의 3가지이다.

첫 번째 쟁점은 배타적 어업수역, 즉 어업전관수역에 관한 문제이다. 한국은 기본적으로 어업전관수역의 범위를 좁게 하려는 입장인 데 반해 일본은 100해리 가까이 전관수역을 대폭 확대하려고 했다. 또한 한국은 경제수역의 경계획정을 중시하여 그에 대한 협상도 어업과 연계하여 추진하려고 하였다. 배타적 어업수역의 문제와 관련된 상황은 1965년의 상황이 반전되었다. 한국은 가능한 한 EEZ의 범위를 좁히고자 했고, 반면 일본은 일본 근해의 어족자원을 보호하고 일본 어민의 불만을 줄이기 위해 EEZ를 넓히고자 했다. 이 과정에서 한국은 기존 24해리 고수 입장에서 양보하여 34해리

5 배타적 경제수역은 당해 국가의 어선만 조업할 수 있는 수역을 의미한다.

를, 일본은 해안선으로부터 35해리를 주장했다.

둘째는 중간수역의 설정 여부이다. 중간수역이란 일정 수역을 공동 관리수역 혹은 공해로 두자는 것으로 일본이 독도 영유권 문제와 어업문제를 분리하여 해결하고자 하는 의도로 제안한 것이다. UN 해양법에 의하면 200해리 배타적 경제수역에 따라 한 · 일 간에 획정을 할 경우 한 · 일 간의 바다거리가 23.57해리부터 450해리에 이르므로 결국 중첩되는 부분에 대해서는 양국 간의 협의를 통해 EEZ를 설정할 수밖에 없다. 일부에서는 중간수역 설정 제안이 독도를 중간수역에 놓고자 하는 일본 측의 의도가 작용했다고 보는 견해도 있다.

셋째는 중간수역의 동쪽 한계설정문제이다. 일본은 자국 어족자원의 보호를 위해 일본으로부터 최대한 서쪽으로 한계(135도)를 설정하려고 하였다. 반면 한국은 중간수역의 동쪽 한계선을 일본 쪽으로 더 가깝게 설정(137도)하려는 입장이었다. 1997년 고무라 외무차관과의 회담에서 한국은 도쿄 136도선의 양보안을 제안했고 양측은 이에 합의했다. 하지만 이 타협안에 대해 일본 정계와 수산계가 크게 반발함으로써 1997년 12월 말 오부치 외상이 방한하여 도쿄 135도선의 일본 안을 다시 요구하자 협의는 결렬되었고 일본 측은 후일 어업협정을 일방적으로 파기하기에 이르렀다. 이후 1998년 9월 24일, 김대중 대통령의 일본 방문을 앞두고 김봉호 국회부의장과 자민당 사토고코 국제어업문제 특별위원장 간의 회담으로 도쿄 135도 30분으로 합의를 보게 되었다(조선일보 98/09/25).

4. 결과

제2차 한 · 일 어업협정의 결과는 다음과 같다.

첫째, 동해에 중간수역을 설정하기로 하였다. 중간수역은 양국 연안으

〈표 14〉 제2차 한 · 일 어업협상의 배경, 쟁점, 과정, 결과

<table>
<tr><td colspan="2" rowspan="2">협상 배경</td><td colspan="2">1982년 채택된 UN해양법협약과 구 한 · 일어업협정에 대한 불만으로 일본 측이 어업협정 개정을 요구</td></tr>
<tr><td>한국 측</td><td>일본 측</td></tr>
<tr><td rowspan="4">쟁점 사항</td><td>기본 쟁점</td><td>경제수역의 경계획정과 어업협상의 연계추진</td><td>일본은 독도의 주변수역을 양국의 공동 관리 하에 두자는 이른바 '잠정수역안'을 제시하며 어업문제의 선결을 요구</td></tr>
<tr><td rowspan="3">세부 쟁점</td><td>배타적 수역의 범위를 24해리에서 34해리로 변경 주장</td><td>35해리 주장</td></tr>
<tr><td>중간수역 설정 반대</td><td>중간수역 설정 주장</td></tr>
<tr><td>중간수역의 동쪽 한계선 (137도→136도)</td><td>중간수역의 동쪽 한계선 (136도→135도)</td></tr>
<tr><td colspan="2">협상 과정</td><td colspan="2">1996년 5월부터 98년 9월까지 2년 4개월 동안 총 17차례의 한 · 일 어업실무자 회담을 거쳐 제2차 한 · 일 어업협정(신협정)이 체결. 그 과정에서 일본 측이 구 협정 일방폐기를 선언. 조약비준 이후 쌍끌이 선단 및 오징어 조어기 등에 대한 재협상이 진행</td></tr>
<tr><td colspan="2">협상 결과</td><td colspan="2">· 배타적 경제수역범위: 35해리(일본 측 안 수용)
· 중간수역의 설정: 중간수역 설정(일본 측 안 수용)
· 중간수역의 동쪽 한계선: 135도 30분(양국 안의 절충)</td></tr>
</table>

로부터 35해리 폭을 기준으로 하여 여러 개의 직선으로 연결된 다각형 모양이며, 그 동쪽 한계선은 도쿄 135도 30분이고, 서쪽 한계선은 도쿄 131도 40분이다.

둘째, 과거의 조업실적을 보장하되 양국 간 어획량 격차를 단계적으로 축소하여 3년 후에는 동등한 양이 되도록 조정한다.

셋째, 동해 중간수역에서의 자원관리인데, 이 지역에서는 기국주의를 실시하기로 한다.

넷째, 제주도 남부수역과 규슈 서부 사이의 수역에 일정범위의 중간수역을 설정한다. 이 중간수역에서는 기국주의 원칙에 따라 자원의 공동관리를 실시한다.

다섯째, 불법조업단속으로 각 체약국은 관할권의 행사에 있어서 연안국

주의를 채택한다는 것이다.

결론적으로 볼 때, 배타적 어업수역의 범위문제와 중간수역의 설정문제는 일본 측의 주장이 그대로 수용된 것으로 볼 수 있고, 중간수역의 한계선 설정문제는 한국과 일본이 반반씩 양보를 한 것이지만 처음에 한국 측이 137도선을 주장한 것을 감안한다면 이 또한 한국이 어느 정도 양보한 것으로도 볼 수 있다.[6]

6 수협중앙회는 2001년부터 명태 365억 원, 대게 120억 원, 오징어 등 기타 어류 1,920억 원 등 모두 2,045억 원의 직접적 피해를 예측했다. 그리고 이런 규모의 직접적 피해 외에도 어획물을 원료로 하는 수산물 가공업계의 간접피해를 계산하면 피해액은 연간 2,609억 원에 이를 것이라는 추정을 했다(한겨레신문 98/10/09).

주요연표

1994. 11. 16. 일본 정부, 배타적 경제수역의 선포와 함께 연안국주의를 채택한 UN 해양법이 발효되어 새로운 해양질서가 구축되자, 한국 정부에 더욱 강하게 협정 개정 요구.

1995. 2. 일본 측, 한 · 일 어업실무협의에서 한 · 일 어업협정의 개정 강력하게 요구. 양국 정부, 실무회의 통해 1996년부터 협상에 임할 것을 합의.

1996. 1. 29. 한국 정부, 유엔해양법협약 비준.

1996. 2. 28. 한국 정부, 1996년 8월에 「배타적 경제수역」법과 「배타적 경제수역에서의 외국인어업 등에 대한 주권적 권리의 행사에 관한 법률」을 제정하여 경제수역제도를 정식으로 수용키로 결정.

1996. 3. 2. 한 · 일 정상회담 개최(방콕), EEZ 경계확정 조속협의 합의.

1996. 5. 9-10. 한 · 일 어업협장 개정 제1차 한 · 일 어업실무자회담 개최(도쿄).

1996. 6. 20. 일본 정부, 해양법협약을 비준하면서 경제수역 관련 법률을 제정하고 기존의 「어업수역잠정조치법」 폐지, 개정된 영해 및 접속수역법에 의해 자국연안에 165개의 직선기선 채택.

1996. 6. 23. 한 · 일 정상회담(제주도).

1996. 7. 5. 일본 정부, 영해직선기선 공포(시행: 1997/1/1).

1996. 7. 20. 일본 정부, UN 해양법 조약발표(EEZ 설정).

1996. 7. 24. 외무장관회담(자카르타) 어업회담 및 EEZ 경계확정 회담개최 합의.

1996. 8. 8-9. 제2차 한 · 일 어업실무자회의(서울).

1996. 8. 13. 제1차 EEZ 경계확정교섭(도쿄).

1996. 11. 7-8. 제3차 한 · 일 어업실무자회의(도쿄).

1996. 12. 10. 일본, 직선기선영해 97년 1월 1일부터 시행함을 한국 측에 통보.

1997. 3. 6. 제4차 한 · 일 어업실무자협의.

1997. 4. 30. 제5차 한 · 일 어업실무자협의.

1997. 5. 26. 제2차 EEZ 경계확정교섭.

1997. 6. 8-7. 8. 일본, 한국 어선 5척 나포.

1997. 6. 13. 제6차 한 · 일 어업실무자협의.

1997. 7. 8. 한 · 일 외무장관회담, 어선나포 재발방지 합의.

1997. 8. 13-14. 제7차 한 · 일 어업실무자협의(도쿄).

1997. 9. 10-11. 제8차 어업 실무자협의, 잠정 어업협정 체결방안 합의.

1997. 9. 17. 일본 여 3당, 협정종료를 일본 정부에 문서로 건의.

1997. 10. 8-10. 제9차 한 · 일 어업실무자협의.

1997. 11. 3. EEZ 경계확정 교섭.

1997. 11. 26-29. 제10차 한 · 일 어업실무자협의(서울).

1997. 11. 30-12. 5. 고무라 일본 외무차관 두 차례 방한 협의.

1997. 12. 1. 유종하 외무장관과 고무라 일본 외무차관 회담.

1997. 12. 29. 한 · 일 외무장관 회담(오부치 외상 한국 측의 양보를 요구).

1998. 1. 6-14. 김종필 자민련 명예총재 방일.

1998. 1. 20. 일본, 제3만구호 나포.

1998. 1. 23. 일본, 한 · 일 어업협정 일방적 파기 통고.

1998. 1. 24. 한국 정부, 조업자율규제조치 철회.

1998. 4. 22. 한 · 일 정상회담, 어업협상 재개 확인.

1998. 4. 29. 제1차 한 · 일 어업실무자회의 재개.

1998. 5. 21. 박정수 외무장관 방일, 김대중 대통령 방일 전 어업협정 타결 합의.

1998. 6. 24. 김대중 대통령, 사토 고코 일본 자민당 국제어업특별위원장 등 면담.

1998. 7. 1. 한국, 대일 어업자율규제조치 재개.

1998. 7. 2-9. 18. 98년 제2, 3, 4, 5, 6차 어업실무자회의.

1998. 7. 8. 일본, 일신 3호 나포.

1998. 9. 22-24. 98년 제7차 어업실무자회의(도쿄).

1998. 9. 25. 신한 · 일 어업협상 최종 타결 발표.

1998. 10. 9. 신한 · 일 어업협정 기본합의서 가서명.

1998. 11. 28. 신한 · 일 어업협정 체결.

1998. 12. 11. 일본 중의원, 신한 · 일 어업협정 비준동의.

1999. 1. 6. 한국 국회, 신한 · 일 어업협정 비준동의.

1999. 1. 22. 한 · 일 비준서 교환, 신어업협정 발효.

1999. 2. 5. 한 · 일 어업실무협상 타결.

1999. 3. 8-9.한 · 일 수산당국자 회의(도쿄): 쌍끌이, 복어채낚기 등 재협상 시작.

1999. 3. 17. 한 · 일 양국 장관 재협상 협의문 발표.

1999. 3. 18. 한 · 일 어업실무추가협상 타결.

참고문헌

[단행본]

국회해양포럼. 2001. 『한 · 일 · 한중어업협정의 비교와 우리의 당면 과제』. 서울: 국회해양포럼.

김영진. 1999. 『어업환경 변화에 따른 수산정책 분석과 수산업 활성화방안』. 서울: 김영진의원실.

독도연구보전협회. 1998. 『독도영유권과 새 한 · 일어업협정의 재검토』. 서울: 독도연구보전협회.

독도연구보전협회. 2000. 『한 · 일어업협정의 재개정 준비와 독도 EEZ 기선 문제』. 서울: 독도보전연구협회.

독도연구보전협회. 2001. 『독도영유권과 한 · 일어업협정 개정의 방향』. 서울: 독도보전협회.

바다세계편집부. 1998. 『유엔해양법 협약』. 서울: 한국문화사.

수산사편찬위원회. 1968. 『한국수산사』. 서울: 수산청.

수산업협동조합중앙회. 1992. 『수협 30년사』. 서울: 수산업협동조합중앙회.

水友會. 1987. 『현대 한국 수산사』. 서울: 한국수산신보사.

옥영수 · 정갑용 · 유정곤. 1998. 『신한 · 일어업협정 발효에 따른 국내어업대책』. 서울: 한국해양수산개발원.

이종학. 2000. 『한 · 일어업관계조사자료』. 울릉군: 울릉군독도박물관.

일본수산청 편. 해양수산부 역. 1999. 『일본국 배타적경제수역에서 대한민국어선의 조업조건 및 입어절차』. 과천: 해양수산부.

주진우. 1999. 『한 · 일, 한 · 중 어업협상: 준비된 실패』. 서울: [발행처불명].

지철근. 1990. 『한 · 일어업분쟁사』. 서울: 한국수산신보사.

진창수. 1998. 『한 · 일어업협정에 관한 일본의 정책과 한국의 대응방향』. 성남: 세종연구소.

최낙정. 2002.『한 · 일어업협정은 파기되어야 하나』. 서울: 세창.

한국언론재단. 1999.『신문보도의 정보성: 한 · 일어업협상보도-한 · 일비교』. 서울: 한국언론재단

한국해양수산개발원. 2002.『한 · 일 어업협정과 독도에 관한 세미나』. 서울: 한국해양수산개발원.

해양수산부. 2000.『2000년도 입어를 위한 한 · 일 어업협상 타결: 새로운 천년, 새로운 수산으로』. 서울: 해양수산부.

[학위논문: 석사]

가쓰마타 쇼케이. 2004. "한 · 일국교정상화과정에 나타난 양국협상력의 분석: 어업협상을 중심으로." 한국외국어대 대학원 일본학 석사학위논문.

김상욱. 2000. "신한 · 일어업협상의 비교연구: 협상자원, 선호와 협상전략선택" 연세대 대학원 석사학위논문.

김형렬 · 정유식. 2002. "한 · 일간 정책결정에 있어서 자율성에 관한 연구: 한 · 일 어업협정을 중심으로." 연세대 대학원 석사학위논문.

다나카 유지. 2005. "한중일 어업협상 연구." 서강대 대학원 정치외교학 석사학위논문.

박재영. 2003. "동북아 신어업협정체제하에서의 어업협력방안에 관한 연구." 부경대 대학원 석사학위논문.

송희선. 2004. "일본의 어업수탈과정에 대한 고찰: 한반도 남해안을 중심으로." 한국해양대 대학원 석사학위논문.

신정훈. 2002. "신 한 · 일어업협정의 분석과 평가: 협상분석론적 접근을 중심으로." 동국대 대학원 석사학위논문.

심인섭. 2006. "Roger Fisher의 협상이론을 통한 신 한 · 일어업협정 분석." 충북대 대학원 석사학위논문.

양희창. 2000. "1965년과 1998년 한 · 일어업협상의 비교연구: two level game 이론의 관점." 한림대 국제대학원 외교통상학 석사학위논문.

오경수. 1999. "한국 신문보도의 공정성에 관한 연구: 한 · 일 어업협정 보도를 중심으로." 성균관대 대학원 석사학위논문.

윤영삼. 2000. “한 · 일 어업협상과 국내정치, 1998-1999: 투레벨게임을 중심으로.” 연세대 대학원 석사학위논문.

이범우. 2003. “협상과 재협상—1998년 한 · 일어업협상을 중심으로.” 한림대 석사학위논문.

이상훈. 2000. “양면게임으로 본 한 · 일어업협상 연구.” 인천대 대학원 석사학위논문.

이정한. 2000. “한 · 일 간 배타적 경제수역 설정에 관한 연구.” 인천대 교육대학원 석사학위논문.

이형기. 2000. “국제해양법상 잠정약정 및 중간수역의 법적지위 : 한 · 일, 한중, 중일 어업협정을 중심으로.” 고려대 대학원 석사학위논문.

이형범. 2000. “2단계 게임이론(The Logic of Two-Level Games)을 통한 협상과정의 분석: 한 · 일 어업협상을 중심으로.” 연세대 대학원 행정학 석사학위논문.

정유식. 2002. “한 · 일간 정책결정에 있어서 자율성에 관한 연구 : 한 · 일 어업협정을 중심으로.” 연세대 대학원 석사학위논문.

최성혁. 1999. “한 · 일어업협상의 전략과 영향요인 분석: 2단계 게임이론의 적용.” 고려대 행정대학원 석사학위논문.

황금자. 2001. “한 · 일어업협상을 둘러싼 일본의 정책결정과정.” 한림대 국제학대학원 석사학위논문.

[학위논문: 박사]

손양수. 1988. “한 · 일어업협정에 관한 연구.” 전남대 박사학위논문.

옥영수. 1994. “다국간 이용 어업자원에 대한 적정어획 관리방안 연구: 황해 및 동중국해에 있어서 한 · 일 간 어업자원을 중심으로.” 부산대 대학원 박사학위논문.

[정기간행물: 학술논문]

고기복. 2001. “한 · 일 어업협정을 통해서 본 대일 해양정책의 재검토.” 『비교법연구』 2권, 535-554.

권문상. 1997. “일본주장 직선기선과 한 · 일어업관계.” 『국회보』 371권, 104-111.

김명기 외. 2002. “독도 영유권과 한 · 일어업협정<토론>.” 『4월의 소리』 43-44호, 70-118.

김영구. 1997. "일본의 직선기선과 어업협정문제." 『황해문화』(12월).
나홍주. 2000. "한 · 일 어업협정의 문제점에 관한 고찰." 『한국해법학회지』 22집 2호, 177-200.
동아시아전략연구센터. 2005. "한 · 일 대한해협 '신 어업 해전' : 배타적 경제수역, 외교 분쟁 해결책 시급." 『동북아포럼』 13호, 130-132.
박경용. 2004. "한 · 일 어업협정의 영향과 어민들의 대응전략: 동해안 구룡포 일대를 중심으로." 『역사민속학』 18호, 249-284.
박배근. 2000. "1982년 유엔 해양법협약과 새 한 · 일어업협정." 『부산법조』 17호, 6-23.
심상용. 2001. "신한 · 일어업 협정 체결을 위한 한 · 일간 협상 사례." 『정책개발연구』 1권 1호, 97-120. 한국정책개발연구원.
양기웅. 2005. "외압과 국내정치의 한 · 일관계: 신어업협상과 한국정치." 『일본연구논총』 22호, 39-62. 현대일본학회.
엄태석 · 이동윤. 2000. "한 · 일 어업협상과정의 역동성 분석 :투레벨 게임이론의 시각으로." 『Strategy 21』 3권 1호 통권 5호, 32-67. 한국해양전략연구소.
외교통상부 조약국. 1999. "한 · 일 어업협정 해설자료." 『국제법률경영』 38, 126-134.
유병용. 2005. "한 · 일협정과 한 · 일관계의 개선방향." 『한 · 일역사 공동연구보고서』 6집, 17-45.
이서항. 1985. "한 · 일어업협정 20년의 평가: 신해양법확립과 관련하여." 『국제법학회논총』 58호, 25-51.
이진로. 1999. "한 · 일 어업협정(1999년)과 관련한 한국의 커뮤니케이션 구조: 하버마스의 의사소통행위 이론을 중심으로." 『영산논총』 4호, 149-165.
이상면. 1999. "신 한 · 일어업협정과 독도." 『황해문화』 23호, 309-322.
이진로. 1999. "한 · 일 어업협정과 왜곡된 언론보도." 『저널리즘비평』 27호, 16-23.
이창위. 1997. "새로운 어업질서와 동북아지역의 해양경계." 『해사법연구』 14집 1호.
이창위. 1999. "동북아지역의 새로운 어업질서에 대한 연구." 『새울법학』 3호, 157-193.
이창위. 2001. "한 · 일 양국의 새로운 어업질서." 『법학연구』 22집, 23-36.
이창위. 2005. "중간수역의 운영과 해양분쟁의 해결에 대한 일본의 정책." 『해사법연구』 17집 1호, 139-159.
이환규. 1999. "한 · 일 어업협정의 문제점에 대한 소고." 『의정자료』 26호, 137-153.
최종화. 1995. "한 · 일 어업관계 30년의 평가와 체제전환의 필요성." 『한국수산해양교육학회』 7집 2호, 217-236.
최종화. 1999. "1965년 한 · 일어업협정의 법적 · 역사적 평가." 『연구업적집』 24호, 795-827.
최종화. 1999. "새 어업협정체제의 출범과 어업대책." 『연구업적집』 24호, 749-775.
최홍배 · 최석윤. 2002. "일본 EEZ에서 우리 어선나포에 대한 대응방안." 『한국항해항만학회지』 26권 5호, 517-524.
허진호. 2000. "신 한 · 일어업협정의 성립배경과 문제점: 독도 영유권의 관점에서." 『부산법조』 17호, 46-60.

[정기간행물: 잡지/기사]

김광수 외. 1998. "동해물이 마른다: 33년만에 바뀌는 한 · 일 어업협정의 득실 분석." 『ECONOMIST』 457호, 20-25.
김민종. 1999. "한 · 일어업협정과 원양어업." 『수산계』 70호, 21-24.
김선길. 1998. "한 · 일 어업협정 개정과 어업 지원 대책." 『국회보』 386호, 17-20.
김영구. 1998. "새 한 · 일 어업협정의 문제." 『시민과 변호사』 58호, 47-52.
김영구. 2002. "한 · 일 · 한중 어업협정의 비교." 『외교』 62호, 80-91.
김영구. 2002. "한 · 일어업협정과 독도 문제 어떻게 풀어나가야 하나?" 『군사세계』 통권 84호, 107-111.
김종두. 1998. "한 · 일 어업협정 앞으로가 더 중요하다." 『자유공론』 380호, 100-107.
김찬규. 1997. "한 · 일 어업협정의 문제점과 그 개정방향." 『순국』 83호, 50-59.
김찬규. 1998. "새 한 · 일 어업협정에 대한 개관." 『시민과 변호사』 58호, 43-46.
박관숙. 1967. "한 · 일어업협정과 국내법." 『한국사법행정학회』 8집 3호, 33-37.
박규석 · 이대옥. 1998. "신 한 · 일어업협정을 말한다<對談>." 『현대해양』 343호, 66-73.
박명환. 1999. "새 한 · 일어업협정 재협상을 보고." 『국회보』 390호, 17-18.

박종성. 1980. "최근의 국제해양법 동향과 한 · 일어업문제." 『국제법학회논총』 47집 48호, 233-238.

박찬호. 2005. "신 한 · 일어업협정과 독도 영유권에 관한 소고." 『국제법 동향과 실무』 4집 2호, 54-66.

신각수. 2002. "한 · 일어업협정과 독도 영유권." 『2000年』 통권 227호, 26-29.

신용하. 1998. "사회과학에서 본 새 한 · 일 어업협정과 독도영유권: 문제의 중간수역에 포함 '잘못'." 『현대해양』 344, 48-51.

안기석. 1998. "신한 · 일어업협정." 『신동아』(12월).

양기웅. 1999. "어업, 처음부터 잘못된 협상." 『조선일보』(3월 25일).

윤광식. 2002. "신(新)한 · 일어업협정과 독도영유권 문제 검토." 『국회보』 통권 424호, 109-113.

이기택. 1998. "한 · 일 어업협정에 따른 군사적 측면에서의 고찰." 『시민과 변호사』 58호, 57-60.

임재봉. 2000. "중 · 일 어업협정 발효와 한 · 일 어업협상 전망." 『국회보』 404호, 150-153. 국회사무처.

임휘철. 1995. "청구권 협정-협정이후의 한 · 일경제관계." 민족문제연구소 편. 『한 · 일협정을 다시 본다』. 서울: 아세아 문화사.

정성일. 1999. "한 · 일 어업협정과 비켜간 독도 영유권 문제." 『순국』 96, 24-33.

정 준. 2000. "신한 · 일어업협정 「합의의사록」의 의혹." 『군사논단』 24, 120-126.

조홍제. 198. "한 · 일어업협정 파기의 분석과 전망." 『공군』 242, 59-67.

지정일. 1978. "한 · 일 · 미의 어업관계의 쟁점 및 분쟁해결책." 『국제법학회논총』 43-44, 353-367.

진창수. 2005. "3만 6000쪽 외교문서로 확인한 한 · 일협정 막전막후: 일본 막판까지 독도 물고 늘어지기, 미국 '타결은 빠를수록 좋다' 전방위 압력, 박정희 정권 대선 승리 위해 어업협상 은폐." 『신동아』 48권 11호 통권 554호, 256-269.

최성애. 1998. "한 · 일 어업협정 개정이 어업에 미치는 영향." 『시민과 변호사』 58호, 53-56.

최종화. 1997. "한 · 일어협 협의의무 불이행 특별법지위 명백히 할 필요: 日관할수역 확대저의 국제사회서 비난." 『수산계』 64, 7-15.

최종화. 1998. "새 한 · 일어업협정의 구성과 법적 성격." 『수산경영론집』 29권 2호, 1-19.

최종화. 1998. "준법어업으로 '공영' 이뤄야: 새 한 · 일어업협정 타결의 의의와 과제." 『현대해양』 342, 42-44.

최종화. 1999. "새 어업협정체제와 책입어업의 이행." 『수산계』 71호, 22-34.

최종화. 1999. "새 한 · 일 어업협정 발효: 한국 수산업계 당면과제." 『수산계』 69호, 20-21.

최종화. 2001. "일본 경제수역내 입어 이행은 한 · 일어업협정내 사항 :한 · 일 꽁치 봉수망 입어 법률 해석." 『현대해양』 375호, 42-46.

한국수산회. 1998. "일본 한 · 일어업협정 일방파기." 『수산계』 66호, 11-18.

한국수산회. 1998. 『수산계』(68호), 16.

한국수산회. 1999. "한 · 일 어업 실무협상 타결: 日 EEZ 내 어획량 5만 8천M/T 감축 조업재계." 『수산계』 69호, 16-19. 한국수산회.

제15장 한·일 월드컵 공동개최협상 (1994-1996)

1. 배경

1995년은 한·일 국교정상화 30주년이었다. 하지만 한·일관계는 어업문제 등이 새로운 현안으로 등장하고, 군대위안부, 사할린 한인 영주귀국문제 등 과거사 관련 문제가 계속되었으며, 독도를 둘러싼 영토분쟁으로 악화되고 있었다. 바로 이 시기에 추진된 한국의 월드컵 유치활동은 축구를 매개한 한·일 경쟁의 이미지로 부각되었다.

2002년 월드컵 개최지 결정을 둘러싸고 한·일 양국의 이해갈등이 촉발된 것은 당시 아벨란제 FIFA 회장의 아시아 개최 발언 때문이었다. 월드컵의 아시아 및 아프리카 개최는 아벨란제 FIFA 회장의 공약이었고 당시까지 유럽과 미주지역에서만 개최되던 것을 아시아, 아프리카로 확대하겠다는 것이 아벨란제 회장의 방침이었다.

일본축구협회는 1989년 11월 FIFA에 월드컵 유치 의사를 처음으로 표명한 이래, 1991년 6월 유치위원회를 발족시키고, 1993년 1월 국내 개최 후보도시를 선정하는 등 국내적으로 유치준비를 착실하게 진행시켜 갔다. 특히 J 리그의 발족은 일본 내 축구 붐을 조성하고 월드컵 유치의 기반을 다지는 역할을 했고 해외홍보활동도 활발히 전개되었다.

대한축구협회 이사회는 1989년 12월 월드컵 개최를 위한 입후보 의사를 확인했으나 월드컵 유치위원회가 출범한 것은 1994년 1월이었고, 공식적인 홍보활동은 1995년부터 시작되었다. 일본과 비교하면 유치위원회 발족이 약 2년 반 늦었지만 2002년 월드컵 개최를 둘러싸고 한 · 일 양국의 본격적인 경쟁은 피할 수 없는 상황이었다. 아시아 지역 개최 방침이 정해지고 다른 아시아 국가들의 참여가 없는 상황에서 월드컵 개최는 한 · 일 양자 경쟁 구도로 좁혀졌다.[1]

2. 과정

월드컵 공동개최 논의는 벨라판 아시아 축구연맹 사무총장과 고노 외상의 공동개최 제안 이후 1994년 말부터 1995년간의 시기에 활기를 띠게 되었다. 양국 정부 차원에서 의견교환도 이루어지고 협상원칙에 대한 탐색이 시작되었다. 양국 외무장관 상호 방문 및 다자간 국제회의를 계기로 개최되는 각종 양자 회담 및 양국 외무부 간 외교경로는 협상을 통한 문제해결 가능성을 높여 주는 좋은 인프라로 작용하였다.

고노 외상의 공동개최안을 계기로 양국 정부 차원의 논의가 본격화된 이

1 1994년 5월 13일 정몽준 대한축구협회장의 FIFA 부회장 선출과 한국의 1998년 프랑스 월드컵 본선진출은 한국의 월드컵 유치의사를 강화시키는 역할을 하였다.

후 양국은 국내적 의견조율과정을 진행하는 한편, APEC(94년 11월, 자카르타), ASEAN PMC(95년 8월, 브루나이) 등 국제회의를 계기로 개최된 양국 외무장관회담에서 월드컵 공동개최에 관한 협의를 진행했다. 이런 회담의 결실로서 양국 외무부가 월드컵 공동개최를 위하여 노력해 나간다는 원칙에 대한 합의가 이루어졌다.

2002년 월드컵의 개최지는 1996년 6월 1일 FIFA 집행위원회의 투표로 결정되게 되어 있었다. 아벨란제 회장은 5월 30일 FIFA 집행위원들을 비공식적으로 소집하여 한 · 일 양국이 합의하여 제기한 공동개최안을 제시하고 만장일치로 합의를 이끌어내었다. 이어 1996년 5월 30일 취리히에서 개최된 FIFA 집행위원회는 2002년 월드컵 축구대회를 한국과 일본에서 공동으로 개최한다는 결정내용을 공식적으로 발표하였다.

이와 같이 FIFA의 공동개최 결정에 따라 제1차 실무그룹회의가 96년 7월 2일 취리히에서 개최되었다. 제1차 실무그룹회의는 FIFA 집행위원회의 주요 위원들만이 참여하는 운영위원회적 성격으로 공동개최 결정에 따라 양국과의 협의에 앞서 FIFA 나름의 안을 모색하고, 향후 논의계획을 결정하는 역할을 하였다. 96년 11월 16일 취리히에서 제2차 실무그룹회의가 개최되었다. 제2차 실무그룹회의는 FIFA, 한국, 일본의 3자가 참여하는 회의로서 FIFA측이 제시한 초안을 바탕으로 양국 간 합의를 도출하는 형식으로 이루어졌다. 제2차 실무그룹회의에서 FIFA에서 준비한 안을 중심으로 검토가 이루어져 재정 분야를 제외한 대부분의 문제가 타결되었다. 이후 FIFA 기획단 회의(97년 5월 6일, 취리히)에서 마무리되지 못한 재정문제에 대한 대체적 합의가 이루어졌다. 이 과정에서 한 · 일 간에도 공동개최를 위한 세부협의가 진행되었고 FIFA 기획단 회의에서 한국과 일본 사이에도 큰 틀의 합의가 도출되었다.

3. 쟁점

쟁점은 크게 공동개최안의 수용 여부와 공동개최안을 수용했을 경우 예상되는 실무적인 이슈들로 구성되었다. 공동개최의 아이디어는 1994년으로 거슬러 올라간다. 1994년 4월 벨라판 아시아 축구연맹 사무총장이 "아벨란제 회장이 한 · 일이 함께 입후보하고 있는 2002년 월드컵을 한국과 일본에서 공동개최토록 하는 문제를 진지하게 고려하고 있다"고 언급함으로써 처음으로 공동개최 아이디어가 등장하게 되었다. 1994년 8월 10일 일본 고노 요헤이 외상은 한국의 한승주 외무장관에게 한 · 일 월드컵 공동개최를 제안하였다. 일본 내 대표적 지한파의 한 사람인 고노 외상의 제안은 스포츠 행사의 유치보다는 대한 우호협력관계 유지를 우선적으로 고려하고자 하는 일본 외무성의 입장을 반영하는 것으로 볼 수 있다. 하지만 양국 간 유치를 위한 홍보전이 치열하게 전개되고 있는 시점에서 섣불리 공동개최 수락의사를 밝히는 것은 그 국가의 유치노력과 개최 가능성을 스스로 낮추는 부작용을 초래할 우려가 있었기 때문에 공동개최에 대한 물밑논의가 이루어지는 시점에서도 양국을 대표하는 유치위원회는 공식적으로 공동개최 가능성을 부인하는 모습을 보였다. 이런 양국 내부의 상반된 입장표명은 양국 국내 이해당사자들의 의견차이를 반영하는 것이기도 하고 전술적 고려에 의한 것이기도 하였다.

다음으로 세부쟁점은 공동개최를 할 경우 예상되는 문제들에 관한 것이었다. 즉 (1) 대회의 공식명칭에 한국과 일본 중 어느 국가의 명칭을 먼저 표기하느냐의 문제, (2) 62개의 본선 경기 및 주요 행사, 특히 개막식과 결승전을 어디에서 개최하느냐의 문제, (3) 대회 조직위원회의 구성문제, (4) 양국 내 개최도시 선정문제 등이 있었다. 양국 간 협상과는 별도로 한 · 일 양국은 FIFA와는 대회개최국의 본선진출권, 수익과 비용의 분담문제 등을 협상해야 했다. 물론 이때 한 · 일 양국의 이해관계는 대체로 일치하고 있었다.

4. 결과

가장 중요한 행사배분과 대회명칭의 쟁점은 상호 연계를 통하여 해결하였다. 즉 일반적으로 가장 중요하다고 여겨지던 결승전을 일본에서 개최하고 지역예선 조 추첨을 일본에서 하되, 한국에 대한 일종의 보상형식으로서 3, 4위전 및 본선 조 추첨에 덧붙여 대회명칭을 'World Cup 2002 Korea-Japan'으로 한다는 합의안이 만들어졌던 것이다. 이와 같은 합의내용은 양국의 선호와 이해관계에 바탕을 둔 타협책이었다. 월드컵 유치협상에 있어서 한국에서는 월드컵을 개최한다는 명분 자체를 대단히 선호했고, 월드컵 유치과정에서도 한반도 평화에의 기여, 국가위신 향상 등 추상적인 목표가 설정되었다.

반면 일본의 경우 일반 대중은 대체로 월드컵에 무관심하였으며 월드컵에 적극적이었던 지방자치단체 및 재계의 관계자들은 월드컵이 가져오는 경제적 효과에 관심을 기울이고 있었다. 이미 선진국으로서의 입지를 확실히 굳힌 일본으로서는 월드컵을 통한 국가 이미지 고양은 절실한 것은 아니었다. 이에 따라 도출된 합의안은 가장 상업적 이익이 크다고 여겨지는 결승전을 일본에서 개최하되 대회명칭은 한국에 양보하는 안을 선택한 것이다.

그 외 한 · 일 양국이 일치하거나 유사한 이해관계를 가지고 있는 분야에서는 비교적 쉽게 합의가 도출되었다. 우선 개최국은 월드컵 본선에 자동적으로 출전한다는 관례에 따라 한국과 일본 대표팀의 본선진출이 자동적으로 확인되었다. 이는 양국 간 쟁점사항이라기보다는 다른 지역별 축구연맹 간 이해가 상충되는 부분으로 FIFA의 조정이 필요한 문제였다.

또 월드컵 경기 개최도시 선정문제는 공동개최로 경기유치가 가능한 도시의 수가 줄어들어 양국 내부에서 조정과정이 요구되었으므로 각자 국내적으로 결정하기로 합의되었다. 미디어 및 방송센터는 각각 설치하고 조직위원회는 별개로 운영하되 FIFA 내 양측 부위원장 및 10명의 위원이 참여하는 조정위원회를 설치하는 방향으로 합의가 되었으며 경기 엠블럼 및 마스코트는 양국 간 협의를 통하여 추후 결정하는 것으로 해결되었다.

FIFA 기획단 회의에서 논의되었던 재정 분야의 문제는 우선 양국 조직위원회와 FIFA 간 수익금 배분문제에 있어서 자국 내에서 입장권을 판매한 수입은 전액 각각의 조직위원회에 귀속되고 한 · 일 조직위원회에 자체 마케

〈표 15-1〉 2002년 한 · 일 월드컵 유치 관련 협상의 배경, 쟁점, 과정, 결과

<table>
<tr><td colspan="2">협상
배경</td><td colspan="2">1982년 채택된 UN해양법협약과 구 한 · 일어업협정에 대한 불만으로 일본 측이 어업협정 개정을 요구</td></tr>
<tr><td rowspan="5">쟁점</td><td rowspan="2">기본
쟁점</td><td>한국 측</td><td>일본 측</td></tr>
<tr><td colspan="2">양측 모두 한 · 일 공동개최라는 원칙에 합의</td></tr>
<tr><td rowspan="3">세부
쟁점</td><td colspan="2">대회 공식명칭의 결정</td></tr>
<tr><td colspan="2">경기배분, 개막전/개회식, 결승전/폐회식의 장소결정, 총회, 조 추첨 등 주요 행사 배분문제</td></tr>
<tr><td colspan="2">수익배분, 비용부담 등 재정문제</td></tr>
<tr><td colspan="2">협상
과정</td><td colspan="2">양국 간 주무부서 간에 공동개최라는 일반 원칙에 대한 합의도출
제1차 실무그룹회의(96년 7월 2일): FIFA 집행위 중심으로 FIFA 안 마련
제2차 실무그룹회의(96년 11월 6일): 재정문제를 제외한 세부쟁점 협상, 타결
FIFA 기획단 회의(97년 5월 6일): 재정문제 협상, 타결</td></tr>
<tr><td colspan="2" rowspan="2">협상
전략</td><td>한국 측</td><td>일본 측</td></tr>
<tr><td>이슈연계전략</td><td>선점전략</td></tr>
<tr><td colspan="2">협상
결과</td><td colspan="2">대회 명칭은 'World Cup 2002 Korea-Japan' 으로 결정(한국 측 요구 수용)
개막전은 한국에서, 결승전은 일본에서 개최(일본 측 요구 수용)
경기배분: 32개국 64게임 반분, 16강전부터 한 · 일 교환경기 실시, 미디어 센터는 각각 설치
엠블럼 및 마스코트: 한 · 일 양국 협의를 통해 하나의 엠블럼, 마스코트로 결정
자동출전: 한 · 일 양국의 자동출전권 보장
수익금 배분: 자국입장권 판매수입은 전액 각각의 조직위원회에 귀속, 한 · 일 조직위원회 자체 마케팅 사업수익보장</td></tr>
</table>

팅 사업의 수입도 보장키로 합의되었다.

월드컵 개최협상과정에서 일본 측은 선점전략을 구사했다. 일본 측은 일찍부터 유치희망 의사를 밝히고 준비에 들어가 이를 기정사실화하기 위하여 대규모 사전 투자를 추진하였다. 이는 다른 국가들이 경쟁에 뛰어드는 것을 방지하는 효과를 노린 것이었다.

반면 후발주자인 한국이 채택한 협상전략은 '이슈연계' 전략이었다. 한국 측은 월드컵 개최지 선정문제를 '한 · 일 우호' 라든지 '한반도의 평화와 안정' 과 같은 정치적인 명분과 연계시킴으로써 한국 개최 혹은 한 · 일 공동 개최의 정당성을 높이는 전략을 구사했다. 한국 측은 월드컵 개최문제와 정치이슈를 연계하는 전략을 구사하여 한반도의 평화와 안정을 위해서 그리고 개도국의 대표주자로서 한국의 유치 필요성을 역설했던 것이다.

주요연표

1987.	세계축구연맹(FIFA)과 아시아축구연맹(AFC)이 2002년 월드컵을 아시아 지역에서 열기로 합의.
1989. 11.	일본축구협회, FIFA에 월드컵 유치 의사 표명.
1989. 12.	대한축구협회 이사회 월드컵 개최를 위한 입후보 의사 확인.
1991. 6.	일본, 월드컵 유치위원회 공식 발족.
1993. 2.	일본, 국내 개최 후보도시 선정.
1993. 11. 1.	정부, 월드컵 유치가 김영삼 대통령의 선거공약임을 내세워 유치활동 지원을 약속.
1993. 12. 14.	이홍구 전 통일원장관을 유치위원장으로 선임.
1994. 1.	한국, 월드컵 유치위원회 출범. 공식적인 유치활동은 1995년부터 시작.
1994. 5. 13.	정몽준 축구협회장이 FIFA 부회장에 선임되자 한국의 유치활동은 활기를 띠기 시작. 정몽준 회장은 월드컵 개최지 결정 투표권을 가진 집행위원이 되자 세계 각국을 순회하며 20명의 집행위원들을 상대로 로비를 시작.
1994. 4.	피터 벨라판 AFC사무총장, 한 · 일 공동개최 제의.
1994. 5.	벨라판, 한 · 일 공동개최 재권고.
1994. 8. 10.	고노 일본 외상, 한 · 일 공동개최 제의. 일본 측은 한승주 외무부장관과의 회담에서 "유치경쟁이 과열되면 어느 쪽으로 결정되든 국민감정에 좋지 않다"는 의사를 표시하며 공동개최를 제의.
1994. 10.	사쿠라우치 한 · 일 우호협회장과 도요다 일본경제단체 연합회장, 히로시마 아시안게임 기간 중 공동개최 제의.
1995. 7.	김윤환 민자당 사무총장, 한 · 일 의원연맹서 공동개최 방안논의. 당시 민자당 사무총장이던 김윤환 한 · 일 의원연맹회장이 방일, 일본 정계 지도자들과 연쇄회동을 가졌으나 국내 여론의 거센 반발을 받아

논의를 중단. '한 · 일 양국이 FIFA에 건의하면 간단히 해결할 수 있는 문제' 라고 적극적인 입장을 보였던 일본 측도 축구계의 반발에 부딪히자 포기로 돌아섬.

1995. 7. 이홍구 총리, 대 정부 국회 질의답변에서 진향직인 자세표명.

1995. 9. 정 · 재계 언론계 학계의 중요 인사들이 다수 참여한 제3차 한 · 일 포럼에서 한 · 일 공동개최 검토 제의.

1995. 9. 문체부, 단독개최 확인.

1995. 9. 28-29. 일본(28일)과 한국(29일)이 월드컵 유치 공식신청서를 FIFA에 각각 제출.

1996. 3. 술탄 AFC 회장, 공동개최 촉구 서한 각 대륙 발송. AFC와 유럽축구연맹(UEFA)이 지나친 경쟁은 양국 관계를 해칠 우려가 있다며 한 · 일 공동개최를 지지하고 나섰으나 양국 국민의 지지를 얻어내는 데는 실패.

1996. 3. 술탄 회장, 정몽준 회장 나가누마 일본 회장과 3자 회담, 나가누마 공동개최 거부.

1996. 3. 하야투 아프리카연맹 회장, 한 · 일 공동개최 지지.

1996. 4. 유럽집행위원 8명, 한 · 일 공동개최 지지 서명 FIFA 제출.

1996. 4. 아벨란제, 한 · 일 공동개최 거부.

1996. 4. 정부, 한 · 일 공동개최 검토 시사.

1996. 4. 하시모토 총리, 단독개최 재확인.

1996. 5. 3. 이수성 총리, 공동개최 수용입장 공식화.

1996. 5. 8. FIFA, 한 · 일 양국에 기존규정 준수 여부 타진.

1996. 5. 10. 정몽준 회장, 단독개최 재확인. 정몽준 회장은 5월 10일 귀국 기자회견에서 한국의 유치를 확신한다며 처음으로 자신감을 피력.

1996. 5. 15. 한 · 일 양국, FIFA 규정 준수 천명.

1996. 5. 요한슨 UEFA 회장, 공동개최 지지 표명.

1996. 5. 21. 일본 가와부치 유치위부위원장, 공동개최 수용 표명.

1996. 5. 23. 헤렌 FIFA 대변인, 공동개최를 위한 규정개정 가능성 시사.

1996. 5. 24. UEFA, 공동개최안 FIFA집행위에 상정 결의.

1996. 5. 25. 나가누마 일본축구협회장, 공동개최 수용 가능성 시사.

1996. 5. 26. 나가누마 일본축구협회장, 공동개최 수용 부인.

1996 · 5. 31. 오후 4시 일본 관방장관, 공동개최 수용시사.

1996. 6. 1. 주앙 아벨란제 국제축구연맹(FIFA) 회장은 31일 밤 11시(이하 한국 시간) 스위스 취리히 돌더 그랜드호텔에서 기자회견을 갖고 "집행위원회 회의에서 2002년에 열리는 제17회 월드컵의 한 · 일공동개최를 만장일치로 승인했으며 양국도 이를 수락했다"고 발표.

1996. 7. 2. 제1차 실무자그룹회의 취히리에서 개최. FIFA 집행위원회의 주요 위원들만 참여하는 운영위원회적 성격으로 공동개최 결정에 따라 양국과의 협의에 앞서 FIFA 나름의 안을 모색하고, 향후 논의계획을 결정하는 역할.

1996. 11. 16. 스위스 취리히에서 제2차 실무자그룹회의 개최. FIFA, 한국, 일본의 3자가 참여하여 FIFA 측이 제시한 초안을 바탕으로 양국 간 합의를 도출하는 형식으로 진행. 재정 분야를 제외한 대부분의 문제가 타결.

1997. 5. 6. FIFA기획단회의에서 재정문제에 대한 대체적 합의가 이루어짐.

1999. 6. 12. 한 · 일 월드컵 개최도시 대표, 공동선언문 채택.

1999. 10. 24. 김대중 대통령은 23일 오후 한 · 일 각료회의 참석을 위해 제주도를 방문한 오부치 게이조 일본 총리와 전화통화를 하고 일본 천황의 방한 성사와 성공적인 월드컵 공동개최를 위한 공동 노력을 다짐.

2001. 1. 17. 정몽준 2002월드컵조직위원회 공동위원장 겸 대한축구협회장은 월드컵 개최 500일을 앞둔 16일 한국 프레스센터 외신기자클럽에서 외신기자들을 상대로 기자회견을 갖고 일본 대회조직위원회가 입장권 국내 판매 신청서에 2002년 한 · 일월드컵을 '일한월드컵'으로 표기하려는 움직임에 대해 "96년 FIFA 집행위원회에서 결승전을 일본에서 개최하는 조건으로 개막전은 한국에서 열고 한 · 일월드컵으로 공식 표기하기로 결정한 만큼 일본은 원칙을 따라주기 바란다"고 말함.

2001. 3. 16. FIFA는 15일 스위스 취리히에서 제6차 월드컵조직위원회를 열고, 일본 조직위 쪽이 일본 안에서는 '한 · 일' 부분을 삭제해 대회명칭을 사용하겠다는 의견을 받아들일 수 없다고 결정.

참고문헌

[단행본]

2002년 월드컵축구대회 문화시민운동중앙협의회. 2000. 『월드컵 개최도시 문화시민의식수준 평가결과 보고서』. 서울: 2002년 월드컵축구대회 문화시민운동중앙협의회.

2002년 월드컵축구대회조직위원회 편. 2000. 『2002 FIFA 월드컵 언론보도 모음집: 경제지 편』. 서울: 2002년 월드컵축구대회조직위원회.

2002년 월드컵축구대회조직위원회 편. 2001. 『2002월드컵준비! 지금 일본은 : 일본의 월드컵준비 합동견학 결과』. 서울: 2002년 월드컵축구대회조직위원회.

2002년 월드컵축구대회조직위원회 편. 2002. 『2002 FIFA 월드컵 언론보도 모음집: 종합지, I - II 편』. 서울: 2002년 월드컵축구대회조직위원회.

2002년 월드컵축구대회조직위원회 편. 2002. 『2002 FIFA World Cup Korea · Japan™ 현장운영계획』. 서울: 2002년 월드컵축구대회조직위원회.

2002년 월드컵축구대회조직위원회 편. 2002. 『2002 FIFA World Cup™ 대회 업무일정』. 서울: 2002년 월드컵축구대회조직위원회.

2002년 월드컵축구대회조직위원회 편. 2002. 『2002년 월드컵축구대회 종합시행계획, 1차』. 서울: 2002년월드컵축구대회조직위원회.

2002년 월드컵축구대회조직위원회 편. 2003. 『2002 FIFA 월드컵 한국 · 일본™ 공식보고서』. 서울: 2002년 월드컵축구대회조직위원회.

강성구. 2001. 『2002년 월드컵 분야별 대책방안 : 문화 · 관광 · 교통 · 방송 · IT · 對테러 · 스포츠산업』. 서울: 강성구의원실.

국정홍보처 해외홍보원 편. 2002. 『세계언론이 본 2002 한 · 일 월드컵』. 서울: 국정홍보처 해외홍보원.

국회도서관. 1996. 『2002년 월드컵 한 · 일공동개최가 일본경제에 미치는 영향: 일본국내경제에 미치는 파급효과: 약1조 8,800억엔』. 서울: 국회도서관.

김도균. 2003. 『월드컵 비즈니스』. 서울: 국민체육진흥공단.

김향자 외. 2002. 『2002 월드컵개최에 따른 관광 부문 종합보고: 성과와 대책』. 서울: 한국문화관광정책연구원.

문화관광부 편. 2003. 『문화정책백서 2002』. 서울: 한국문화관광정책연구원.

이수현 외. 2003. 『월드컵에서 나타난 한국 여성의 정체성 분석 및 국가 발전을 위한 새로운 역할 연구』. 서울: 한국여성개발원.

이종원 · 이경상 · 김종길. 2003. 『월드컵현상을 통해 본 신세대의 사회 · 문화적 정체성과 청소년정책의 과제』. 서울: 한국청소년개발원.

일본문부과학성 지음. 주일대한민국대사관 교육관실 · 한국교육재단 공역. 2003. 『일본의 문부과학백서: 일본 교육 정보 2002』. 서울: 한국교육재단.

재정경재부 편. 2003. 『경제백서 2002』. 과천: 재정경제부.

정몽준. 2001. 『일본에 말한다: 2002년 월드컵을 맞아 일본인에게 주는 메시지』. 서울: 김영사.

한국개발연구원. 2003. 『2002 FIFA 월드컵 공동개최에 따른 의의와 성과』. 서울: 한국개발연구원.

한국관광공사 편. 2002. 『월드컵기간 방한외국인 설문조사 : 월드컵대회 국제관광 부문 파급효과분석 포함』. 서울: 한국관광공사.

한국교육개발원. 2003. 『(2002 월드컵에 나타난)국민적 역동성의 이해와 해석』. 서울: 한국교육개발원.

한국체육학회. 2000. 『2002년 월드컵축구대회 한 · 일 공동개최와 스포츠 산업』. 서울: 한국체육학회.

환경부 편. 2001. 『2002 월드컵 등 환경친화적 국제경기대회 개최에 관한 연구』. 과천: 환경부.

[학위논문:석사]

가나이 노부요시. 2001. "한 · 일 양국 간 문화교류에 의한 관광 이벤트: 2002년 월드컵 한 · 일공동개최와 문화교류를 중심으로." 호남대 대학원 석사학위논문.

강나연. 2004. "2002 한 · 일 월드컵 보도에 관한 비교 연구 :한국과 일본 일간지를 중심으로.” 연세대 대학원 석사학위논문.

권동태. 2003. “2002년 월드컵 대회의 경제적 효과에 관한 연구.” 고려대 정책대학원 석사학위논문.

권숙경. 2002. “한 · 일 신문기사 분석을 통한 관광홍보 방안: 2002 FIFA 월드컵을 중심으로.” 계명대 대학원 석사학위논문.

권영경. 2002. “월드컵 축구대회개최를 통한 향후 스포츠 마케팅 전략: 월드컵의 경제적 파급효과를 중심으로.” 목원대 대학원 석사학위논문.

김강년. 2004. “한 · 일 월드컵 이후 미디어 스포츠의 변화에 관한 연구.” 동아대 언론홍보대학원 석사학위논문.

김정화. 2003. “New York Times의 월드컵 보도기사 분석: 한국이미지와 관광홍보 전략.” 계명대 대학원 석사학위논문.

김학수. 2005. “2002 한 · 일월드컵서 나타난 축구민족주의에 대한 연구.” 한양대 언론정보대학원 석사학위논문.

김한주. 2005. “2002 FIFA 월드컵 TV 뉴스의 프레임 구성방식에 관한 연구.” 서울대 대학원 석사학위논문.

다나카 아키코. 2003. “한 · 일 신문보도에 나타난 상호인식 차이에 관한 연구: 2002년 한 · 일 월드컵을 중심으로.” 성균관대 대학원 석사학위논문.

박용주. 2003. “한국의 2002년 한 · 일 월드컵대회 개최가 국가이미지에 미친 영향.” 한국체육대 사회체육대학원 석사학위논문.

박화숙. 2001. “한국신문의 한 · 일 축구경기 기사분석: 월드컵 공동개최 결정 전 · 후 비교.” 세종대 언론문화대학원 석사학위논문.

방성용. 2003. “2002년 한 · 일 월드컵 보도경향 분석: 한 · 일 양국의 주요 일간지에 대한 기호학적 분석을 중심으로.” 성균관대 대학원 석사학위논문.

신동민. 2003. “<붉은악마>의 사회통합적 역할에 관한 연구: 2002 FIFA 한 · 일월드컵 기간을 중심으로.” 한국외국어대 정책과학대학원 석사학위논문.

신익주. 2003. “테러의 유형과 안전대책에 관한 연구: 2002년 한 · 일 월드컵대회 안전대책을 중심으로.” 경희대 산업정보대학원 석사학위논문.

오선영. 2003. “외국인 관광객이 지각하는 한국의 국가이미지 변화에 관한 연구: 월드컵 전후 및 방문중 이미지 비교." 세종대 관광대학원 석사학위논문.
오진희. 2000. "한 · 일 월드컵 유치 협상 연구." 서울대 행정대학원 석사학위논문.
윤진영. 2002. "국제이벤트가 국가이미지에 미치는 영향에 관한 연구 : 2002년 월드컵을 중심으로." 세종대 대학원 석사학위논문.
이상준. 2001. "한국의 관광객 유치활성화 정책에 관한 연구: 2002년 월드컵 한 · 일 공동개최를 중심으로." 연세대 행정대학원 석사학위논문.
이상훈. 2004. "국민적 통합을 위한 축제문화의 활성화에 대한 연구: 2002 한 · 일 월드컵 축제를 중심으로." 중부대 인문사회과학대학원 석사학위논문.
이와타 유키. 1999. "신문 스포츠기사에 나타난 내셔널리즘에 관한 연구: 한국, 일본 신문의 월드컵 축구 기사 비교를 중심으로." 연세대 대학원 석사학위논문.
이은경. 2003. "2002 한 · 일 월드컵 자원봉사자의 참여 동기, 참여혜택 및 가치관 분석." 세종대 대학원 석사학위논문.
이정우. 2003. "국제 정치 패러다임 변화에 따른 한국 스포츠 외교의 구성과 과제." 성균관대 대학원 석사학위논문.
정대철. 2004. "2002 한 · 일 월드컵 축구경기의 득점에 관한 연구." 순천대 교육대학원 석사학위논문.
정명권. 2004. "2002 월드컵 축구 행정조직의 운영형태와 조직구성원의 개인적 특성이 조직구조, 조직문화, 조직효과 등에 미치는 영향." 경기대 대학원 석사학위논문.
주정돈. 1996. "2002년 월드컵 한국 유치의 산업별 파급효과에 관한 연구." 고려대 경영대학원 석사학위논문.
최상국. 2000. "2002년 월드컵 축구대회 한 · 일 공동개최에 대한 정책 분석." 청주대 대학원 체육학 석사학위논문.
최휘곤. 2000. "2002년 월드컵축구대회가 한 · 일 양국에 미치는 경제적 파급 효과." 한양대 교육대학원 석사학위논문.

[학위논문:박사]

변재진. 1997. "2002 월드컵 관광객 유치를 위한 관광전략계획에 관한 연구." 경기대

박사학위논문.

[정기간행물: 학술논문]

강병근. 2000. "월드컵 한 · 일 공동개최와 스포츠 국제법의 과제: 국제스포츠 분쟁 해결 제도를 중심으로." 『스포츠와 법』 1호, 157-178.

김진동 · 김남조. 2003. "2002년 한 · 일 월드컵의 영향 분석: 신문기사의 내용분석을 중심으로." 『관광학연구』 26권 4호, 57-75.

박순애. 2001. "월드컵 공동개최와 한 · 일관계론." 『호남대학교 학술논문집』 22집 1호, 107-124.

유윤하. 1996. "2002년 월드컵 공동개최에 따른 국민경제 파급효과." 『국책연구』 40호, 158-166. 민주자유당 국책연구원.

이혁섭. 2002. "한 · 일월드컵의 지역안보효과." 『공공정책연구』 통권 11호, 189-206.

정용준. 2002. "2002 한 · 일 월드컵 방송의 문제점과 대안 모색." 『언론과학연구』 2권 2호, 261-292.

한영주 · 노영순. 2002. "세계화 시대, 동북아 지역 통합의 조건: 2002 월드컵 공동개최와 한 · 일교류의 활성화." 『지역연구』 18권 1호, 115-134.

[정기간행물: 잡지/ 기사]

강인호. 2004. "2002 한 · 일월드컵과 스포츠관광." 『경영경제』 37권 1호, 357-373. 경향신문사.

김광옥. 2002. "한 · 일월드컵에 나타난 문화적 성격." 『사회과학논집』(12월호) 14집, 1-9.

김성수 · 최성희. 2005. "한 · 일 월드컵대회 개최가 한국의 국가이미지에 미친 영향." 『Korea sport research』 16권 6호, 1053-1063.

김원동. 2001. "2002 한 · 일 월드컵의 의미와 효과." 『개혁시대』(겨울) 12집, 89-91.

김창수. 2001. "일본의 역사왜곡과 한 · 일 월드컵 공동개최, 어떻게 대응할 것인가." 『순국』 128호, 54-60. 순국선열유족회.

김호섭. 1996. "월드컵 공동개최 경쟁 끝나지 않았다." 『주간한국』. 1625호(6월13일),

12-26. 한국일보사.
남정석. 2002. "2002년 한 · 일월드컵의 성공 요인." 『스포츠과학』(가을) 81호, 2-7.
설용수. 2002. "월드컵 성과와 국가발전 과제." 『통일로』(9월호) 통권 169호, 92-101.
손장환. 2002. "정치에 춤추는 월드컵: 정치인들은 일찍부터 축구의 중독성과 영향력을 이용해 왔다." 『뉴스위크한국판』 12권 17호, 78-82.
유병규. 1996. "월드컵 공동 개최, 효과적으로 치를 수 있는가." 『기업경제』 37호, 33-38. 현대경제사회연구원.
이 근. 2002. "2002 한 · 일월드컵과 동북아 국제정치."『창작과 비평』(여름) 30권 2호, 342-349.
이기환. 1996. "공동개최 계기로 한 · 일감정 풀자." 『뉴스메이커』 177호(6월13일), 8-17.
이상훈. 2002. "일본 미디어가 본 한 · 일 월드컵의 영향." 『국제지역정보』(8월호) 6권 8호, 2-5.
이재후 외. 1996. "월드컵 공동개최와 금후의 한 · 일관계<토론>." 『4월회』 22, 81-98.
이케하라 마모루. 2001. "2002 월드컵, 한 · 일관계의 미래." 『2000년』 213호, 32-35.
장학만 · 송영웅. 2002. "2002 한 · 일 월드컵." 『주간한국』 통권 1926호, 8-19.
조영석. 2000. "2002년 월드컵에 대한 염려와 기대." 『교타나』(12월호) 8호, 40-44.

제16장 한·일 투자협정협상(1998-2001)

1. 배경

BIT(Bilateral Investment Treaty)[1]는 자본수출국인 선진국과 자본수입국인 개도국 간에 체결되는 것이 보통이다. 이때 양국이 협정체결에 임하는 목적은 상이하다. 선진국의 입장에서는 전통적으로 자국의 투자 및 투자가에 대한 최대한의 보호를 보장하는 수단으로 BIT를 체결하는 데 반해, 개도국의 경우 이 협정을 체결하는 주된 목적은 해외직접투자의 유치에 있다. 한국의 경우는 자본유치와 자본수출 모두에 관심을 가지고 있었다.

1 투자협정(이하 BIT: Bilateral Investment Treaty)이란 일반적으로 선후진국 간, 혹은 후진국끼리 투자보호(투자 자유화)를 목적으로 체결하는 협약으로서 체결 당사국 간에는 상호 내국인대우와 최혜국 대우를 부여하여 제3자에 대하여 배타적인 혜택을 허용함으로써 양국 간 투자가 활성화되도록 유도하는 것을 지칭한다.

김대중 정부의 적극적인 이니셔티브로 1998년 11월 한 · 일 통상장관 회의에서 제안된 한 · 일투자협정이 3여 년이 지난 2001년 12월 22일 도쿄에서 열렸던 제9차 본회의를 통해 타결되었다. 하지만 한국은 경제성장으로 자본수출국의 지위에 도달함에 따라 일본과의 투자협정을 위한 협상에서 투자보호와 투자촉진을 모두 얻어내려고 하였다. 한국 측은 97년 외환위기 이후 안정적인 성장을 위해서는 첨단기술과 선진경영기법을 보유한 외국기업 특히 일본 기업의 투자유치가 필요하다는 판단에서 이를 추진해 왔다.

일본 측은 한 · 일 투자협정을 통해 조속한 자유무역협정(FTA) 체결로 연결짓고자 했고 부가가치는 있지만 일본에서 계속 생산하기에는 다소 경쟁력이 떨어지는 품목의 해외이전 기지로 한국을 선택한 것이다. 이러한 양측의 이해관계가 한 · 일 투자협정 체결의 배경이 되었다.

2. 과정

1998년 10월 한 · 일 양국 정상은 「21세기 한 · 일 파트너십 공동선언 및 행동계획」을 채택하고 매년 외무장관 회담에서 행동계획의 추진 상황을 점검 보완키로 합의하였다. 이후 한 · 일 양국은 1998년 11월 APEC회의를 계기로 개최된 한 · 일 통상장관회담에서 양자간 투자협정 체결을 추진하기로 합의하고 1999년 2월 서울에서 제1차 예비협의를 개최하고 본격적인 협상을 시작했다.

1999년 3월 말에 개최된 한 · 일 정상회담에서 양국 정상은 한 · 일 투자협정의 조기 타결에 합의하고 이를 「한 · 일경제 아젠다 21—21세기를 향한 한 · 일 경제관계 긴밀화를 위하여」에 포함하여 발표하였다.[2]

---

2 日韓官民合同投資促進協議會, 「日韓官民合同投資促進協議會-結果概要」, 1999. 12. 16. 그 내용은 다음과 같다. 양국은 한 · 일 투자협정의 본 교섭을 조기에 개시하고 가

〈한 · 일 투자협정 추진일지〉

1998. 11. 13.	한국 측, 요사노 일본 통산상에게 한 · 일 투자협정 체결 제의 (APEC 계기 한 · 일 통상장관 회담)
1998. 11. 17.	김대중 대통령 한 · 일 투자협정 체결 추진 지시
1998. 11. 28.	한 · 일 양국 외무장관, 투자협정 체결 추진을 위한 사전협의 개시 합의 (제1차 한 · 일 각료 간담회)
1999. 2. 23.	제1차 예비협의(서울)
1999. 9. 30.	제1차 본회의(도쿄)
2001. 10. 20.	한 · 일 정상, 연내 타결 합의(상하이 APEC 정상회의 계기 한 · 일 정상회담)
2001. 12. 22.	제9차 본회의, 문안 합의(도쿄)
2002. 3. 22.	양국 외무장관, '한 · 일 투자협정' 서명 (최성홍 외교통상부장관과 데라다 데루스케 주한 일본 대사)

이후 3년 동안 양측 대표단이 서울과 도쿄를 오가며 9차례의 본회의와 13차례의 실무급 회의 및 수차례의 비공식협의를 가지게 되고 2001년 12월 22일 도쿄에서 개최된 한 · 일 투자협정 제9차 본회의에서 양국이 협정 문안에 대해 기본합의를 함으로써 3년간 논의되어 오던 한 · 일 투자협정의 문안이 확정되었다.

이 후 협정문안의 기술적인 사항에 대한 조정 작업을 거친 후 양국이 각

능한 한 조기 체결을 지향함. 양국은 동 협정을 투자촉진효과가 높은 것으로 만든다는 기본 방침 하에서 교섭에 임함. 양국은 1999년 가을에 제2회 韓日官民합동투자촉진협의회를 일본에서 개최하여 官民일체형의 투자촉진 체제를 강화함. 일본은 일본 기업이 개선을 요망한 투자문제에 대하여 한국 정부가 적극적으로 대응해 준 것을 높이 평가하고 있음. 또한 양국은 투자문제에 대한 정부 간 협의를 계속함.

각 국무회의 심의 등 절차를 마친 다음 2002년 3월 22일 최성홍 외교통상부 장관과 데라다 데루스케(寺田輝介) 주한 일본 대사는 한 · 일 양국 정상이 임석한 가운데 「대한민국 정부와 일본 정부 간의 투자의 자유화 증진 및 보호를 위한 협정(한 · 일 투자협정)」에 서명하였다.

3. 쟁점

한국 측은 BIT 체결을 통해 일본의 한국 투자 확대를 희망했다. 한국 정부는 IMF 경제위기 이후 한국 경제의 안정적이고 지속적인 성장을 위해서는 미국, 일본 등 첨단기술과 우수한 경영기법을 보유한 선진 외국 기업의 투자 유치 확대가 중요하다는 인식 하에 특히 한국 경제의 개방화, 자유화 정책을 지속적으로 추진하겠다는 정부의 강력한 의지를 대외적으로 천명하고 이를 구체적으로 실행하기 위한 방안의 일환으로 한 · 일 투자협정 체결을 추진하여 왔던 것이다.[3] 한국으로서는 위험부담이 큰 FTA보다는 일본 기업의 한국 투자 증대를 위한 BIT 체결을 선호하여 이를 우선적으로 추진하기로 결정하였다. 또한 한국의 입장에서도 한국이 어떤 경제블록에도 참여하지 않는 상황에서 세계경제의 블록화가 가속화되고 있다는 점에서 지역경제협력체 결성의 세계적 추세에 동승할 필요를 느끼고 있던 상황이었다. 그렇지만 한 · 일 간 FTA는 대일 무역적자를 더욱 심화시킬 것으로 예상되기 때문에 한국은 부품 및 소재 등에서 일본의 대한 투자활성화를 기대할 수 있는 투자협정을 먼저 체결하고자 했던 것이다.

일본은 한 · 일 FTA 추진의 일환으로 투자협정을 체결하고자 했다. 일본은 중국의 급부상을 경계하면서 지역협력체가 없는 동아시아 지역에서 일

3 외교통상부 보도자료, 「韓日 투자협정 최종 타결」, 2001. 12. 22.

본이 협력체 구성의 주도권을 쥐어야 한다는 입장을 가지고 있었다. 이런 맥락에서 일본은 아세안에 대한 중국의 영향력 증대를 경계하면서 아세안(ASEAN)과의 협력을 강화하는 한편, 싱가포르와 자유무역협정을 맺었으며, 멕시코, 칠레 등과의 FTA 체결에도 적극적인 모습을 보이고 있으며, 한국과의 FTA 체결에도 큰 관심을 가지고 있었다. 특히 한국과의 FTA 체결은 일본에게 수출시장 확대 측면이 크기 때문에 더욱 일본 업계나 정부의 관심은 상당한 것이었다. 하지만 한국과의 FTA 체결에는 적지 않은 시간이 필요할 것이라는 판단 하에 FTA 체결의 전 단계로서 한 · 일 투자협정을 선택하게 된 것이다.

한 · 일 투자협정을 둘러싼 협상과정에서 최대 쟁점은 한국의 '노사문제'였다. 일본 재계는 한국의 불안정한 노사관계를 가장 우려하고 있었다. 일본은 1998년 10월 한 · 일 정상회담 때 투자협정 체결을 추진키로 합의한 이후 7차례 본회의를 통해 협정 본문에 "한국에 진출해 있는 일본 투자기업에서 노사분규가 발생할 경우 한국 정부가 관심을 갖고 지원한다"는 내용의 조항을 포함시킬 것을 요구해 왔다. 하지만 김호진 노동장관은 동 조항이 삽입될 경우 국내적 비준이 어려워질 것을 염려하여 사카구치 지카라(坂口力) 일본 후생노동상을 만나 한 · 일 투자협정에 노사문제 관련 조항을 포함시킬 수 없다는 입장을 전달했다.[4] 결국 이 쟁점사항은 협정전문을 통해 선언적인 차원에서 협력적 노사관계가 양국 간 투자증진에 기여한다고 규정함으로써 일단락되었고, 제9차 본회의(01. 12. 22)에서 양국이 핵심 쟁점사항인 '노동 조항'에 합의함으로써 투자협정 최종 타결되었다.

4 김 장관은 방송인터뷰를 통해 "국제적으로 투자협정에 노사문제 관련 조항이 포함된 예가 없다"며 "한국 정부가 외국인 투자기업 노사관계 안정을 위해 다각적인 노력을 기울이고 있는 만큼 노사관계 조항을 넣는 것은 무의미하다"고 밝혔다.

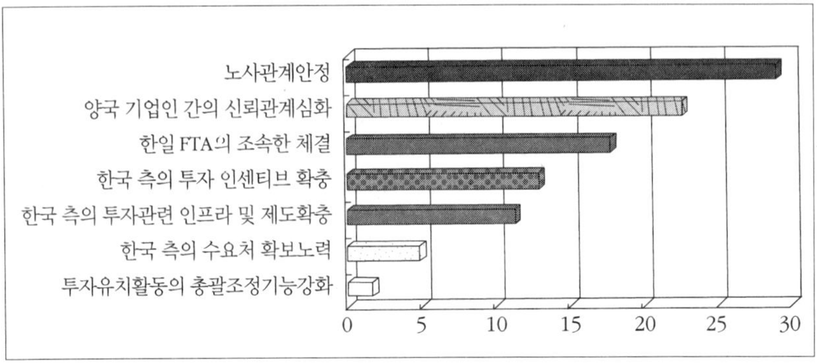

〔그림 16-1〕 대한 투자 확대방안에 대한 일본 기업들의 인식

자료: KIEP 실태조사, 2002. "일본기업의 對韓투자 확대를 위한 방안"에 대한 설문조사(한국에서 투자하고 있는 SJC(서울재팬클럽) 멤버기업 30사, 日韓경제협회의 멤버기업 30사, KOTRA 도쿄지사의 對韓투자유망 일본기업 200사, JETRO의 「Potential Investor from Japan 2000」에 수록된 일본 업체 19개사 등 총 279사를 대상으로 설문조사)

4. 결과

한 · 일 투자협정의 주요 내용은 다음과 같다. 첫째, 투자자유화에 대한 부분으로서 방위산업, 방송 등 일부 예외 분야를 제외하고는 원칙적으로 외국인 투자를 자유화하고(부속서에 규정된 제한업종 이외의 분야에서 외국인 투자를 보장하는 Negative System 채택) 투자와 관련하여 내외국인을 동등하게 대우한다(내국민대우)고 명시하였다. 특히 투자설립 전 단계(pre-establishment)에서부터 내국민대우를 하기로 합의하였다.[5] 또한 직접투자(FDI)뿐만 아니라 포트폴리오 투자까지 투자개념에 포함시켰다. 투자자유화의 예외부분은 다음과 같다.

5 한국이 체결한 전통적인 투자보장협정(총 71개, 발효 61개; 2002년 11월 5일 기준)은 투자설립 후 단계에서부터 내국민대우를 부여해 왔다.

〈표 16-1〉 한 · 일 투자자유화 예외 부문에 관한 부속서

	한국 측	일본 측
부속서 1	방위산업, 방송산업, 수산업, 전력산업, 가스산업 등 17개 분야	수산업, 항공기산업, 방송산업, 전력산업, 가스산업 등 13개 분야
부속서 2	벼 · 보리재배업, 육우사육업, 해상운송업,항공운송업 등 10개 분야	석유산업, 광업, 철도산업, 해상운송업, 항공운송업 등 16개 분야

자료: 외교통상부 보도자료, 2002. 12. 22.

* 부속서 1: 향후 외국인투자 제한 강화 허용 가능 분야(협정발효 후에도 새로운 예외조치를 취하는 것이 허용되는 분야)
* 부속서 2: 향후 외국인투자 제한 강화 금지 분야(협정발효 후 새로운 예외조치를 취하는 것이 원칙적으로 금지되는 분야)

또한 투자자와 투자기업의 경영인 등 투자 관련 핵심인력의 입국 체류를 보장하고 있으며, 최혜국 대우를 부여하고 투자에 영향을 미치는 법령, 행정절차, 사법적 결정 등 모든 내용을 공개하도록 함으로써 투자 관련 정책에 대한 투명성을 보장하고 있다. 그리고 한 · 일 투자협정으로 인하여 양국이 상호 외국인 투자를 추가 개방하는 분야는 없으나 현재의 개방수준에서 후퇴하지 않을 것을 약속하였다.

둘째는 투자자 보호강화를 명시하고 있다. 한 · 일 투자협정에서는 투자자와 국가 간 투자분쟁에 대하여 국제분쟁 해결절차를 적용할 것을 보장하고 있는데, 이는 특히 투자실행단계의 분쟁에도 적용된다는 점에서 투자 설립 후 단계에 대해서만 적용되는 전통적인 투자보장협정과 차이를 보이는 점이다. 또한 외국인 투자와 관련, 국산제품의 사용 또는 내국인고용 등 강제적 이행(퍼포먼스) 의무 부과를 금지하고 있다. 그리고 마지막으로 투자원금 및 과실 송금을 보장하고 있는데 공공목적을 위해 투자자의 재산을 수용하는 경우 내국인과 마찬가지로 완전한 보상을 해야 하며, 전쟁, 소요 등으로 인한 손실에 대해서도 내국인보다 불리하지 않은 수준으로 보상토록 명시하고 있다. 한편 가장 핵심적 쟁점사항인 노사관계에 관해서는 협정전문

을 통해 선언적인 차원에서 협력적 노사관계가 양국 간 투자증진에 기여한다고 규정하였다.

〈표 16-2〉 한 · 일 투자협정 협상의 배경, 쟁점, 과정, 결과

<table>
<tr><td colspan="2">협상
배경</td><td colspan="2">한국 측, IMF 경제위기 이후 외국인 투자유치의 필요성 증대
일본 측, 한 · 일 FTA 체결을 향한 전 단계 조치로 인식</td></tr>
<tr><td rowspan="3">쟁점
사항</td><td rowspan="2">기본
쟁점</td><td>한국</td><td>일본</td></tr>
<tr><td>일본의 첨단기술과 선진 경영기법,
한국 투자 유치 효과를 기대함</td><td>투자협정 다음 단계로 한 · 일 FTA
(자유무역협정) 체결까지 고려함</td></tr>
<tr><td>세부
쟁점</td><td colspan="2">노사문제에 관하여 일본 측은 협정 본문에 "한국에 진출해 있는 일본 투자기업에서 노사분규가 발생할 경우 한국 정부가 관심을 갖고 지원한다"는 내용의 조항을 포함시킬 것을 요구하였으나 한국 측은 이를 거부</td></tr>
<tr><td colspan="2">협상
과정</td><td colspan="2">98. 11 한 · 일 통상장관회담시 투자협정 체결 추진 합의
99. 2. 23 제1차 예비협의(서울) 후 7차례 본회의, 11차례 실무회의 개최
2001. 11. 13 제12차 실무회의 개최(서울)
2001. 11. 14 제8차 본회의 개최(서울)
2001. 12. 22 제9차 본회의 개최(도쿄)-문안합의
2002. 3. 22 협정 서명</td></tr>
<tr><td colspan="2">협상
결과</td><td colspan="2">외국인 투자의 내국민 대우
최혜국 대우
국유화시 보상 의무 부과
투자 관련 송금의 보장
투자자에 대한 강제적 이행의무 부과금지
핵심적인 직원들의 입국과 체류 보장
투자 관련 분쟁해결절차의 강화</td></tr>
</table>

주요연표

1998. 10. 8. 한덕수 통상교섭본부장, 일본의 곤노 히데히로(今野秀洋)통산성 통산정책국장을 면담하는 자리에서 한 · 일 FTA의 체결 가능성에 대한 논의를 하였고 한 · 일 FTA의 전 단계로서 한 · 일 투자협정을 체결하는 것이 필요할 수 있다고 언급.

1998. 11. 13. 한덕수 통상교섭본부장, APEC 회담을 계기로 개최된 한 · 일 통상장관회담에서 요사노(謝野馨) 통산성 장관에게 한 · 일 투자협정 체결을 제의.

1998. 11. 17. 김대중 대통령, 한 · 일 간 투자협정 체결 추진 검토 지시.

1998. 11. 28. 일본의 가고시마에서 개최된 한 · 일 각료회의에서 투자의 보장과 자유화를 위한 투자협정 추진에 한 · 일 정부가 정식으로 합의하면서 한 · 일 투자협정의 본격적인 협상 시작.

1999. 2. 6. 외교부 지역통상국장 방일. 한국 측 협정안을 일본 측에 전달.

1999. 2. 23. 1차 예비회의가 외교부 아태 통상 과장, 일 측의 외무성 북동아시아 과장을 수석대표로 하여 서울에서 개최.

1999. 3. 20. 서울에서 개최된 한 · 일 정상회담에서 투자협정 체결을 가속화해야 한다는 데 두 정상 모두 합의.

1999. 4. 21 도쿄에서 제2차 예비협의 개최.

1999. 9. 30－10. 1. 도쿄에서 제1차 본회의 개최. 한국 측 외교부 지역통상국 정해문 심의관과 일 측 외무성 아시아국 사사에 참사관을 수석대표로 하여 진행. 주요 논의 내용은 협정의 명칭, 투자자산의 정의, 내국민 · 최혜국 · 공정공평 대우, 내국민 · 최혜국 대우의 예외, 투명성 조항, 송금보장, 국가 대 국가 · 투자자 대 국가 간 분쟁해결절차 등 일 측이 제안한 투자협정 초안의 모든 조항에 대하여 양측이 개략적인 입장 개진.

1999. 11. 30-12. 1. 제1차 양국 실무자 간 실무회의 서울에서 개최.

1999. 12. 20. 제2차 실무회의 도쿄에서 개최.

2000. 1. 26. 제3차 실무회의 서울에서 개최.

2000. 1. 27-1. 28. 제2차 본회의 서울에서 개최. 비자 발급시 인원 수 제한 금지, 지적재산권 예외구정 합의 등 일부 성과가 있었으나, 노동문제, 현지법인 국제중재 제소권 인정문제, 건전성 규제, 금융분쟁 특별 해결절차 등 중요 쟁점에서 한·일 간 입장차이가 커서 전체적으로 큰 성과 없이 끝남.

2000. 4. 25. 제4차 실무회의 서울에서 개최. 이 회의의 주제는 회의 직전 교환한 한·일 투자협정상의 양국 간 투자제한제도에 대한 토의와 내국민대우 유보와 일반적 예외사유와의 관계에 대한 논의가 중심. 이 외에도 유보업종리스트에 대한 사실 확인 작업 및 투자제한 사유 등에 대한 의견교환을 했으며 향후 유보업종을 리스트화하기 위해 기초자료로 활용키로 하고 회의 종료.

2000. 8. 2. 제5차 실무회의 도쿄에서 개최. 이 회의에서는 제4차 실무회의에서 교환된 유보리스트에 대한 의견 교환이 진행되었으며 전체적으로 제4차 실무회의에서 논의한 수준에서 회의를 마침.

2000. 8. 3-8. 4. 제3차 본회의. 영토 조항, 경제적 수요 심사, 이행의무 조항 중 내국민 고용의무·지분제한 금지의무, 수용시 보상이자율, 세이프가드 발동요건, 건전성 조치의 예외 범위, 중앙은행의 협정 적용 여부, 금융분쟁 특별 해결절차, 투자자 대 국가 간 분쟁해결절차 조항에서 국내 구제절차의 이용 여부·현지법인 제소권, 노동조합, 지방자치단체에 대한 협정 적용 여부, 일반적 예외요건, 방산업체에 대한 한국의 외국인 투자자 제한 내용 등 거의 모든 조항에 대해 양측의 이해가 부족하거나 입장이 첨예하게 대립되어 협상의 진전은 거의 없는 상태로 종결.

2000. 9. 5-9. 6. 제4차 본회의 서울에서 개최. 이 회의에서는 양국 간의 미합의 쟁점사항에 대한 심도 있는 논의가 있었으나 한·일 양측은 기존의

입장을 되풀이하는 선에서 회의를 마침.

2000. 11. 1. 도쿄에서 제1차 실무회의 개최. 이번 실무회의에서는 양국이 상호 교환한 유보리스크에 대한 협의가 집중적으로 논의. 전체적으로 일본 측은 한국 측이 시행중인 제한 조치에 대해 추가적인 개방을 요구하지는 않았으나 가능한 한 많은 업종에 대해 현행동결원칙과 점진적 완화원칙이 적용되어 현행 수준의 조치보다 후퇴하는 일이 없도록 하는 데 관심을 가지고 있음을 강조. 한국 측은 양국의 현행제도가 다른 상황에서 단순히 현행동결원칙과 점진적 완화 원칙이 적용되는 업종의 수를 비교하는 것은 의미가 없다는 점과 한국 측 리스트에 대한 현행동결원칙과 점진적 완화 적용이 가지는 의미를 재차 설명하는 선에서 회의를 마침.

2000. 11. 27-11. 28. 도쿄에서 제5차 본회의 개최. 양측 수석대표 간의 협상 진행 의지에도 불구하고 중앙은행 협정 적용 여부, 건전성 조치, 지방정부의 협정적용 여부 등 금융 관련 핵심 조항과 노동 조항의 협정본문 포함 여부에 대해서는 기존의 입장을 되풀이함으로써 큰 진전을 이루지 못함.

2000. 12. 20-12. 21. 서울에서 제7차 실무회의 개최. 이 회의는 유보리스트 교환 후 가지는 두 번째 실무회의로 한국 측에서는 외교부, 재경부, 산자부뿐만 아니라 유보업종과 관련된 국방부, 문광부, 농림부, 정통부, 방송위, 건교부, 환경부 등 관계부처 실무자가 모두 참석. 전체적으로 동 회의는 한 · 일 양측이 양국 간 유보내용에 대해 상호간 이해수준을 한 단계 높이는 계기가 된 회의였다고 평가할 수 있음. 그러나 상호간 유보내용 중 이해가 되지 않거나 한국 측 방위산업과 독점 및 공기업의 취급에 대해서는 다음 실무회의 의제로 남겨두는 선에서 정리.

2001. 2. 15. 도쿄에서 제8차 실무회의 개최. 이 회의에서는 제7차 실무회의에서 마무리되지 못했던 양측의 유보업종리스트(안)에 대한 토의, 한국의 방위산업, 독점 및 공기업의 취급, 협정 발효 후 새로운 업종 출현시

협정상 취급 방법 등을 중심으로 협상이 진행.

2001. 3. 21. 제9차 실무회의 서울에서 개최. 이 회의에서는 주로 점진적 완화원칙과 관련한 해석문제와 방위산업체에 대한 일 측의 동의기록 문안, 신규업종 발생시 취급문제 등이 논의. 전체적으로 제9차 실무회의에서는 제8차 실무회의와 동일한 주제와 동일한 맥락에서 심도 있는 논의를 진행하였으며, 특별히 큰 진전을 이룬 사항은 없었다고 할 수 있음.

2001. 3. 22. 서울에서 제6차 본회의 개최. 양측의 기존 입장을 확인하는 선에서 본회의 끝남.

2001. 7. 10. 제10차 실무회의 도쿄에서 개최. 이 회의에서는 공기업의 정의, 신규업종 발생시 취급문제, 보조금에 대한 협정적용 여부, 내항해운업의 유보리스트 포함문제, 부속서 작성 방법에 대한 실무적 논의가 있었음. 전체적으로 해결해야 할 실무적 논의사항이 많은 편이었으며, 특히 신규업종 발생시 협의 혹은 합의문제, 보조금에 대한 협정적용 여부 문제, 내항해운업의 유보리스트 포함문제에 대해서는 양국 간 입장차이가 현격하였음.

2001. 7. 11. 제7차 본회의 도쿄에서 개최. 이 회의에서는 금융 관련 3개 쟁점에 대해 부분적이긴 하지만 실질적인 진전을 이룸으로써 향후 협상 타결 전망을 밝게 함. 그런데 이와 같은 협정타결에 대한 양국의 결연한 의지와 밝은 전망에도 불구하고 노동 조항에 대한 양국의 입장차이는 여전히 좁혀지지 않았음.

2001. 9. 18. 제11차 실무회의 서울에서 개최. 이 회의에서는 7월 본회의에서 논의된 중요한 진전사항을 토대로 미해결 쟁점에 대한 한 · 일 양측 실무자 간의 기술적인 문제가 주요한 쟁점. 결국 이 회의에서는 영토 조항, 합작설립 의무 및 외국인 지분한도 제한, 투자자와 국가 간 분쟁해결절차 및 조세 조항에 대해 양국이 완전히 합의함.

2001. 10. 5, 10. 9. 고이즈미 총리의 취임 이후 방한 일정이 논의되면서 한 · 일 투자협정의 실질적 진전을 위해 대외경제장관회의 실무조정회의(10월 5일)와 대외경제장관회의(10월9일) 연쇄적으로 개최. 동 회의에서는

노동 조항의 협정문안 삽입문제에 대하여 노동 조항의 협종문안 포함 불가라는 기존 입장을 계속 견지하되, 협상 타결을 위해 불가피한 경우 협정 전문에 선언적 수준의 문안을 포함하는 방향으로 한국 측 입장을 정리하였고, 금융분쟁 특별해결절차의 경우 협의 주체와 협의의 효력 등 세부내용에 대해서는 한 · 일 양국의 실무당국이 협의하여 해결하는 것을 내용으로 결론을 지음.

2001. 10. 15 김대중 대통령과 고이즈미 총리의 정상회담에서 '상호 호혜적인 투자 및 산업협력의 확대를 위한 한 · 일 투자협정과 관련, 가능한 한 11월 본회의에서 교섭을 타결하고 협정의 연내 서명을 목표로 적극 협의해 나가는 한편, 동 투자협정 체결을 계기로 상호 보완적인 기술 및 산업 분야의 협력을 한층 강화함으로써 공동 시장 개척 등 시너지 효과를 극대화할 수 있는 여건을 확충해 나가는 기반을 마련키로 합의' 하였음.

2001. 11. 13. 서울에서 제12차 실무회의 개최. 이 회의에 앞서 일본 외무성에서 11월 9일 사전 실무협의를 개최하여, 실무회의의 효율성을 높이기 위한 양국 실무자 간 비공식 접촉이 있었음. 이 사전 실무 접촉에서 한국 측이 요구한 대부분의 핵심 쟁점을 일 측이 수용함으로써 협상의 실질적 진전을 위한 교두보가 마련됨. 제12차 실무회의에서는 사전 실무접촉에서 중요한 쟁점을 해소. 항공협정 등 여타 협정과 투자협정과의 관계, 보조금에 대한 내국민 대우, 정부조달과 투자협정과의 관계, 연안해운 유보문제 등 4가지 문제만 미결 쟁점으로 남겨두고 회의를 마침.

2001. 11. 14. 서울에서 제8차 본회의 개최. 한국 측이 노동 관련 조항을 전문에 삽입할 것을 제안하고 일 측이 이를 수용함으로써 투자협정 체결의 가장 큰 걸림돌이었던 핵심적인 쟁점이 타결됨. 금융분쟁 특별해결절차와 관련하여서도 권한 있는 당국이 통상의 분쟁해결절차에 우선한다는 한국 측의 입장을 일 측이 수용. 그러나 경제적 수요심사와 협의 용범위 등 2가지 쟁점에 대해서는 합의에 이르지 못함으로써 협정의

기본합의 도출에는 결국 실패함. 제8차 본회의 종결 이후 일 측은 금융분쟁 특별해결절차와 관련, 관계부처에서 새로이 입장 변경을 함에 따라 불가피하게 제8차 본회의에서 금융분쟁 특별해결절차에 대해 한국 측 안대로 합의한 내용을 번복하게 되었음을 외교경로를 통해 전달해 옴.

2001. 12. 21. 도쿄에서 제13차 실무회의가 개최. 이 회의에서는 공기업 민영화, 신규업종 예외조치, 유보리스트의 연안 해운업 유보, 항공협정 등 여타 협정과 투자협정과의 관계, 정부조달과 투자협정과의 관계, 보조금에 대한 내국민 대우 등에 대한 논의, 대부분의 쟁점에서 한 · 일 양측이 합의에 도달.

2001. 12. 22. 제9차 본회의 도쿄에서 개최. 이번 본회의에서는 노동문제, 경제적 수요문제, 지방정부의 협정 적용 문제, 금융분쟁 특별 해결절차문제 등 4가지 문제가 잔여 쟁점에 대하여 합의. 만 3년 3개월 만에 최종 타결.

2002. 3. 22. 서울에서 한국의 김대중 대통령과 일본의 고이즈미 총리의 입회 하에 한 · 일 투자협정에 관한 공식적인 서명이 거행됨.

2002. 5. 29. 비준절차로 일 측 참의원 통과.

2002 10. 30. 한국 측 비준절차로 국회 본회의 통과.

2002. 12. 2. 서울에서 양국 국내 절차가 완료되었다는 외교공한이 최성홍 외교통사부 장관과 데라다 데루스케 주한 일본대사 간에 교환됨으로써 외교공한 교환 후 30일째 발효된다는 협정안 제23조에 따라 한 · 일 투자협정은 2003년 1월 1일부터 정식으로 발효.

참고문헌

[단행본]

김관호. 1999.『한 · 일투자협정 방향』. 서울: 대외경제정책연구원.

국민승리21 외편. 1999.『누구를 위한 한 · 미 · 한 · 일 투자협정인가』. 서울: 전국민주노동조합총연맹.

21세기 국가경영연구회. 2001.『투자협정 · 자유무역협정과 한국경제에 관한 토론회』. 서울: 21세기 국가경영연구회.

이호창. 2001.『한 · 일투자협정에 대한 인식과 대응』. 서울: 한국노총중앙연구원.

한찬식 · 이원희 · 유영준. 2003.『한 · 일 투자협정 해설』. 서울: 산업연구원.

[학위논문: 석사]

고조 노리오. 2004. "한 · 일투자협정의 법적/경제적 함의에 대한 연구." 서울대 대학원 석사학위논문.

황지연. 2003. "양자투자협정에서의 외국인투자 대우기준에 관한 연구: 한 · 일투자협정을 중심으로." 전남대 대학원 석사학위논문.

[정기간행물: 학술논문]

김관호. 2000. "한 · 일 투자협정의 의의와 동북아 투자보장 협정의 구상."『동북아경제연구』 12권 1호, 55-74.

노선호. 2002. "한 · 일투자협정 반대 투쟁: 경제위기와 노동의 불안정화를 야기하는 금융세계화 반대 투쟁."『사회진보연대』 통권 25호, 123-131.

이숙종. 2000. "일본의 대한(對韓)투자 현황과 새로운 추세."『국제지역연구』 9집 2호, 17-37.

[정기간행물: 잡지/기사]

강선구. 2002. "한 · 일투자협정 Win-Win의 길." 『LG주간경제』 669호.

노선호. 2001. "임박한 한 · 일 투자협정 체결, 반드시 막아야 한다." 『사회진보연대』 통권 21호, 145-151.

서울금융신문사. 2003. "한 · 일 투자협정 주요 내용: 각국 투자자 내국민 대우." 『커런시코리아』 177호, 30-31.

한진현. 2003. "한 · 일 투자협정의 의미와 주요 내용." 『발명저널』 통권 15호, 3-4.

제17장 한·일 대중문화시장 개방협상 (1998-2004)

1. 배경

한국은 1965년 한 · 일 국교정상화 이후 직접적이고 명시적인 법령 없이 「공연법」, 「영화진흥법」 등의 국가질서와 미풍양속 등을 해하는 외국 작품에 대해서 수입추천을 하지 않는다는 조항을 통하여 일본 대중문화 수입을 사실상 금지해 왔다. 하지만 김대중 정부 출범 이후 한국은 일본 대중문화에 대한 시장 개방을 결정하였다. 일본 대중문화 개방은 1998년 10월 당시 김대중 대통령이 일본을 방문해 개방 방침을 천명한 뒤, 1998년 10월, 1999년 9월, 2000년 6월, 2004년 1월 등 4차에 걸쳐 단계적으로 진행되었다.

김대중 정부의 일본 대중문화 시장 개방 결정의 동기를 살펴보면 다음과 같다. 첫째, 국제적 요인이다. WTO 출범 이후 2000년 11월 새로운 다자간 무역협상(도하개발아젠다, DDA)이 개시됨에 따라 그 일환으로 각국 간의 대중문화시장을 포함한 서비스 시장 자유화에 대한 양허(Offer)가 진행되었고 한국도 중국 등 23개국에 양허안을 제출하였다. 이러한 환경에서 특히 한국의 대중문화산업에 대한 보조금 지급관행과 특히 방송 분야의 폐쇄성은 세계적인 서비스 시장 개방의 추세에 역행하는 것으로 간주될 위험에 놓여 있었다.

둘째, 김대중 대통령의 정치적 판단과 이니셔티브다. 김대중 대통령은 한·일 양국 간의 불행한 과거사를 하루빨리 청산하고 21세기의 새로운 한·일관계를 수립해야 한다는 정치적 신념을 가지고 있었고 IMF 경제위기를 경험하게 되면서 한·일협력의 필요성을 누구보다 절감하고 있었다. 게다가 2002년 월드컵 공동개최의 성공적 개최를 위해서도 일본과의 긴밀한 협력관계는 절실했다.

셋째, 이미 일본의 대중문화는 한국 사회에 깊이 침투되어 있다는 현실인식이 반영되었다.[1]

넷째, 일본 대중문화에 대한 시장 개방을 계기로 취약한 문화산업을 적극적으로 육성해야겠다는 정책적 의지가 작용한 것으로 보인다. 98년 10월에 한국 문화부가 발표한 「2000년대를 준비하는 국민의 정부 새 문화 정책」은 국제적 문화전쟁에 대비한 문화산업 육성방안을 핵심내용으로 하고 있다. 여기에 포함된 10대 중점 추진과제 가운데 게임, 애니메이션, 음반, 영화산업을 4대 전략 분야로 정하여 국고와 지방비 민자 등, 2,500억 원을 투입하는 첨단문화 사업단지를 비롯해, 게임종합 지원센터, 애니메이션 지원센터,

1 예를 들어 만화의 경우는 전체 시장의 80% 정도를 일본의 복제만화가 점령하고 있다고 하며 96년에 정부심의를 받고 수입된 만화영화 484편 중 61.6%인 298편이 일본 작품이었는 데 반해, 당시 국내에서 제작된 만화영화는 고작 48편이었다고 한다. 또 방송의 경우는 97년 방송위원회가 심의한 만화 영화 752편 중 59.6%가 일본작품이었다고 한다(조선일보 96/10/24).

방송영상 제작단지, 출판문화 첨단산업단지 등을 조성해 2003년까지 문화산업의 인프라를 구축한다는 계획을 담고 있다. 이러한 정부의 시책은 문화정책을 민족문화의 보존과 전승이라는 소극적 개념으로부터 벗어나 문화를 상품으로 개발하여 경제적으로 최대한의 부가가치를 창조하고자 하는 정책의지의 표현이라고 볼 수 있다(조선일보 98/10/02).

2. 과정

일본 정부는 일찌감치 문화산업의 부가가치를 인식했다. 1970년대 미국, 유럽 등과 경쟁을 벌이면서 문화를 수출상품으로 육성하기 시작했다. 유도, 다도, 기모노, 사무라이 등 일본 전통문화를 해외에 적극적으로 홍보했고 이것은 자동차, 카메라, TV의 인기와 결합하여 국제브랜드로 인식되어 갔다. 1980년대 들어서는 문화안보론이 등장했는데, 이는 한중일 3국이 소련에 맞서기 위해서는 문화교류를 통한 공통문화 형성이 중요하다는 것이었다. 1990년대에는 문화국제공헌론이 등장하였다. 냉전체제가 종식되면서 국제사회에서 일본의 위상을 공고히 하는 데 문화가 큰 기여를 할 수 있다는 믿음이었다. 이러한 인식 하에 일본 정부는 일본 문화의 해외진출을 장기적 전략을 가지고 추진하여 왔다. 한국 정부의 일본 대중문화 시장 개방에 대해 한 · 일 간의 특수한 역사적 배경을 감안하여 공식적이고 명시적인 개방요구를 해 오지는 않았지만 정상회담 등을 통하여 문화시장 개방문제를 협의하고자 했고 근래에는 WTO 규범합치성을 명분으로 시장 개방을 촉구해 왔다. 일본 측은 한국에 대해 문화시장의 개방을 요구하는 한편, 한국 대중문화의 일본 유입을 위해서도 지속적으로 노력해 왔다.[2]

2 한국에서는 잘 알려져 있지 않지만 일본에서의 한국 영화 성공은 무엇보다도 「아사히

한국 정부는 1998년 10월 20일 제1차 일본 대중문화 개방을 단행했다. 정부의 제1차 문화개방 방침은 영화 및 비디오에 한정된 것으로 영화의 경우 공동제작 영화(20% 이상 출자 등 영화진흥법상 요건을 충족하는 경우와 한국 영화인이 감독이나 주연으로 참여한 경우), 일본 배우가 출연한 한국 영화, 세계 4대 영화제(칸, 베를린, 베니스, 아카데미) 수상작들에 한해 개방했다. 이에 따라 구로사와 아키라 감독의 〈가게무샤〉, 이마무라 쇼헤이의 〈우나기〉, 기타노 다케시의 〈하나비〉, 한 · 일 공동으로 제작된 박철수 감독의 〈가족시네마〉 등이 개방되었다. 비디오는 극장에서 상영된 영화의 비디오에 대해서만 출시를 허용하였다.

제2차 일본 대중문화 개방은 1999년 9월 10일 이루어졌다. 문화관광부는 영화와 공연, 출판물의 개방에 관한 내용을 골자로 한 일본 대중문화 제2차 개방 방침을 발표했다. 영화는 공인된 국제영화제 수상작과 전체관람가 영화로 확대하였다(애니메이션 제외). 문화관광부가 밝힌 공인 국제영화제는 영화진흥위원회의 포상금 지급대상인 13개 영화제와 국제영화제작자연맹(FIAPF)이 인정하는 70여 개 영화제이다. 이에 따라 〈나라야마 부시코〉 〈러브레터〉 〈링〉 〈소나티네〉 〈철도원〉 〈그림 속 나의 마을〉 〈사무라이 픽션〉 〈감각의 제국〉 〈에키〉 〈4월 이야기〉 〈쌍생아〉 〈쉘 위 댄스〉 그리고 한 · 일 합작 애니메이션 〈건드레스〉 등이 개봉되었다. 공연은 2,000석 이하의 실내공연장, 실내체육관, 관광호텔 등 라이브 콘서트가 가능하게 되었다. 출판은 일본어판 출판–만화, 만화잡지가 허용되었다.

제3차 일본 대중문화 개방은 2000년 6월 27일 발표되었다. 제3차 개방안

신문」을 비롯한 일본 언론의 적극적인 지원이 있었다는 것을 기억해야 한다. 「아사히신문」의 경우 〈난타〉나 〈쉬리〉, 〈공동경비구역 JSA〉를 위해서 신문지면 한 면을 며칠 동안 거의 할애하다시피 했다. 일본의 어떤 뮤지컬이나 영화를 위해서도 그렇게 지면을 할애한 경우는 없었다(지명관 2000, 16).

은 영화를 비롯해서 비디오, 공연, 게임, 방송 등 1, 2차에 비해 개방 정도가 대폭 확대되었다. 분야별로 개방안을 살펴보면 영화는 18세 미만 관람불가 영화를 제외한 모든 일본 영화의 국내 상영이 가능해졌고, 애니메이션의 경우 국제영화제 수상작의 경우에는 극장용 애니메이션도 개봉이 가능하게 되었다. 비디오는 개방대상 일본 영화와 애니메이션 가운데 국내 상영분에 한해 허용하는 것으로 합의되었다. 또한 실내외 모든 공연이 개방되었고, 일본어 가사를 제외한 나머지 음반이 개방되었다. 그리고 가정용 게임기용 비디오 게임을 제외한 나머지 게임(PC 게임, 온라인 게임, 업소용 게임 등) 등이 개방되었다. 가장 폐쇄적인 방송 분야는 매체 구분 없이 스포츠, 다큐멘터리, 보도 프로그램이 개방되었다.

그런데 일본의 교과서 문제로 개방 일정이 중단되는 사태가 발생한다. 2001년 7월 일본의 교과서 왜곡문제와 관련하여 일부 개방 일정이 중단되었다. 김한길 문화관광부 장관은 2001년 7월 12일 오후 긴급 기자회견을 갖고 추가로 개방하기로 한 일본어 가창음반, 오락TV방송(쇼, 드라마), 18세 이상 성인용 비디오, 영화, 가정용 게임기, 애니메이션, 공중파 방송 영화방영 등의 개방일정 중단을 선언했다. 이후 일본 소니사의 인기 가정용 비디오 게임기인 플레이스테이션(PS2)이 일정 조건 하에 2002년 2월 국내 판매가 허용되었다. 또한 2002년 2월 한 · 일 합작드라마 '프렌즈'가 방영되어 일본 대중문화 방송 기준 등에 대한 새로운 논란을 불러일으키기도 했다. 2002년 한 · 일 월드컵 당시에는 문화관광부에서 월드컵 공식음반 2종의 제작, 발매를 승인하고 수록곡 3곡의 일본어 가창을 국내 방송에서 7월 말까지 한시 허용했다.

제4차 일본 대중문화 개방은 2004년 1월 1일 발표되었다. 역사 교과서 왜곡사건으로 중단되었던 일본 대중문화 개방은 지난 2003년 한 · 일 정상회담을 계기로 전기를 맞이한다. 이 회담에서 양국은 "한 · 일 문화교류의 활성화를 위해 한국은 일본 대중문화 개방을 확대한다"는 합의를 도출하였고 이 후 정부는 미개방 부문에 한해 관련 기관의 의견을 수렴해 만든 제4차 개방방안을 2004년 1월에 시행했다. 제4차 개방에서는 그동안 미개방된 영화, 음반, 게임, 비디오 부문을 전면 개방했다. 케이블TV와 위성방송을 통해 일본 드라마를 '12세 이상 시청가' 등급까지 시청할 수 있게 되었으며 일본 가수가 한국 TV와 라디오 방송프로그램에 출연해 일본어 노래를 부를 수 있게 되었다. 이로써 2006년부터 실질적으로 개방이 발효되는 극장용 애니메이션과 방송 부문(이미 부분 개방 중)을 제외한 일본 대중문화 전체가 개방되었다.

3. 쟁점

한국의 일본 대중문화 개방은 양국 간에 항상 주요 현안으로 간주되고 있었을 정도로 '뜨거운 감자'였다. 대일 문화시장 개방의 어려움은 첫째, 한·일 문화교류의 불균등 발전 가능성, 둘째, 한국 문화시장의 침식 우려, 셋째, 한국 문화산업의 기반 약화 가능성, 넷째, 일본대중문화의 부정적 이미지, 다섯째, 한·일 문화산업 경쟁력의 비대칭성 등의 요인에서 기인한다. 이로 인해 한국 사회에서는 일본 대중문화 개방에 대해 반대와 우려의 목소리가 높았고 여기에는 여론, 전문가, 문화산업계의 시각이 비교적 일치해 왔다(이호준 2002).

일본 대중문화시장 개방의 쟁점은 문화의 정체성(문화종속문제), 개방의 폭(전면개방 혹은 점진개방), 자본유입의 허용문제, 산업 내 외국인 신규사업자의 진입 허용문제, 개방 후 정부의 문화산업 육성정책(정부 보조금 등 사회적 안전망 확충의 문제), 개방 후 해외진출 (개방 후 일본시장에 대한 진출 효과) 등으로 크게 정리된다(심상민 2002, 2-4).

문화의 정체성에 대한 쟁점에서는 대외적 문화종속의 심화가 가장 큰 우려의 대상이었다. 개방의 폭에 관련해서는 개방의 최적수준을 찾는 과제가 부각되었다. 물론 한국은 부분적으로 개방수위를 조절하는 점진적 입장이었고 일본은 완전한 문화시장 개방을 바라는 입장이었다. 자본의 유입과 관련한 쟁점에서는 자본의 대형화가 이슈가 되었다. 컨텐츠의 유입에 관한 쟁점은 스크린 쿼터와 방송 쿼터 등을 통한 외국 컨텐츠 수입량에 대한 제한 조치의 지속 여부가 최대 이슈가 되었다. 사업자의 유입문제에 있어서는 문화산업의 근간이자 수익원천인 국내 광고시장의 현행 독점적 구조의 실질적 변화 여부가 주요 관심사가 되었다. 개방 후 문화정책에서는 WTO에서도 인정하고 있는 정부보조금 등 사회안전망에 대한 논의가 현실적인 쟁점으로 나타났다.

4. 결과

한국 정부의 개방정책은 점진적이었다. 이는 개방에 대한 국내적 합의가 있지 않았기 때문이다. 지금까지 4차에 걸친 협상에서 일본은 DDA의 자유무역원칙에 입각해서 대중문화시장의 완전개방을 요구했고 한국은 점진적 개방을 주장해 왔다.[3] 일본 측 요구에 대해 한국 정부는 일본 문화 국내 유입에 대해 명시적인 법적 근거는 없었지만 각종 심사와 수입 추천, 허가 등 우회적인 방법을 통해 제한, 또는 촉진해 왔다. 일본 대중문화에 대한 시장개방문제는 한 · 일관계의 큰 숙제였다.[4] 한국 정부는 일본 대중문화시장을

3 점진적 개방을 선호했던 배경에는 일본 대중문화를 도입함으로써 한국 문화의 일본화만이 아니라 문화상품에 의한 경제적인 일본화, 말하자면 문화시장이 일본의 문화자본, 기술, 경영에 흡수되는 것은 아닐까 하고 염려하는 측면이 있었다(지명관 2000, 13).

4 일본 대중문화 개방문제는 한국의 국가원수가 일본을 방문하거나 새 정권이 들어설 때마다 가져가는 '선물보따리' 처럼 다뤄져 왔다. 그러다가 '국민정서' 등을 이유로 보따

개방하면서 이른바 국민정서를 상당히 의식하고 있었다.[5] 1차 개방 당시 문화관광부는 개방에 대한 국내적 합의를 이끌어내기 위해 자문위원회를 구성하고 자문위와 합의하는 방식으로 4단계 점진적 개방정책을 결정했다.[6] 제1-4차 일본 대중문화시장 개방정책을 표로 정리하면 다음과 같다.

〈표 17-1〉 일본 대중문화 개방정책

부문	제1차 개방(1998)	제2차 개방(1999)	제3차 개방(2000)	제4차 개방(2004)
영화	세계 4대 국제영화제 수상작	공인된 국제영화제 수상작,	'12세' '15세' 이상 전체관람가 영화	전면개방 관람가 영화
비디오	개방 허용 영화 중 국내 상영 영화	개방 허용 영화 중 국내 상영 영화	개방 허용 영화 중 국내 상영 영화	전면개방
애니메이션	미개방	미개방	국제영화제 수상작	2006년까지 전면개방
공연	미개방	2,000석 이하 실내공연	실내외 공연 완전개방	전면개방
음반	미개방	미개방	일본어 가창음반만 제외	전면개방
게임	미개방	미개방	비디오용 게임물 제외 나머지 게임물	전면개방
방송	미개방	미개방	스포츠, 다큐멘터리, 보도 프로그램	2006년 전면개방 (쇼, 드라마, 오락 프로그램 등)

출처: 한국문화관광정책연구원, 『일본대중문화 개방 영향분석 및 대응방안』(2003. 12)

리는 빈 보따리가 되고 개방문제는 계속 다음 정권에 숙제로 미루어져 오늘에 이른 것이다(한겨레신문 98/01/24).

5 일본 1998년 일본 대중문화 개방이 시작되던 해 10월 26일 「국민일보」에 게재된 칼럼에서 신낙균 전 문화관광부장관은 "일본의 문화산업자본을 감당해 내기에는 우리의 구조가 너무나 취약하다는 사실을 잘 알고 있기에 더욱 고민스럽다"고 말한 바 있다.

6 문화관광부는 20명의 자문위원을 구성하는 데 매우 신중했다. 개방에 비판적일 수 있는 위원들, 특히 한국사 전공자들을 참여시키는가 하면, 대중문화 각 분야의 전문가들 그리고 언론 관계자들과 개방에 찬성하는 사람들, 연로한 층에서 젊은 층까지 국민의 대표성을 갖춘 포괄적인 위원회를 구성하려고 했다(지명관 2000, 14).

〈표 17-2〉 일본 대중문화시장 개방결정의 배경, 쟁점, 과정, 결과

<table>
<tr><td>배경</td><td colspan="2">· DDA 협상에서 서비스 시장 개방을 협상의제로 채택
· 한국 내부의 정치 · 경제적 상황과 정부의 의지, 일본 대중문화가 이미 국내에 만연해 있다는 현실의식이 개방정책의 배경으로 작용</td></tr>
<tr><td rowspan="2">쟁점</td><td>한국</td><td>일본</td></tr>
<tr><td>· 문화의 정체성(문화종속의 심화인가)
· 개방의 폭(전면개방인가 점진적 개방인가)
· 자본의 유입을 허용하는가?
· 산업내 외국인 신규사업자의 진입을 인정하는가?
· 개방후의 문화정책(정부 보조금 등 사회적 안전망 확충의 문제)
· 개방 후 해외진출(개방 후 상대국에서 얼마나 혜택을 누릴 수 있는가?)</td><td>문화시장의 완전한 개방을 요구</td></tr>
<tr><td>과정</td><td colspan="2">· 제1차 일본 대중문화 개방협상(1998. 10. 20)
· 제2차 일본 대중문화 개방협상(1999. 9. 10)
· 제3차 일본 대중문화 개방협상(2000. 6. 27)
· 2001년 7월 개방일정 중단(일본 왜곡 교과서와 관련)
· 제4차 일본 대중문화 개방협상(2004. 1. 1)</td></tr>
<tr><td rowspan="2">영향요인</td><td>한국</td><td>일본</td></tr>
<tr><td>· 대중문화시장 개방이 정권 차원에서 정치적으로 이용되기도 함
· 일본 문화 개방에 대한 팽팽한 국내 여론 및 언론의 대립
· 피해산업 종사자들의 반발</td><td>· 정부 차원의 대중문화 지원
· 일본 언론의 한국 문화 수용노력</td></tr>
<tr><td>결과</td><td colspan="2">일부 애니메이션과 쇼, 드라마, 오락프로그램 등 일부 방송 부문을 제외하고 다른 영역의 시장은 전면개방됨(2006년 전면개방)</td></tr>
</table>

1998. 4. 18. 신낙균 문화관광부 장관은 김대중 대통령에 대한 업무보고에서 "일본 대중문화를 개방한다는 원칙 아래 적극적인 자세로 개방 분야와 시기를 결정하겠다"고 보고.

1998. 10. 한 · 일 양국 정상은 「21세기 한 · 일 파트너십 공동선언 및 행동계획」 채택. 미래지향적인 한 · 일 우호협력관계 구축 필요.

1998. 10. 20. 제1차 일본 대중문화 개방 단행.

• 영화 및 비디오 부문

- 4대 국제영화제(칸느, 베니스, 베를린, 아카데미) 수상작
- 한 · 일 공동제작영화
- 한국 영화에 일본 배우 출연 허용 및 한 · 일 영화주간 개최

※ 비디오는 개방 발표 이후 국내에서 상영된 일본 영화의 비디오를 의미

• 출판 부문

- 일본어판 출판만화, 만화잡지

1998. 12. 12월초 〈하나비〉 〈가게무샤〉등 일본 영화가 국내에서 상영.

1999. 9. 10. 제2차 일본 대중문화 개방 단행.

• 영화 및 비디오 부문 개방 폭 확대

- 공인된 국제영화제 수상작
- 우리나라 영상물등급위원회가 '전체관람가' 영화로 인정한 영화
- 다만, 극장용 애니메이션은 제외

• 공연 부문

- 2,000석 이하 규모 실내장소에서의 일본 대중가요 공연 허용

※ 공연 가능 장소는 2,000석 이하의 실내공연장, 실내체육관, 관광호텔 연회장 등

- 다만, 식품위생법령에 의한 식품접객업소(휴게음식점, 일반음식점, 단란주점, 유흥주점)에서의 공연과 공연 실황의 방송, 음반 및 비디오의 제작 · 판매는 불허

2000. 2. 22. 박지원 문화관광부 장관은 22일 오후 올해 주요 업무계획과 정책과제를 기자들에게 설명한 뒤 일문일답을 통해 '1 · 2차 일본 대중문화 개방의 영향이 그다지 우려스런 상황이 아닌데다 오히려 우리 대중문화의 일본 · 중국 및 동남아 시장 진출에 기여하고 있기 때문에 빠른 시일 내에 과감하고 폭넓은 추가개방을 실시하겠다' 고 밝힘.

2000. 6. 27. 제3차 일본 대중문화 개방 단행.

• 영화

- 영상물등급위원회에서 인정하는 '12세 관람가' 와 '15세 관람가' 영화까지 추가 개방

※ 18세 미만 관람불가 영화만 미개방

• 극장용 애니메이션

- 국제 애니메이션영화제를 포함한 각종 국제영화제 수상작

※ 대략 30편 내외로 추정

• 비디오

- 개방대상 일본 영화와 애니메이션 중 국내에서 상영된 작품의 비디오

※ 영화 및 애니메이션 개방과 연동

• 대중가요 공연

- 실내외 구분 없이 전면개방

• 음반

- 일본어 가창 음반을 제외한 나머지 음반(연주음반, 제3국어 가창음반, 한국어 번안음반 등)

• 게임

- 게임기용 비디오게임물을 제외한 나머지 게임물(PC 게임물, 온라인 게임물, 업소용 게임물 등)

※ 게임기용 비디오게임물: TV 또는 모니터에 게임기(H/W)를 연결

하고 조작도구(조이스틱, 조이패드 등)를 이용하여 게임을 진행할 수 있도록 하는 컨텐츠(S/W)

• 방송

- 매체 구분 없이 스포츠, 다큐멘터리, 보도 프로그램의 방송 허용
- 케이블 TV 및 위성방송의 경우 공인된 국제영화제 수상작과 전체 관람가 영화로서 국내 개봉작 방영 허용

2001. 7. 21. 김한길 문화관광부 장관. 긴급기자회견을 갖고 일본 역사교과서 왜곡 문제로 인해 추가로 개방하기로 한 일본어 가창음반, 오락TV방송, 18세 이상 성인용 비디오, 영화, 가정용 게임기, 애니메이션, 공중파 방송 영화방영 등을 중단 발표.

2002. 2. 일본 소니사의 플레이스테이션(PS2)이 일정 조건 하에 국내 판매 허용. 한 · 일 합작 드라마 〈프렌즈〉가 방영.

2002. 6. 한 · 일 월드컵 기간에 문화관광부에서 월드컵 공식음반 2종의 제작, 발매를 승인하고 수록곡 3곡의 일본어 가창을 국내 방송에서 7월 말까지 한시적으로 허용.

2003. 6. 7. 한 · 일 정상회담시 '일본 대중문화 개방 확대' 합의, 공동성명 발표.

2004. 1. 1. 제4차 일본 문화 개방 단행.

부 문	개 방 범 위	비고
영 화	"18세 관람가", "제한상영가" 영화	전면 개방
음 반	일본어 가창음반 전면 개방	
게 임	게임기용 비디오 게임물 전면 개방	
비 디 오	영화 및 극장용 애니메이션과 연동 개방 폭 확대	
방 송*	케이블TV · 위성방송 대폭 개방, 지상파 일부 개방	개방 폭 확대
극장용 애니메이션	'06. 1. 1부터 전면개방	개방 2년 유예

* 방송 분야 개방 범위

<table>
<tr><th>개방대상</th><th>케이블TV · 위성방송</th><th>지상파방송</th><th>비 고</th></tr>
<tr><td>스포츠, 다큐,
보도 프로그램</td><td>전면개방</td><td>전면개방</td><td>※ 제3차 개방(2000. 6)</td></tr>
<tr><td>생활정보 등
교양 프로그램</td><td>전면개방</td><td>전면개방</td><td>※ 지상파방송의 경우
한국어 더빙 권고</td></tr>
<tr><td>영화</td><td>전면개방</td><td>전면개방</td><td rowspan="2">※ 국내 영화상영관
개봉작으로 한정
※ 지상파방송의 경우
한국어 더빙 권고</td></tr>
<tr><td>극장용
애니메이션</td><td>전면개방</td><td>미개방</td></tr>
<tr><td>대중가요</td><td>전면개방</td><td>부분개방
(-국내에서의 일본
가수 공연 중계 방영
-일본 가수의 방송출연
및 일본어 가창)</td><td>※지상파방송의 경우
일본어가창 뮤직
비디오 제외</td></tr>
<tr><td>드라마</td><td>부분개방
(-모든 연령「7세 이상」
12세 이상 시청가
등급 드라마
-한·일 공동제작 드라마)</td><td>부분개방
(-한 · 일 공동제작
드라마)</td><td>※공동제작 드라마 인정
기준 마련(방송위원회)
※지상파방송의경우시청자
자막방송 고지 및
한국어더빙 등 권고</td></tr>
<tr><td>기타
오락프로그램</td><td>미개방</td><td>미개방</td><td></td></tr>
</table>

2006. 1. 31. 일본 비자가 영구 면제됨에 따라 한 · 일 양국 간 문화교류도 더욱 활발해질 것으로 보임. 특히 아직도 일부 개방되지 않고 남아 있는 일본 대중문화가 완전 개방될 가능성이 높아졌음. 일본에서 한류가 인기를 끌면서 쌍방 교류 필요성이 끊임없이 제기되어 온 데다 일본 내에서 한국이 여전히 대중문화를 완전 개방하지 않는 데 대해 비판적인 시각이 있기 때문. 98년 일본 대중문화가 개방된 이래 현재까지 빗장이 열리지 않고 남아 있는 일본 대중문화는 방송뿐.

2006. 9. 4. '일본 침몰' 일본 대중문화 완전 개방 후 첫 박스오피스 1위.

참고문헌

[단행본]

김휴종 · 신현암. 1998. 『일본 대중문화 개방의 경제적 효과 분석』. 서울: 삼성경제연구소.

문화관광부 · 한국문화관광정책연구원. 2004. 『문화정책백서 2003-2004』. 서울: 문화관광부.

심상민. 2002. 『문화시장 개방의 주요이슈와 대응전략』. 서울: 삼성경제연구소.

심재권. 2003. 『일본대중문화개방의 현황과 과제』. 서울: 심재권 의원실.

이흥재 · 이연정 · 정광수 · 김형석. 1999. 『일본대중문화 즉시개방의 파급효과 및 추가개방 대책 연구』. 서울: 한국문화정책개발원.

이흥재 외. 1999. 『일본대중문화 즉시개방의 파급효과 및 추가개방 대책 연구』. 서울: 한국문화정책개발원.

이흥재 외. 2000. 『일본대중문화 개방정책의 심사분석』. 서울: 한국문화정책개발원.

한국문화정책개발원. 1994. 『일본대중문화 개방에 관한 조사』. 서울: 한국문화정책개발원.

한국문화정책개발원. 1994. 『일본대중문화 개방 대응방안 연구』. 서울: 한국문화정책개발원.

한국문화정책개발원. 1995. 『국제문화교류 활성화 및 기반조성 전략의 문제점과 정책방향』. 서울: 한국문화정책개발원.

한국문화정책개발원. 1998. 『일본 문화의 유입실태 조사 및 대응방안 연구』. 서울: 한국문화정책개발원.

한국청소년교육연구소. 1999. 『일본문화의 개방이 청소년교육에 미치는 영향』. 서울: 한국청소년교육연구소.

한준상. 1998. 『일본문화의 개방과 수요에 관한 과제』. 서울: 한국청소년교육연구소.

[학위논문: 석사]

김선영. 2001. "일본 대중문화 개방과 청소년들의 의식변화에 관한 일고찰." 세명대 교육대학원 석사학위논문.

김영달. 2004. "일본대중문화개방에 따른 정책적 대응방안에 관한 연구." 동아대 동북아국제대학원 석사학위논문.

김정금. 2000. "일본대중문화 개방을 전후한 언론의 보도형태 분석." 강원대 정보과학대학원 석사학위논문.

나리마쓰 시노부. 2003. "일본대중문화 개방정책에 관한 연구." 경상대 대학원 석사학위논문.

야마모토 이사오. 2004. "일본대중문화의 개방정책과 유입실태의 변천에 관한 연구: 영화 · 방송 · 대중 음악과 공연을 중심으로." 경기대 국제 · 문화대학원 석사학위논문.

야마우치 후미타카. 2000. "한국에서의 일본 대중문화 수용에 관한 역사적 고찰: 구한말 · 일제강점기 창가와 유행가를 중심으로." 한국외국어대 국제지역대학원 석사학위논문.

유영미. 2005. "한 · 일 양국 대중문화 수용에 관한 연구: 일본대중문화개방과 한류현상을 중심으로." 중앙대 교육대학원 석사학위논문.

윤인창. 2004. "일본대중문화개방과 고등학교 일본어 학습과의 관계 연구." 동아대 교육대학원 석사학위논문.

최정은. 2005. "일본대중문화 개방영향 분석 및 전망." 중앙대 교육대학원 석사학위논문.

최진권. 1995. "일본 대중문화 개방에 대비한 교육적 대처방안 연구." 경상대 교육대학원 석사학위논문.

한상남. 2004. "일본 대중문화 개방의 사회 · 경제적 효과: 영화 및 애니메이션 산업을 중심으로." 인하대 대학원 석사학위논문.

[정기간행물: 학술논문]

고하리 스스무. 2002. "한국사회에서의 일본대중문화의 위치와 대일인식 변화." 『극동문제』 24권 8호, 62-80.
김필동. 1999. "일본대중문화개방에 관한 일고찰." 『일본어문학』 7집, 381-410.
박병근. 2001. "일본문화 개방에 관한 연구." 『최고관리자과정 논문집』 19집, 341-357.
원용진. 1998. "일본문화 개방에 따른 문화적 파급효과(일본문화 개방과 우리 방송의 대응전략)." 『동국대학교 멀티미디어 종합연구소 학술세미나 논문집』.
원우연. 1998. "일본 대중문화 수입개방의 의미와 대응방안 연구." 『방송연구』 47호, 3-27.
이홍재. 2000. "일본대중문화개방 심사분석." 한국문화관광정책연구원 보고서.
장용걸. 2000. "일본대중문화에 대한 부정성에 관한 고찰." 『일본학연보』 9집, 225-242.
조규철. 2001. "일본 대중문화 개방과 한 · 일관계." 『일본의 언어와 문학』 8집, 111-138.
한광수. 2000. "일본 대중문화 개방에 대한 소고." 『인문과학논집』 21집, 227-240.

[정기간행물: 잡지/기사]

구경모 외. 1998. "일본 대중문화 개방." 『신동아』 463호, 416-435.
김종휘. 2004. "한 · 일 대중문화 교류, 근본적 변화에 대비해야." 『저작권문화』 116호, 10-11.
김창남. 2000. "일본 대중문화 개방과 공영방송의 역할." 『방송문화연구』 12호, 191-211.
민병욱. 2004. "일본 대중문화 수용에 의한 한국 사회의 구조변동에 관한 연구." 『국제지역문제연구』 22권 1호, 191-200.
박인호. 1998. "일본 대중문화 개방과 문화상품." 『예술부산』 통권 8호, 20-23.
송영웅. 2000. "빗장 풀린 일본 대중문화: 사실상의 완전개방, 여과장치 마련 서둘러야." 『주간한국』 1829호, 30-31.
이재열. 1998. "일본 대중문화 개방의 경제학." 『뉴스플러스』 147호, 26-31.
이희용. 2004. "일본 대중문화 4차 개방 그 후: 신통찮은 성적에 일본은 물량공세 준비.” 『신문과 방송』 통권 400호, 82-85.

지명관. 2000. “일본대중 문화개방이 걸어온 길, 나아갈 길(일본대중문화 개방의 현상과 대안 총론).” 『문화예술』(4월호).

황달기. 2001. “일본 대중문화의 개방과 한국인의 일본인식.” 『경영경제』 34권 1호, 259-267.

제18장 한·일 FTA협상(1998-)

1. 배경

한 · 일 FTA 체결 논의에 대한 일본 정부의 공식적인 언급은 1998년 중반 오구라 주한 일본대사가 전국경제인연합회 월례 모임에서 '21세기를 향한 한 · 일 협력'이라는 제목으로 강연하면서 공동연구의 필요성을 제기한 것이 처음이었다. 이후 1998년 10월 김대중 대통령의 일본 방문시 발표된 양국 수뇌의 공동선언, '21세기 새로운 한 · 일 파트너십 행동계획'에서 한 · 일 공동연구의 추진이 합의되었고, 공공연구기관으로 지정된 한국의 대외경제정책연구원과 일본의 무역진흥회 산하 아시아경제연구소는 한 · 일 FTA 산관학 공동연구회를 개최해 오고 있다.

---

* 이 글의 일부 내용은 양기웅(2006) 및 양기웅(2004)에서 빌려온 것임을 미리 밝혀둔다.

일본의 FTA 제안은 종래의 통상정책에서는 벗어난 것이었다. 일본은 GATT나 WTO 등의 다자주의 원칙과 체제를 지지하면서 지역주의 혹은 양자주의적 무역협정에 대해서는 무관심 혹은 부정적인 태도를 보여 왔다. 1991년 말레이시아의 마하티르 수상이 제창한 동아시아경제협의회(EAEC)와 같은 지역경제협력체의 창설에 냉담한 반응을 보인 것도 그런 맥락에서 이해된다. APEC이 제도화된 지역협력체 혹은 자유무역지대로 발전해 가는 것에 대해서도 유보적인 입장을 견지해 왔다(조용균 1996). 당연히 쌍무적 자유무역 활성화 방안에 대해서도 소극적으로 대응했다(유관영 · 임천석 1999). 이러한 일본이 한국에 대해 FTA 체결을 적극적으로 제안한 것은 이례적인 것이며 일본의 통상정책기조가 변화하고 있음을 보여 주는 대목이라 할 수 있다(김양희 2000, 76; 이홍배 2000, 99; 김호섭 2001, 255).[1]

동아시아 지역주의로의 정책변화는 일본의 국가이익과 관련이 있다. 동아시아 지역주의 무역체제는 규모의 경제 확보, 불확실성의 감소, 교역의 활성화, 무역창출효과 등의 경제적 이익과 협정체결 국가들과의 동반자적 관계형성과 역외국가들에 대한 협상력의 제고 등 정치적 이익으로 연결될 수 있다. 다른 한편으로는 정책변화는 국제 정치 차원의 변수들과도 관련이 있다(김성후 · 박경열 1999; 이홍배 2000; 김호섭 2001).

국제 정치 차원의 첫째 변수는 EU와 NAFTA의 발전이다. 동아시아와 함께 세계경제의 삼각축을 이루는 유럽과 북미에서 EU와 NAFTA의 등장으로 무역전환효과를 동반하는 지역주의가 강화되자 일본의 동아시아 지역으로의 수출에 제동이 걸리게 되었고, 해외의존도가 높은 경제구조를 가진 일본

1 한 · 일 FTA 외에도 1998년 이후 일본 정부가 추진 혹은 구상하고 있는 지역주의 정책에는 엔의 국제화 정책, 동(북)아시아경제협력체의 창설, 아시아통화기금의 조성 등이 있다. 지역주의에 대한 일본의 태도 변화는 통산성의 『通商白書』(1999, 300-301)에 잘 나타나 있다.

은 수출시장의 위축을 우려하게 되었으며, 그에 따라 새로운 통상 공간 혹은 대안시장의 확보 필요성이 높아졌다는 것이다. 더구나 그러한 지역주의가 날로 심화 확대되어 가는 상황에서 이제 일본도 미주와 유럽에서의 지역주의에 대항하고 이를 견제할 수 있는 동아시아의 지역주의에 적극적인 관심을 갖게 되었다.[2] 이렇게 볼 때, 한 · 일 FTA는 일본이 원하는 동아시아 경제협력체 구축의 밑그림이 될 수 있는 것이다.

두 번째 변수는 동아시아 시장의 거대화이다. 일본 상품의 수출시장으로서 동아시아가 차지하는 상대적 비중은 꾸준히 증가하여 1990년대에 와서는 미국을 제치게 된다. 그리고 그 격차는 계속 확대되어 간다. 동아시아 시장의 거대화는 일본의 역외국에 대한 무역의존도를 낮춤으로써 지역주의에의 유인을 강화시켰다. 한편, 대미의존도가 낮아짐으로써 일본 정부의 통상정책수립의 자율성이 강화되었다.[3] 결국 낮아진 역외의존도와 대미의존도가 일본으로 하여금 동아시아 지역경제통합에 적극적으로 나서게 만든 것이다.

세 번째의 변수는 1997년의 동아시아 경제위기이다. 일본이 역내 경제협력관계에 주력하기 시작할 때 동아시아 경제위기가 발생했다. 동아시아의

2 EU는 동유럽지역까지 확대됨은 물론 남미의 MERCOSUR지역과도 연계된 거대한 자유무역지대형성을 추진하고 있으며, NAFTA는 미주 전 지역을 망라하는 소위 미주자유무역지대(Free Trade Area of the Americas, FTAA)를 완성시키기 위해 노력하고 있고, 또한 유럽과 미주지역이 연결되는 범대서양자유무역지대(Trans-Atlantic Free Trade Area, TAFTA)의 건설까지도 현재 협의 중에 있다. 이제 특정 지역의 역내경제통합을 넘어서 '지역 간 경제협력체(inter-regional economic cooperation system)' 의 형성까지 논의되고 있는 것이다.

3 예컨대 1986년에는 일본 전체 수출량의 38% 이상이 미국 시장에 집중되었고, 그 양은 동아시아의 주요 10개국(한국, 중국, 타이완, 홍콩과 ASEAN 6개국)이 수입한 일본 제품 총량의 약 1.5배, 당시 EC의 12개 회원국들이 수입한 총량의 약 2.5배에 달하는 것이었다.

경제위기가 지속될 경우 일본의 수출 감소와 현지진출 자회사의 업적부진은 물론 투자된 금융자본의 회수도 어렵게 되는 등 일본은 경제적으로 엄청난 손실을 입게 될 것이라는 우려가 팽배했다. 이에 일본은 비슷한 사태의 재발을 방지하기 위해서는 동아시아의 경제협력 강화가 필요하며 그를 위해서는 또한 자신이 역내의 경제적 리더로서 보다 큰 역할을 수행해야 할 필요성을 절감하게 된 것이다. 97년의 위기는 일본으로 하여금 금융 분야에서 엔화의 국제화 정책을 적극 추진하게 만들었고 무역 분야에서는 역내 자유무역지대의 구축을 추진하게 만들었던 것이다.

한국의 통상정책기조도 변화하고 있었다. 외교통상부의 정우성 다자통상국장은 "최근까지 한국은 다자주의를 통상정책의 원칙으로 삼고, FTA는 지역주의를 바탕으로 한다는 점에서 우려하는 입장이었다. 그러나 주요국 중에 한국, 중국, 일본만이 자유무역협정에서 빠져 있다. 이에 한국도 1998년 11월 FTA를 추진해 보자는 대외경제정책원칙을 정했다"고 말한 바 있다(중앙일보 00/06/07). 신국환 산업자원부 장관은 2000년 9월 한 · 일 FTA가 "양국 간의 무역과 투자를 활성화함으로써 경제성장을 촉진한다"고 말했다(한겨레신문 00/09/06). 김대중 대통령은 2000년 11월 동아시아 경제협력체 구축을 위한 준비단계로 '동아시아 스터디그룹'을 구성하자고 제의하여 ASEAN+3(한중일) 정상회의의 합의를 이뤄내기도 하였다. 동 그룹은 2001년 3월에 출범하였고 이로써 그간 학계와 재계에서만 논의되어 오던 동아시아의 경제통합문제가 정부 차원의 국제적 현안으로 격상되었다. 한국 정부의 이 같은 발언은 한국도 지역주의적 통상정책으로의 전환을 추진하고 있으며 그 일환으로서 한 · 일 FTA의 체결을 적극 검토하고 있음을 보여 주는 것이라고 하겠다.

한국의 통상정책 기조 변화에는 다음의 요인들이 작용한 것으로 보인다(외교통상부 2000-12 '자유무역협정과 우리나라의 대응방안'). 첫 번째 요인은 가속화되고 있는 세계경제의 지역주의화 추세이다. 일본과 마찬가지로 어떠한 지역협력체에도 속해 있지 않은 한국에게 지역주의의 심화 확대란 수출시장의 지속적이고 상대적인 축소를 의미한다.[4] 그것은 수출주도형 경제구조를 유지하고 있는 한국 경제의 불안요소로 작용한다. 따라서 안정적인 수출시장의 확보 필요성이 증대됐고, 이 상황에서 한 · 일 FTA는 매력적인 대안이 아닐 수 없었다. 사실 세계 최대의 자본보유국임과 동시에 세계 제2의 소비시장을 형성하고 있는 일본과의 FTA 체결은 한국에 필요한 대규모의 투자유치와 수출증대를 보장받는 최선책으로 여겨질 만한 것이다. 특히, 외환위기 이후 한국은 일본과의 경제협력의 확대 필요성을 더욱 절감하고 있다. 두 번째 요인은 전략적 상황이다. FTA는 후발주자에게 상대적인 불이익을 줄 수 있다. 한국이 일본보다 제3국과 FTA 체결에서 뒤진다면 아세안 시장에서 상대적으로 불이익을 받을 가능성이 있기 때문에 한국은 싫든 좋든 자유무역협정을 체결할 수밖에 없는 전략적 상황 속에 놓여 있는 것이다(김양희 2000, 76).

2. 과정

한 · 일 FTA가 공식적으로 제안된 것은 1998년 11월 말에 콸라룸푸르에서 열렸던 APEC 정상회의 이후 개최된 각료간담회에서 요사노 가오루 일본 통산산업성 대신이 한국의 한덕수 통상교섭본부장에게 장기적 관점에서

4 WTO에 의하면 FTA 체결국 간의 교역이 전 세계 교역에서 차지하는 비중은 1997년 66%를 넘고 있다. 따라서 역외국과의 교역비중은 점차 감소하고 있다는 것이다. 일례로 1948년 42%에 불과하던 EU국가들 간의 역내 교역비중은 1993년에는 무려 70%로 증대된 바 있다. 그만큼 한국을 비롯한 역외국가의 EU시장 진출은 어려워졌다는 것이다. NAFTA 등 지역주의가 발달된 곳에서는 어디서나 마찬가지의 현상이 일어나고 있음은 물론이다.

〈한 · 일 FTA 주요 협상일지〉

1998. 10.	한 · 일 양국은 정상회담에서 '21세기 새로운 한 · 일 파트너십' 발표
1998. 11.	양국 통상장관 회담시 양국 간 FTA 추진에 관한 민간연구를 추진키로 합의
1999. 3.	오부치 총리 방한 중 '한 · 일 경제협력 의제 21'을 통해 기존의 경제협력 틀을 넘는 양국 관계강화를 표명, 이에 따라 IDE와 KIEP 공동연구 발족
2000. 5. 22.	IDE-KIEP 제1차 공동연구결과 발표
2000. 9. 1.	민간교류단체인 한 · 일 포럼에서 양국의 FTA 체결희망 의사를 표명
2000. 9. 24.	김대중 대통령 방일 중 '한 · 일 FTA 비즈니스 포럼' 발족합의
2000. 9. 28.	IDE · KIEP 제2차 공동연구결과 발표
2001. 5.	'한 · 일 FTA 비즈니스 포럼' 구성
2001. 9.	제1차 한 · 일 FTA 비즈니스 포럼 개최(서울)
2002. 1. 25.	제2차 한 · 일 FTA 비즈니스 포럼(도쿄)에서 양국 FTA 체결을 위한 정부 간 협상을 촉구하는 공동선언문 채택
2002. 3.	고이즈미 일본총리 방한 시 한 · 일 FTA 산관학 공동연구회 발족을 제의
2002. 7. 9–10.	한 · 일 FTA 산관학 공동연구회 제1차 공동회의 개최(서울)
2002. 10. 1–2.	한 · 일 FTA 산관학 공동연구회 제2차 공동회의 개최(도쿄)
2002. 12. 4–5.	한 · 일 FTA 산관학 공동연구회 제3차 공동회의 개최(부산)
2003. 1. 1.	한 · 일 BIT 발효
2003. 2. 6–7.	한 · 일 FTA 산관학 공동연구회 제4차 공동회의 개최(도쿄)
2003. 4. 14–15.	한 · 일 FTA 산관학 공동연구회 제5차 공동회의 개최(서울)
2003. 5. 7.	한 · 일 비관세조치 협의회 제1차 회의(서울)
2003. 7. 11–12.	한 · 일 FTA 산관학 공동연구회 제6차 공동회의 개최(후쿠오카)
2003. 9. 1–3.	한 · 일 FTA 산관학 공동연구회 제7차 공동회의 개최(서울)

	한 · 일 비관세조치 협의회 제2차 회의(9. 1) 개최
2003. 10. 2.	한 · 일 FTA 산관학 공동연구회 제8차 공동회의 개최(서울)
2003. 10. 20.	제11차 APEC 정상회의 기간에 양국정상은 2005년 FTA 타결을 목표로 연내 정부 간 협상 개시에 합의
2003. 12. 22.	한 · 일 FTA 제1차 협상개최(서울)
2004. 2. 23-25.	한 · 일 FTA 제2차 협상개최(도쿄)
2004. 4. 26-28.	한 · 일 FTA 제3차 협상개최(서울)
2004. 6. 23-25.	한 · 일 FTA 제4차 협상개최(도쿄)
2004. 8. 23-25.	한 · 일 FTA 제5차 협상개최(경주)
2004. 9. 1-4.	한 · 일 FTA, 중소기업지방설명회(광주, 대전)
2004. 11. 1-3.	한 · 일 FTA 제6차 협상개최(도쿄)

출처: KIEP, 외교통상부(http://www.fta.go.kr/fta_korea/info.php · country_id=12, 06/09/28 검색)

자유무역협정 체결을 위해 양국 간 공동연구를 시작하자고 제안하면서부터였다. 이어 11월 28-29일 일본 가고시마에서 열린 한 · 일 각료간담회에 참석한 김종필 총리는 오부치 총리와의 회담에서 한 · 일 FTA 창설에 대한 양국의 공동연구를 시작하기로 합의했다. 이후 양국 정부는 한국의 대외경제정책연구원(KIEP)과 일본의 무역진흥회 산하 아시아경제연구소(IDE)를 공공연구기관으로 선정하여 한 · 일 FTA 산관학 공동연구회(Korea-Japan FTA Joint Study Group)를 발족시킴으로써 본격적인 논의를 시작하였다. 이후 양국은 2000년 5월 발표된 양국 연구기관의 연구결과를 토대로 양국의 시장통합효과를 극대화할 수 있는 포괄적 경제협력의 내용을 가지는 한 · 일 FTA 체결의 필요성에 동의하게 되었다.[5]

5 산관학 공동연구회의 기능은 여전히 정부 간 공식협상이 아니라, 양국 간 FTA의 가능성을 타진하고 협상 이슈를 사전 점검하는 작업에 국한되었다.

이후 8차에 걸친 양국 공동연구회의가 진행되었고, 마침내 2003년 12월 22일에 양국 정부의 실무진이 참여하는 제1차 한·일 FTA협상이 개최되었다. 하지만 한·일 FTA협상은 2004년 11월 3일, 제6차 협상 이후 정체 상태에 빠져 있다.

3. 쟁점

한·일 양국이 상정하는 FTA는 무역 및 투자, 서비스 시장자유화와 무역규범의 조화, 양국 간 제반 경제정책의 협력을 포함하는 매우 포괄적인 것이다. 2001년 7월 9-10일에 개최된 한·일 FTA 산관학 제1차 공동협의에서 FTA의 포괄범위(scope)는 관세 및 비관세장벽 철폐, 투자 및 서비스 시장 자유화, 기술장벽 및 위생조치 등을 망라하는 무역 원활화 조치를 포함하며, 무역 및 투자, 인적교류, 과학기술, 정보통신, 환경, 경쟁정책, 지적재산권, 중소기업 협력을 포괄하는 경제협력활동, 그리고 반덤핑, 상계관세조치를 포함한 분쟁해결절차를 포함하는 합의를 도출하였다. 이 중 투자협정은 이미 2003년 1월 1일부터 발효되었고, 서비스 시장 개방도 2004년 1월 제4차 일본 문화개방조치를 통해 가속화되고 있다.

제1차 한·일 FTA협상은 서로의 입장을 확인하는 선에서 이루어졌다. 논의는 상대방의 상품무역에서의 관세, 비관세장벽의 철폐뿐만 아니라, 서비스 무역의 자유화, 투자 확대, 정부조달, 지적재산권, 경쟁정책, 무역투자협력, 중소기업협력, 과학기술협력 등의 경제협력사업까지 포괄하는 광범위한 분야에 걸쳐 진행되었다.

제2차 협상에서 양국은 상품무역, 비관세조치(Non-tariff Measures), 투자 및 서비스무역, 기타 무역규범(정부조달, 경쟁정책, 지적재산권), 협력 등 5개 협상 분야와 상호인정협정(MRA; Mutual Recognition Agreement)에 대한 협의

등 주요 쟁점을 결정하였다.[6]

제3차 협상에서 양국은 포괄적이고 수준 높은 FTA를 체결한다는 기본원칙을 재확인하고, 각 협상 분야별로 쟁점사항에 대한 양국의 기본입장과 협정문안, 향후 작업계획 등에 대해 논의하였다. 또한 3차 협상을 바탕으로 차기 협상에서는 협정 문안에 대한 축조심의(逐條審議)를 하면서 각 분야별로 통합 협정문안(consolidated text)을 만드는 작업을 진행할 계획이라고 발표하였다(외교통상부 자유무역협정 보도자료 04/04/28). 제3차 협상은 양국 간의 구체적 쟁점이 협정문안 초안을 통해 조율되기 시작하였다는 점에서 그 의의를 찾을 수 있다. 제3차 협상에 앞서 양국은 4월 16일에 한 · 일 FTA 협정문 초안을 상호 교환하였으며 한국 측은 여기서 양국 간 FTA가 포괄적인 분야에서 높은 수준의 자유화와 협력을 목표로 하여야 한다는 취지 하에 검사검역(SPS), 정부조달, 상호 인정, 비관세조치 등에서 한국 측 입장을 반영하는 규정을 다수 포함하였다. 공산품 분야에서 관세율이 낮고, 높은 경쟁력을 보유하고 있는 일본은 상품에 대한 높은 수준의 관세 철폐와 조속히 협상을 종료하는 데 관심을 보여 왔다. 이에 대해 한국은 FTA 체결에 있어서 양국 간 이익이 균형을 이루는 것이 중요하며, 따라서 양국 간 FTA는 공산

6 분야별 주요 논의내용으로는 첫째, 양국 간 무역 및 투자 증대를 위하여 농업을 포함하는 상품, 서비스의 포괄적 자유화 원칙을 재확인하였다. 둘째 우회수입방지를 위한 원산지 규정, 통관절차 간소화 등 분야에서 FTA 체결의 이익을 최대화 할 수 있는 방안을 모색하기로 합의하였다. 셋째 FTA체결의 이익을 극대화하기 위하여 가급적 많은 무역규범 분야에서 수준 높은 FTA를 추구하는 것이 바람직하다는 데 인식을 같이하였다. 넷째 비관세조치 분야에 있어서는 협의회를 계속 유지키로 하고 앞으로 구체적인 사례를 바탕으로 논의를 진행하기로 합의하였다. 다섯째 양국 간 경제통합을 실질적으로 실현하고, FTA효과를 극대화하기 위하여 무역투자협력, 기술협력 등 각종 협력 사업을 발굴, 추진키로 합의하였다. 여섯째 양국 간 기술규격을 상호 인정하기 위하여 상호인정(Mutual Recognition) 분야를 설치하기로 합의하였다. 일곱째 차기 협상에서는 양국이 협정문안 초안을 준비하여, 이를 바탕으로 보다 구체적인 논의를 진행하기로 합의하였다(외교통상부 자유무역협정 보도자료 04/02/25).

품 시장 개방뿐만 아니라 비관세조치의 철폐, 비자면제조치 등 양국 간 인력의 상호 이동을 촉진하기 위한 방안마련, 상호 인정협정 체결, 정부조달 시장 개방 확대, 무역투자협력 확대 등이 반영되어야 한다는 점을 강조하였다(정인균 2004).

제4차 협상에서 양국은 포괄적이고 수준 높은 FTA를 체결한다는 기본원칙을 재확인하고 상품 및 서비스 무역자유화 등 6개 협상 분야별로(분쟁해결 분야는 미개최) FTA협상의 주요 쟁점에 대해 협정문을 기초로 논의를 진행하였다.[7] 특히 제4차 협상에서 한국 측은 비관세조치, 상호 인정, 정부조달 등의 문제를 적극 제기하였으며, 일본 측은 지재권 분야에 대해 많은 관심을 보였다. 아울러 양국은 상품 양허안 교환 시기 및 양허안의 수준에 대해 일반적 의견을 나누었다(외교통상부 자유무역협정 보도자료 04/06/25).

제5차 협상에서 양국은 상품 및 서비스 무역자유화 등 7개 협상 분야별로 FTA협상의 주요 쟁점에 대해 협정문 초안을 기초로 논의를 진행하였다

7 우선 상품무역분과에서는 일본이 시행하고 있는 수산물에 대한 수입쿼터제도의 철폐 문제, WTO 반덤핑 협정문안 개선문제, FTA 체결 이후 수입급증에 대비한 양자 긴급 수입제한조치를 도입하는 문제 및 원산지 증명서 발급 주체와 사후검증절차에 대한 사항을 논의하였다. 서비스 및 투자 분야에서는 투자/서비스 자유화 방식, 최혜국 대우, 시장접근 등이 주요 쟁점이었다. 특히 기존의 BIT를 FTA틀 속으로 포함시키는 방안이 논의되었다. 또한 양국 간 인력교류의 촉진을 위한 비자면제협정 체결의 필요성에 대해서도 논의하였다. 비관세조치 분야에서는 2개의 트랙으로 협의가 진행되었는데, 첫째, 협정상에 비관세조치 관련 분야를 어떤 문안으로 반영시키는지에 대한 논의와 둘째 민간 부문의 참여하에 양국 기업인이 상대국 시장에서 경험하고 있는 개별 비관세조치 해결방안에 대한 논의가 그것이다. 기술장벽(TBT), 위생검사검역(SPS)의 경우 한국의 적극적 자세에 비해 일본은 기본적으로 WTO 협정 이외에 추가적 조항을 포함시키는 것에 소극적 입장을 보였다. 상호 인정과 관련하여 양국은 상호 인정의 적용범위와 상호 인정을 위한 체제에 대하여 논의를 진행하였다. 특히 한국은 정부조달 분야에 있어서 건설시장을 중심으로 일본 조달시장에서의 시장접근 장벽 및 애로사항을 해소하기 위해 노력하였다. 협력과 관련하여 양국은 FTA 체결효과의 극대화를 위해 자유화 조치와 함께 경제협력을 확대할 필요가 있다는 점에 의견을 같이하였다(정인균 2004).

(외교통상부 자유무역협정 보도자료 04/08/25). 한국 측은 비관세조치, 정부조달 등 우리 측 관심 분야에서 다양한 의제를 발굴, 적극 제기하였고, 양국은 상품 양허안 및 서비스/투자 유보안 교환과 관련하여 일반적인 의견을 나누었다.

제6차 협상에서도 제5차 협상과 같은 의제가 등장하였는데, 특히 FTA의 핵심인 상품 양허안에 관한 문제에서도 계속 협의해 나가기로 합의하였다(외교통상부 자유무역협정 보도자료 04/11/03). 하지만 제6차 협상 이후, 농수산물 자유화에 대한 논란 이후 한 · 일 FTA협상 재개는 아직까지 이루어지지 않고 있다. 한 · 일 FTA에서 가장 많은 쟁점이 존재하는 부분은 역시 해당 산업에 직접적 영향을 줄 수 있는 관세 및 비관세장벽과 각종 규제의 철폐이다.

4. 결과

한 · 일 FTA협상이 교착된 것은 경제적인 원인과 정치적 원인, 즉 한 · 일 관계의 악화에서 기인한다. 첫 번째로 경제적 측면에서 살펴보면 한 · 일 FTA의 타결은 한국보다는 상대적으로 일본에게 더 큰 이익이 예상된다. 한 · 일 FTA가 체결되면, 인구규모로는 1억 8천 명, GDP 규모로는 4조 6천억 달러에 달해 세계무역의 약 10%를 차지하는 거대단일시장의 출현이라는 연구보고도 있다(오가와 유헤이 2004). 관세 · 비관세 장벽 폐지와 급속한 무역량의 확대는 경쟁력 있는 기업들에게 더 많은 이익창출의 기회를 제공할 것이고 이 과정에서 일본의 기업들은 경쟁우위를 가질 수 있다. 게다가 한 · 일무역수지 불균형이 한 · 일 FTA의 심각한 장애가 되고 있다. 1999년 6월 '수입선다변화' 정책이 완전히 폐지된 이후 큰 폭으로 증가하고 있는 한국의 대일무역적자는 심각한 수준이다. 한 · 일 간의 관세율 차이(일본

2.9%, 한국 9.19%)를 고려한다면 관세철폐는 대일수입의 급증과 무역불균형의 심화를 초래할 충분한 위험이 있다. 특히 자동차, 전자, 기계부품, 선박 등의 주력산업에 미치는 영향이 클 것으로 예상된다. 이런 우려를 반영하여 지금까지 한 · 일 FTA의 체결을 한 목소리로 요구하던 전국경제인연합회와 한국무역협회에서도 최근에는 신중론이 대두하고 있는 것으로 전해졌다(동양경제일보 04/02/20, 오가와 유헤이 2004에서 재인용).

두 번째로 정치적 측면에서 볼 때 고이즈미 정부와 노무현 정부 사이에 급속히 냉각되고 있는 양국관계를 들 수 있다. 제6차 협상이 종료되고 45일 후인 2004년 12월 18일에 가고시마(鹿兒島)에서 열린 한 · 일 정상회담에서 노무현 대통령은 자신의 임기 중에는 과거사 문제를 거론하지 않겠다고 밝혔다. 하지만 일본 시마네현의 독도 조례안 통과, 우익교과서 검정통과, 고이즈미 총리의 야스쿠니 신사참배 등, 역사문제, 독도-영해분쟁은 2005년 연내 타결을 목표로 하고 진행되던 한 · 일 FTA협상을 중단시키는 중대한 장애가 되었다. 결국 노무현 정부는 초강경 대일독트린을 발표하기에 이르렀다(윤덕민 2005). 2004년 11월 이후의 한 · 일 FTA협상이 정체된 표면적 원

〈표 18-1〉 한국의 대일무역수지

단위: 100만 달러

	대일수출	대일수입	대일무역수지
1996	15,766.8	31,448.6	-15,681.8
1997	14,771.2	27,907.1	-13,135.9
1998	12,237.6	16,840.4	-4,602.8
1999	15,862.4	24,142.0	-8,279.6
2000	20,466.0	31,827.9	-11,361.9
2001	16,505.8	26,633.4	-10,127.6
2002	15,143.2	29,856.2	-14,713.0
2003	17,276.1	36,313.1	-19,037.0
합 계	128,029.1	224,968.7	-96,939.6

출처: 한국통관통계(오가와 유헤이〈2004〉에서 재인용)

인은 농수산물 자유화 부문에서 의견대립이었지만 내부적인 원인은 위에서 언급한 한 · 일 무역수지불균형의 심화와 일본의 역사인식문제에서 비롯된 양국관계의 악화에서 찾을 수 있을 듯하다.

주요연표

1998. 10. 한 · 일 양국은 정상회담에서 '21세기 새로운 한 · 일 파트너십 공동성명' 발표. 부속서인 '행동계획'에서 폭넓은 경제청사진 제시.

1998. 11. 양국 통상장관 회담시 양국 간 FTA 추진에 관한 민간연구를 추진키로 합의.

1999. 3. '한 · 일 경제협력 의제21'을 통해 기존의 경제협력 범위를 통해 기존의 협력 틀을 넘는 관계강화를 포명. 이에 따라 IDE와 KIEP 공동연구 발족.

2000. 5. 22. IDE · KIEP 제1차 공공연구결과 발표.

2000. 9. 16. 민간교류단체인 한 · 일포럼에서 양국의 FTA 체결희망 의사를 표명.

2000. 9. 24. 김대중 대통령 방일 중 '한 · 일 FTA 비즈니스 포럼' 발족 합의.

2000. 9. 28. IDE-KIEP 제2차 공공연구결과 발표.

2001. 5. '한 · 일 FTA 비즈니스 포럼' 구성.

2001. 9. 제1차 한 · 일 FTA 비즈니스 포럼 개최(서울).

2002. 1. 8. 전국경제인연합회는 8일 동북아 경제협력체 구성을 위한 전단계로 한 · 일자유무역협정(FTA) 추진을 정부에 건의.

2002. 1. 25. 제2차 한 · 일 FTA 비즈니스 포럼(도쿄)에서 양국 FTA 체결을 위한 정부간 협상을 촉구하는 공동선언문 채택.

2002. 3. 22. 고이즈미 일본 총리 방한시 한 · 일 FTA 산관학 공동연구회 발족을 제의.

2002. 7. 9. 한 · 일 FTA 산관학 공동연구회 제1차 공동회의 개최(서울).

2002. 10. 1–10. 2. 한 · 일 FTA 산 · 관 · 학 공동연구회 제2차 공동회의 개최(도쿄).

2002. 12. 2. 한 · 일투자협정 외교공한 교환.

2002. 12. 4. 한 · 일 FTA 산관학 공동연구회 제3차 공동회의 개최(부산).

2003. 1. 1. 한 · 일 BIT 발효.

2003. 2. 6. 한 · 일 FTA 산관학 공동연구회 제4차 공동회의 개최(도쿄).

2003. 4. 14. 한 · 일 FTA 산관학 공동연구회 제5차 공동회의 개최(서울).

2003. 5. 17. 한 · 일 비관세조치 협의회 제1차 회의(서울).

2003. 6. 9. 일본을 국빈 방문 중인 노무현 대통령은 8일 한 · 일 간 자유무역협정(FTA) 체결문제와 관련, "FTA 논의가 빠른 시일 내에 정부 간 교섭단계로 진전될 수 있기를 희망한다"고 밝힘.

2003. 7. 11. 한 · 일 FTA 산관학 공동연구회 제6차 공동회의 개최(후쿠오카).

2003. 9. 1. 한 · 일 FTA 산관학 공동연구회 제7차 공동회의 개최(서울), 한 · 일 비관세조치 협의회 제2차 회의 개최.

2003. 10. 2. 한 · 일 FTA 산관학 공동연구회 제8차 공동회의 개최(서울). 1일 대외경제정책연구원(KIEP)과 일본의 아시아경제연구소(IDE)가 한 · 일 FTA 무역효과 발표(한국은 단기적〈1-2년〉으로 공산품 경쟁력 열세로 손해를 보지만 중장기적〈3-10년〉으로는 연간 30억-408억 달러의 무역수지 흑자를 기록할 것이라고 발표).

2003. 10. 20. 제11차 APEC 정상회의 계기 한 · 일 정상회담에서 양국 정상은 2005년 FTA타결을 목표로 연내 정부간 협상 개시에 합의.

2003. 12. 22. 한 · 일 FTA 제1차 협상개최(서울).

2004. 2. 25. 한 · 일 FTA 제2차 협상개최(도쿄).

2004. 3. 4. 한 · 일 재계는 4일 신라호텔에서 개최된 한 · 일재계회의에서 한 · 일 FTA 조속 체결 합의.

2004. 3. 11. 외교통상부는 한 · 일 자유무역협정(FTA)을 한중일 또는 한중 FTA 체결 이후로 미뤄야 한다는 산업연구원(KIET)의 최근 보고서에 대해 10일 "한 · 일 FTA의 경제적 효과에 대한 분석자료로 인용하기에 부적합하다"고 반박. 외교부는 'KIET는 중소기업의 대일(對日) 수출 감소 등을 감안할 때 수출증대효과가 없다고 분석했으나 실제로는 일본이 고(高)관세를 매기고 있는 섬유, 가죽 등 경공업 분야에서 중소기업의 수출증대 또는 수출감소 방지효과가 클 것으로 기대된다' 고 설명.

2004. 4. 26. 한 · 일 FTA 제3차 협상개최(서울). 양국은 이번 협상부터 협정문 협

상을 벌이며 △상품무역 △비관세조치 △투자 및 무역서비스 △정부조달과 경쟁 등 기타 무역규범 △상호인정 △분쟁해결 △협력 등 7개 분과별로 주요 쟁점을 논의. 이에 앞서 16일 양국은 협정문 초안을 교환.

2004. 9. 6. 노동계, 한 · 일 자유무역협정(FTA) 체결 반대 등을 관철하기 위한 4시간 경고성 총파업에 나서기로 합의.

2004. 10. 27. 오상봉 산업연구원장은 27일 열린우리당 신산업정책포럼이 주최한 '한 · 일 FTA가 부품 · 소재산업에 미치는 파급효과 및 대응방안' 이라는 주제의 토론회에서 일본과 FTA를 체결하면 지금보다 대일 적자가 더욱 늘어날 것이라며 대응마련이 시급하다고 주장.

2004. 11. 8. 김현종 통상교섭본부장, 내년 말까지 한 · 일 자유무역협정(FTA)을 완료하는 목표를 유지하고 있다는 입장표명.

2005. 3. 19. 한덕수 부총리 겸 재정경제부 장관, 한 · 일 자유무역협정(FTA) 체결 협상 등 경제협력 사안은 독도 문제와 관계없이 경제적 관점에서 추진해야 한다고 밝힘.

2005. 3. 30. 김현종 통상교섭본부장, 30일 농산물 개방문제 등으로 교착 상태에 빠져 있는 한 · 일 자유무역협정(FTA) 협상과 관련, "공은 일본에 맡겨져 있다"고 말함. 한 · 일 양국은 지난해 12월부터 일본의 농수산물 개방 폭을 둘러싼 입장차로 관세철폐 품목 및 관세인하 수준에 대한 '잠정 제안서' 를 교환하지 못하고 있으며 이에 따라 협상 일정을 잡지 못하고 있음.

2005. 4. 14. 고이즈미 일본 총리, 한 · 일 경제인회의에 보낸 축하 메시지를 통해 한 · 일 FTA가 연내 체결될 수 있기를 희망한다고 밝힘.

2006. 4. 30. 한덕수 경제부총리, 한 · 미 자유무역협정을 마무리한 뒤 중단된 한 · 일 FTA협상의 완결을 추진할 것이라고 밝힘.

2006. 9. 14. 권오규 부총리 겸 재정경제부장관이 "일본의 차기 정권과 내년에 한 · 일 FTA협상을 재개하고 싶다"고 밝힘.

참고문헌

[단행본]

강상인 · 김재준. 2003. 『한 · 일자유무역협정이 외국인투자에 미치는 영향과 정책적 시사점』. 서울: 한국환경정책 · 평가연구원.

권영민 외. 2001. 『한 · 일 자유무역협정을 위한 기업간 협력방안』. 서울: 한국경제연구원.

김도형. 1999. 『한 · 일 FTA와 신산업정책 연구』. 서울: 한 · 일 산업 · 기술협력재단 산업연구원.

김도형. 1999. 『한 · 일 자유무역협정의 산업별영향과 대응전략』. 서울: 산업연구원.

김성조. 2002. 『한 · 日 FTA: 과제와 전망』. 서울: 김성조 의원실.

김양희. 2003. 『한 · 일 FTA의 추진 현황과 향후과제』. 서울: 대외경제정책연구원.

김양희 · 김종걸. 2001. 『한 · 일자유무역협정이 외국인투자에 미치는 영향과 정책적 시사점』. 서울: 대외경제정책연구원.

김양희 · 조병택. 2002. 『한 · 일 FTA와 일본의 유통장벽: 경쟁정책적 접근』. 서울: 대외경제정책연구원.

대외경제정책연구원. 2001.『한 · 일 FTA의 산업별 영향과 대응방안』. 서울: 대외경제정책연구원.

안충영. 2001. 『동북아경제협력: 통합의 첫걸음』. 서울: 박영사.

유장희. 2005. 『한 · 일FTA와 대기업의 직면과제』. 서울: 대외경제정책연구원.

이홍배 · 정성춘 · 석전현. 2004. 『한 · 일 FTA체결이 국내 부품산업에 미치는 영향과 정책시사점: 전기전자 · 기계 부문을 중심으로』. 서울: 대외경제정책연구원.

최세균 · 허주녕 · 이재현. 2004. 『한 · 일 FTA 농업 부문 파급영향 및 협상전략』. 서울: 한국농촌경제연구원.

한국과학기술부. 2003. 『한 · 일과학기술협력 발전방안 연구: 한 · 일 FTA 추진과 관련하여』. 과천: 과학기술부.

한국무역협회 편. 2001.『한 · 일 자유무역협정의 영향과 대응전략 : 자동차 · 가전 · 공작기계 · 섬유 · 농림수산』. 서울: 한국무역협회 무역연구실.
한 · 일산업기술협력재단 · 산업연구원. 1999.『한 · 일 FTA와 신산업정책 연구』. 서울: 한 · 일산업기술협력재단.

[학위논문: 석사]

강민정. 2002. "한 · 일 자유무역협정의 경제적 효과와 대응방안." 조선대 경영대학원 석사학위논문.
고조 노리오. 2004. "한 · 일투자협정의 법적/경제적 함의에 대한 연구." 서울대 대학원 석사학위논문.
김명민. 2001. "한 · 일 자유무역협정의 창설과 한국의 대응방안에 관한 연구." 조선대 경영대학원 석사학위논문.
김윤선. 2003. "한 · 일 자유무역협정 추진방안." 연세대 경제대학원 석사학위논문.
김혜민. 2002. "한 · 일 FTA가 한국의 각 산업에 미치는 영향분석." 한국외국어대 대학원 석사학위논문.
박형선. 2004. "한 · 일 FTA의 경제적 효과와 추진방향." 상지대 대학원 석사학위논문.
유재원. 2001. "한 · 일 자유무역협정의 효과와 한국의 대응전략에 관한 연구." 한양대 경영대학원 석사학위논문.
이정길. 2003. "한 · 일 FTA 추진 필요성과 추진방안에 관한 연구." 서강대 대학원 석사학위논문.
이훈범. 2003. "한 · 일 자유무역협정 체결의 국내 산업별 영향." 성균관대 국제통상대학원 석사학위논문.

[정기간행물: 학술논문]

강선구 · 이지평. 1998. "한 · 일자유무역지대 창설의 득실과 시사점." LG경제연구원 보고서.
기무라 후쿠나리. 2002."한 · 일자유무역협정을 향한 일본의 시점."『동서연구』14권 2호, 5-39.

김기홍. 2005. " 내부협상의 관점에서 본 한 · 일 FTA 논의 분석." 2005 경제학 공동학술대회.

김도형. 2005. "한 · 일 FTA에 따른 산업내 분업과 협력 가능성." 『한 · 일경상논집』 30집, 93-133.

김도형. 2005. "한 · 일 자유무역협정의 정치와 경제: 지피지기의 혜안으로 WTO+α를 부품업 등 강화하면 '실보다 득'." 『NEXT』 통권 16호, 28-44.

김석균. 1999. "FTA의 세계적인 확대와 한국의 대응전략." 『산업경제연구』 12권 5호.

김성후 · 박경렬. 1999. "한 · 일 간 자유무역지대의 전망과 한국의 전략." 『인문노총』 6집.

김영철 · 서정구. 2005. "한국의 FTA 정책방향에 관한 연구." 『논문집』 28집, 53-85.

김종걸. 2002. "탈냉전 후 일본의 대 한반도 정책의 변화와 전망." 『일본학보』 52집, 165-184.

김종걸. 2004. "우리나라 FTA 정책의 기본방향 -전체 FTA 구상 속의 한 · 일 FTA-." 『일본학보』 60집, 525-546.

김진수. 2005. "한 · 일 FTA에 대한 우리나라 부품 · 소재산업의 대응방안." 『동아시아: 비교와 전망』 3집, 105-130.

김학기. 2004. "한 · 일 FTA 체결이 중소기업의 대일 수출에 미칠 영향." 『KIET산업경제』 통권 65호, 30-40.

김호섭. 2001. "아시아 경제위기 이후의 일본의 지역주의: 한 · 일자유무역협정 논의의 전개를 중심으로." 『한국정치학회보』 35집 1호.

김호섭. 2004. "일본의 FTA 정책과 국내정치." 『일본연구논총』 19호, 129-156.

대외경제정책연구원. 2000. "한 · 일 자유무역협정(FTA)의 경제적 효과와 정책방향(총괄편)." 21세기 한 · 일 경제관계연구회 보고서.

류미경. 2004. "한 · 일 FTA를 둘러싼 쟁점 :' 한 · 일 FTA 산 · 관 · 학 공동연구회 보고서' 를 중심으로." 『사회진보연대』 통권 44호, 55-65.

문병준. 2003. "한 · 일 FTA의 과제와 전망: 한국의 시각." 『사회과학논총』 21집, 47-62.

박부규. 2004. "일본의 비관세장벽과 한 · 일 FTA" 『무역연구』(8월호), 122-134.

박종돈. 2001. "한 · 일 경제관계 분석을 통한 FTA 타당성 검토." 『경제경영연구』 25

권 1호, 145-179.

박희종. 2005. "한 · 일 FTA와 한국의 대응전략." 『사회과학논총』 23집, 49-69.

배긍찬. 1999. "동아시아 지역협력 추진 전망." 『외교안보연구원 정책연구시리즈』(7월호).

서기석. 2004. "한 · 일 FTA체결과 정밀화학업계의 대응전략." 『계면활성제 · 접착제』 통권 20호, 79-84.

석태문. 2004. "한 · 일 FTA의 경제적 의미와 지역경제의 대응." 『대은경제리뷰』 194호, 38-53.

손 열. 2004. "한 · 일 FTA추진의 정치경제: 정보화/세계화시대의 경제통합전략." 『국가전략』 10권 4호, 95-119.

송주명. 2004. "베일 속의 한 · 일자유무역협정: 한국의 산업, 노동, 그리고 '동아시아 비전'." 『창작과 비평』 32권 4호, 304-322.

스즈키 노부히로 저. 함원식 역. 2005. "한 · 일 FTA의 의의와 과제." 『농협조사월보』 통권 569호, 38-49.

양기웅. 2006. "협상이론측면에서 본 한국의 FTA협상분석." 『세계정치 6-자유무역협정의 정치경제』. 인간사람.

오가와 유헤이. 2004. "동북아 경제협력과 한 · 일 FTA: 지방판 자유무역협정 제창." 『국제통상연구』 9집 2호, 1-20.

오쿠다 사토루. 2002. "한 · 일자유무역협정(KJFTA)에 관한 연구: 최근의 일본 대외통상정책의 변화와 배경." 『국제통상연구』 7권 1호, 149-175.

오쿠다 히로시. 2005. "일본경제의 현황과 전망, 그리고 대외경제협력 방향: 동아시아 자유경제권 실현 위한 '윈-윈-윈' 전략 시급." 『전경련』 통권 489호, 22-25.

유관영 · 임천석. 1999. "한 · 일 경제관계의 변화와 FTA문제." 『국제통상연구』 4권 1호.

유승록 · 장성탁. 2004. "한 · 일 자유무역협정 체결의 국내 철강산업에 대한 영향 분석." 『산은조사월보』 579호, 1-31.

이시형 · 전성희. 2004. "한 · 일 FTA: 비관세 장벽과 피해산업." 『일본연구논총』 19호, 157-180.

이시형 · 전성희. 2004. "한 · 일 FTA: 정치경제적 접근." 『국제통상연구』 9권 1호,

143-167.

이종윤. 1999. "동아시아 경제협력의 강화와 한 · 일 자유무역지대 창설." 『국제통상연구』 4권 2호.

이진원. 2002. "한 · 일자유무역지대 성립의 정치 사회적 전제조건." 『동서연구』 14집 2호, 103-137.

이재현. 2005. "한 · 일 FTA협상을 둘러싼 일본의 논의동향: 농업 부문을 중심으로." 『농정연구』 통권 13호, 167-189.

이홍배. 2005. "한 · 일 FTA 추진현황과 경제협력 가능성 고찰." 『국회도서관보』 42권 8호, 28-36.

임천석. 2002. "한 · 일 FTA와 외국인 직접투자." 『동서연구』 14집 2호, 67-84.

임천석. 2005. "한중무역과 한 · 일FTA(자유무역협정)의 추진방향에 관한 연구." 『관세학회지』 6집 2호, 443-462.

전형구 · 김민수. "한 · 일 FTA체결이 문화산업에 미치는 영향에 관한 연구." 『산업경영연구』 7권, 23-54.

천인호. 2003. "한 · 일 FTA와 한 · 일해협 국지경제권 협력방안." 『국제문제논총』 14집, 47-67.

최태욱. 2001. "대외통상정책의 국제 정치와 국내정치: 한 · 일FTA를 중심으로." 『한국정치학회보』 35집 3호, 475-497.

최태욱. 2004. "한 · 일 FTA 체결이 한반도안보에 미치는 영향." 『전략연구』 11권 3호, 142-179.

허덕진. 2004. "한 · 일 FTA 서비스 협상 관련 전문 · 기술인력 진출방안 검토." 『무역연구』(10월호), 14-49.

홍성규. 2005. "일본의 반경쟁적 상관행 분석을 통한 한 · 일 FTA 접근전략." 『무역학회지』 30권 4호, 95-120.

[정기간행물: 잡지/기사]

가부 다카요시. 2001. "한 · 일 자유무역 협정에 관한 연구." 『해협권연구』 1호, 145-160.

권영민. 2002. "한 · 일 자유무역협정 : 지속적 성장을 위한 새로운 돌파구." 『관세와 무역』 34권 5호, 22-27.

김대원. 2004. "한 · 일 FTA의 의의와 전망: 한 · 일FTA의 영향과 노동운동의 대응." 『노동사회』 통권 94호, 34-37.

김수웅. 2004. "한 · 일 FTA와 보건산업." 『보건산업기술동향』 통권 17호, 152-159.

김양희. 2000. "일본-싱가포르 자유무역협정(FTA) 체결과 한국에의 시사점." 『KIEP 세계경제』 3권 11호.

김양희. 2002. "한 · 일 FTA 논의의 주요 현안과 우리의 정책과제." 『KDI북한경제리뷰』 4권 5호, 3-19.

김양희 · 김종걸. 2002. "한 · 일 FTA 체결과 대한 외국인투자: 영향과 정책적 시사점." 『비교경제연구』 9권 2호, 1-16.

김양희. 2003. "'한 · 일 FTA 산관학 공동연구회' 의 중간평가와 향후과제." 『KIEP세계경제』 6권 4호, 50-62.

김양희. 2005. "한 · 일 FTA : 협상테이블에 빨리 앉아야." 『Chief executive』 통권 28호, 107-107.

김용구. 2004. "FTA 이후의 대응전략 : 중소기업 전략 : 윈-윈(win-win) 위한 공동기술 개발." 『고우경제: 고려대 경제인회회보』 23권 2호, 26-30.

김종걸. 2000. "한 · 일 자유무역협정의 필요성과 해결과제." 『외교』 63호, 50-56.

이은하. 2005. "한 · 일 FTA, 동아시아 경제통합의 핵심: 세계적 국가로 거듭나기 위한 첫걸음." 『동북아포럼』 통권 7호, 42-45.

이종윤. 2004. "동아시아 경제공동체 창설 : 동아시아 '경제공동체' 구축 위해 한 · 일간 FTA체결 시급하다." 『월간중앙』 30권 5호, 346-353.

임운택. 2004. "한 · 일 FTA의 경제 · 사회적 대차 대조표." 『World labor』 2권 10호, 4-7.

정성춘. 2004. "한 · 일 FTA와 지적재산권 보호." 『지식과 권리』 2권 2호, 3-11.

정인교. 2002. "한 · 일 FTA의 주요 이슈와 대응방안의 모색." 『KIEP 세계경제』 5권 11호, 87-94.

정인균. 2004. "한 · 일 FTA협상, 추진 현황과 과제." 『외교』 70호, 88-92.

조석진. 2004. "한 · 일 FTA가 낙농산업에 미치게 될 영향." 『낙농 · 육우』 24권 5호,

106-111.

조 현. 2002. "또 하나의 기회, 한 · 일 FTA." 『나라경제』 13권 11호, 103-107.

진창수. 2004. "동북아 발전과 한 · 일FTA: 전략적 선택의 관점에서." 『지역사회』 통권 48호, 58-63.

한국정보산업연합회 조사연구팀. 2005. "한 · 일 FTA의 IT산업에 대한 영향." 『정보산업』 통권 231호, 99-101.

후쿠가와 유키코. 2004. "동아시아 경제통합과 동북아 지역협력 : 잠재력의 현재화 전략." 『극동문제』 26권 8호, 48-54.

최세균. 2004. "한 · 일 FTA와 농업." 『제주발전포럼』 10호, 44-47.

| 제4부 |

한국의 안전보장협상

제19장 한 · 미 동맹재조정협상

제19장 한 · 미 동맹재조정협상

1. 서론

2006년 10월의 북한 핵실험에 대한 대응방식을 둘러싸고 한 · 미 간에는 이견이 노정되었다. 10월 19일 대북제재방안을 협의하기 위해 방한한 라이스 국무장관과 노무현 대통령, 반기문 외교부장관 사이에서는 UN 안보리 대북제재 결의 수준과 상호 주요 관심사항에 대해서 불협화음이 있는 것으로 알려졌다. 한국의 PSI 참여를 설득할 목적으로 한국을 방문한 라이스 국무장관의 기대와는 달리 한국 정부는 개성공단의 긍정적 효과와 금강산 관광사업의 상징성을 설명하는 데 긴 시간을 할애하였다. 하지만 대북경협사업에 대한 미국의 반응은 긍정적이지 않았다.[1]

1 이 시점의 대북핵협상 태도를 큰 그림으로 정리하면 이미 한 번 북한과의 핵협상 경험

냉전시대 한 · 미 동맹은 미국이 구축한 동맹 중에서 가장 성공한 동맹 중의 하나로 평가되어 왔다. 물론 한 · 미관계가 늘 순탄한 것만은 아니었다. 동맹의 형성, 조정, 적응, 제도화 과정에서 때로는 이해관계의 대립을 경험하기도 하였다. 다시 말해서 한 · 미 동맹은 부단한 재조정과정을 거치면서 오늘에 이르렀고 최근에 진행되는 '한 · 미 동맹재조정협상' 도 그 연장선에서 이해될 수 있다. 보수성향의 언론매체와 야당은 최근의 한 · 미관계에 대해 '한 · 미 동맹 위기론' 적 시각을 보이고 있다. 이들은 한국에서 반미 민족주의 여론이 확산되고 이에 한국 정부가 편승하는 태도를 보임으로써 동맹의 위기가 초래되었다고 주장한다(이내영 외 2005). 이들 보수주의자들은 한국 사회에서 공고화된 반미여론이 미국 정책결정자들과 국민들 사이에 혐한 혹은 반한 감정을 야기시켜 양국 간 신뢰관계를 크게 훼손하고 동맹의 기초를 약화시킨다고 상황을 인식하고 있다. 더 나아가 이들은 한 · 미관계가 악화되는 보다 근본적인 원인을 양국 간의 위협인식의 심각한 격차에서 찾고 있다. 2000년 남북정상회담 이후 한국 국민들 사이에 북한을 더 이상 위협으로 인식하지 않거나 심지어 미국을 한국의 국익에 가장 큰 위협요인으로 생각하는 경향이 강화되어 왔고 이러한 한국인의 안보 불감증에 기초한 위협인식의 격차가 반미여론이 고조될 수 있는 토양을 제공하면서 한 · 미 동맹의 존재 의의에 대한 의문을 유포시키고 있다고 보는 것이다(이내영 외 2005; 연합뉴스 05/2/23).

이 글에서는 한 · 미 동맹의 역사를 살펴보고 2000년대 이후 진행되고 있

을 가지고 있는 미국은 일관되게 '완전하고, 검증 가능하고, 되돌릴 수 없는 방식' 의 핵폐기 방법을 선호하였고 북한이 이를 거부할 경우 대화보다는 압박을 선호하는 모습을 보였다. 반면 한국은 6자회담 초기부터 단계적 해결책을 제시하였고 특히 협상이 교착에 빠졌을 때 대북전력 지원 등의 타협적 접근을 모색하면서 중국과 협력하여 미국과 일본을 설득하는 외교적 해결방식을 선호하였다.

는 '동맹재조정협상'을 분석하면서 한 · 미 안보협상의 특징과 양국의 협상 전략을 살펴보고자 한다.

2. 한 · 미 동맹의 역사

(1) 동맹의 성립

이승만 대통령은 한국전쟁의 정전을 둘러싼 한 · 미 간의 갈등을 한 · 미 상호방위조약의 체결과 한국군의 증강을 위한 미국의 지원을 확보하려는 협상카드로 활용하였다.[2] 하지만 미국의 아이젠하워 대통령은 한국과 쌍무적인 방위조약을 맺는 데 반대하였다. 그 이유는 쌍무적 방위조약을 맺게 되면 한국에 대한 유엔의 집단안보행위의 역사적 의의가 퇴색될 수 있으며 한국의 휴전반대 데모에 대한 부정적 여론으로 미 의회가 인준을 거부할 것을 우려하였기 때문이다(한배호 1978, 166). 이 조약은 결국 끝까지 정전에 반대하기 어렵다고 판단한 이승만 정부가 그 대안으로 먼저 제시한 것이었는데, 미국 측은 한국 정부의 정전반대 분위기를 무마하기 위해 경제원조와 함께 방위조약의 체결에 동의하기로 결정하였다(김학준 1983, 160-163). 결국 1953년 8월 8일 이승만-덜레스 회담에서 한 · 미 상호방위조약 초안이 합의되었고 10월 1일 워싱턴에서 변영태 외무부장관과 덜레스 미 국무부장관 간에 정식 조인되었으며, 1954년 11월 17일 쌍방의 비준서를 교환함으로

2 한국 정부와 국민들이 휴전협정을 반대한 이유는 무엇보다도 통일의 희망이 사라진 것과 휴전성립 후 전쟁 재발을 막을 수 있는 미국의 보장을 받지 못한 것에 대한 불안감에 있었다(공보처 1992, 124-126). 이에 한국 정부는 미국 정부에 대하여 유엔군 측의 휴전협상 제안에 동의하는 조건으로 한국에 대한 외국의 침입이 있을 경우에 미국이 자동적으로 지원할 것을 골자로 하는 한 · 미 방위조약의 체결과 경제 및 군사원조를 강력하게 요구하였다(외무부 1979, 107).

써 발효되었다.[3] 한 · 미 상호방위조약의 비준발효는 군사원조 및 한국의 군사력 보유 수준을 다루는 것을 포함하는 두 가지 추가사항에 대한 한 · 미 합의의사록과 함께 이루어졌다(이상철 2004, 118). 미국은 이승만 대통령의 한국군 단독의 북진이라는 군사모험의 가능성을 견제하기 위해 1954년 1월 한 · 미 양국 국회에서 비준된 상호방위조약의 비준서 교환을 최대한 늦추면서 한 · 미 합의의사록을 제시하였다. 미국은 정전협정의 체결로 전쟁을 종결시키는 것을 강력히 반대했던 한국 정부에게 정전협정 체결의 보완사항으로 경제원조와 한국군의 전력증강을 약속해 주는 것이 필요하였으며, 1953년 8월 8일 한 · 미 공동성명서에서 합의한 대로 한국군을 계속 유엔군의 통제 하에 두는 제도적 장치가 필요하였던 것이다(이상철 2004, 122).[4]

1955-1960년 사이 미국의 직접적 군사원조는 한국 총 군사비의 60%, 간접적 군사원조가 한국 군사비의 20%를 차지하는 등 한국 국방재원의 80%가 미국의 군사원조에 의해 충당되었다(하영선 1990, 82). 1957년에 접어들자 미국은 한국군 규모의 감축을 요구하기 시작했다. 당시 미국이 내세운 감군의 명분은 양보다는 한국군의 현대화가 급하다는 것과 지나친 군비부담으

3 한 · 미 상호방위조약은 양국 간 연합방위체제의 법적 근간으로서 각종 안보 및 군사 관련 후속 협정들의 기초가 되고 있으며, 전문과 본문 6개조로 구성되어 있다(김명기 1997, 63-64). 동 조약에 따라 한 · 미 양국은 한 · 미 안보협의회의(SCM)와 한 · 미 군사위원회회의(MCM) 등을 설치하여 안보협력관계를 형성하는 계기를 마련하게 되었다(온창일 2000, 136).

4 미국의 입장에서 볼 때 한 · 미 합의의사록의 핵심은 미국이 상호방위조약을 통해서도 확보하지 못했던 한국군에 대한 계속적인 지휘권 문제를 해결했다는 점이다. "대한민국은 상호협의에 의하여 그렇게 하는 것이 상호 이익에 가장 유리하기 때문에 변경하는 경우가 아니며, 유엔군 사령부가 대한민국의 방위를 책임지는 한 그 군대를 유엔군사령부의 작전 통제권(the operational control)하에 둔다"고 규정한 합의의사록 제2조가 바로 그 해결책이었다. 이로써 미국은 이승만의 북진정책을 견제할 수 있는 확실한 제도적 보장을 확보한 것이다. 이제 미국은 한 · 미 상호방위조약으로 북한의 남진을 그리고 한 · 미 합의의사록으로 이승만의 북진을 막을 수 있게 되었다(김일영 외 2003, 73).

로 한국의 경제개발에 장애가 된다는 것이었다. 하지만 그 이면에는 주한 미군의 현대화 및 핵무장화가 진행되고 있었다는 사정이 작용한 것으로 보인다.

1957년 6월 21일 판문점에서 열린 군사정전위원회 제75차 본회의에서 유엔 측은 정전협정 13조 D항의 폐기를 선언하였다. 이 조항은 외부로부터 한반도 내로의 무기반입을 금지하는 내용이었다. 그동안 공산권은 이 조항을 무시하고 계속해서 무기를 반입, 증강시켜 왔다. 이에 유엔 측으로서도 상응하는 조치를 취할 필요가 있다고 생각하여 이 조항의 폐지를 선언하고 "앞으로 남한에 있는 노후무기를 대처하기 위해 적절한 조치를 취하겠다"고 통보한 것이다. 이후 미국은 주한 미군의 현대화에 착수했다. 곧 주한 미군에게 신형 소총과 바주카포, 병력수송용 H21헬리콥터 등이 보급되었다.[5]

(2) 동맹의 강화

1965년 한국군 전투부대의 베트남 파병은 한 · 미 군사지휘관계에 있어서 새로운 상호협조 관계를 형성하게 된 계기가 되었다. 1964년 7월 15일 베트남 정부가 한국에 공식적으로 군사 지원을 요청함에 따라 한국은 9월 11일 제1이동외과병원과 태권도 교관단을 파병하였고, 1965년 1월 2일 베트남 정부의 한국의 건설 지원단 파병 요청에 따라 3월 10일 한국군사원조

5 이러한 주한 미군의 전력증강의 핵심은 한국에 핵무기를 배치하는 것이었다. 1957년 7월 15일 미 8군사령부는 '제7보병사단이 7월 중으로 현대적인 부대편성을 완료할 것'이라고 발표하였다. 여기서 '현대적 부대 편성'이란 원자전에 대비한 '펜토믹(Pentomic)' 사단으로의 개편을 의미하였다. 펜토믹에서 '펜트'란 펜타곤(Pentagon)에서 온 말이며 토믹은 원자란 뜻의 아토믹(atomic)에서 유래한 말이다. 이러한 방침에 따라 한국에는 재래식탄두와 핵탄두를 동시에 장착할 수 있는 280mm 핵대포와 지대지 미사일인 어니스트 존(Honest John)이 도입되었다(김일영 외 2003, 79-80).

단(비둘기부대)을 파병하였다. 한편, 1964년 12월 19일 존슨 미 대통령은 한국군 전투부대의 베트남 파병을 요청하는 친서를 박정희 대통령에게 전달하였으며, 이에 따라 6월 23일 개최된 한·미 고위급군사회담에서 한국군 전투부대의 베트남 파병문제를 협의하였으며, 8월 13일 한국 국회는 전투사단 파병안을 가결시켰다(이상철 2004, 205).

베트남전에서 계속 성과를 내지 못해 다급해진 존슨 대통령은 외교관례마저 깨면서 1966년 1월 1일 설날 허버트 험프리 부통령을 특사로 서울에 파견하여 박정희 대통령에게 한국군의 추가 파병을 정식으로 요청하였다. 2월 23일 다시 한국을 방문한 험프리는 박정희와의 회담에서 미국의 확고한 안보공약을 재삼 다짐하였다. 이후 한국군 추가 파병과 관련한 한·미협상이 급진전되어 마침내 2월 25일 '한·미 합의의사록'이 작성되었다.[6]

제2차 파병과 관련하여 한국 정부는 미국에게 세 가지 파병조건, 즉 한·미 주둔군지위협정의 조속한 체결, 군사원조의 이관 연기, 미국의 특별원조 제공을 제시하였다.[7] 한국 정부는 중국의 핵실험 성공(1964년 10월 16일)으로 인해 아시아에서 공산주의 세력의 침략위협이 더욱 고조되었다고 주장하

6 한·미 합의의사록은 나중에 '브라운 각서'라는 형태로 한국 정부에 전달되었다. 브라운 각서는 법적 구속력이 낮은 문서였지만 한국 정부는 이미 국회에 파병동의안을 제출한 상태에 있었기 때문에 문제를 제기하기에는 때가 늦었다. 국회 본회의는 3월 20일 찬성 95표, 반대 27표, 기권 3표로 베트남 추가 파병을 승인했다. 8월 9일부터 제9사단(백마부대)이 베트남 전선으로 향했다. 어쨌든 제4차 파병논의의 산물인 브라운 각서는 후일 한국군의 베트남 파병이 피의 대가를 노린 '용병'이었다는 비판론자들의 근거로 이용되기도 했지만 한국이 경제개발을 성공적으로 추진하는 데 크게 기여한 것도 사실이다(양창식 2003, 138-141; 나종삼 1996, 194-198; 차상철 2004, 129-131).

7 이승만 정부 당시부터 한국 정부는 한·미 상호방위조약 내에 '자동개입' 조항이 없는 점에 불안과 불만을 느끼고 있었다. 한·미 상호방위조약에 따르면 상대 국가가 내외적인 위험에 처했을 때 '헌법적인 절차'에 따라 개입하도록 규정되어 있었던 것이다. 이는 결국 '헌법적인 절차'를 거치지 않는다면, 또는 절차를 거치는 동안에 문제가 발생하면 개입하지 못한다는 것을 의미하였다. 특히 미 의회가 변수였다. 이 같은 사정을

고, 한국의 생존과 안전보장을 보다 확실하게 담보할 수 있도록 기존의 한·미상호방위조약을 북대서양조약기구와 같이 한국이 침략을 당할 경우, 미국의 자동적인 군사개입을 보장할 것과 주한 미군의 철수는 한국과 충분한 사전협의를 반드시 거칠 것을 요구하고 나섰다. 그러나 미국으로서는 의회의 비준동의를 받아야만 하는 한·미 상호방위조약의 개정은 현실적으로 어려운 문제였다. 따라서 이 문제는 기존의 한·미 군사동맹의 강한 결속력을 내외에 재천명함으로써 해결할 수밖에 없었다. 다만 주한 미군 감축문제에 대해서는 미국이 한국의 요구를 적극 수용하였다. 결국 한국군의 베트남 파병 결정은 미국이 1963년부터 검토한 주한 미군의 감축을 상당 기간 유보하는 데 중요한 역할을 담당하였다(나종삼 1996, 170-171; 차상철 2004, 118-119).

한국의 참전결정은 1960년대 중반까지 지속된 미국의 한국군과 주한 미군의 병력 감축에 관한 논의를 중단하게 만들었을 뿐만 아니라 한·미 군사동맹의 강화로 한국의 안보불안 심리를 해소하는 데 공헌한 바가 컸다. 미국은 한국에 대한 군사원조의 규모를 대폭 증가시켰다. 또한 미국의 군사원조 이관계획을 상당 기간 지연시켰다. 또한 한국은 베트남전쟁에 참여함으로써 경제적으로도 엄청난 이익과 혜택을 얻었다. 1965년부터 1969년까지 미국은 한국군의 베트남 파병에 따른 비용으로 총 9억 2,750만 달러를 지출하였다. 1966년부터 1973년까지 한국이 베트남 시장으로부터 획득한 총 외화는 약 9억 달러에 달했으며, 이는 한·일 협정을 통해 한국이 일본으로부

고려하여 한국 정부는 전투병 파병을 계기로 한·미 상호방위조약의 개입규정을 자동개입이 가능한 북대서양조약기구 수준으로 끌어올릴 것을 요구하였다. 또한 1950년대 말부터 주둔군지위협정(대전협정)은 한국과 미국 사이의 뜨거운 감자였다. 불평등한 주둔군지위협정은 한국 국민들에게 정부를 비판하도록 하는 중요한 사안이 되어왔다. 군사정부 시기 최초의 대중적인 학생시위가 1950년 체결된 '대전협정'(정식명칭= '재한·미국군대의 관할권에 관한 대한민국과 미합중국 간의 협정')을 대체하는 새로운 주둔군지위협정의 제정을 요구하는 것이었을 정도로 한국 내에서 주둔군지위협정의 제정요구는 대단히 강력하였다(박태균 2006, 293).

터 청구권 명목으로 받아낸 무상 3억 달러와 차관 3억 달러를 합한 6억 달러보다도 훨씬 많은 액수였다. '베트남 특수' 는 현실화되었고 한국의 '근대화' 추진을 위한 강력한 동력이 된 것이다(차상철 2004, 133-134).

(3) 동맹의 갈등

한국전쟁 휴전에 따른 병력조정 이후 1960년대 들어 월남전의 수행으로 미군 병력의 부족현상을 겪게 됨에 따라 1963년 미 국무부에서 주한 미군의 감축문제가 논의되었으나, 1965년 한국군의 월남전 파병 대가로 기존의 병력 수준을 유지하기로 하였다. 하지만 월남전의 교착 상황과 데탕트 분위기 속에서 닉슨 대통령은 1969년 7월 5일 동남아 5개국 순방 도중 괌에서 '아시아의 방위는 아시아인의 힘으로' 라는 이른바 '닉슨 독트린' 을 선언하였다. 월남전 패배 이후 아시아에서 미국의 개입을 최소화한다는 닉슨 독트린의 실행목표는 베트남 주둔 미군과 주한 미군의 철수였다. 미 닉슨 행정부는 의회의 요구와 존슨 행정부 시절부터 아시아 미군 철수를 연구해 온 국가안보회의(NSC)의 권고를 구체화한 1970년 3월 국가안보결정 비망록 제48호에서 주한 미군 1개 사단 20,000명을 포함하여 1971년 6월까지 아시아에서 총 42,000명의 미군을 철수시키기로 결정하였다(이상철 2004, 241).

자주국방을 위한 박정희의 군비증강정책은 단순히 재래식 무기의 자체 생산에 한정되는 것이 아니라, 미사일과 핵무기의 개발도 포함되어 있었다. 전략무기의 개발에 대한 박 대통령의 강력한 의지는 한국의 안보를 한 · 미 동맹에 기초한 대북억지전략에만 맡길 수 없게 되었다는 상황 판단의 결과이었다. 주한 미군의 철수가 현실로 나타나자, 박정희는 북한에 대한 억지력과 국가생존을 위한 자구책을 스스로 마련해야 한다고 믿었다. 이와 같은 박정희의 신념은 중국과의 관계 개선을 통한 긴장완화를 추구하는 미국의 정책과 충돌할 수밖에 없었다. 즉 한 · 미 동맹관계의 긴장과 갈등이 예고되고 있었던 것이다(차상철 2004, 150). 게다가 1976년 11월 대선에서 민주당 대통령 후보인 지미 카터의 당선은 한 · 미 동맹의 위기 도래를 예고하고 있었다(차상철 2004, 160). 제4차 철수는 1973년 예정되었으나 월남의 공산화로 인해 지연되다 이를 선거공약으로 내건 카터가 대통령에 당선된 후 1977년 정책화되었다(곽태환 1989, 105-123). 카터 대통령은 1977년 1월 26일 「대통령 검토 비망록」/ NSC-13을 통해 주한 미군 철수를 위한 예비계획을 수립하도록 지시했으며, 5월 5일 「대통령 지시」/ NSC-12를 통해 철수 일정을 발표하였다. 완전 철수를 전제로 한 제4단계 철수계획은 제1단계(1978-79) 2사단의 1개 여단 및 지원병력 6,000명 철수, 제2단계 보급 및 지원병력 9,000명 철수, 제3단계(1981-82)잔여 2개 여단 및 사단 본부, 핵무기를 철수하고, 이후 증강된 공군 및 정보 · 통신부대는 계속 주둔시킨다는 것이었다(이상철 2004, 243).[8] 국내외의 반대에 직면한 카터는 1978년 4월 21일, 철군 일정을 연기한다고 발표하였다. 이에 따라, 1978년에 철수 예정이었던 1개 전투여단 병력 6,000명은 1개 대대병력 800명과 비전투병력 2,600명을 합친 3,400명 규모로 축소되었다. 그리고 11월 7일 한 · 미 양국은 급변하는 한반도의 주변 정세에 효율적으로 대처하고, 주한 미 지상군의 철수에 따른 전력의 공백을 보완하며, 한 · 미 연합작전능력을 고취하기 위해 '한 · 미연합군사령부(CFC)'를 창설하였다. 한 · 미연합사의 창설로 한국군과 주한 미군에 대한 작전통제권이 유엔군사령부에서 한 · 미연합사령부로 이관되었다. 주한 미군사령관 베시 장군이 말한 대로 한 · 미연합사의 창설은 미국이 한국을 결

8 카터의 철군 안은 격렬한 반발에 직면하였다. 이것은 무엇보다도 카터 정부가 '감축'이 아닌 '철수'라는 용어를 사용했기 때문이었다. 그것은 지상에서의 한국방위 기능의 방기라는 점에서 정전 이후 이어져 온 주한 미군에 관한 '냉전적 합의'를 뿌리째 뒤흔들 수 있는 발상이었다(김일영 2004, 211).

코 '포기' 하지 않는다는 것을 내외에 과시하기 위한 일종의 심리적 조처이기도 하였다(차상철 2004, 169). 1970년대까지 추진되었던 주한 미군 철수 결정은 한국 정부와는 사전협의 없이 일방적인 사후통고로 실행되는 특징을 보여 주었다.

(4) 동맹의 재강화

레이건 행정부는 주한 미군의 병력 수를 카터가 철군정책을 실시할 때의 규모보다 3,000명이 더 많은 4만 3,000명으로 증가시켰다. 이는 1972년 이래 최대의 병력 규모였다. 또한 양국 정부는 그동안 연기되어 온 한 · 미 간의 군사경제협력논의를 즉각적으로 재개하기로 합의하였다. 한 · 미 동맹은 재강화되고 있었고 한 · 미공조 체제의 장래는 순탄하게 보였다. 하지만 전두환에 대한 레이건 대통령의 지나칠 정도의 환대는 쿠데타와 광주민주항쟁을 무자비하게 탄압하여 권력을 탈취한 전두환 정권의 정치적 입지를 강화시켰을 뿐만 아니라 한국의 민주주의 발전을 저해 혹은 지연시키는 부정적인 결과도 산출하였다(차상철 2004, 193). 1982년 4월 말에는 샌프란시스코에서 제13차 한 · 미 연례 안보협의회의가 개최되었다. 캐스퍼 와인버거 국방장관은 북한의 지속적인 군사력 증강은 한국에 심각한 위협이 되고 있다고 지적하면서, 한국의 안보는 동북아의 평화와 안전에 필수적이며 이는 미국의 안보에도 필수적이라고 강조하였다.[9] 1981년 7월 신임 주한 미국대사로 새로 부

9 또 와인버거 장관은 미국의 핵우산이 한국의 안보를 확실하게 담보할 것임을 천명했다. 그리고 5월에는 미 의회가 36대의 F-16전투기들을 한국에게 판매하는 것을 승인했다. 나아가 미국은 1982년부터 5년 동안 계속된 한국의 군사력증강사업(율곡사업)을 적극적으로 지원했으며, 나아가 1986년에는 랜스 미사일을 한국에 배치했다. 이러한 레이건 행정부의 일련의 조처는 미국이 한 · 미 동맹을 카터 대통령이 취임하기 이전 상태로 회복시키는 수준을 넘어서 동맹을 재강화하는 정책을 추진하고 있다는 인

임한 리처드 워커도 지금의 한 · 미관계는 과거 그 어느 때보다도 긴밀하다는 점을 역설하기도 하였다(남정옥 2002, 623-626; 차상철 2004, 195-196).

이후 1988년 6월 서울에서 열린 제20차 안보회의에서 한 · 미 국방장관은 군사협력체제에 대한 전반적인 재검토를 통해 확고한 협력기반을 구축하기 위한 구체적인 방안들을 제시하였다. 이 안보협의회의에서 특별히 주목되는 것은 미국이 한국 정부에게 주한 미군의 주둔비용문제를 본격적으로 제기하면서, 한국의 분담금을 대폭 증액할 것을 강력하게 요구했다는 점이었다. 당시 대외무역과 재정 분야에서 적자를 겪고 있었던 미국은 한국이 대미 무역흑자와 높은 경제성장률을 기록하고 있기 때문에 비용분담을 현실화해야 한다고 주장하였다. 미국의 주장은 어느 정도 타당성이 있었고 또 주한 미군의 지속적인 주둔을 한국안보정책의 근간으로 인식한 노태우 정부는 분담금을 점진적으로 증액한다는 방침을 세우면서 미국의 요구를 수용하였다.[10] 반면에 미국의 요구를 수용한 한국 정부도 한 · 미연합지휘체제에서 한국군의 위상과 역할증대를 요구하게 되었으며, 이에 따라 미국의 '하급 동반자'로서 겪어야만 했던 연합지휘 체제의 불평등요소가 개선되기에 이르렀다. 군사적 정책결정과정에서 한국의 발언권은 크게 강화되어 갔다. 한 · 미 동맹 체제도 기존의 '불평등한' 동맹관계에서 '평등한' 동맹관계로 전환되는 방향으로 나아가기 시작한 것이다(남정옥 2002, 581; 외교통상부 1999, 142-143; 강성학 1996, 36).

1989년 6월 칼 레빈, 데일 범퍼스, 테드 스티븐스 등 여섯 명의 상원의원은 단계적으로 1992년까지 주한 미군 병력을 1만 명 감축하는 법안을 포함한 여러 법안들을 제출하였다(차상철 2004, 210). 당시 주한 미군 감축논의는

상을 한국 국민에게 강하게 심어주었다.

10 이에 따라 한국은 1989년부터 3년 동안 매년 4,000만 달러를 연합방위증강사업을 위해 지급하기로 약속했다.

방위비분담문제, 한국 내의 반미감정의 확산과 주한 미군의 존재에 대한 비판여론, 그리고 북한의 군사적 위협에 대한 재평가 등이 복합적으로 작용한 결과였다. 의회의 요청에 따라 부시 행정부는 노태우 정부와 주한 미군의 감축에 관한 협상을 시작하였다. 1990년 2월 딕 체니 국방장관은 서울을 방문하여 감축문제를 논의하였다. 한국 정부는 주한 미군의 현상유지를 주장했지만 결국 5,000명에서 6,000명 수준의 비전투요원의 철수에 동의하였다. 체니가 한국을 포함한 동아시아 국가들과의 협의를 마치자 90년 4월 미국은 '동아시아 전략구상(EASI)'을 발표하였다. 여기에는 미국이 앞으로 10년간 3단계에 걸쳐 한국, 일본 그리고 필리핀에 주둔하고 있는 미 지상군과 공군병력 일부를 감축한다는 내용이 담겨 있었다.[11]

그러나 2단계 이후 주한 미군 철수계획은 북한의 핵개발 의혹으로 인해 보류되었으며, 한국군의 평시작전통제권 환수 이후 전시작전통제권에 대한 정책방향이나 한·미연합사령부(CFC)의 장래 문제 등에 대한 후속적인 논의도 이루어지지 않게 되었다. EASI에 의한 주한 미군 철수는 과거와는 달리 한국 정부와 사전 협의조정을 거침으로써 비교적 큰 마찰 없이 진행되는 양상을 보여 주었다(이상철 2004, 246).

1992년 10월 초 워싱턴에서 개최된 제24차 한·미 연례 안보협의회의와 제14차 한·미 군사위원회회의에서 한·미 양국의 국방장관은 "범세계적인 화해와 협력의 추세에도 불구하고, 동북아시아에서는 북한의 핵개발을

11 주한 미군의 감축과 관련해서는 제1단계(1990-1993)는 유엔사령부 체제를 그대로 유지하면서 미 제2사단의 장비 현대화를 추진하고 육군 5,000명과 공군 2,000명을 합한 7,000명의 비전투용원을 감축하며, 제2단계(1994-1995)는 제1단계 말에 북한의 군사적 위협과 한국군의 전력증강에 대한 성과를 재평가하며, 제3단계(1996-)는 이전의 단계들이 계획대로 추진되어 한국군 주도의 방위능력이 확보될 경우, 동북아시아 정세를 종합적으로 분석하여 추가 감축규모를 군비축소와 연계하여 억제목적의 소규모 미군만 잔류시키고 한·미연합사령부의 해체도 검토한다는 내용을 담고 있었다. 또한 한국의 방위비 분담비용의 증대도 포함되어 있었다(김일영 외 2003, 102-103).

포함한 불안정요소가 상존하고 있다"는 데 인식을 같이하고, '주한 미군의 추가 감축은 북한의 핵개발계획에 대한 불확실성이 철저하게 규명될 때까지 계속 유보' 하기로 합의하였다. 뒤이어 1995년 2월 27일, 미국은 동아시아 주둔 미군의 규모를 10만 명 수준으로 유지한다는 내용을 골자로 하는 '신동아시아-태평양 전략' 을 발표하였다. 이 전략의 핵심은 미국이 동아시아, 특히 동북아에서 담당해 왔던 군사적 역할을 한층 더 강화한다는 것이었다. 한반도와 관련된 클린턴 행정부의 새로운 안보전략은 37,000명의 주한 미군을 계속 유지하고 한국의 군사력 증강계획을 적극 지원하며 긴밀한 한 · 미 공조를 통하여 한 · 미 동맹 체제를 강화하는 데 초점이 맞추어져 있었다(차상철 2004, 222). 클린턴 정부는 '개입과 확대' 전략에 따라 동아시아 전략을 재검토하기 시작하였다. 그 결과 1995년 2월 '동아시아 전략보고(EASR)' 가 발표되었다. 이것은 아태지역에서 '개입과 확대' 전략의 목표를 달성하기 위해서는 기존의 쌍무동맹과 다자협의 병행추진, 동아시아 주둔 미군의 현상유지와 우방국들의 방위비 분담 강화, 동북아 안정을 해치는 주된 요인인 중국의 패권추구 견제와 북핵문제의 해결 등이 주요 과제임을 지적하고 있다. 이것은 '동아시아 전략구상' 을 부분적으로 재조정하여 동아시아-태평양 지역에 대한 미국의 개입을 더욱 명확히 한 계획으로 평가될 수 있다. 미국은 '동아시아 전략보고' 를 통해 주한 미군을 현 수준으로 동결할 방침임을 분명하게 했고, 북한에 대한 압력수단이 될 수 있는 팀스피리트 훈련의 지속 여부에 대해서는 불명확한 상태로 남겨두었다(김일영 2004, 216-217).

3. 한 · 미 동맹재조정협상

한 · 미 동맹재조정에 대한 논의가 공론화된 것은 김대중 정부 출범 이후였다. 1998년 출범한 김대중 정부는 북한위협론을 제거하는 직접적 방법으로 햇볕정책을 추구하였다. 2000년 남북정상회담은 한반도 문제의 자주적 접근 가능성을 보여 주었다. 남북정상회담 이후 남북한의 신뢰구축 여부에 따라 북한의 위협은 축소될 수 있는 것으로 인식되기 시작하였다. 그리고 이러한 북한 위협의 축소는 한 · 미관계를 다시 생각해 보아야 한다는 여론을 확산시켰다. 셀리그 해리슨을 비롯한 미국의 식자층은 남북관계 진전에 따라 발생할 수 있는 한국 내부의 반미주의 확산을 차단하기 위해서 그동안 제한적인 검토 수준이었던 주한 미군의 역할전환이 남북관계에 영향을 주지 않는 범위에서 본격화될 필요가 있다고 주장하였다. 한 · 미 양국 정부는 국내적으로 동맹조정의 압력을 강하게 받게 되었다(김홍길 2004).

한국의 개혁파 여야 국회의원들은 2002년 1월 부시 대통령의 '악의 축' 발언과 관련하여 북한에 대한 미국의 강경일변도정책을 강도 높게 비판하였다. 노무현 대통령 후보도 한 · 미관계가 동등한 관계로 재편되어야 한다고 주장했으며 그 후 대통령 당선자 신분으로서 노무현은 "미국에 대해 할 말은 하면서 북미갈등이 있을 경우 중재자 역할을 하겠다"는 의지를 표명하였다.[12]

동맹재조정협상은 크게 한 · 미연합 토지관리계획, 용산 기지 이전협상, 주한 미군 감축협상, 전시작전통제권 환수협상 등 4가지로 정리될 수 있다. 김대중 정부 시절 추진된 동맹조정의 핵심쟁점은 '한 · 미연합 토지관리계획'이라고 명명되었던 군사기지 조정에 국한된 것이었다. 하지만 노무현 정

12 한국 정치권의 이러한 기류와 관련해 부시 행정부의 제임스 켈리 동아시아 · 태평양 담당 국무차관보는 2002년 4월 워싱턴에 소재한 아시아 소사이어티에서 행한 연설에서 "한국에 탄생할 새로운 리더십은 한국에서 미국의 전통적 역할에 도전하는 방식으로 한 · 미관계를 재정의하려고 할지 모른다"고 전망하기도 했다(김일영 외 2003, 194-195; 심지연 외 2004, 169-170).

부의 동맹재조정협상은 더 포괄적이고 본질적 분야에 대한 의제를 중심으로 전개되었다. 한 · 미연합 토지관리계획협상이 주한 미군기지 조정을 위한 준비협상적 성격을 지녔다고 한다면, 노무현 정부의 용산 기지 이전협상은 미 2사단의 한강 이남 배치문제를 포함하는 보다 본질적인 주한 미군 재배치문제의 성격을 지닌다 할 것이다. 또한 주한 미군 감축협상과 전시작전통제권 환수협상은 한 · 미 동맹의 성격을 변화시킬 수 있는 중대한 전환협상적 속성을 가진다고 볼 수 있다.

(1) 한 · 미연합 토지관리계획 협상

한 · 미연합 토지관리계획은 2000년 3월에 미국에 의해 처음 제기되었고, 2001년 2월부터 미군 공여지 반환과 관련하여 한국 측(국방부 용산사업단)과 협상에 들어갔다. 그 결과 김동신 국방부 장관과 토머스 슈워츠 주한 미군 사령관은 2002년 3월 29일 국방부에서 전국 28개 미군기지 및 시설과 경기도 내 3개 미군훈련장 등 총 4,114만 평(총 공여지의 55.3%)을 2011년까지 단계적으로 한국 측에 반환하는 내용의 '연합토지관리계획(LPP)' 협정서에 서명하였다. 이후 한 · 미 양국은 2004년 7월에 미군기지 반환 일정과 반환면적을 조정하여 일정을 앞당기고 반환면적을 더 늘렸고, 이에 따라 미군은 전국 34개 기지 1,218만 평과 3개 미군훈련장 3,949만 평 등 총 5,167만 평(총 공여지의 64%)을 한국 측에 반환하기로 하였다. 이후 2004년 12월 한국 국회는 연합토지관리계획(LPP)과 함께 용산 기지 이전 비준안을 통과시켰고, 이에 따라 한국 정부는 2011년까지 용산 기지 등 59 곳의 미군기지를 반환받게 되었다(오마이뉴스 06/09/17).[13]

13 그 이후 주한 미군기지는 속속 한국 정부의 땅으로 돌아왔다. 2006년 7월 14일 한 · 미

(2) 용산 주한 미군기지 이전협상

용산 기지 이전협상은 1990년대 초반에 이미 검토되었다가 중단되었기 때문에 1990년대 중반 이후 꾸준히 쟁점 현안으로 등장하였다. 하지만 사안의 중요성 때문에 한 · 미연합 토지관리계획과는 별도로 검토되었고, 한 · 미연합 토지관리계획 협상이 마무리되자 2002년 3월 15일부터 한 · 미추진위원회를 구성하고, 용산 기지 이전사업을 검토하기 위한 공동연구에 들어갔다. 이후 2003년에 재개된 용산 기지 이전협상은 2002년 월드컵 기간에 발생한 여중생 사망사건을 계기로 반미감정이 높아진 상태에서 시작되었다. 그리고 이 문제가 점점 확대되자 한 · 미 양국은 용산 기지 이전문제를 동맹재조정 차원에서 접근하게 되었다.

2003년 11월 17일 서울에서 개최된 제35차 한 · 미 연례 안보협의회의를 마치고 발표된 공동성명에서 조영길 국방장관과 럼스펠드 국방장관은 '주한 미군의 전략적 유연성'과 '한 · 미 동맹이 동북아의 아시아 태평양 전반의 평화와 안정을 증진하는 데 기여할 것'이라고 강조했다. 이는 주한 미군의 역할 변화를 의미하는 것으로 주한 미 지상군이 대북 억지력의 임무를 넘어서서 한반도 이외의 다른 지역, 가령 중동 지역을 포함한 전 세계의 대

양국 정부가 캠프 콜번을 비롯한 15개소의 주한 미군기지에 대한 반환 합의서를 교환한 것이 그 시작이었다. 그리고 한 · 미 양국의 반환기지 환경오염 치유협상결과도 발표되었다. 하지만 결과는 심각한 논란을 불러일으켰다. 한국 정부는 지하 저장탱크 제거, 사격장 내 불발탄 제거 등의 기본적인 오염만을 치유한 채 15군데 기지를 돌려주겠다는 주한 미군의 주장을 그대로 수용한 것으로 드러났다. 이는 "오염자 부담원칙에 따라 미군이 모든 오염원을 제거한다"던 정부의 홍보와는 큰 차이가 있었다. 이후 2006년 6월까지 조사된 29개 기지 중 26개 기지에서 토양 또는 지하수 오염이 발견됐다는 환경부 자료까지 공개되면서 반환 미군기지 환경오염 논란은 더욱 가열됐다. 논란이 끓어오르자 일부 의원들은 통외통위와 환경노동위 차원의 청문회는 물론 국정조사까지 추진하겠다고 나섰다(오마이뉴스 06/09/17).

테러전과 분쟁지역에 투입될 가능성이 있음을 시사하는 것이었다. 또한 주한 미군의 재배치와 관련하여 한 · 미 국방장관은 주한 미군을 한강 이남의 2개 지역에 2단계에 걸쳐 통합적으로 재배치하기로 재확인했으며, 유엔군사령부와 연합사령부를 포함한 용산 기지의 조기이전을 위한 협의를 지속하기로 합의하였다(조선일보 03/11/18).[14] 또한 임무이양과 함께 주한 미군은 그동안 서울 북방에 주둔하면서 수행하던 대북 인계철선 역할을 포기하고 주한 미군을 지역방위군 및 신속기동화군으로 재편하기 위한 기지 재배치 작업에 착수했다. 양국은 향후 수년 동안 2단계로 나눠 미 2사단을 한강 이남으로 옮기기로 합의했다. 이전기지로 선택된 곳은 오산과 평택인데, 두 곳 모두 미군이 유사시 신속 전개하기에 최적의 장소로 평가받는 곳이었다(김일영 2004, 227).

용산 기지 이전협상의 결과는 여러 가지 논란을 한국 사회에서 불러일으켰다. 첫째, 비용부담원칙의 논란을 불러일으켰다. 한 · 미연합 토지계획의

14 2003년 미국은 유사시 신속한 지뢰살포작전, 북한 특수작전부대의 해상침투 저지, 수색 및 구조작전, 근접 항공 지원 통제, 후방지역 화생방 오염제거, 공대지 사격장 관리, 헌병임무, 작전기상임무 등 8개 임무를 2005-2006년까지 한국군에게 조기이양하겠다는 주장을 관철시켰다. 한국은 판문점 공동경비구역 경비책임문제와 유사시 북한의 장사정포를 무력화하는 대 포병작전(대 화력전) 관련 임무에 대해서는 미국으로부터 약간의 양보를 얻어낼 수 있었다. 미국은 공동경비구역 경비책임을 한국 측에 모두 이양하려고 했다. 그러나 그럴 경우 유엔군사령부의 위상이 약화되고 정전협정을 위반할 가능성이 있다는 우려의 목소리가 대두되어 한국군이 80%까지만 담당하는 선에서 양해가 이루어졌다. 미국은 대 화력전 임무 역시 한국 측에 조기이양하려고 했다. 하지만 현재 한국은 북한의 장사정포의 위치와 움직임을 추적하여 유사시 타격할 수 있는 장비를 개발 중이며 적어도 2008년은 되어야 실전배치할 수 있는 실정이기 때문에 그 이전에 이 임무를 이양받기가 곤란했다. 따라서 양국은 공동평가단을 구성해 2005년 8월부터 매 6개월마다 한국이 개발한 장비를 놓고 이 문제에 관한 한국군의 임무수행능력을 평가한 후 이양 여부와 시기를 결정하기로 합의했다. 아울러 2004년 10월 6일 한 · 미 양국은 1만 2천 5백 명의 주한 미군을 감축하는 시한을 2005년에서 2008년으로 늦추기로 했다고 발표하면서 대 화력전을 담당하던 주한 미군의 다연장로켓 부대 2개 대대 역시 조기 철수하는 대신 잔류키로 했다고 밝혔다.

경우 이전비용과 반환비용은 분야에 따라 50 : 50, 45 : 55 등의 분담률이 적용되고 있지만, 용산 기지 이전협상에서는 "이전을 요청한 측에서 비용을 지불한다"는 조항이 있어서 당사자 부담원칙이 적용되지 않았다. 둘째 미2사단의 한강 이남 배치 등 주한 미군의 임무전환으로 인해 한국 측은 한국군 현대화 부담을 떠안게 되었다. 실제로 국방부는 2005년도 국방예산을 2004년보다 12% 증액하여 국회에 제출하였다. 이러한 인상폭은 1970년대 이후 가장 높은 인상폭이었으며, 인상요인의 대부분이 주한 미군기지 이전 비용과 한국군 현대화 비용으로 책정되었다. 특히 용산 기지 이전에 소요되는 비용은 2004년도 국방비의 14%에 육박하는 것으로 나타나 한국군이 주한 미군기지 이전에 막대한 비용을 투자하는 것이 바람직한가에 대한 논란이 벌어졌다(김홍길 2004).

용산 기지 이전협상은 노태우 정부 시절부터 서울 한복판에 외국군 사령부가 존재해서는 안 된다는 주권의식에서 비롯된 것으로서 처음에는 한국 측의 요구라는 성격이 강했지만, 부시 행정부 출범 이래 주한 미군의 전략적 유연성을 확보하기 위해 미국 측도 용산 기지를 이전할 필요가 있었다. 하지만 한국의 협상전략은 전략적 유연성 문제와 용산 기지 이전문제를 분리해서 대응하는 한계를 드러냈고 게다가 '전략적 유연성' 문제를 먼저 논의한 후 '기지이전협상'을 진행해야 함에도 불구하고 이의 순서를 뒤바꾸는 오류를 범하였다(서동만 2006).[15]

---

15 미 · 일 간에는 2002년 12월부터 2006년 3월까지 미 · 일동맹 재정의 작업을 통해 미국의 전략적 유연성 원칙은 수용하되 일본 내 주일미군의 이동(유연성)은 미 · 일방위조약을 벗어난다는 이유로 사전협의를 의무화하였다. 또 이 원칙을 토대로 하여 그 다음 단계로서 자위대와 주일미군의 역할분담, 주일 미 해 · 공군의 재편 및 기지이전협상이 진행된 바 있다. 수년 간의 협상에서 난항을 경험하고 합의를 이룬 뒤 미 · 일정상 간의 공동선언으로 합의내용을 최종 확인한 일본의 경우와 비교하면, 협상의 전략과 자세에서 한 · 일 간에 상당한 차이가 있음을 부정하기는 어렵다(프레시안 06/02/22, 서동만 2006에서 재인용).

(3) 주한 미군 감축협상

주한 미군 감축협상은 2002년 말에 한 · 미관계가 악화되는 시기에 제기되었고 미래 한 · 미 동맹회의에서 양국 국방장관 사이에 거론된 것은 2003년 11월 이후였다. 구체적인 감축문제가 공식적으로 협상과정에서 다루어진 계기는 2004년 5-6월에 진행된 제8, 9차 미래 한 · 미 동맹회의였다. 2003년 3월 초 주한 미군의 재배치와 관련하여 고건 국무총리는 토머스 하버드 주한 미국대사에게 한국 정부의 공식적인 입장이 담긴 '주한 미군 재배치 3원칙' 을 제시했다. 그 내용은 전쟁 억지력에 어떠한 손상이나 약화가 초래되어서는 안 되며, 전쟁이 발생할 경우 주한 미군의 자동개입을 보장하는 '인계철선' 의 기능은 계속 유지되어야 하고, 북핵문제로 인해 현 시점은 주한 미군의 재배치를 논의할 적절한 시점이 아니라는 것이었다.

하지만 노무현 정부의 기대와는 달리, 미래 한 · 미 동맹회의 정책구상 공동협의에서 주한 미군의 재편을 위한 한 · 미 간의 논의는 계속되었고, 그 결과 주한 미군의 감축과 한강 이남으로의 재배치, 그리고 주한 미군의 역할변경 등에 관해 시기문제만 남겨놓고 원칙적으로 합의하기에 이르렀다. 2003년 4월의 '미래 한 · 미 동맹' 제1차 협의에서 한 · 미 양국은 '한국방위의 한국화' 를 강화하며, 주한 미군의 역할범위를 한국의 방위에서 동아시아의 지역 안정자로 확대하기로 합의했고, 한국의 안보가 약화되지 않는 방향으로 주한 미군기지의 통폐합과 재배치를 추진하고 가능한 한 조기에 용산기지를 이전하기로 의견을 모았으나, 미 2사단 재배치의 시기와 지역에 대해서는 의견이 엇갈려 토의를 계속하기로 하였다(심지연 외 2004, 170-177; 차상철 2004, 257-258). 미국은 주한 미군의 한강 이남 재배치와 미군의 역할 변화를 적극적으로 모색하는 방향으로 협상을 진행했으며 주된 쟁점은 미 2사단의 이전에 따른 한국군의 역할증대였다.

2003년 6월 5일 제2차 미래 한 · 미 동맹회의에서 미국은 한국 정부에 주한 미군 1만 2,000명 감축계획을 설명했다. 그리고 6월 26일 찰스 캠벨 주한 미 8군 사령관도 주한 미 지상군의 일부 병력이 감축될 것임을 확인했다. 또한 11월 중순 럼스펠드는 동남아 국가들을 순방하는 자리에서 3만 7,000명에 달하는 주한 미군을 한국 이외의 다른 지역에 투입해서는 안 된다는 주장에 의문을 제기하면서 주한 미군의 감축과 재배치에 관한 부시 행정부의 강한 의지를 피력했다. 캠벨과 럼스펠드의 발언은 노무현 정부의 이라크 추가 파병의 조기 결정을 압박하기 위한 측면도 있었겠지만, 근본적으로는 미국의 '해외주둔 미군 재배치계획' 의 실천의지를 표명하는 것이었다(심지연 외 2004, 178-180; 차상철 2004, 259).

2004년 6월 개최된 제9차 미래 한 · 미 동맹회의에서 한 · 미 양국은 주한 미군 감축문제를 본격적으로 검토하기 시작했다. 이 회의에서 미국은 이라크 차출병력 3,600명을 포함해 주한 미군 12,500명을 빠르면 2004년, 늦어도 2006년까지 감축하겠다고 선언했다. 이것이 성립될 경우 주한 미군은 한국전쟁 이후 가장 작은 규모로 한국에 잔류하게 되는 상황이다. 주한 미군 감축협상이 공식화된 것은 한 · 미 동맹재조정 과정이 미군 재배치, 주한 미군의 역할 변화, 비용분담문제로부터 한 · 미 동맹의 종합적인 비전과 목표를 재설정하는 협상단계로 접어들었음을 의미하는 것이었다(김홍길 2004). 이 문제는 주한 미군의 전략적 유연성 문제와 맞물린 전시작전통제권 환수문제로 발전된다.

(4) 미군의 '전략적 유연성' 문제와 전시작전통제권 환수협상

2005년 9월 말 미국 워싱턴에서 열린 한 · 미 안보정책구상(SPI) 회담에서 한국 측은 전시작전통제권환수를 위한 논의를 공식적으로 미국에 제안했고 미국은 이를 수락했다. 그리고 양국은 한·미 연례 안보협의회(SCM) 등을 통해 이 문제를 협의하기로 합의함으로서 그동안 추상적 수준에 머물던 한·미 군지휘 체계 논의가 구체화되기 시작하였다(한겨레신문 05/10/12; 조선일보 05/10/28). 국방부가 2006년 8월 17일 밝힌 '전시작전통제권 환수로드맵' 초안은 새로운 한·미 군사동맹의 밑그림을 담고 있는 것이었고, 초안의 핵심은 한국이 주도하고 미국이 지원하는 형태의 한·미 공동방위 체제로의 전환이다.

전시작전통제권 환수협상에 대한 미국의 접근방식은 전략적 유연성 문제와 연계되어 있었다.[16] 미국의 입장은 용산 기지 이전 등 주한 미군 재배치(GPR)나 전시작전통제권 환수 등이 전략적 유연성의 일환이라는 것이었다. 즉, 주한 미군은 전시작전통제권 이양을 통해서 한반도 지역 외 군사 활동에 참여하는 전략적 유연성의 실질적 강화를 목표로 하고 있었다고 볼 수 있다.

2006년 9월 14일 워싱턴에서 개최된 한·미 정상회담에서 노무현 대통령은 대북제재방안을 묻는 질문에 "6자회담의 재개를 논의하는 이 자리에서 실패했을 때의 제재문제를 논의하는 것은 바람직하지 않다"고 답변하였다. 이어 한·미 정상은 한·미 동맹의 미래지향적 발전을 위해 '동맹의 현대화'가 필요하다는 데 공감을 표시했다(동아일보 06/09/15). '동맹의 현대화'는 냉전시대의 군사동맹을 넘어 동북아 지역의 평화정착을 위해 한국과 미국의 역할을 재조정하겠다는 의미로 해석된다.

16 한국의 반기문 외교부 장관이 언론을 통해 '미국의 전략적 유연성은 9·11 이후 미국의 전 세계적 군사작전을 재검토하면서 나온 것'이라며 "국민이 원하지 않는 분쟁지역에 한국군이 개입하지 않는다는 대원칙 하에 전략적 유연성에 동의한 것이고, 전략적 유연성과 작통권은 관계가 없다"고 밝힌 것과 크리스토퍼 힐 미 국무부 차관보의 '한·미 동맹관계를 현대화하려는 한국의 국가안보전략은 이 지역에서 전략적 유연성을 추구하는 미국의 노력과 일치한다'는 발언과 대조를 이루었다(오마이뉴스 06/09/29).

그런데 한국이 '전략적 유연성'과 별도로 '전시작전통제권' 문제에 접근하려는 태도는 대단히 '이념적'이다. 전시작전통제권 환수문제는 한·미 동맹재조정의 큰 맥락에서 다루어져야 하는 복합과제이고, 주한 미군의 전략적 유연성 문제와 분리하기 어려운 문제이다. 그런데 한국 측의 접근방식에는 복합적이면서 균형 감각이 있는 현실적 접근보다는 주권, 민족, 자주 등의 정치적 가치판단에 근거한 측면이 더 부각되고 있다. 결국 이러한 정치적 접근방식은 전시작전통제권 환수비용을 높이는 결과를 초래할 것이고 아울러 그 비용분배가 한국에 불리하게 이루어질 가능성을 높이게 될 것이다.

4. 동맹재조정과 한국의 외교협상

한·미 동맹재조정협상에 대한 한국 측의 동기는 첫째, 민주화의 정착과 경제발전에 따른 민족적 자긍심의 고취, 둘째, 동북아 전략 상황에 대한 '동북아 중심 국가' 혹은 '평화번영의 균형자'의 적극적인 역할 모색, 셋째, 변화하는 남북관계와 한반도 평화 프로세스 진전 정도를 반영하고 통일과정의 안정적 관리에 도움이 되는 방향으로 한·미 동맹을 발전시키겠다는 의지의 반영 등이 작용한 것으로 보인다. 한편 미국 측의 동기로서는 첫째, 9·11 테러 이후 변화된 미국의 세계안보전략을 지적할 수 있다. 미국은 9·11 테러 이후 반테러와 비확산을 안보정책의 최우선목표로 내걸고 일방주의와 선제공격도 불사하겠다는 강력한 의지를 표명하면서 '위협에 기초한(threat-based)' 군사전략에서 '능력에 기초한(capability-based)' 군사전략으로 전환을 시도하고 있다. 둘째, 1990년대 초부터 추진해 온 미국의 군사변혁(MTR: military transformation)에 의한 군 구조와 전력의 대폭적인 개편성과가 영향을 미쳤다. 세 번째 요인으로서 미국의 '범세계적 해외주둔 태세 검토(GPR: Global Defense Posture Review)'가 한·미 동맹재조정의 가장 직접적인 요인이라고 할 수 있다. 즉, 새로운 위협인식과 군사전략, 그리고 이를 뒷받침해 줄 전력태세의 정비를 바탕으로 미국은 해외주둔 미군의 배치 상황과 전력 수준을 재정비하게 된 것이다(김영호 2006, 200-203). 이러한 한 · 미 양국의 여러 요인들이 복합적으로 작용하여 한 · 미 동맹재조정협상은 추진되어 왔고 2005년 11월 한 · 미 양국 정상회담에서 '포괄적-역동적-호혜적' 동반자 관계라는 표현으로 큰 틀이 합의되었다.

그러면 한 · 미 동맹재조정협상에서 한국은 어떤 협상전략을 구사해야 하는가. 첫째, 앞서도 지적한 바와 같이 사안이 복합적으로 연계되어 있으며 세계 차원의 안보환경의 변화와 미국의 세계전략변화라는 보다 큰 틀 속에서 한 · 미 동맹재조정을 바라볼 수 있어야 한다. 그런데 전시작전통제권 협상에 대한 한국 측의 접근태도는 대단히 '이념적'이어서 스스로 이 문제를 주한 미군의 '전략적 유연성'과 연계하여 협상하는 '협상 유연성'을 놓쳐버린 한계를 노정시켰다. 기지이전협상의 사례에서도 비슷한 실수가 반복되었다. 먼저 전략적 유연성 문제를 협상한 후 기지이전협상에 집중했더라면 한국 측의 비용을 줄일 수 있었을 것으로 판단된다. 둘째, 한 · 미 동맹재조정협상의 성패는 동맹의 가치와 목표에 대한 정의에서 나온다. 즉 21세기 안보환경에서 이른바 협력적 자주국방을 어떻게 추진하고 미군과의 연합지휘체계를 어떻게 구상할 것인지 등에 관한 장기적인 비전과 전략이 있은 후에 협상이 뒤따라가야 할 것이다. 장기적인 비전과 전략 없는 협상은 나침반 없이 항해하는 것과 같다.

주요연표

1945. 8. 15. 일본, 무조건 항복. 미 · 소의 남북 분할점령을 규정한 일반명령 제1호 채택.
1945. 9. 7. 맥아더 원수, 포고령 1호 발표. 남한에 대한 미군정 실시 발표.
1945. 9. 8. 미 육군 제24군단, 제7보병사단, 한국(인천) 도착.
1945. 11. 13. 국방사령부 설치, 초대 국방사령부장에 시크 헌병사령관 임명.
1947. 10. 30. 유엔, 유엔한국위원단 설치 및 정부수립 후 미 · 소군 철수안 결의.
1948. 4. 8. 미 국가안보회의, 주한 미군 철수정책 결정(NSC 8).
1948. 8. 15. 대한민국 정부 수립, 미군정 종결.
1948. 8. 24. 한 · 미 잠정적 군사안전에 관한 행정협정 체결.
1948. 12. 10. 한 · 미 원조협정 체결.
1949. 1. 1. 미국 정부, 대한민국 정부를 공식 승인.
1949. 6. 30. 주한 미군 철수 완료.
1949. 7. 1. 주한 미 군사고문단(KMAG) 발족.
1950. 1. 12. 애치슨 미 국무장관, 극동의 전략방위선에 대해 언급.
1950. 1. 26. 한 · 미 간 군사고문단 설치협정 및 상호방위원조협정 체결.
1950. 6. 25. 6 · 25 남침전쟁.
1950. 6. 27. 트루먼 미 대통령, 해 · 공군에 한국 출격 명령.
1950. 6. 30. 트루먼 미 대통령, 맥아더 원수에게 지상군의 한국 출동 등 지시.
1950. 7. 7. 유엔 안보리, 미군 지휘 하의 유엔군 통합사령부 설치안 가결.
1950. 7. 12. 주한 미군의 관할권에 관한 협정(대전협정) 체결.
1950. 7. 14. 이승만 대통령, 맥아더 원수에게 한국군의 작전지휘권 위임.
1950. 11. 30. 트루먼 미 대통령, 한국 불포기 엄명, 필요시 원폭사용 불사 발언.
1951. 5. 17. 미 국가안보회의, 한국전쟁의 휴전협정 종결 방침 확정(NSC 48/5).
1951. 7. 10. 휴전회담 개시.

1953. 6. 6. 아이젠하워 미 대통령, 한 · 미 상호방위조약 체결용의 친서 송부.

1953. 7. 12. 한 · 미 상호방위조약 체결 및 휴전협정 합의 등 발표.

1953. 7. 27. 휴전협정 체결.

1953. 10. 1. 한 · 미 상호방위조약 체결.

1954. 7. 27. 한 · 미 정상회담(워싱턴)에서 휴전 후 군사 및 경제원조에 관해 협의.

1954. 8. 18. 미 국방성, 주한 미군 6개 사단 중 4개 사단의 철수 방침 발표.

1954. 11. 18. 한국군의 작전통제권을 유엔군사령관에 계속 위임.

1957. 7. 1. 유엔사, 일본 도쿄에서 한국으로 이동.

1958. 1. 28. 유엔사, 한국에 대한 원자무기 도입 사실을 공식 발표.

1959. 12. 29. 한 · 미 합의의사록에 의거, 한국군 정원 책정(63만 명).

1961. 5. 26. 최고회의 · 유엔사, 한국 혁명군의 작전지휘권의 유엔사 복귀 공동 발표.

1961. 11. 24. 박정희 최고회의 의장 방미. 케네디 대통령과 정상회담(워싱턴) 개최.

1964. 12. 19. 존슨 미 대통령, 한국군의 베트남 파병을 요청하는 친서를 송부.

1965. 5. 17. 한 · 미 정상회담에서 월남 지원 협조, 대한 차관 제공 등 합의.

1965. 7. 11. 미 육군 제1기병사단, 미국으로 복귀. 제2보병사단으로 대체.

1966. 3. 7. 미국, 한국군의 월남 지원 협조, 대한 차관 제공 등 합의.

1966. 7. 9. 한 · 미 주둔군지위협정(SOFA) 체결. 대전협정 등 폐기.

1968. 1. 21. 북한 무장공비, 청와대 습격 기도.

1968. 1. 23. 미 해군 푸에블로호 납북. 주한 미군 비상령 선포.

1968. 4. 18. 한 · 미 정상회담에서 북한 침략시 미군 지원, 대한 군원 증대 합의.

1968. 5. 27. 제1차 한 · 미 국방각료회담에서 북한도발 주시, 군수공장 설립 합의.

1968. 7. 9. 유엔사 교전규칙 변경, 북한의 DMZ 침범시 한국군 자체 대처 가능.

1968. 10. 13. 제1차 포커스렌즈 훈련 실시.

1968. 10. 15. 한 · 미 작전기획참모단 조직(한국 방위작전기획에 한국군이 참여).

1969. 4. 15. 미 해군 E-121 정찰기, 동해상에서 북한에 피격, 추락.

1969. 7. 25. 닉슨 미 대통령, 아시아 국가 부담을 강조한 '괌 독트린' 발표.

1971. 3. 27. 미 육군 제7보병사단 철수.

1971. 4. 22. 한 · 미 간 M16 소총 생산사업계획에 관한 양해각서 체결.

1971. 7. 1. 한 · 미 제1군단 창설(미 육군 제1군단 해체).

1971. 7. 12. 제4차 한 · 미 연례 안보협의회의(국방각료회담 개칭) 개최(서울).

1974. 11. 11. 유엔사, 북한의 남침용 땅굴(제1땅굴) 발견 발표.

1974. 11. 25. 한 · 미 간 한국 내 재래식 탄약 보급에 관한 합의각서 체결.

1974. 12. 12. 유엔사, 작전명령권이 유엔에서 미 합참으로 귀속되었다고 발표.

1975. 5. 5. 을지훈련(한국), 포커스렌스 훈련(한 · 미) 통합.

1976. 6. 7. 제1차 한 · 미 연합군사훈련(팀스피리트 훈련) 개시.

1976. 8. 18. 판문점 도끼만행사건 발생, 한 · 미군 경계태세 강화.

1977. 3. 9. 카터 미 대통령, 향후 4-5년간 주한 미 지상군 철수계획 발표.

1978. 4. 1. 카터 미 대통령, 주한 미군 철수계획 6천 명을 3천 4백 명으로 축소 발표.

1978. 7. 7. 제11차 SCM(샌디에고)에서 군사위 및 연합사 설치 합의.

1978. 7. 8. 한 · 미 군사위, 전략지시 1호 시달.

1978. 11. 7. 한 · 미 연합사 창설(초대 사령관 베시 대장, 부사령관 유병현 대장).

1979. 7. 1. 한 · 미 정상회담(서울)에서 주한 미군 계속 주둔 언명, 3자회담 제의.

1979. 7. 20. 카터 미 대통령, 주한 미 지상군 철수문제를 1981년에 재검토 발표.

1979. 10. 26. 박정희 대통령 피격 서거, 전국(제주도 제외)에 계엄령 선포.

1980. 3. 4. 한 · 미 1군단을 한 · 미 연합야전군사(CFA)로 개편.

1981. 2. 3. 한 · 미 정상회담에서 주한 미군 철수 백지화, 안보공약 강화 합의.

1981. 4. 7. 미 국방성, F-16 전투기 36대의 대한 판매계획 발표.

1982. 1. 3. 군정위 유엔군 측 대표, 북한에 팀스피리트 훈련 참관 초청.

1983. 9. 1. 대한항공 007기, 소련에 의해 피격, 추락. 269명 사망.

1983. 10. 9. 북한의 테러에 의한 랭군 사태 발생, 고위관료 17명 순직.

1983. 11. 12. 한 · 미 정상회담에서 북한 도발시 미국의 직접 반격, 안보공약 강화.

1985. 7. 18. 미 국무성, 북한에 소련이 미그 23기 40-50대의 제공 확인.

1986. 12. 16. 미 국무성, '87년부터 대한 군사판매차관(FMS) 공여 종결 발표.

1987. 11. 29. 대한항공 727기, 북한 공작원 테러로 추락. 탑승자 115명 전원 사망.

1988. 1. 20. 미 국무성, 북한을 테러국가로 규정, 3개 항의 대북 제재 조치 발표.

1988. 5. 11. 미 국방차관 내한, 한국의 방위비 분담 및 미 해군기 정비 지원 요구.
1989. 8. 2. 미 의회, 넌 · 워너 수정안 채택.
1989. 9. 7. 미 태평양사, 태평양 해역에서 PACEX 연합훈련 실시.
1990. 2. 15. 한 · 미 국방장관회담, '90년부터 3단계 미군감축 및 역할변경 합의.
1990. 3. 24. 한국 해군, 환태평양(RIMPAC) 훈련에 최초로 구축함 2척 참가.
1991. 4. 19. 미 국방성 보고서에서 미국의 동아시아 안보구상(EASI) 발표.
1991. 6. 25. 한 · 미 간 용산 기지 이전 합의각서 체결.
1991. 11. 13. 제22차 SCM, 방위비분담, 주한 미군의 역할변경 등 합의.
1991. 1. 25. 한 · 미 간 주한 미 합동군사 업무단(JUSMAG-K) 설치협정 체결.
1991. 3. 25. 군정위 유엔군측 수석대표에 최초로 한국군 장성(소장) 임명.
1991. 3. 28. 한, FX사업 기종을 미 GD사의 F-16 확정, 120대 도입계획 발표.
1991. 5. 19. 미, 주한 미군 감축계획에 따라 1단계 7천 명의 철수 개시 발표.
1991. 10. 1. 판문점 북쪽 DMZ 지역의 주한 미군 경계 임무, 한국군으로 이양.
1991. 11. 21. 제23차 SCM, 북한 핵개발 종식까지 주한 미군 감축 연기 합의.
1991. 12. 18. 노태우 대통령, 한국 내 핵무기 부재 선언.
1992. 2. 19. 남북간 화해 · 불가침 · 교류협력 기본합의서, 비핵화 공동선언 비준 교환.
1992. 6. 26. 한 · 미 연합야전사 해체. 작전통제권은 한국군에 이양.
1992. 10. 8. 제24차 SCM, 북한의 핵사찰 수용 재촉구.
1994. 8. 18. 한 · 미 간 전시에 미 해군 제7함대를 연합사에 배속하기로 합의.
1994. 10. 6. 제26차 SCM, 평시 작통권 환수, 신속억지전력 전개 합의.
1994. 10. 21. 미 · 북 간 제네바 기본합의서 체결.
1995. 1. 20. 미국, 대북 경제제재 1단계 완화조치 발표.
1995. 2. 27. 미 국방성, 동아 · 태 전략보고(EASR) 발표.
1995. 7. 27. 한 · 미 정상회담, 대북전략고위협의체 합의. 한국전 참전비 개막.
1995. 11. 3. 제27차 SCM, 방위비분담 연 증가율을 향후 3년간 10%로 조정.
1995. 11. 30. 주둔군지위협정(SOFA) 재개정협상 시작.
1996. 9. 10. 제7차 주둔군지휘협정(SOFA) 개정협상. 미국 측 요구에 의해 중단.

2000. 1.	부시 '악의 축' 발언.
2000. 3.	한 · 미연합 토지관리계획 미국에 의해 처음 제기.
2000. 8. 2.	주둔군지위협정(SOFA) 개정협상 재개.
2001. 1. 28.	주둔군지위협정(SOFA) 한 · 미 정식 서명.
2001. 2.	미군 공여지 반환과 관련하여 한국 측(국방부 용산사업단)과 협상에 들어감.
2001. 4. 2.	주둔군지위협정(SOFA)2차 개정.
2002. 3. 15.	한 · 미 추진위원회를 구성, 용산 기지 이전사업을 검토하기 위한 공동연구 진행.
2003. 3.	주한 미군의 재배치와 관련하여 고건 국무총리 토머스 하버드 주한 미국대사에게 한국 정부의 공식적인 입장이 담긴 '주한 미군 재배치 3원칙' 을 제시.
2002. 3. 29.	전국 28개 미군기지 및 시설과 경기도 내 3개 미군훈련장 등 총 4,114만 평(총 공여지의 55.3%)을 2011년까지 단계적으로 한국 측에 반환하는 내용의 '연합토지관리계획(LPP)' 협정서에 서명, 최종 확정.
2002. 6. 13.	미군 장갑차에 여중생 사망사건 발생.
2003. 6. 5.	제2차 미래 한 · 미 동맹회의에서 미국은 한국 정부에 주한 미군 1만 2,000명 감축계획을 설명.
2003. 11. 17.	제35차 한 · 미 연례 안보협의회의. 공동성명에서, 조영길 국방장관과 럼스펠드 국방장관은 '주한 미군의 전략적 유연성' 과 '한 · 미 동맹이 동북아의 아시아 · 태평양 전반의 평화와 안정을 증진하는 데 기여할 것' 이라고 강조.
2004. 6. 8.	제9차 미래 한 · 미 동맹회의에서 한 · 미 양국 주한 미군 감축문제를 본격적으로 검토하기 시작. 미국은 이라크 차출병력 3,600명을 포함해 주한 미군 12,500명을 빠르면 2004년, 늦어도 2006년까지 감축하겠다고 선언.
2004. 7.	한 · 미 양국 미군기지 반환 일정과 반환면적을 조정하여 일정을 앞당기고 반환면적을 더 늘림.

2004. 12. 한국 국회. 연합토지관리계획(LPP)과 함께 용산 기지 이전 비준안 통과.

2006. 8. 17. 국방부. 기자회견에서 전시작전통제권 환수 로드맵 초안 발표.

2005. 9. 한 · 미 안보정책구상(SPI) 회담에서 한국 측 전시작전통제권환수를 위한 논의를 공식적으로 미국에 제안, 미국은 이를 수락.

2006. 9. 14. 워싱턴에서 개최된 한 · 미 정상회담. 한 · 미 정상 한 · 미 동맹의 미래지향적 발전을 위해 '동맹의 현대화'가 필요하다는 데 공감을 표시.

2006. 10. 20. 제38차 한 · 미 안보협의회의(SCM) 공동성명에서 제37차 SCM 합의에 따라 추진되어 온 전시 작전통제권 문제를 포함한 한 · 미 지휘관계 연구결과를 점검. 양측은 2009년 10월 15일 이후 그러나 2012년 3월 15일보다 늦지 않은 시기에 신속하게 한국으로의 전시작전통제권 전환을 완료하기로 합의. 더불어 한 · 미 양국은 합의된 로드맵에 따라 2007년 전반기 중에 구체적인 공동 이행계획이 작성되도록 즉시 착수한다는 데 동의.

참고문헌

[단행본]

경남대. 2003. 『이라크 파병과 한 · 미 동맹』. 경남대학교 극동문제연구소.

경남대. 2003. 『한 · 미정상회담과 한반도 문제』. 경남대학교 극동문제연구소.

경남대. 2005. 『한 · 미관계의 문제점과 한 · 미 동맹관계의 발전을 위한 대안』. 경남대학교 극동문제연구소.

국방대. 2003. 『한 · 미 동맹 50년과 군사과제』. 국방대학교 안보문제연구소.

국방대. 2003. 『한 · 미 동맹 발전 및 북한 핵문제 해결방안』. 국방대 안보문제연구소.

국방부. 2003. 『한 · 미 동맹과 주한 미군』. 국방부.

국방부. 2004. 『한 · 미 동맹과 주한 미군』. 국방부.

국회통일외교통상위원회. 2004. 『미국의 세계안보전략 주한 미군 재배치 문제 등 한 · 미 동맹관계의 발전방향』. 국회통일외교통상위원회.

김성한. 2004. 『한반도 군비통제와 한 · 미 동맹의 비전』. 외교안보연구원.

김영호. 2003. 『한 · 미 동맹 50년과 대내안보 쟁점』. 국방대 안보문제연구소.

김정호. 2005. 『자유민주주의와 시장경제』. 자유연구원.

김태효. 2005. 『주한 미군 재배치와 한 · 미 동맹의 발전방향』. 외교안보연구원.

서울 평화상문화재단. 2005. 『한 · 미 동맹은 지속될 수 있는가』. 서울평화강좌.

서울대. 2006. 『세계정치 . 5 , 세계정치와 동아시아의 안보구상』. 서울: 인간사랑.

세종연구소. 2002. 『변화하는 한 · 미관계: 한 · 미 동맹의 회고와 새로운 전략적 파트너쉽의 모색』. 세종연구소.

세종연구소. 2003. 『한 · 미안보포럼: Korea-U.S. Security Forum』. 세종연구소.

심지연. 2004. 『한 · 미 동맹 50년』. 백산서당.

오승구. 2005. 『한 · 미 동맹의 미래와 한국의 선택』. 삼성경제연구소.

윤현근. 2003. 『한 · 미 동맹 50년과 주변국의 역할』. 국방대 안보문제연구소.

이상철. 2004. 『안보와 자주성의 딜레마: 비대칭 동맹이론과 한 · 미 동맹 =

Security-autonomy dilemma: the asymmetry of ROK-US alliance』. 연경문화사.

이춘근. 2004.『21세기의 한 · 미 동맹관계』. 자유기업원.

전병근. 2003.『한 · 미 동맹의 현안과제』. 국방대.

조현동. 2004.『9.11이후 미국의 안보전략변화와 한 · 미 동맹 조정』. 국방대학원.

진덕규. 1987.『한 · 미관계의 인식』.

차상철. 2004.『한 · 미 동맹 50년』. 생각의 나무.

최선만. 2004.『미래 한 · 미 동맹 발전방안 연구 = 한 · 미 동맹의 문제점 분석과 정책대안 제시』. 국방대.

최현수. 2003.『한 · 미 동맹 재조정에 관한 연구: 미래한 · 미 동맹의 바람직한 모델과 관리방안 모색』. 국방대.

한국국방연구원. 2003.『여중생 사망사건 인식과 한 · 미 동맹』. 한국국방연구원.

한국국방연구원. 2005.『한국사회의 반미분위기와 한 · 미 동맹』. 한국국방연구원.

한국전략문제연구소. 2003.『한 · 미 동맹의 발전방향: 주한 미군의 감축 · 재배치에 대한 대비책』. 한국전략문제연구소.

한국정치외교사학회. 2003.『한 · 미 동맹 50년: 법적. 제도적 고찰』. 한국정치외교사학회.

한명화. 1989.『한 · 미관계의 정치 · 경제 ; 1945~1985: 동맹이냐 종속이냐』. 평민사.

황동준. 2004.『국방발전, 어떻게 할 것인가』. 한국국방연구원.

[연속간행물: 학술논문]

김영호. 2006. "세계정치와 동아시아 안보: 안보 패러다임의 변화와 한 · 미 동맹 재조정."『세계정치』Vol.27, No.1. 185-215.

백학순. 2004. "제2부: 한 · 미 동맹 재편과 남남갈등."『남남갈등 진단 및 해소방안』. 227-283.

이내영 · 정한울. 2005. "동맹의 변환(Transformation)과 한국인의 대미인식: 한 · 미 동맹 위기론과 대미인식 다원화 현상을 중심으로."『국제 정치논총』45권 3호, 81-104.

이상현. 2006. "특집: 한반도 평화체제의 건설: 쟁점, 과제, 전망; 한반도 평화체제와 한 · 미 동맹." 『한국과 국제 정치』 22권, 225-256.
이혜정. 2005. "기획: 한 · 미관계의 역사적 고찰; 한 · 미 동맹 기원의 재조명: 한 · 미 상호방위조약의 발효는 왜 연기되었는가?" 『한국정치외교사학회』 26권 1호, 5-35.

[연속간행물: 잡지/기사]

김재홍. 2003. "이라크 파병과 한 · 미 동맹: 1. 주제발표 ; 이라크 추가파병의 제문제: 국제안보와 국내정치적 관점." 『통일전략포럼 보고서』 29권, 1-7.
박건영. 2003. "주제발표: 한 · 미관계의 방향과 과제: 한 · 미 동맹 재조정을 중심으로." 『통일전략포럼 보고서』 27권, 13-30.
이수훈. 2003. "이라크 파병과 한 · 미 동맹: 이수훈(경남대 극동문제연구소 연구실장)." 『통일전략포럼 보고서』 29권, 2.
장준갑. 2005. "서평: 차상철, 『한 · 미 동맹 50년』(서울: 생각의 나무, 2004), pp.298." 『한국미국사학회』, 21권, 213-216.
정욱식. 2004. "세상 읽기: 협력적 자주국방이 아니라 군비축소여야 한다 -한 · 미 동맹 현대화 어떻게 볼 것인가." 『노동사회』 89권, 60-65.
조 민. 2003. "이라크 파병과 한 · 미 동맹: 1. 주제발표; 이라크 파병: 논점과 대책." 『통일전략포럼 보고서』 29권, 8-18.

[학위논문: 석사]

강동우. 1991. "한 · 미 군사동맹 형성과정 연구." 고려대 대학원 석사학위논문.
강석률. 2005. "닉슨 독트린과 데탕트 그리고 한 · 미 동맹: 억제의 추구와 동맹국간의 갈등 ." 서울대 대학원 석사학위논문.
김병기. 2000. "탈냉전기 미국의 국가이익 고찰을 통한 한 · 미 동맹의 발전방향 연구. 경희대 대학원 석사학위논문.
김순태. 2003. "한 · 미 동맹의 성격변화에 관한 연구: 주권에 대한 정체성을 중심으로 = (The) studies of changing characteristics of R.O.K.-U.S alliance." 연세

대 대학원 석사학위논문.

김재융. 2005. "한 · 미 동맹에 미치는 영향요인과 발전방향에 관한 연구." 공주대 경영행정대학원 석사학위논문.

김정대. 2005. "부시 제 2기 행정부와 한 · 미 동맹관계." 고려대 정책대학원 석사학위논문.

김정식. 1990. "한 · 미군사동맹과 카투사 제도에 관한 연구." 건국대 대학원 석사학위논문.

김진섭. 2006. "미군의 전략적 유연성과 한 · 미 동맹의 변화." 고려대 정책대학원 석사학위논문.

김진우. 2005. "How to maintain and develop a military alliance: an analysis of the Japan-U.S. alliance compared with the ROK-U.S. alliance." 서울대 국제대학원 석사학위논문.

김현종. 2004. "한 · 미 동맹의 변화 요인에 관한 연구: 한국 언론의 프레이밍을 중심으로." 연세대 대학원 석사학위논문.

김홍길. 2004. "탈냉전기 한 · 미 동맹의 변화: 동맹조정의 양면게임적 접근." 전남대교 대학원 석사학위논문.

노기영. 1998. "이승만정권의 태평양동맹 정책과 한 · 미 · 일관계." 부산대 대학원 석사학위논문.

라빈다씽. 2004. "Korea-US Alliance and Emergence of China as a Regional Power - 한 · 미 동맹과 지역강대국으로서의 중국의 등장." 성균관대 대학원 석사학위논문.

배양일. 2006. "한 · 미 동맹과 자주: 한 · 미 동맹관계에 나타난 한국의 자주성 행태에 관한 연구." 연세대 대학원 석사학위논문.

석두식. 2003. "한 · 미 동맹과 주한 미군의 장래에 관한 연구 = (A) Study on the Future of the ROK-US Alliance and the USFK." 국방대 안전보장대학원 석사학위논문.

신대진. 2005. "중국의 부상과 한 · 미 동맹의 딜레마: 한중일 삼국관계와 미국의 동맹정책을 중심으로." 성균관대 석사학위논문.

안재영. 2005. "한·미 동맹체제에 대한 한국 정부 인식변화에 관한 연구." 고려대 정책대학원 석사학위논문.

이재학. 2005. "(The) impacts of changes in threat structure on alliance: the case of U.S. - ROK military alliance = 위협구조가 동맹에 미치는 영향." 연세대 국제대학원 석사학위논문.

이준영. 2001. "한·미안보동맹의 발전방향에 관한 연구." 숙명여대 석사학위논문.

이태균. 1990. "한·미군사동맹체제의 형성과정에 관한 연구." 연세대 행정대학원 석사학위논문.

이하진. 2005. "탈냉전 이후 미국의 군사변환과 한·미 동맹의 변화." 고려대 대학원 석사학위논문.

정철승. 2004. "(The)Effects of RMA development of the US forces on the ROK-US alliance relationship: focusing on weapon systems/defense strategies/structural aspects." 서울대 국제대학원 석사학위논문.

조영화. 2004. "한·미 동맹 성격변화 연구: 구성주의 시각으로 = (A) Study on the Change of ROK-US Alliance: From the Constructivist Perspectives." 가톨릭대 국제대학원 석사학위논문.

조충호. 2003. "한·미 동맹의 신뢰성에 대한 연구 = (A) Study on the Reliability of the ROK-U.S. Alliance." 국방대 안전보장대학원 석사학위논문.

최재진. 2006. "한·미 동맹과 한국의 국가이익." 고려대 정책대학원 석사학위논문.

한석표. 2006. "(The)US military transformation and its implications on the ROK-US alliance: focusing on strategic flexibility." 서울대 국제대학원 석사학위논문.

황성훈. 2006. "미 한반도 안보정책 변화와 한·미 동맹." 충남대 대학원 석사학위논문.

황정오. 2001. "한·미 군사동맹관계의 변화와 발전에 대한 연구 = A Studies on Changes and Development of the Korea-U.S. Military Alliances." 국방대 대학원 석사학위논문.

| 제5부 |

결론

제20장 한국 외교협상의 역사적 교훈과 미래를 위한 제언

제20장 한국 외교협상의 역사적 교훈과 미래를 위한 제언

이 글에서는 본론의 사례들을 요약하면서 한국 외교통상협상의 특징과 전략, 사례분석을 통해서 얻는 역사적 교훈 그리고 미래를 위한 제언을 정리하고자 한다. 한 · 미 통상관계에서는 지적재산권, 쇠고기, 통신, 반도체, 자동차, 철강, 스크린쿼터, 자유무역협정(FTA)의 사례를 살펴보고, 한 · 미 안보관계에서는 동맹재조정협상의 사례들을 본다. 한 · 일관계에서는 수입선다변화 정책, 1-2차 어업협상, 월드컵 공동개최, 투자협정, 대중문화 시장개방, 자유무역협정(FTA)을 다루고 있다.

1. 한 · 미 FTA협상—'언어정치'

이 사례에서는 '언어정치(language politics)'의 문제가 제기되었다. 전통적인 협상이론은 당사자들의 이해득실이 합리적으로 그리고 명확하게 계산될 수 있다고 전제한다. 하지만 실제의 협상에서는 이해계산이 복잡하고 불분명해서 협상결과에 대한 득실을 따지기가 쉽지 않다. 특히 한 · 미 FTA협상과 같이 복합쟁점의 패키지 협상의 경우는 더욱 그러하다. 이때 이른바 '통설' 이 만들어지고 '통설' 의 힘이 작동한다. 여기서 통설이란 일종의 사이비 '인과관계' 를 만들어 내는 이론과 설명 등을 의미하며, '언어권력(language power)' 은 언어와 상징의 조작을 통해서 이런 통설을 만드는 힘이고, '언어정치(language politics)' 는 이런 통설을 만들고 만들어진 통설에 의해 지배받는 정치라고 정의한다. 이러한 통설은 과학적이지 않은 이해득실의 계산법을 제시하고 합리적이지 않은 지지-반대의 '담론연합' 을 만들어 낸다. 이 사례분석에서는 한 · 미 FTA협상의 담론정치적 성격을 지적한다.

2. 1998년 한 · 일 어업협상— '국제관계의 국내 정치화'

이 사례에서는 1998년의 신한 · 일 어업협상과 관련하여 "왜 한국 측은 일본이 어업협정을 일방적으로 파기했음에도 불구하고 개정협상에 응했으며, '졸속외교' 라는 국내적 비판에도 불구하고 일본과의 어업협정을 조속히 합의한 이유는 무엇인가, 또한 한국의 국내 정치에서 일부의 강력한 반발과 저항에도 불구하고 결국 협정의 비준이 성공한 이유는 무엇인가"라는 문제를 제기한다. 이 사례를 통해서 알게 된 사실은 (1) 탈냉전기의 한 · 일관계에서는 미국 변수의 중요성아 상대적으로 낮아지고 한 · 일관계는 점차 더 양국관계화하고 있다는 것, (2) 그리고 한 · 일관계에서 국내 정치의 중요성이 점차 증대하고 있다는 것, (3) 따라서 적대적 과거회귀와 협력적 미래지향의 진폭이 더 커질 수 있다는 것이다. 이 글에서는 '외압 · 이슈연계' 가설을 제시한다. 이 가설에 의하면, 1998년 한 · 일 어업협상의 타결은 첫째, 일본의 금융 지원을 불가결한 것으로 만든 'IMF 위기' 라는 외압, 둘째,

'미래지향적 한 · 일관계'를 선호하는 정치적 리더십, 셋째, 포괄적 협력 프로그램과의 이슈연계, 넷째, 김대중 대통령의 방일(1998년 10월) 일정이라는 '최종 시한'이 복합적으로 작용하여 협상을 타결지었다고 설명한다.

3. 1995년 한 · 미 자동차협상

이 사례에서는 협상에서 외압의 효과를 분석한다. 1995년 한 · 미 자동차 협상에서 미국은 관세 분야에서는 성공하지 못했지만, 내국세 분야(자동차세)에서는 한국에 대하여 큰 양보를 얻어낼 수 있었다. 외압의 강도가 같았음에도 불구하고 협상결과가 상이하게 나타났던 이유는 한국 내 선호의 분포가 이슈별로 다르게 형성되었기 때문이다. 관세 분야에 대한 한국 내 선호의 분포는 미국의 요구에 대해서 대단히 '비우호적 균형'을 이루었던 것임에 반해서, 자동차세 부분에 대해서는 '대등한 균형', '혹은 다소 우호적인 균형'을 이루었던 것이다. 이 사례연구는 다음과 같은 결론을 제시한다. 첫째, 외압의 강도가 같다고 가정했을 경우, 외압을 받는 측의 국내적 힘의 관계가 외압에 대해서 우호적이거나 대등한 경우가 비우호적인 경우보다 한국 정부가 정책을 변경할 가능성은 더욱 높아진다. 둘째, 외압이 요구하는 정책을 실현하기 위하여 필요한 협박의 수준은 비우호적 균형의 사례에서 가장 높고, 다음은 대등한 균형의 사례 그리고 우호적 균형의 사례의 순으로 나타난다. 셋째, 국내적 선호의 분포가 같다면, 국경조치상의 변화가 국내적 체제 변화보다 덜 반대된다. 넷째, 이슈의 성격(얕은 통합 혹은 깊은 통합) 이외에도, 이념, 정보(인지), 관료적 이익, 경제적 이익 등과 같은 요인들이 국내적 선호의 분포에 영향을 미쳤다.

4. 한 · 미 지적재산권협상(1985-1986)

이 사례에서 나타나는 한국 외교협상의 특징은 한국 측의 '자기손목묶기' 전략(tying-hands-strategy)이다. 한국 측은 저작권과 특허권의 소급보호에 대한 문제가 국내적으로 널리 알려져 국내의 반발이 심해지자 이를 명분으로 하여 저작권의 소급보호문제에 더 이상 양보할 수 없다는 일종의 '자기손목묶기' 전략을 구사했다. 이는 자신의 협상재량권이 작음을 이유로 상대방에게 오히려 양보를 요구하는 전략을 의미한다. 하지만 한 가지 아쉬운 대목은 이러한 한국 측의 협상전략이 처음부터 잘 계획된 것이라기보다는 협상과정이 언론에 노출되면서 예기치 않게 발생한 결과에 편승한 것이었다는 점이다.

5. 한 · 미 쇠고기협상(1989-1993)

이 사례에서 한국 측은 국내 축산업계와 사회단체들의 연계를 통한 거국적 반대운동을 명분으로 하여 설령 정부 간 협상이 타결되더라도 국내 비준이 어려울 것이라고 미국 측에 호소하면서 협상시간을 최대한 지연시켜 현상을 유지하려는 협상태도를 보여 주었다. 이에 미국은 초기에는 시장의 완전개방을 원론적으로 요구하다가 후반부에는 전략을 수정하여 기능적이고 실용적인 접근법, 즉 대립하여 시간만 낭비하는 것보다는 한국 측이 양보한 것을 일단은 수용하면서 추후 협상을 통해 계속적으로 한국 측에 요구수준을 높여 가는 접근법을 채택하였다.

6. 한 · 미 통신협상(1989-1996)

이 사례에서 미국 측은 협상 개시과정에서는 협박전략을 구사하였지만 일단 협상이 개시되고 본격화될수록 양보하는 입장으로 선회하였다. 미국이 양보 입장으로 돌아선 것은 협상에서 시간제약을 느끼고 있었거나 혹은 다른 사안과 연계하여 보상을 기대했기 때문인 것으로 분석된다. 미국은 제1-2차 통신협상에서 유연한 협상자세를 유지했다. 한 · 미 통신협상만을 놓고 보자면 한국 측이 미국에게 적지 않은 양보를 얻어낸 것으로 보인다. 하지만 이러한 협상결과의 이면에는 한국을 다자간 협상에 참여시켜서 더 큰 양보는 다자협상에서 얻어내고자 하는 미국의 의도도 숨겨져 있었던 것으로 보인다. 또한 1997년의 협상 타결에는 한국 측 대미통신투자와 관련한 이면 약속이 있기도 하였다.

7. 한 · 미 반도체협상(1992-1998)

이 사례에서 한국 측은 양자협상 이외에 세계무역기구와 같은 다자기구를 통한 해결을 모색하였다. 미 상무부와 무역위원회의 덤핑판정과 반덤핑관세 부과결정에 대해 한국은 미국과의 이면협상보다는 세계무역기구에 제소함으로써 문제를 정면으로 해결하고자 하였고 결과적으로는 한국은 세계무역기구에서 승소하여 성공을 거둘 수 있었다. 이번 협상과정을 살펴보면 한국의 정부와 업계의 긴밀한 협조체제 구축이 협상성공의 한 요인이었다. 한 · 미 반도체협상은 한국의 대미 통상협상에서 대결전략이 잘 구사된 사례로 평가된다.

8. 한 · 미 자동차협상(1993-1998)

이 사례(1, 2차 자동차협상)에서 미국은 전형적 협박전략을 구사했다. 제1차 협상에서는 슈퍼 301조와 WTO 제소카드를 사용하였고 제2차 협상에서는 슈퍼 301조 카드를 보다 강력하게 사용하여 한국 측을 압박했다. 한편, 제2차 협상에서 미국 측은 98년 당시 한국이 처한 정치경제적 상황은 충분히 고려할 만하지만 미 의회와 업계가 양보하지 않는다는 식의 '자기손목묶기' 전략(tying-hands-strategy)을 사용했다. 즉, 협상자 자신은 양보할 의사가 있지만 자신의 비준자가 강경하고 협상자 자신에게는 재량권이 없기 때문에 자신이 양보하는 것은 힘들고 결국 협상을 성공시키기 위해서는 상대방이 좀 더 양보하는 수밖에 없다는 것이 바로 자기손목묶기 전략인 것이다. 하지만 미국 측은 협상이 결렬되어 최종적으로 보복조치를 실행하는 것도 상당히 부담스러워하였다. 이 때문에 미국 측도 협상의 마무리 단계에서 상당한 양보를 한 것으로 평가된다. 즉 미국 측은 '완전 승리 혹은 보복'의 극단적 선택보다는 '부분적 승리'라는 온건한 선택을 한 것이다. 이는 협박의 실행에는 협박하는 측에게도 많은 비용이 발생한다는 협박가설의 타당성을 재확인시켜 주는 것으로도 해석할 수 있다.

한국 측도 타협을 선호하였다. 제1차 협상에서 한국 측은 내부논란 끝에 결국 WTO 제소라는 강경대응보다는 양자협상을 통한 문제해결이라는 타협적 자세를 보였다. 98년 제2차 협상에서도 슈퍼 301조 발동 직전에 양보하는 모습을 보였다. 하지만 한국 측은 다양한 쟁점 중에서 우선순위가 높은 정책(가령 관세 분야)을 끝까지 양보하지 않는 집중력을 보였고 미 · 일 협상에서 일본이 자주 보여 주었던 '조금씩 천천히 양보하는' 스타일을 보였다. 그런데 한국의 정책이나 협상전략을 살펴보면 아쉬운 부분도 있다. 국제적 기준에 합치되지 못하는 국내 정책, 법규, 관행은 국제적인 협상쟁점이 되는 최근의 상황에 비추어볼 때 불합리한 정책이나 제도를 먼저 개선하지 못함으로써 처음부터 협상지위를 불리하게 만들었다. 예를 들어 95년 협상 당시 한국의 자동차 관련 세제는 누가 보기에도 불합리하게 보였다. 한편, 한국 측은 미국의 통상정책과 협상목표를 분쟁예방 차원에서 사전에 분석하고 대비하는 노력이 부족하였다. 95년 미 · 일 자동차협상이 난항하는 것을 보면서도 한국 측은 한 · 미 간에는 마찰이 없다는 식의 낙관론을 유지하였고 결국 미 · 일 자동차협상을 타산지석으로 활용하지 못하는 우를 범한 것으로 평가된다.

9. 한 · 미 철강협상(2002)

이 사례에서는 한국의 대미 통상협상전략이 사안에 따라서는 대결전략을 불사할 수 있다는 모습을 보여 준 것으로 평가된다. 그러면 한국 외교의 대응전략 변화의 배경은 무엇인가? 변화는 첫째, WTO 레짐 강화와 관련성이 있는 듯하다. 미국에게는 레짐을 만들어 내는 힘이 있지만 일단 만들어진 레짐에는 미국도 구속을 받는다. 물론 아직도 WTO의 분쟁해결능력이 충분한 것은 아니지만 그렇다고 해서 아무도 WTO의 결정을 정면으로 부인하기는 힘들다. 가까운 선례로서는 한 · 미 스테인리스 철강제품 반덤핑 사례를 들 수 있다. 2001년 8월 24일, 미 상무부는 2001년 2월 1일 WTO 패널이 한국의 스테인리스 철강 제품에 대해 취한 미국의 반덤핑 조치가 WTO 협정에 위반된다고 판정한 것에 대한 이행조치로서 포항제철 등 한국 철강회사들의 스테인리스 후판(Plate) 및 스테인리스 판재(Sheet)의 덤핑마진율을 각각 6.08%, 2.49%로 하향 조정할 것이라고 알려왔다. 이는 미국이 이행기간 만료시한을 염두에 둔 행동으로 평가되었다. 한국은 1999년 5월과 6월, 포항제철의 스테인리스 후판과 스테인리스 판재(Sheet)에 대하여 각각

16.26%, 12.12%의 덤핑마진율을 적용한 미국의 반덤핑 조치가 WTO 협정에 위반된다고 판단하여 1999년 7월 30일 WTO에 동 조치를 제소하였다. 이에 대해 2001년 2월 1일 WTO 패널은 최종 보고서를 통해 미국의 덤핑 마진 산정방식이 WTO 협정에 위반된다고 판정하고 미국에 대하여 동 반덤핑 조치를 WTO 협정에 일치하도록 권고하였으며, 미국 측은 이러한 판정에 근거하여 덤핑마진율을 재계산한 결과, 하향 조정을 실시하게 된 것이다. 두 번째는 한국의 국내 정치의 기류변화와 관련이 있는 듯하다. 한국 외교는 이제 내압과 외압을 동시에 계산해야 하는 상황을 경험하고 있는 것이다. 한국 사회는 대미 양보를 비판하는 민족주의적 여론이 점차 세력을 확장하고 있는 듯하다.

10. 한 · 미 스크린쿼터협상(1998-2006)

이 사례에서는 협상 당사자 모두의 재량권이 과도하게 제한되어 협상 정체가 발생하다가 다른 사안과 연계를 통하여 타결을 모색하는 과정을 보여 준다. 노무현 정부가 발족된 이후에도 스크린쿼터를 둘러싼 한 · 미 간 갈등과 한국의 국내적 갈등은 해결되지 않았다. 하지만 그동안 영화계의 이익을 대변해 오던 문화관광부의 입장은 과거와 변화하기 시작하였다. 2004년 6월 12일, 이창동 문화관광부 장관은 '한국 영화산업의 미래를 위하여 스크린쿼터 일수의 축소 조정 및 변화에 대하여 검토해야 할 시점'이라고 발표하였다. 물론 대책위는 문화관광부의 입장변화를 강력하게 비판하였다. 그런데 스크린쿼터 논쟁에 새로운 변수가 등장하는데 바로 한 · 미 자유무역협정(FTA)의 체결이 그것이다. 2005년 3월 14일에 스크린쿼터 폐지론자인 한덕수 전 통상교섭본부장이 경제부총리로 취임하였고, 3일 후인 16일 국책연구소인 대외경제정책연구원은 '경쟁정책적 관점에서 본 영화시장 개방'

이란 보고서를 통해 "한국 영화유통시장의 전반적 경쟁구조는 상당한 정도의 경쟁을 유지하고 있기 때문에 외국 직배사가 자신의 시장지배력을 이용해 '끼워팔기' 등 경쟁제한 행위를 조장할 우려는 거의 없다고 말할 수 있다"는 연구결과를 발표하였다. 2006년 1월 한 · 미 자유무역협정 협상의 개시가 합의되면서 미국 측은 스크린쿼터와 관련하여 현행(연간 146일)의 절반인 73일로 상영일수를 축소할 것을 요구하였고 한국 측은 110일(30%)안으로 대응하다가 마침내 미국의 요구를 수용하는 형태로 한 · 미 양국은 2006년 1월 26일, 스크린쿼터를 현재의 연간 146일(연간 상영일수의 40%) 이상에서 오는 7월부터 절반인 73일 이상으로 줄이기로 합의하기에 이르렀다.

11. 대일 수입선다변화 정책(1978-1999)

이 사례에서 일본 측은 한국의 OECD 가입협상을 협상 지렛대로 활용하고자 하였다. 일본은 당시 OECD 가입을 추진하고 있던 한국에 대해 OECD 제115차 무역위원회에서 수입선다변화 정책의 전면해제를 강력히 요구한 것이다. 이러한 일본과 OECD 가입국들의 수입선다변화 제도의 완전해제 요구에 한국은 협상테이블에서 단계적, 점진적 해제방안으로 대응하려고 하였다.

12. 제1차 한 · 일 어업협정(1952-1965)

이 사례의 결과를 정리하면 다음과 같다. 첫째, 전관수역의 범위는 일본 측 주장대로 12해리로 결정되었다. 원래 한국이 평화선을 통해 확보하고 있던 233마일과 비교하면 이 쟁점의 결과는 한국 측의 일방적인 양보라고 평가되었다(물론 평화선은 국제적으로 승인 받은 경계선은 아님). 둘째, 공동규제수역 내 출어제한문제에서는 한국 측 주장이 받아들여졌다. 셋째, 재판 및 단속권에 관한 분야는 일본 측의 주장대로 기국주의가 받아들여지게 되었다. 전체적으로 볼 때 제1차 어업협정은 한국에게 불리한 것으로 보는 것이 통설이지만 당시 상황에서는 최선의 협상결과를 얻은 것이라는 주장도 제기되고 있다.

13. 제2차 한 · 일 어업협정(1996-1998)

이 사례의 결과를 정리하면 다음과 같다. 첫째, 동해에 중간수역을 설정하기로 하였다. 중간수역은 양국 연안으로부터 35해리 폭을 기준으로 하여 여러 개의 직선으로 연결된 다각형 모양이며, 그 동쪽 한계선은 도쿄 135도 30분이고, 서쪽 한계선은 도쿄 131도 40분이다. 둘째, 과거의 조업실적을 보장하되 양국 간 어획량 격차를 단계적으로 축소하여 3년 후에는 동등한 양이 되도록 조정한다. 셋째, 동해 중간수역에서의 자원관리인데, 이 지역에서는 기국주의를 실시하기로 한다. 넷째, 제주도 남부 수역과 규슈 서부 사이의 수역에 일정범위의 중간수역을 설정한다. 이 중간수역에서는 기국주의 원칙에 따라 자원의 공동관리를 실시한다. 다섯째, 불법조업단속으로 각 체약국은 관할권의 행사에 있어서 연안국주의를 채택한다는 것이다. 결론적으로 볼 때, 배타적 어업수역의 범위문제와 중간수역의 설정문제는 일본 측의 주장이 그대로 수용된 것으로 볼 수 있고, 중간수역의 한계선 설정문제는 한국과 일본이 반반씩 양보를 한 것이지만 처음에 한국 측이 137도선을 주장한 것을 감안한다면 이 또한 한국이 어느 정도 양보한 것으로도 볼 수 있다.

14. 한 · 일 월드컵 공동개최협상(1994-1996)

이 사례에서 일본 측은 선점전략을 구사했다. 일본 측은 일찍부터 유치희망 의사를 밝히고 준비에 들어가 이를 기정사실화하기 위하여 대규모 사전투자를 추진하였다. 이는 다른 국가들이 경쟁에 뛰어드는 것을 방지하는 효과를 노린 것이었다. 반면 후발주자인 한국이 채택한 협상전략은 '이슈연계' 전략이었다. 한국 측은 월드컵 개최지 선정문제를 '한 · 일 우호' 라든지 '한반도의 평화와 안정' 과 같은 정치적인 명분과 연계시킴으로써 한국 개최 혹은 한 · 일 공동개최의 정당성을 높이는 전략을 구사했다. 한국 측은 월드컵 개최문제와 정치이슈를 연계하는 전략을 구사하여 한반도의 평화와 안정을 위해서 그리고 개도국의 대표주자로서 한국의 유치 필요성을 역설했던 것이다. 이후 공동개최가 합의되자 한 · 일 양국은 가장 중요한 행사배분과 대회명칭의 쟁점을 상호연계를 통하여 해결하였다. 즉, 일반적으로 가장 중요하다고 여겨지던 결승전을 일본에서 개최하고 지역예선 조 추첨을 일본에서 하되, 한국에 대한 일종의 보상형식으로서 3, 4위전 및 본선 조 추첨에 덧붙여 대회명칭을 'World Cup 2002 Korea-Japan'으로 한다는 합의안이 만들어졌던 것이다. 이와 같은 합의내용은 양국의 선호와 이해관계에 바탕을 둔 타협책이었다. 월드컵 유치협상에 있어서 한국에서는 월드컵을 개최한다는 명분 자체를 대단히 선호했고, 월드컵 유치과정에서도 한반도 평화에의 기여, 국가위신 향상 등 추상적인 목표가 설정되었다. 반면 일본의 경우 일반 대중은 대체로 월드컵에 무관심하였으며 월드컵에 적극적이었던 지방자치단체 및 재계의 관계자들은 월드컵이 가져오는 경제적 효과에 관심을 기울이고 있있다. 이에 따라 도출된 합의안은 가장 상업적 이익이 크다고 여겨지는 결승전을 일본에서 개최하되 대회명칭은 한국에 양보하는 안을 선택한 것이다.

15. 한 · 일 투자협정협상(1998-2001)

이 사례에서 한국 측은 BIT 체결을 통해 일본의 한국 투자 확대를 희망했다. 한국 정부는 IMF 경제위기 이후 한국 경제의 안정적이고 지속적인 성장을 위해서는 미국, 일본 등 첨단기술과 우수한 경영기법을 보유한 선진 외국 기업의 투자 유치 확대가 중요하다는 인식 하에 특히 한국 경제의 개방화, 자유화 정책을 지속적으로 추진하겠다는 정부의 강력한 의지를 대외적으로 천명하고 이를 구체적으로 실행하기 위한 방안의 일환으로 한 · 일 투자협정 체결을 추진하여 왔던 것이다. 한국으로서는 위험부담이 큰 FTA보다는 일본 기업의 한국 투자 증대를 위한 BIT 체결을 선호하여 이를 우선적으로 추진하기로 결정하였다. 또한 한국의 입장에서도 한국이 어떤 경제블록에도 참여하지 않는 상황에서 세계경제의 블록화가 가속화되고 있다는 점에서 지역경제협력체 결성의 세계적 추세에 동승할 필요를 느끼고 있던 상황이었다. 그렇지만 한 · 일 간 FTA는 대일무역적자를 더욱 심화시킬 것으로 예상되기 때문에 한국은 부품 및 소재 등에서 일본의 대한 투자 활성화를 기대할 수 있는 투자협정을 먼저 체결하고자 했던 것이다. 일본은 한 · 일 FTA 추진의 일환으로 투자협정을 체결하고자 했다. 일본은 중국의 급부상을 경계하면서 지역협력체가 없는 동아시아 지역에서 일본이 협력체 구성의 주도권을 쥐어야 한다는 입장을 가지고 있었다. 특히 한국과의 FTA 체결은 일본에게 수출시장 확대 측면이 크기 때문에 더욱 일본 업계나 정부의 관심은 상당한 것이었다. 하지만 한국과의 FTA 체결에는 적지 않은 시간이 필요할 것이라는 판단 하에 FTA 체결의 전 단계로서 한 · 일 투자협정을 선택하게 된 것이다. 한 · 일 투자협정을 둘러싼 협상과정에서 최대 쟁점은 한국의 '노사문제' 였다. 이 쟁점사항은 협정전문을 통해 선언적인 차원에서 협력적 노사관계가 양국 간 투자 증진에 기여한다고 규정함으로써 일단락되었고 제9차 본회의(01. 12. 22)에서 양국이 핵심 쟁점사항인 '노동 조항'에 합의함으로써 투자협정은 최종 타결되었다.

16. 한 · 일 대중문화시장 개방협상(1998-2004)

이 사례에서 한국 정부는 점진적인 개방정책을 채택하였다. 이는 개방에 대한 국내적 합의가 있지 않았기 때문이다. 4차에 걸친 협상에서 일본은 DDA의 자유무역 원칙에 입각해서 대중문화시장의 완전개방을 요구했고 한국은 점진적 개방을 주장해 왔다. 일본 측 요구에 대해 한국 정부는 일본문화 국내 유입에 대해 명시적인 법적 근거는 없었지만 각종 심사와 수입추천, 허가 등 우회적인 방법을 통해 제한, 또는 촉진해 왔다. 일본 대중문화에 대한 시장 개방문제는 한 · 일관계의 큰 숙제였다. 한국 정부는 일본 대중문화시장을 개방하면서 이른바 국민정서를 상당히 의식하고 있었다. 제1차 개방 당시 문화관광부는 개방에 대한 국내적 합의를 이끌어내기 위해 자문위원회를 구성하고 자문위와 합의하는 방식으로 4단계 점진적 개방정책을 결정했다.

17. 한 · 일 FTA 체결협상(1998-)

이 사례는 최종 단계에서 정체되어 있다. 협상 정체에는 경제적인 원인과 정치적 원인이 있다. 첫 번째로 경제적 측면에서 살펴보면 한 · 일 FTA의 타결은 한국보다는 상대적으로 일본에게 더 큰 이익이 예상된다. 한 · 일 FTA가 체결되면, 인구규모로는 1억 8천 명, GDP 규모로는 4조 6천억 달러에 달해 세계무역의 약 10%를 차지하는 거대단일시장의 출현이라는 연구보고도 있다. 관세 · 비관세 장벽 폐지와 급속한 무역량의 확대는 경쟁력 있는 기업들에게 더 많은 이익창출의 기회를 제공할 것이고 이 과정에서 일본의 기업들은 경쟁우위를 가질 수 있다. 게다가 한 · 일무역수지 불균형이 한 · 일 FTA의 심각한 장애가 되고 있다. 1999년 6월 '수입선다변화' 정책이 완전히 폐지된 이후 큰 폭으로 증가하고 있는 한국의 대일 무역적자는 심각한 수준이다. 한 · 일 간의 관세율 차이(일본 2.9%, 한국 9.19%)를 고려한다면 관세철폐는 대일 수입의 급증과 무역불균형의 심화를 초래할 충분한 위험이 있다. 특히 자동차, 전자, 기계부품, 선박 등의 주력산업에 미치는 영향이 클 것으로 예상된다. 이런 우려를 반영하여 지금까지 한 · 일 FTA의 체결을 한목소리로 요구하던 전국경제인연합회와 한국무역협회에서도 최근에는 신중론이 대두하고 있는 것으로 전해졌다. 두 번째로 정치적 측면에서 볼 때 고이즈미 정부와 노무현 정부 사이에 급속히 냉각된 양국관계를 들 수 있다. 제6차 협상이 종료되고 45일 후인 2004년 12월 18일에 가고시마(鹿兒島)에서 열린 한 · 일 정상회담에서 노무현 대통령은 자신의 임기 중에는 과거사 문제를 거론하지 않겠다고 밝혔다. 하지만 일본 시마네현의 독도 조례안 통과, 우익교과서 검정통과, 고이즈미 총리의 야스쿠니 신사참배 등, 역사문제, 독도-영해분쟁은 2005년 연내 타결을 목표로 하고 진행되던 한 · 일 FTA협상을 중단시키는 중대한 장애가 되었다. 결국 노무현 정부는 초강경 대일 독트린을 발표하기에 이르렀다. 2004년 11월 이후의 한 · 일 FTA협상이 정체된 표면적 원인은 농수산물 자유화 부문에서의 의견대립이었다.

18. 한 · 미 동맹재조정협상

이 사례에서 한국 측의 협상 동기는 첫째, 민주화의 정착과 경제발전에 따른 민족적 자긍심의 고취, 둘째, 동북아 전략 상황에 대한 '동북아 중심

국가' 혹은 '평화번영의 균형자'의 적극적인 역할 모색, 셋째, 변화하는 남북관계와 한반도 평화 프로세스 진전 정도를 반영하고 통일과정의 안정적 관리에 도움이 되는 방향으로 한 · 미 동맹을 발전시키겠다는 의지의 반영 등이 작용한 것으로 보인다. 한편 미국 측의 동기로서는 첫째, 9 · 11 테러 이후 변화된 미국의 세계안보전략을 지적할 수 있다. 미국은 9 · 11테러 이후 반테러와 비확산을 안보정책의 최우선목표로 내걸고 일방주의와 선제공격도 불사하겠다는 강력한 의지를 표명하면서 '위협에 기초한(threat-based)' 군사전략에서 '능력에 기초한(capability-based)' 군사전략으로 전환을 시도하고 있다. 둘째, 1990년대 초부터 추진해 온 미국의 군사변혁(MTR: military transformation)에 의한 군 구조와 전력의 대폭적인 개편성과가 영향을 미쳤다. 세 번째 요인으로서 미국의 '범세계적 해외주둔 태세검토(GPR: Global Defense Posture Review)'가 한 · 미 동맹재조정의 가장 직접적인 요인이라고 할 수 있다. 즉, 새로운 위협인식과 군사전략, 그리고 이를 뒷받침해 줄 전력태세의 정비를 바탕으로 미국은 해외주둔 미군의 배치 상황과 전력 수준을 재정비하게 된 것이다. 이러한 한 · 미 양국의 여러 요인들이 복합적으로 작용하여 한 · 미 동맹재조정협상은 추진되어왔고 2005년 11월 한 · 미 양국 정상회담에서 '포괄적-역동적-호혜적' 동반자 관계라는 표현으로 큰 틀이 합의되었다.

그러면 한 · 미 동맹재조정협상에서 한국은 어떤 협상전략을 구사해야 하는가. 첫째, 앞서도 지적한 바와 같이 사안이 복합적으로 연계되어 있으며 세계 차원의 안보환경의 변화와 미국의 세계전략변화라는 보다 큰 틀 속에서 한 · 미 동맹재조정을 바라볼 수 있어야 한다. 그런데 전시작전통제권 협상에 대한 한국 측의 접근태도는 대단히 '이념적'이어서 스스로 이 문제를 주한 미군의 '전략적 유연성'과 연계하여 협상하는 '협상유연성'을 놓쳐버린 한계를 노정시켰다. 기지이전협상의 사례에서도 비슷한 실수가 반복되었다. 먼저 전략적 유연성 문제를 협상한 후 기지이전협상에 집중했더라면 한국 측의 비용을 줄일 수 있었을 것으로 판단된다. 둘째, 한·미 동맹재조정협상의 성패는 동맹의 가치와 목표에 대한 정의에서 나온다. 즉 21세기 안보환경에서 이른바 협력적 자주국방을 어떻게 추진하고 미군과의 연합지휘 체계를 어떻게 구상할 것인지 등에 관한 장기적인 비전과 전략이 있은 후에 협상이 뒤따라가야 할 것이다.

부록– 용어해설

▣ 1991년 한반도비핵화공동선언(韓半島非核化共同宣言)

1991년 12월 31일 남북한이 함께 한반도의 비핵화를 약속한 공동선언을 말한다. 한반도를 비핵화함으로써 핵전쟁의 위험을 제거하여 한반도의 평화를 정착하고, 평화통일에 유리한 조건과 환경을 조성하며, 아시아는 물론 세계의 평화와 안전에 이바지하자는 취지에서 남북한이 공동 채택한 선언이다. 비핵화공동선언의 주요 내용은 ① 핵무기의 시험 · 제조 · 생산 · 접수 · 보유 · 저장 · 배비(配備) · 사용의 금지, ② 핵에너지의 평화적 이용, ③ 핵재처리시설 및 우라늄 농축시설 보유 금지, ④ 비핵화를 검증하기 위해 상대측이 선정하고 쌍방이 합의하는 대상에 대한 상호 사찰, ⑤ 공동선언 발효 후 1개월 이내에 남북핵통제공동위의 구성 등이다. 이 공동선언은 남북이 각기 발효에 필요한 내부절차를 거쳐 1992년 2월 평양에서 열린 제6차 남북고위급회담에서 '공동위 구성 · 운영 합의서' 가 교환됨으로써 발효되었다.

▣ 1993년 제1차 핵위기

북한은 1985년 핵확산금지조약(NPT)에 가입함으로써 북한 내의 특정핵물질 및 원자력 시설에 대하여 국제원자력기구(IAEA)에 보고하고 또한 국제원자력기구(IAEA)의 사찰을 수용해야 하는 의무를 지게 되었다. 그런 가운데 1991년 1월 남한과 북한

* 용어해설은 외교통상부 정무 자료실 외교용어사전(http://www.mofat.go.kr/index.jsp)을 주로 참조하고 그 외에도 네이버 용어사전(http://terms.naver.com); 전문용어언어공학연구센터(http://www.korterm.or.kr); 매일경제신문 경제용어사전(http://dic.mk.co.kr); 동아닷컴 시사용어 사전(http://www.donga.com/dict/sisa.html); 한국아이닷컴 경제용어(http://www.hankooki.com/special/sed/eco_word/index.htm); 한경 경제용어사전(http://www.hankyung.com/dic) 등도 활용하였다.

은 '한반도 비핵화 공동 선언' 에 합의하였고, 북한은 1992년 1월 국제원자력기구(IAEA)의 핵안전조치협정에 서명하였다. 1992년 5월 북한은 핵시설에 대한 최초보고서를 IAEA에 제출하였고 이에 따라 1992년 5월 하순부터 신고시설들에 대한 IAEA의 임시사찰이 실시되었다. 핵사찰 결과와 북한이 신고한 플루토늄의 양이 불일치하자 IAEA는 이를 문제 삼아 영변 핵단지의 미신고된 2개의 시설에 대한 특별사찰을 요구하였다. 북한은 이에 반발, NPT 탈퇴를 선언하였다. NPT 탈퇴선언 후 북한과 미국 간에는 전쟁 일보 직전의 긴장관계가 조성되었으나, 이후 양국은 핵문제를 해결하기 위한 협상으로 방향을 바꾸었고, 북한은 NPT 탈퇴를 유보하였다. 북 · 미고위급회담의 형식으로 진행된 양국 간의 회담 끝에 1994년 10월 21일 '제네바 기본합의서' 가 채택되었다. '제네바 기본합의서' 의 핵심은 북한 핵개발 사태로 조성된 긴장을 해결하기 위해 2003년까지 북한에 경수로 2기를 지어주는 대신 북한이 핵개발을 포기한다는 내용이다. 이에 따라 북한은 그에 대한 대가로 영변 핵발전소를 폐쇄했으며, 건설 중이던 다른 원전시설도 중단하였다. 또한 핵재처리 포기, 방사화학실험실 폐쇄 등 핵 동결 조치를 취했다. 또한 북한에 대한 한국형 경수로 지원 및 대체에너지 제공 등을 추진하기 위한 국제기구인 한반도에너지개발기구(KEDO)가 출범하여, 북한 신포에 경수로를 건설하기 시작했다.

▣ 1994년 제네바 합의

1992년 5월 국제원자력기구(IAEA)는 그동안 핵폭탄 개발의 의혹을 받고 있던 북한에 대해 최초의 핵사찰을 실시하였다. 핵사찰 결과, 북한이 신고한 플루토늄의 양이 불일치하자 IAEA는 이를 문제 삼아 영변 핵 단지의 미신고된 2개의 시설에 대해 특별사찰을 요구하였다. 이에 북한은 1993년 3월 IAEA의 요구로부터 벗어나기 위해 핵확산금지조약(NPT)을 탈퇴하였다. NPT 탈퇴 뒤 북한과 미국 간에는 전쟁 직전의 긴장관계가 조성되었으나, 양국은 핵문제를 평화적으로 해결하기 위하여 협상으로 방향을 바꿨다. 북미 고위급회담의 형식으로 진행된 양국 간의 회담은 1993년 6월과

7월, 1994년 8월에 걸쳐 세 차례 이루어졌고, 1994년 9월 23일-10월 21일까지 제네바에서 열린 '전반적인 한반도 핵문제 해결을 위한 협상' 을 진행한 후에 이루어진 합의를 말한다. 북한이 핵확산금지조약(NPT) 탈퇴를 선언하면서 북한에 대한 핵정책 논쟁이 끊이지 않았는데, 미국 클린턴 행정부가 이 합의를 이끌어내면서 잠시 논쟁이 일단락되었었다. 1994년 10월 21일 북한과 미국 측이 이 합의서에 서명할 당시에는 비공개를 약속했지만 그 내용이 한국에 알려지게 되었다. 합의서에는 당시 북한 측 수석대표 강석주 외교부 제1부부장이, 미국 측 수석대표 R. 갈루치 대사가 서명하였다. 합의서 내용은 10개 조항으로 이루어져 있는데, 북한이 핵을 동결하는 대신 미국 측은 경수형 원자로 발전소 2기를 건립하는 동시에 경제원조로 연간 50만 톤의 중유를 지원하고, 정치 · 경제적 관계의 완전한 정상화를 추진한다는 내용을 골자로 하고 있다. 이에 따라 1995년 3월 9일 북한에 경수형 원자로 제공을 위한 KEDO(한반도에너지개발기구)를 설립하였고, 2000년에는 그 착공에 들어갔다. 그러나 합의 후에도 국내외적으로 북한 핵에 대한 정책이 쟁점으로 남아 많은 논쟁이 있었다. 2001년 뉴욕에서 미국 대폭발테러사건이 일어나자 부시 행정부는 북한을 3대 테러국가로 지목했고, 북한은 제네바합의에서 금지하기로 약속한 흑연감속로를 가동하겠다는 선언을 하였다. 결국 미국은 제네바합의의 파기를 선언했고, 2002년 11월 KEDO 집행이사회는 북한에 대한 중유 지원 중단을 결정하였다.

▣ 1997년 신방위협력지침

가이드라인 법안이라고도 한다. 가이드라인 법안은 97년 9월 미국, 일본 양국이 개정한 미 · 일 방위협력지침(가이드라인)을 시행하기 위해 일본 정부가 마련한 법안을 말한다. 구체적으로는 주변사태법안, 자위대법 개정안, 미 · 일 물품, 역무(役務) 상호제공협정(ACSA) 개정안의 3개 법안으로 1998년 4월 국회에 제출됐다. 신가이드라인 관련 법안은 논란을 거듭한 끝에 1999년 4월 중의원 본회의에 제출되어 가결되었고, 1999년 5월 참의원에서 통과됨으로써 성립되었다. 핵심법안인 주변사태법안은 일본 주변지역에서 무력분쟁 등의 '주변사태'가 일어날 경우 미군에 대한 후방 지원, 전투에서 부상한 미군의 수색. 구조활동, 유엔 결의에 따른 선박 검사 등을 담고 있다. 자위대법 개정안은 재외일본인 구출 수단과 관련해 지금까지 자위대 항공기로 제한했던 것을 군함과 군함탑재 헬리콥터로 확대하고, 미군 구출 때 무기도 사용할 수 있도록 한 것이 골자다.

▣ 2000년 아미티지 보고서

1999년 3월 발표된 리처드 아미티지 국무부 부장관의 정책제언 보고서. '북한에 대한 포괄적 접근방안' 이라는 제목의 보고서는 북한 핵, 미사일, 재래식 무기문제를 포괄적으로 다뤄야 하며, 북한이 필요한 조치를 취할 경우 식량 · 경제 지원, 안전보장 담보, 관계정상화를 하는 것이 골자다. 보고서 작성에는 폴 울포위츠 국방부 부장관을 비롯한 11명이 참가했으며, 아미티지가 대표 집필했다. 아미티지 보고서는 '힘의 우위' 에 바탕을 둔 포괄적 해결방안으로, 협상과 봉쇄의 2단계 정책을 제시했다. 기저에는 클린턴 정부의 1994년 북미 기본합의가 불완전하며, 믿을 수 없는 북한에 대해 엄격한 상호주의로 고수해야 한다는 입장이 깔려 있다. 우선 북한에 대한 핵의혹 해소, 미사일 개발 금지, 재래식 무기감축 등을 조건으로 식량 지원, 국제금융기구 자금 지원 등 유인책을 제시한다. 그러나 외교적 노력이 실패했을 경우 북한 미사일 수출 선박의 요격을 비롯한 봉쇄정책을 실시하고, 선제공격까지 단행해야 한다고 제언했다.

▣ 2002년 제2차 핵위기

2001년 미국에 공화당과 부시 정권이 들어선 이후 북미 간 갈등은 본격화됐다. 미국이 핵사찰 실효성이 없다는 이유로 제네바 합의를 파기할 수 있다는 성명을 내자 북한도 '전력 손실을 보상하는 경수로 건설이 늦춰질 경우 기본합의를 파기하겠다' 고 엄포를 놓았다. 2002년 1월 미국의 부시 대통령이 연두교서에서 이라크와 이란, 북한을 '악의 축(axis of evil)' 국가로 규정한 이후 북미 간 관계가 계속 악화되었다.

2002년 10월 미국의 제임스 켈리 국무부 동아태 차관보를 비롯한 8명의 대표단이 방북한 후 북한은 핵개발 프로그램이 있음을 시인하였다. 북한은 미국이 제네바합의에 따른 경수로 건설 관련 이행사항을 지키지 않았다고 주장하고, 미국은 북한이 제네바합의를 위반하고 핵개발 프로그램을 가지고 있었다고 주장하였다. 이에 한국 일본 EU 등 한반도에너지개발기구(KEDO) 이사국들은 2002년 11월 집행이사회를 열어 북한에 대한 중유 제공을 12월분부터 잠정적으로 중단한다고 결정하였다. 그러자 북한은 2002년 12월 미국의 제네바 기본합의에 따른 의무사항인 북한에 대한 중유 제공 중단에 맞서 핵시설 가동과 건설을 재개할 것이라고 밝혔다. 이후 북한은 1994년 북미 제네바합의 이후 폐쇄되었던 영변의 5MW 원자로, 폐연료봉, 방사화학실험실, 핵연료봉 공장 등의 감시카메라와 봉인을 제거하고 핵연료봉 1천여 개를 원자로로 이동하였다. 또한 12월 31일, 북미 제네바합의 이후 북한의 핵동결 상태를 감시해 온 IAEA(국제원자력기구) 사찰단을 추방했다. 2003년 1월 10일 북한은 핵확산금지조약(NPT) 탈퇴를 선언했으며, 3월에는 폐연료봉 재처리 작업을 미국 등에 통보했다. 이후 북한은 사실상 핵무기를 뜻하는 '핵억제력' 보유를 선언해 왔는데, 2003년 10월엔 영변의 5MW 원자로의 가동이 정상단계에 들어갔다고 보도하고, 8천여 대의 폐연료봉에 대한 재처리를 성과적으로 끝냈다고 주장했다. 2003년 11월 KEDO 집행이사회는 대북 경수로 건설공사를 12월 1일부터 1년간 잠정 중단키로 결정해, 현재 공사가 중단된 상태다. 2004년 1월 북한은 핵전문가와 미국 상원 외교위원회 전문위원 등으로 구성된 미국 대표단에게 영변 핵시설 방문을 허용했으며, 이들은 북한을 방문해 영변 핵시설 등을 둘러보고 북한의 김계관 외무성 부상과 회담하기도 했다. 한편 그동안 북한 핵문제의 평화적 해결방안을 논의하기 위해 2003년 4월엔 북 · 미 · 중 3자회담, 8월엔 남북한과 주변 4강(미국, 중국, 일본, 러시아)이 참여하는 6자회담이 개최되었으며, 현재 제4차 6자회담이 추진되고 있다.

▣ 21세기 한 · 일 파트너십 공동선언 및 행동계획

1998년 10월 일본을 방문한 한국의 김대중 대통령과 일본의 오부치 총리가 서명한 공동선언을 말한다. 한 · 일 양국 간 불행한 역사를 극복하고 미래지향적인 관계를 발전시키기 위해 양국 정상은 과거사 인식을 포함한 11개항의 "21세기의 새로운 한 · 일 파트너십 공동선언"을 발표했다. 여기서 일본은 95년 8월 15일 무라야마 도미이치(村山富市) 전 총리의 "전후 50주년 특별담화"를 기초로 과거 식민지 지배에 대해 '통절한 반성과 마음에서의 사죄'를 문서화했다. 공동선언문 부속문서로 • 정상회담 연 1회 이상 실시 • 대북정책 공조 • 민관투자촉진협의회 개최 • 청소년 교류 확대 등 5개 분야 43개 항목의 '행동계획(Action Plan)'을 채택했다. 또한 일본 수출입은행의 차관제공, 한국 내 일본 문화 개방, 한국 공과대학 학부 유학생의 일본 파견 등을 약속했다. 한국 정부는 이후부터 '천황' 표기를 공식 용어로 사용했다.

▣ 9.19 북경 공동성명

제4차 6자회담을 통해 도출된 결론으로 북한이 모든 핵무기와 현존 핵계획을 포기하고 핵확산금지조약(NPT)과 국제원자력기구(IAEA)에 복귀하는 대신 나머지 5개국은 경수로와 에너지 지원을 제공하고 북 · 미, 북 · 일 관계 정상화를 약속하는 내용을 담고 있다.

▣ 검사검역(SPS: 식품 동식물 검역규제협정, Sanitary and Phyto-sanitary Measures)

동 · 식물의 해충 또는 질병, 식품 · 음료 · 사료의 첨가제, 독소, 질병원인체 등에 의해 시행되는 조치를 말한다. SPS조치는 국민의 생명과 건강의 보호라는 공공정책 목표를 달성하기 위한 것이므로 GATT 체제 하에서도 일정한 조건 하에 허용되었다. 그러나 이러한 조치들이 타당한 기준에 근거하지 않고 임의적으로 제정 · 운영될 경우에는 부당하게 무역을 제한하는 보호주의적 수단으로 남용될 소지가 있었다. 실제로 GATT의 예외 조항을 원용하여 위생 및 검역 조치를 농산물의 수입을 제한하는 수단으로 사용하는 사례가 증가해 왔으며, 이를 방지하기 위하여 UR을 통해 '위생 및 검역조치에 관한 협정' 이 체결되게 되었다.

▣ 고농축우라늄(HEU, High Enriched Uranium)

고농축우라늄(HEU)은 핵연료나 핵무기로 사용하기 위해 천연 우라늄을 농축시킨 것을 말한다. 우라늄은 우라늄 235의 함량의 정의에 따라 감손우라늄(DU), 천연우라늄(NU), 저농축우라늄(LEU) 또는 고농축우라늄(HEU)으로 나뉜다. 우라늄은 천연에 존재하는 방사성원소의 하나로, 석탄처럼 땅속에 묻혀 있기 때문에 먼저 채굴 작업을 통하여 이를 캐내야 한다. 자연 속에 존재하는 천연우라늄은 원자핵분열을 할 수 있는 우라늄 235가 약 0.7%이며, 나머지는 핵분열하지 않는 우라늄 238로 구성되어 있다. 그러므로 우라늄을 원자력 발전소의 연료로 사용하려면 2-5%, 핵무기를 제조하기 위해서는 95% 이상 우라늄 235의 비율을 높여 주어야 하는데, 이러한 작업을 '농축' 이라고 한다. 따라서 "고농축우라늄(HEU) 프로그램을 가지고 있다"라는 것은 핵무기로 사용하기 위해 천연우라늄을 농축시켰다는 의미를 지닌다.

▣ 구보타 망언

1953년 10월 6일부터 재개된 한 · 일회담 제3차 회담에서 일본 측 수석대표 구보타 간이치로(久保田貫一郎)가 "일본의 36년간의 한국 통치는 한국인에게 유익했다"고 망언한 사건을 말한다. 이후 10월 21일 회담은 결렬되었고, 한 · 일회담은 오랫동안 중단되었다.

▣ 국제수지(BOP, Balance of Payments)

일정 기간 동안 한 나라의 거주자와 비거주자 사이에 발생한 상품 · 서비스, 자본 등의 모든 경제적 거래에 따른 수입과 지급의 차이를 국제수지라 하며 이를 체계적으로 분류 정리한 것이 국제수지표이다. 국제수지는 경상수지, 자본수지, 준비자산증감 등 몇 가지 항목으로 이루어져 있는데, 경상수지는 다시 1) 상품 수출입의 결과인 상품수지 2) 운수, 여행 등 서비스 거래의 결과인 서비스 수지 3) 노동과 자본의 이용대가(즉 임금 및 이자)의 결과인 소득수지 4) 아무런 대가 없이 제공되는 무상원조, 교포송금 등의 결과인 경상 이전수지로 나누어진다. 자본수지는 거주자의 대외자본거래 결과로 발생하는데 이는 대내외 직 · 간접 투자 및 대출 · 차입을 포괄하는 투자수지와 특허권 등 무형 자산의 취득 · 처분, 이민에 따른 해외이주비 등을 포괄하는 기타 자본수지로 구성되어 있다.

▣ 국제원자력기구(國際原子力機構, IAEA, International Atomic Energy Agency)

설립연도: 1957년

목적: 원자력의 평화적 이용과 국제적인 공동관리

주요 활동: 핵안전환경보호기준 설치, 기술협력을 통해, 전력생산을 포함한 원자력의 실용적 응용 지원

가입국가: 회원국 133개국(2002)

본부 소재지: 오스트리아 빈

원자력의 평화적 이용을 위한 연구와 국제적인 공동관리를 위하여 설립된 국제연합기구를 말한다. 원자력이 세계평화 · 보건 · 번영에 기여하게 조정하고 실용적 응용을 지원하며 핵분열 물질이 군사적 목적에 이용되는 것을 방지한다. 또 핵 안전시설의 설치와 관리를 지원하고 안전기준을 마련하여 적용을 제시한다.

▣ 군사원조(軍事援助, military aid)

한 나라의 군비확장이나 전쟁수행을 돕기 위한 무기 · 물자 등 물질적 · 경제적 원

조를 말한다. 함선 · 항공기와 기타 군용자재 및 기술제공과 고문단 파견 등 그 나라의 군사력 강화를 위한 원조를 말하며 경제원조에 대비해서 쓰이는 경우가 많다. 군사원조 가운데 가장 전형적인 것은 미국의 MSA(상호안전보장법)에 의한 것을 들 수 있다. MSA법은 1950년의 6 · 25전쟁 발생 후 군사원조를 중심으로 하여 국제법규 및 원조기구를 조정 통일한 것으로 1951년 10월 10일에 제정되었다. 한국을 위시한 자유진영의 거의 모든 국가를 대상으로 하고 있으며 상호 방위원조 · 개발원조 · 기술원조 등도 포함되어 있다. 군사원조는 경제적 · 기술적 기반이 약한 국가의 군사력을 강화하고 국제관계의 안정에 크게 기여하고 있는 반면 분쟁의 확대 · 장기화의 요인이 될 수 있는 점도 부정할 수 없다.

▣ 규모의 경제(Economy of Scale)

규모가 클수록 경제적 효과가 상대적으로 커지는 것으로 장기적 생산에 있어서 모든 생산요소를 동일한 비율로 늘려갈 때, 생산요소의 증가율보다 산출량이 더 큰 비율로 증가하는 현상을 말한다.

▣ 기국주의(旗國主義)

선박이나 항공기는 국적을 가진 국가의 국기를 게양하도록 하고, 그 기국법(旗國法)에 따라 선박이나 항공기에 대한 관할권을 결정하는 원칙을 말한다. 기국주의는 법의 효력에 대한 속지주의(屬地主義)의 특수한 경우라고 할 수 있다. 국제조약이나 협약에 명시적으로 규정된 경우를 제외하고 선박은 한 국가의 국기만을 게양하고 항행하며, 공해에서는 그 국가의 배타적 관할권에 속한다. 두 국가 이상의 국기를 게양하고 항행하는 선박은 다른 국가에 대하여 그 어느 국적도 주장할 수 없으며 무국적선(無國籍船)으로 취급될 수 있다. 모든 국가는 자국기를 게양한 선박에 대하여 자국의 국내법에 따라 관할권을 행사하고 통제한다. 충돌 또는 그 밖의 항행사고에 관한 형사관할권은 그 선박의 기국이 가지며, 기국이 아닌 국가는 그 선박의 나포나 억류를 명령할 수 없다. 그러나 해적행위 · 노예거래 · 무허가방송에 종사하는 혐의가 있거나, 무국적선박을 공해에서 만난 군함은 임검(臨檢)할 수 있다.

▣ 관세장벽(Tariff Barriers)

고율의 관세를 수입품에 적용시켜 그 가격을 인상함으로써 같은 종류의 상품 또는 경합상품을 생산하는 국내 산업을 보호하는 조치를 말한다. 이 조치는 수입품에 대해 장벽과 같은 효과를 가진다는 점에서 관세장벽이라 한다. 관세장벽은 제1차 세계대전 후 세계적인 공황이 일어났을 때, 여러 후진국에서 악화되어 가는 국제수지를 극복하고 불경기로 허덕이는 국내 산업을 보호 · 유지하기 위하여 채택되었던 것인데, 이러한 조치는 선진국에서의 관세인상이라는 연쇄반응적인 대응 조치를 낳게 하여 관세전쟁이 되고 말았다. 제2차 세계대전 후, 각국은 관세장벽으로 야기되는 어려움을 재연하지 않기 위해 관세율 인하 조절을 도모하는 국제기구인 관세 및 무역에 관한 일반 협정(GATT)을 설정하여 무역의 자유화 증진을 위해 노력하였고, 특히 1994년 우루과이라운드(UR)협정 타결로 관세장벽은 거의 무너져 가고 있으며, 더욱이 1995년 세계무역기구(WTO)의 발족으로 시장 개방과 자유무역이 더욱 강도 높게 요구되고 있다.

▣ 관세쿼터(TRQ, Tariff rate Quotas)

TRQ란 정부가 허용한 일정 물량에 대해서만 저율 관세를 부과하고, 이를 초과하는 물량에 대해서는 높은 관세를 매기는 것이다. 저율관세할당물량, 관세율쿼터, 시장접근물량 등으로 불린다. 즉, 양허된 시장접근물량에 대해서는 낮은 관세를 부과하고, 이를 초과하는 물량에 대해서는 높은 관세를 부과할 수 있도록 일종의 이중관세제도이다. TRQ가 늘어나면 그만큼 저율의 관세가 부과된 수입농산물의 양이 늘어나는 것이기 때문에, 농산물 개방에 있어 TRQ 증량문제가 논란이 되고 있다.

▣ 기간통신사업자(Common Carrier)

회선 설비를 설치하고, 이를 이용하여 공공의 이익과 국가 산업에 미치는 영향, 역무의 안정적 제공의 필요성 등을 참작하여 전신 · 전화(시내, 시외, 국제) · 전기 통신 회선 임대, 주파수를 할당받아 제공하는 서비스 등의 전기 통신 역무를 제공하기 위해 정보통신부 장관의 허가를 받은 사업자를 말한다.

▣ 긴급수입제한조치(세이프가드, Safeguard)

수입이 급증해 국내의 경쟁업계에 중대한 손해를 입히거나 손해를 입힐 우려가 있다고 판단되는 경우에 발동할 수 있는 긴급수입제한조치이다. GATT는 원칙적으로 가맹국이 무역에 대한 제한을 가할 수 없다고 금지하고 있지만 세이프가드는 특례로서 19조로 정해져 있다.

▣ 김종필 · 오히라 메모

1962년 11월 12일 김종필(金鍾泌) 특사와 오히라 마사요시(大平正芳) 일본 외상과의 비밀회담에서 합의된 이른바 '김 · 오히라 메모'는 대일청구권과 평화선에 관한 한 · 일 간의 협의로서 이를 근거로 하여 65년 6월 22일 한 · 일 기본조약의 체결과 동시에 '재산과 청구권에 관한 문제 해결과 경제협력에 관한 협정'이 정식으로 조인되었다. 주요 내용은 재산청구권에 대해 일본이 무상(無償)으로 3억 달러를 10년간에 지불하고, 경제협력으로 정부 간의 차관 2억 달러를 연리 3.5 %, 7년 거치 20년 상환이라는 조건으로 10년간 제공하며, 민간 상업차관으로 1억 달러 이상을 제공하기로 하였다.

▣ 남북한교차승인(南北韓交叉承認)

한반도 통일문제 해결을 위한 잠정적 방안의 하나로 남 · 북한 정권을 상호 인정하는 방안이다. 크로스 승인이라고도 한다. 1969년 일본의 국제 정치학자 가미야 후지(神谷不二)가 처음 구상하였으며 1974년 미국 국무차관보 P.C. 하비브가 다시 주장하였다. 중국과 소련은 한국을, 미국과 일본은 북한을 상호 인정함으로써 한반도 긴장 완화를 도모하고자 한 방안이었다. 미국의 키신저는 1975년 9월 국제연합(UN) 연설에서 북한과 북한 동맹국이 남한과의 관계를 개선한다면 남한과 미국도 상응하겠다고 하였다. 또한 미국은 이와 함께 국제연합 동시 가입과 미국, 중국, 남한, 북한의 4자 회담을 제의하였다. 이에 북한은 남과 북 두 개의 조선을 고착화하여, 영원히 갈라놓으려는 미국의 책동이라고 강력히 반대하였다. 남한도 적극적인 의사 표시를 하지 않았다. 1988년 10월 당시 노태우 대통령이 국제연합에서 이 방안과 동일한 형태인 6자 협의회를 제안하여 남 · 북한 국제연합 동시 가입을 추진하였다. 그러나 북한은 계속 남 · 북한 단일 국호 가입을 주장하다 결국 1991년 9월 한국과 함께 회원국이 되었다. 이는 1980년대 들어와 냉전 상태가 무너지고 한국의 적극적인 북방정책으로 인하여 1990년 소련, 1992년 중국과 수교하는 등 북한 동맹국들과의 관계가 개선되었기 때문이라 하겠다. 반면 북한은 1992년 미국 고위급 외교관과 접촉, 한국전쟁 참전 미군 유해 송환 등의 교섭을 시작하였고 1993년에는 핵사찰 문제 협상을 벌였다. 또한 일본과는 1991년부터 수교협상을 벌였으나 큰 성과를 거두지는 못하였다. 하지만 남북한 교차 승인의 일정 성과는 거두었다고 할 수 있겠다.

▣ 누진세(Progressive Tax)

과세 객체의 크기가 커질수록 단계적으로 세율이 높은 다른 세율을 적용함으로써 과세대상이 클수록 세율이 더욱 높아지는 조세를 말한다. 이것은 소득 재분배의 효과가 크다. 소득세, 상속세 등의 직접세가 이에 속한다.

▣ 내국민대우(National Treatment)

일반적으로 국가가 타국의 국민에 대하여 자국민과 차별 없이 동등하게 대우하는 일을 말한다. 이러한 대우를 규정하는 조약의 규정을 내국민대우 조항이라고 한다.

이것은 특정한 사항에 대한 내외국인의 차별대우를 배제하려는 것으로, 19세기의 자유무역주의를 반영하여 보통 통상항해조약에서 규정되었다. 일반 국제법에서는 국가가 그 영역 내에 있는 외국인의 법적 지위를 원칙적으로 자유롭게 결정할 수 있다는 점에 내국민대우 조항을 조약 속에 규정하는 의의와 필요가 있는 것이다. 어떠한 사항에 관하여 내국민대우를 부여할 것인가는 개개의 통상항해조약이나 기타 조약의 규정에 의하여 결정된다. 내국민대우는 주로 과세(課稅)·재판·계약·재산권, 법인에의 참가 기타 사업활동에 대하여 적용된다. 내국민대우는 최혜국대우에 비견되는 국제법상의 대원칙인데 최근에 와서는 통상교섭 상 그 한계가 문제시 되고 있다.

▣ 다자간투자협정(MAI, Multilateral Agreement on Investment)

다자간 투자협정은 국가 간 투자 자유화와 투자보호를 주된 내용으로 하는 국제협정을 말한다. 1995년 경제협력개발기구(OECD) 각료이사회에서 협상이 본격적으로 시작됐으며 미국이 이를 주도하고 있다. MAI는 제조업 직접투자뿐 아니라 금융에 대해서도 투자 자유화를 요구하고 있다. 주식거래의 자유화 등 금융시장이 전면 개방되는 효과를 가져오기 때문에 '제2의 우루과이라운드 협상'으로도 불린다. 회원국들은 MAI를 발효하기 위해 •투자제도의 자유화, •투자자에 대한 보호제도, •분쟁조절장치 등에 대해 포괄적인 협상을 전개하고 있다. OECD는 95년 각료이사회를 열고 MAI 협상을 97년 5월까지 완료한다는 방침을 세웠다. 하지만 회원국 간의 이견차이로 타결을 보지 못해 98년으로 완료 시기가 연기됐다. 2004년 현재까지 전 세계적인 환경노동단체를 포함한 NGO들의 반대로 타결이 유보된 상태이다.

▣ 덤핑(Dumping)

일반적으로 채산성을 무시한 저가격으로 상품을 투매하는 일을 말하나, 엄밀한 뜻으로는 두 시장 간의 가격차를 설정하는 것을 뜻한다. 덤핑의 주요 동기는 과잉상품의 처분, 조업도 유지, 국내 가격 유지, 특정시장의 확보 또는 개척, 제3자의 경쟁 배제, 타인 시장의 탈취, 독점 이윤의 확보 또는 증대 등을 들 수 있다.

▣ 덤핑방지관세(Anti-Dumping Duties)

덤핑방지관세 또는 부당염매관세라고도 한다. 어떤 국가가 특정 상품의 가격을 대폭 인하해 수출, 이를 수입한 국가의 산업이 큰 타격을 입을 경우 수입국 정부는 국내 산업을 보호할 목적으로 그 품목의 관세율을 인상한다.

▣ 도쿄라운드(Tokyo Round)

1973-1979년까지 개최된 GATT의 7번째 다자간 교역협상을 말한다. 신국제라운드라고도 한다. 도쿄라운드에서는 과거의 다자간 협상과는 달리 관세 이외 비관세장벽의 자유화도 다루어졌으며, 그 결과 공산품의 관세율을 1987년까지 평균 33% 낮추기로 합의했고 반덤핑 · 상계관세 · 기술장벽과 같은 비관세 분야에서 협정을 체결하는 성과를 거두었다. 일반적으로 선진국들은 이 협정에 서명하는 경우가 많았으나 개발도상국들은 도쿄선언에서 제창한 개발도상국의 추가적 이익 우선확보의 정신이 충분히 살려지지 않았고, 산업조정이 미흡하며, 잔존 수입제한에 대한 배려가 없다는 점을 들어 서명을 보류한 나라들이 많았다.

▣ 동아시아 경제위기

비교적 짧은 시간에 급성장한 동아시아 신진공업국가들이 겪은 일련의 경제 침체. 1997년 7월 태국을 필두로 필리핀, 인도네시아, 한국 등의 거의 대부분의 동아시아 국가들을 국내외적 경제 침체로 몰고 간 사태를 말한다. 이에 따라 한국은 1997년 IMF 구제금융의 지원을 통한 강도 높은 구조조정을 경험했다.

▣ 동아시아경제협의회(EAEC, East Asia Economic Caucus)

동아시아경제협의체. EC 통합과 북미자유무역협정추진 등 세계경제의 블록화 추세에 대응해 동아시아 지역도 뭉치자는 구상으로서 1992년 말 말레이시아의 마하티르 총리가 제창했다. 취지는 역내(域內)무역, 투자에 있어 정책협조를 꾀하자는 것이다.

▣ 동아시아전략구상(EASI, East Asia Strategic Initiative)

1989년 7월 미 의회에서 통과된 '넌워너 수정안' 의 이행을 위해 마련된 계획으로 1990년 4월 '동아시아 전략구상 EASI' 란 이름으로 발표되었다. EASI에 따라 미국은 앞으로 10년간 3단계에 걸쳐 한국, 일본 그리고 필리핀에 주둔하고 있는 미 지상군과 공군병력 일부를 감축한다는 것이었다. 주한 미군의 감축과 관련해서는, 제1단계(1990-1993)는 유엔사령부 체제를 그대로 유지하면서, 미 제2사단의 장비 현대화를 추진하고 육군 5,000명과 공군 2,000명을 합한 7,000명의 비전투용원을 감축하며, 제2단계(1994-1995)는 제1단계 말에 북한의 군사적 위협과 한국군의 전력증강에 대한 성과를 재평가하며, 제3단계(1996-)는 이전의 단계들이 계획대로 추진되어 한국군 주도의 방위능력이 확보될 경우, 동북아시아 정세를 종합적으로 분석하여 추가 감축 규모를 군비축소와 연계하여 억제목적의 소규모의 미군만 잔류시키고, '한 · 미연합사령부' 의 해체도 검토한다는 내용을 담고 있었다. 또한 한국의 방위비 분담비용의 증대도 포함되어 있었다. EASI계획에 따라 1990년에서 1992년까지의 제1단계에서 지시한 대로 1990년 당시 44,400명이던 주한 미군은 1992년 말까지 6,987명이 철수하여 37,413명으로 감소하였다. 이와 함께 한국 방위에서 한국군이 주도적 역할을 하고 주한 미군은 지원적 역할을 하는 소위 '한국 방위의 한국화' 조치도 추진되었다. 한 · 미연합사 예하의 지상구성군사령관이 한국군 장성으로 보임되고, 한 · 미 야전사가 해체되었으며, UNC 군사정전위 수석대표를 한국군 장성으로 임명되었고, 판문점 공동경비구역(JSA)에 대한 한국군 경비책임이 증대되었다. 그러나 2단계 이후 주한 미군 철수계획은 북한의 핵개발 의혹으로 인해 보류되었으며, 한국군의 평시 작전통제권 환수 이후 전시 작전통제권에 대한 정책방향이나 CFC의 장래 문제 등에 대한 후속적인 논의도 이루어지지 않게 되었다.

▣ 동아시아전략보고(EASR, East Asian Strategy Reports)

1994년 클린턴 정부는 '개입과 확대' 전략에 따라 동아시아 전략을 재검토하기 시작했고, 그 결과 1995년 2월에 발표된 것이 "동아시아 전략 보고 EASR"이다. 이것은 아태지역에서 '개입과 확대' 전략의 목표를 달성하기 위해서는 기존의 쌍무동맹과 다자협의 병행추진, 동아시아 주둔 미군의 현상유지와 우방국들의 방위비 분담 강화, 동북아 안정을 해치는 주된 요인인 중국의 패권추구 견제와 북핵문제의 해결 등이 필요함을 지적하고 있다. 이것은 동아시아 전략구상 EASI를 부분적으로 재조정하여 동아시아 태평양 지역에 대한 미국의 개입을 더욱 명확히 한 계획으로 평가할 수 있다. 미국은 '동아시아 전략보고'를 통해 주한 미군을 현 수준으로 동결할 방침임을 분명하게 했고, 북한에 대한 압력수단이 될 수 있는 팀스피리트 훈련의 지속 여부에 대해서는 불명확한 채로 남겨두었다.

▣ 대량살상무기 확산방지구상(PSI, Proliferation Security Initiative)

대량살상무기 확산방지구상(PSI)은 2003년 6월 미국 부시 대통령이 제안하여 미국 주도로 추진되고 있는 것으로, 테러와의 전쟁을 위해 불법 무기나 미사일 기술을 실은 항공기나 선박을 압수 · 수색할 수 있도록 하자는 것이다. 대량살상무기(WMD: Weapons of Mass Destruction)는 핵이나 미사일 · 생화학무기 등 많은 사람을 희생시킬 수 있는 전략무기를 일컫는 말. 대량살상무기 확산방지구상(PSI)은 미국과 다른 국가들이 불법무기나 미사일 기술 등을 운반하는 의심스러운 비행기와 선박 등을 수색할 수 있도록 허용하는 내용을 담고 있다. 그러나 PSI는 국제법상의 '공해 통항의 자유'를 위협하는 초법적인 구상이기 때문에 반대의 목소리도 높다.

▣ 대화퇴어장

1998년 9월 25일 도쿄에서 타결된 한국과 일본의 어업협정. 일본의 일방적인 협정 파기로 외교적인 갈등을 빚었던 한 · 일 어업협정의 최대 걸림돌은 동쪽 한계선으로 오징어잡이로 유명한 대화퇴어장을 어느 정도 확보하느냐가 관심사였다. 도쿄 135도선을 고집하던 일본과 오징어 어장을 뺏기지 않으려는 한국 측의 136도 주장이 맞섰지만 결국 중간선인 135.5도선으로 절충했다.

▣ 마드리드협정

상표의 국제등록에 관한 협정으로 1891년 4월 에스파냐의 마드리드에서 채택되었다. 한 가맹국에 상표등록이 되면 나머지 가맹국에서도 동일한 효력을 갖도록 한 특별협정으로, 1883년 산업재산권의 통일적 국제보호를 위해 체결된 파리협약(Paris convention)에 근거한다. 1989년에 문제점을 보완하여 마드리드의정서(Madrid protocol)를 채택하였다. 협정과 의정서를 합쳐 보통 마드리드시스템(Madrid system)이라고 한다. 이 시스템은 공통언어로 작성된 한 건의 국제출원만으로 여러 나라에 걸쳐 상표를 보호받을 수 있는 제도이다. 협정과 의정서 중 어느 한쪽이라도 가입한 국가는 70여 개국에 이르며, 한국은 2003년 1월 20일에 마드리드의정서에 가입하였다.

▣ 무역장벽(Trade Barrier)

외국과의 경쟁에서 자국 상품을 보호하고 교역조건을 유리하게 하며 고용을 증대하고 국제수지를 개선하기 위하여 각국 정부는 여러 가지 법적 · 제도적 조치를 취한다. 보편적인 조치로서 관세 · 할당제 · 환제한 등이 있다. 한 나라가 무역장벽을 높이면 상대국도 이에 대응, 보복책으로 장벽을 높이게 된다. 무역장벽은 보호되는 상품의 국내 가격을 올리고 무역량을 감소시켜 세계자원의 배분효율을 감소시키고 세계 총소득과 총생산 수준을 지하시킨다. 이에 1947년 GATT(General Agreement on Tariffs and Trade: 관세 및 무역에 관한 일반협정)가 발족, 무역에 있어서의 자유 · 무차별원칙을 추구해 왔으며, 이것은 94년 GATT 각료들이 서명한 우루과이라운드(Uruguay Round)에 이어짐으로써 무역장벽은 그 높이를 낮추게 되었다.

▣ 문화산업

산업을 문화의 측면에서 받아들이려는 주장이다. 종래에는 콜린 클라크의 제1차, 제2차, 제3차 산업이라는 식의 산업분류 방법이 실시되어 생산 측면으로부터 받아들여지는 방식이었다. 그러나 경제가 고도화하고 '탈공업화' '3차산업화' '서비스경제화' 가 진행됨에 따라 소비 측면으로부터 산업을 받아들이는 일 혹은 최종 수요산업에서부터 접근하는 것이 필요하다는 주장이 나왔다. 최종 수요산업 가운데 생활의 기쁨이나 삶의 보람의 추구 등 정서적 만족을 창조하는 상품과 서비스를 파는 산업을 문화산업이라 이름 짓고 산업 속에서 이러한 것들이 성장하는 것을 문화산업화라 부른다.

▣ 미국 국제무역위원회(ITC, International Trade Commission)

미국 국제무역위원회(ITC)는 대외무역이 국내의 생산, 고용, 소비에 미치는 영향에 관한 모든 요인을 조사하는 미국의 대통령 직속의 준사법적 독립기관으로, 미국 통상대표부(USTR)와 함께 국제통상문제를 담당하는 중요한 기구이다. 1916년에 설치된 미국의 관세위원회가 1974년 통상법 성립과 함께 미국 국제무역위원회로 개칭되고 권한도 강화되었다. ITC는 대통령이 임명한 임기 9년의 위원 6명과 430여 명의 조사인력으로 구성된다. ITC는 수입으로 인한 국내 산업 피해의 조사와 판정을 내리고 나아가 통상법상 '불공정 수입의 금지' 의 절차에 따른 구제조치에 있어서도 중심적인 역할을 수행하는 규제위원회이다. 즉 ITC는 수입급증으로 인한 국내 산업 피해 여부의 조사와 판정 그리고 이에 따른 관세인상 등의 피해구제조치를 대통령에게 권고하며, 무역과 관세에 관한 연구 및 수입 수준에 대한 감시 등의 업무를 수행한다. 한편 ITC로부터의 권고가 있을 경우 대통령은 권고를 받은 날로부터 60일 이내에 모종의 결정을 내리도록 의무화되어 있다. ITC 요구에 따라 대통령이 취할 수 있는 수입제한조치로서는 관세율 인상, 수입할당제 적용, 관세할당제 적용, 과징금 부과, 수입허가서 발급정지, 수출자율규제 체결, 시장질서협정 체결, 산업조정 지원 등을 들 수 있다. 대통령은 당해 품목에 대해 최장 5년까지 일시적인 수입제한조치를 취할 수 있다.

▣ 미소마진(De Minimis: 허용 가능 최소 마진)

관세에서의 미소마진이란 수출시 판매가격과 매출원가와의 차액, 즉 매출 총이익이 극히 적은 경우를 말한다. 미국이나 유럽의 상계관세 적용기준은 전체 마진율 1% 이상으로 잡고 있다. 국제통상에서 미소마진은 덤핑판정을 받은 상품이 3년 이상 덤핑마진이 거의 없었다는 판정을 받는 것을 말한다.

▣ 미 통상법 201조(긴급수입제한조치)

통상법 201조란 '긴급수입제한조치(Safeguard, 세이프가드)'에 해당하는 미국 통상법 201조-204조를 말한다. 긴급수입제한조치(Safeguard)란 특정 품목의 수입으로 국내 업체에 심각한 피해가 발생하거나 발생 우려가 있을 경우 수입국이 관세인상이나 수입량 제한 등을 통해 수입품에 대한 규제를 할 수 있는 제도이다. 통상법 201조는 대통령직속기구인 '국제무역위원회(ITC: International Trade Commission)'가 자국산업이 심각한 피해를 보고 있다고 판단될 경우 물량규제를 포함한 광범위한 수입 제재조치를 취할 수 있도록 하고 있다. 이에 따르면 공정한 거래라도 "미국 내 산업에 심각한 피해를 주었을 경우" 긴급관세를 매기고, 특정 품목의 수입을 제한할 수 있다. 국제무역위원회(ITC)는 업계 및 미국 무역대표부(USTR)의 요청, ITC 직권, 의회의 요구 시 산업피해에 대한 조사를 개시하고, 120일 이내(30일 연장 가능)에 산업피해 판정을 내리며, 대통령에 대한 구제조치를 건의하게 된다. 대통령은 ITC의 구제조치 건의 후 60일 이내에 구제조치를 결정하게 되는데, 대통령이 취할 수 있는 수입제한조치로는 관세율 인상, 수입할당제 적용, 관세할당제 적용, 과징금 부과, 수입허가서 발급정지, 수출자율규제협정 체결, 시장질서협정 체결, 산업조정 지원 등이 있다. 대통령은 당해 품목에 대해 최장 5년까지 일시적인 수입제한조치를 취할 수 있다. 통상법

201조는 수입 급증에 대응해 자국 산업의 구조조정 기간을 확보하기 위해 발동하는 수입규제방식으로, 주로 미국의 사양산업인 섬유, 신발, 철강 등의 보호수단으로 활용돼 왔다.

▣ 미 통상법 301조(무역법 301조, Section 301 of the 1974 trade act)

미국의 통상법 301조는 1974년에 제정한 미국 종합무역법안으로, 이 법안에서는 외국의 불공정무역관행에 대한 보복을 규정하고 있다. 미국의 통상법은 단일통상법 체계가 아니라 대외통상과 관련된 일련의 법들로 구성되어 있는데, 이 중 「통상법 301조」는 1974년 제정된 통상법(Trade Act) 제301조-309조까지를 포괄적으로 지칭하는 것이다.

■ 미국의 1974년 통상법

1974년 제정된 미국의 통상법(Trade Act of 1974)은 보호무역주의 경향이 포함된 통상법으로, 1960년대 후반부터 1970년대 초에 걸쳐 세계시장에서 경쟁이 격화되고 미국의 무역수지 적자가 확대됨에 따라 제정되었다. 이 법은 수입으로 인한 피해구제, 공산국가에 대한 최혜국지위 정지 그리고 무역수지조정을 위한 추징금의 부과 또는 이를 대체할 수입할당제의 실시조치 등의 보호무역적인 요소를 포함하고 있었다. 그러나 전체적으로는 대통령에게 전례 없는 권한을 위임하는 자유무역 지향적 법이었다. 그러나 1980년대 들어서면서 미국의 무역의존도가 심화되고 무역적자가 빠르게 증가하자 1984년 제정된 「통상 및 관세법(Trade and Tariff Act of 1984)」, 1988년 제정된 「종합무역법(Omnibus Trade and Competitiveness Act of 1988)」 등에 의해 1974년의 통상법은 보호무역 색채가 강화되는 방향으로 개정되었다. 특히 1988년의 종합무역법에 의해 통상법 301조가 강화되고 수퍼 301조와 스페셜 301조가 신설되었다.

■ 통상법 301조

현재 통상법 301조는 크게 △ 통상법 제301조-309조를 통칭하는 「일반 301조(Regular 301조)」 △ 미국 대통령이 행정명령 형태로 만든 보다 강도 높은 「제310조(수퍼 301조)」 △ 지적재산권 보호를 위한 특별 규정인 「제182조(스페셜 301조)」 등으로 나누어진다. 일반적으로 「통상법 301조」라 하면 「일반 301조(Regular 301조)」를 말한다. 즉, 1974년 제정된 통상법(Trade Act) 제301조-309조까지를 포괄적으로 지칭하는 것으로, 외국의 불공정한 무역관행을 철폐하여 미국 기업의 해외시장 진출을 지원하기 위해 도입된 것이다. 반덤핑관세 및 상계관세가 외국의 불공적 통상관행에 대한 구제책인 데 비해, 통상법 301조는 외국의 불공정통상관행을 시정하여 미국 제품의 수출을 촉진시키기 위해 제정된 것으로, 강력한 보복적 통상규제수단을 규정하고 있다. 1974년에 제정된 통상법 301조(original 301조)는 1988년 종합무역법(The Omnibus Trade and Competitiveness Act)에 의해서 강화되었으며, 이때 301조 발동과 관련된 권한이 대통령으로부터 미국 무역대표부(USTR)로 이전되었다. 또 개정된 301조는 미국 무역대표부가 301조 저촉 여부에 대한 판단 및 보복조치 결정권을 갖고 시행하도록 규정하고 있다. 301조 발동 요건에 대하여 살펴보면 USTR에 의해서 불공정하다고 판단되는 기준은 그 보복조치의 강제성에 의해 다음과 같이 구분될 수 있다. 먼저, '의무적 조치'는 • 무역협정에 의해서 보장된 미국의 권리가 거부될 때 • 해당 외국의 행위, 정책, 법률 또는 관행이 무역협정의 조항에 위배되거나 불일치될 때 • 무역협정에 의해서 누릴 미국의 혜택이 거부당했을 때 정당화될 수 없는 것으로서 미국의 통상에 부담이 되거나 이를 제한할 때 발동되며 이 경우 USTR은 의무적으로 보복조치를 취해야 한다. 다음으로 '재량적 조치'는 불합리하거나 차별적인 경우에는 USTR이 재량권을 가지고 보복조치 시행 여부를 결정하는 것이다.

■ 수퍼 301조와 스페셜 301조

1988년 개정된 종합무역법에 의해 신설된 통상법 310조를 일반적으로 「수퍼 301

조(Super 301조)」라고 지칭하고, 지적재산권에 대한 보호 및 시장 접근 불량국에 대한 지정절차 등을 규정한 제182조를 「스페셜 301조(special 301조)」로 지칭하고 있다.

▣ 민감 품목

국제통상협상 시 협상 타결 후 피해를 입을 국내 산업 중 특별히 보호가치가 중요한 산업에 대한 일종의 보호 조치로서 협상에서 민감 품목으로 지정하고 이 품목에 대해서는 협상하지 않거나 점진적으로 보호를 철폐하는 것을 원칙으로 하는 것을 말한다. 예를 들어 한 · 미 FTA에서의 민감 품목을 살펴보면 미국은 섬유나 직물이 민감 품목이며, 한국은 쌀이 대표적인 민감 품목이다.

▣ 맥아더 라인(MacArthur Line)

1945년 9월 미국 극동군 사령관 D. 맥아더가 일본 주변에 선포한 해역선(海域線)을 말한다. 이 선부터 근해어업은 일체 금지되었으며, 이 선은 1946년 6월과 1949년 9월 두 차례에 걸쳐 확대되었다. 1946년 8월 남빙양포경(南氷洋捕鯨)이, 1950년 5월 남양의 모선식 참치어업이 이 선을 넘어 조업할 수 있도록 특별히 허가되었다. 맥아더 라인은 1952년 4월 샌프란시스코조약 발효와 더불어 소멸되었다.

▣ 반덤핑관세(Anti Dumping Tariff)

정상적인 가격보다 부당하게 저렴한 가격으로 수입되는 물품으로 인해 국내 산업이 피해를 입거나 입을 우려가 있을 경우, 이를 방지하고 공정한 거래를 확보하기 위해 관세율에 추가되어 수입품에 부과하는 특별관세를 말한다.

▣ 벼랑끝전술(brinkmanship)

외교협상의 용어로 (위기 상황을 최대한으로 이용하는) 극한정책을 의미한다.

▣ 베른조약

「문학 및 미술 저작물 보호 만국동맹 창설에 관한 조약」을 말한다. 저작물을 국제적으로 보호할 것을 목적으로 하는 조약. 1886년 스위스의 수도 베른에서 체결되었다. 사무국은 베른에 있으며 전문, 본문 38개조와 부속서로 구성되어 있는데 그 내용은 • 가입국 국민 저작물보호에 있어서의 내국민 대우 • 특정절차 등을 이행하지 않고도 저작권이 발생하도록 하는 무방식주의 • 저작자 생존 기간과 사후 50년간 저작권보호 등을 골자로 하고 있다. 정부는 95년에 베른조약 가입을 앞두고 저작권법을 개정했으며 96년 4월 21일자로 세계지적재산권기구(WIPO) 사무총장에게 협약 가입서를 기탁했다. 우리나라는 베른조약 가입 여부와 관계없이 세계무역기구(WTO) 무역 관련 지재권에 관한 협정(TRIPs)에 따라 96년 7월부터 협약의 실체 규정을 준수해야 한다. 베른조약에는 95년 말 현재 1백 17개국이 가입했다.

▣ 부다페스트조약

인터넷을 이용한 모든 범죄행위에 대하여 상세한 규정을 두고, 이를 처벌하도록 한 최초의 국제조약이다. "부다페스트협정"이라고도 한다. 국제사회가 사이버범죄에 공동으로 대처하고 국가 간 공조를 긴밀히 하기 위한 핫라인 설치 등이 명시되어 있다. 2001년 11월 23일, 헝가리 부다페스트에서 열린 사이버범죄 국제회의에서 전 세계 30개국이 조약에 서명한 뒤 조약 참가국별로 비준절차를 거쳐 정식으로 발효되었다. 이 조약은 컴퓨터 시스템이나 데이터에 대한 불법 접속, 지적재산권 침해, 컴퓨터 바이러스 개발 및 유포, 아동 포르노그래피 배포 등을 범죄행위로 규정하고 조약 참가국들이 국내법으로 이를 금지하도록 의무화하는 한편, 컴퓨터 네트워크를 통한 사기, 돈세탁, 테러리즘 모의 또는 준비 등의 행위도 사이버범죄로 규정했다. 2004년 현재 45개 국가가 가입했다.

▣ 북미 미사일회담

북미 미사일회담은 1996년 이래 2001년 현재까지 6회에 걸쳐 이루어졌다. 1996년, 1997년, 1998년, 1999년 미사일 회담에서 미국은 북한에 대해 시리아 이란 등 중동지역 국가들에 대한 미사일의 기술, 부품 또는 완제품의 수출을 중지하고 조속한 시일 내에 미사일수출통제 체제(MTCR) 가입을 촉구해 왔다. 이에 대해 북측은 미사일 수출 중지조건으로 •미국의 대북(對北)제재 추가완화 •테러국가 리스트에서 북한 제외 •미사일 수출 중지에 상응하는 금전적 보상 등을 요구해 왔다. 이러한 상황에서 1999년 9월 12일 베를린에서 열린 고위급회담에서 미국과 북한은 미사일 발사유예와 경제제재를 맞바꾸는 타협안에 최종 합의했으며 1999년 3월 이후 중단된 미사일회담을 재개한다는 데 합의했다. 이후 제5차 북 · 미 미사일 회담에서 북한은 미사일 부품, 기술의 수출을 중단하는 대가로 미국에 10억 달러(약 1조 1천억 원)를 요구했지만 미국은 이를 거부하여 회담은 결렬되었다. 제6차 미사일 회담에서는 북한의 위성을 대리 발사해 주는 문제에 원칙적인 의견접근을 본 것으로 알려졌지만 당초 시도했던 '미사일 문제에 관한 일괄 타결' 은 완전한 합의를 도출하지는 못하였다. 일괄타결 방식이란 북한이 •장거리 미사일 연구 · 개발 및 시험발사 포기 •중 · 단거리 미사일 수출 중단 •배치된 중거리 미사일의 철수 등을 하면 미국이 •인공위성 대리 발사 •테러 지원국 해제 •대북 식량 및 금융 지원 등 조치를 해 준다는 것이다.

▣ 브라운 각서

한국 정부가 베트남전에 국군을 파병하면서 미국 측과 파병에 대한 보상 조치로 맺은 각서를 말한다. 1964년 본격적으로 월남전에 개입한 미국은 한국을 비롯한 우방국에 월남전 지원을 호소하였다. 이에 한국 정부는 1964년 9월 11일 의무 요원과 태권도 교관 요원을 파견하였다. 뒤이어 이 해 12월 28일 브라운 주한 미국대사가 박정희 대통령을 방문하여 한국군 증파를 요청하였다. 이에 1965년부터 전투부대를 파병하기 시작, 1973년 철군할 때까지 8년 5개월 동안 월남전에 참전한 인원은 32만여

명에 달한다. 당시 베트남전에 전투부대를 파병하면서 우리 정부가 미국 측과 파병에 대한 보상 조치로 맺은 것이 이른바 '브라운 각서' 이다. 총 14개 항으로 이루어진 이 각서의 주요 골자는 이렇다. ① 추가 파병에 따른 비용은 미국 정부가 부담한다. ② 한국군 육군 17개 사단과 해병대 1개 사단의 장비를 현대화한다. ③ 베트남 주둔 한국군을 위한 물자와 용역은 가급적 한국에서 조달한다. ④ 베트남에서 실시되는 각종 구호와 건설 등 제반 사업에 한국인 업자를 참여시킨다. ⑤ 미국은 한국에 추가로 AID 차관과 군사 원조를 제공하고, 베트남과 동남아시아로 수출 증대를 가능케 할 차관을 추가로 대여한다. ⑥ 한국이 탄약 생산을 늘리는 데 필요한 자재를 제공한다. 베트남전 파병은 경제적으로는 '브라운 각서' 와 '월남 특수' 를 통한 고용 증대와 경제 성장을 가져다주었다.

▣ 블레어하우스 협정

우루과이라운드 협상의 최대 쟁점 중의 하나. 미국과 EC가 1992년 11월 백악관 블레어하우스에 모여 우루과이라운드 농산물협정 초안 중 보조금 감축 등에 대한 수정을 합의한 것이다. 주요 내용은 ① 수출보조금 감축물량을 24%에서 21%로 낮추고 ② 국내 보조금에 대해 생산통제 하의 직접보조 허용 ③ 국내 보조금에 대한 농업보호지표(AMS) 산정 시 품목 간 감축 융통성 인정 ④ 유지작물의 경우 15% 휴정에 따르는 직접보조는 감축대상에서 제외 등이다. 프랑스는 이 합의내용이 1992년 5월 공동농업정책개혁안과 불일치한다는 이유로 수용을 거부한 바 있다. 재합의된 주요 내용은 ① 재고곡물을 우루과이라운드 협정이 발효되는 시점에서 수출보조금 삭감대상에서 제외 ② 수출보조금 삭감 기준연도를 당초 1986-1990년에서 1991-1992년으로 전환하는 것 등이다.

▣ 비관세장벽(Non-Tariff Barrier)

관세 이외의 방법으로 정부가 국산품과 외국품을 차별, 수입을 억제하려는 정책

일반. ① 무역을 직접적으로 제한하는 것(수량제한, 수입 허가제, 각종 수입과징금 및 외환할당 등) ② 간접적으로 무역제한효과를 갖는 것(보건위생규정 또는 내국세제도 등) 등 정부의 국내 산업 보호와 수출장려정책의 수단을 말한다.

▣ 비엔나조약

국제적으로 물품의 매매방식을 통일시키기 위한 국제협약이다. 물품매매에 관해서는 대개 자국의 법률과 관습을 적용해 무역거래에서 혼란이 초래되었는데, 이를 해결하기 위한 것으로 간략히 CCISG라고도 한다. 또한 조약에 채택된 곳이 비엔나이므로 비엔나협약, 또는 비엔나통일물품매매법협약이라고도 한다. 1964년 이탈리아 로마의 사업통일국제협회가 채택한 헤이그조약에 반발한 개발도상국들이 주도하고 국제연합의 국제상거래법위원회(UNCITRAL)가 초안을 만들었으며, 1980년 3월 비엔나에서 개최된 국제연합외교회의에서 만장일치로 채택되었다. 이후 1988년 1월 1일부로 발효되어 미국 · 프랑스 · 스웨덴 · 중국 · 독일 등 30여 개국이 비준하였다. 국제적인 상거래의 현실을 반영하는 포괄적인 법체제로 구성하였으며, 가능한 많은 국가의 가입을 위해 통일법의 적용대상을 국제매매로 한정하였다. 또한 매매계약 당사자들의 합의를 우선시하는 특징이 있다.

▣ 배타적 경제수역(排他的經濟水域, EEZ, Exclusive Economic Zone)

바다를 끼고 있는 나라에서 배타적으로 경제적 주권을 행사하겠다고 선포한 곳을 말한다. 1996년에 발효된 유엔해양법 협약은 연안국이 영해기선(영해가 시작되는 선)으로부터 200해리 범위 안에서 배타적 경제수역을 선포할 수 있도록 규정하고 있다. 이 수역 안에서는 수면으로부터 해저 하층토(대륙붕 포함)에 이르기까지 생물 및 무생물 자원의 개발과 이용, 해수와 해풍을 이용한 에너지 생산, 인공섬과 구조물 설치, 해양 조사, 해양환경 보호 등에 관한 연안국의 관할권이 인정된다. 어업자원에 대해서만 관할권이 인정되는 어업수역에 비해 포괄적인 경제주권이 인정되는 것으로, 다른 나라 배나 비행기가 지나가는 것을 막을 수 없다는 점만을 제외하고는 영해와 다름없는 권리가 미치는 곳이다. 일본이 독도에 대한 영유권을 주장하면서 독도를 포함하는 EEZ 선포를 강행하고 있는 것도 한국 어선의 일본 연해 조업을 차단하고 자신들의 EEZ를 넓히려는 데 목적이 있다. 사실상 한국과 일본 사이에는 거리가 400해리가 되는 곳이 없어 200해리 EEZ는 서로 중복될 수밖에 없다.

▣ 사회안전망(Social Safety Net)

사회안전망은 넓은 의미로 '노령, 질병, 실업, 산업재해, 빈곤 등 사회적 위험으로부터 모든 국민을 보호하기 위한 제도적 장치' 를 가리킨다. 즉, 국민연금, 의료보험, 실업보험 및 산재보험의 4대 사회보험과 사회부조를 포괄하는 말이다. 한편 경제협력개발기구(OECD) 국가 내에선 우리의 '사회보장' 에 해당하는 용어로 'Social Protection' 을 자주 사용한다. 이 용어는 사회보험과 사회부조를 포함하는 개념인 '사회보장(Social Security)' 에 '건강 및 사회서비스' 를 추가한 개념이다. 이는 우리나라에서 'Protection' 이 '보호' 로 번역되기 때문에 '생활보호' 정도로 받아들여지는 것과 달리 국제적으로는 훨씬 광범위한 의미를 지니고 있다. 한국은 크게 1 · 2 · 3차로 사회안전망을 구축하고 있다. 1차 안전망은 일반국민을 대상으로 하는 공적연금 의료보험 산재보험 고용보험 등 4대 사회보험으로 이뤄져 있다. 2차 안전망은 1차 안전망에 의하여 보호받지 못하는 저소득층을 위한 공공부조인 기초생활보장제도와 보완적 장치인 공공근로사업를 운용하고 있다. 마지막 3차 안전망으로는 재난을 당한 사람에게 최소한 생계와 건강을 지원해 주는 각종 긴급구호제도가 있다.

▣ 산업재산권

산업재산권은 산업영역에의 기여에 대한 보호를 본질로 하며, 문화영역에 대한 보호를 본질로 하는 저작권과 더불어 무체재산권을 이룬다. 산업재산권은 좁은 의미에서는 특허권, 실용신안권, 의장권, 상표권 및 서비스표권을 말하며, 넓은 의미에서는 노하우(know-how)권, 미등록주지상표권 등 산업 상 보호 가치가 있는 권리를 모두 포함하여 말한다. 보통은 좁은 의미로 사용된다. 산업재산권은 특허청에 등록을 함으로써 취득된다. 등록에는 선출원주의가 적용된다(특허법 제38조, 실용신안법 제8조, 의장법 제16조, 상표법 제9조). 그리고 등록을 한 나라에 한하여 보호되므로 각국에 따로 출원하여 권리화하여야 한다. 산업재산권은 창작자에게 일정 기간 독점적 · 배타적 권리를 부여하는 대신 그 기간이 지나면 누구나 이용할 수 있도록 하여 기술진보와 산업발전을 추구하려는 데에 그 의의가 있다. 각각의 산업재산권을 규율하기 위하여 특허법, 실용신안법, 의장법, 상표법이 제정 · 시행되고 있다.

▣ 상계가능보조금(Actionable Subsidy, Yellow Subsidy)

특정기업이나 산업을 지원대상으로 하는 특정성을 가지고 있으면서 상대방에 부정적 효과를 주는 보조금을 칭한다. 즉, 이 보조금 지급이 상대국의 국내 산업에 피해를 주거나, 관세양허 품목에 보조금을 지급함으로써 해당 제품의 경쟁력이 향상되어 타국의 혜택에 실질적인 침해를 주는 경우, 혹은 타 회원국의 이익에 '심각한 손상(serious prejudice)' 을 주는 경우 상계가능보조금에 해당되어 상대방 국가는 상계관세 부과나 WTO 제소 등의 조치를 취할 수 있다.

▣ 상계관세(Countervailing Duties)

수출국이 특정 수출산업에 대해 장려금이나 보조금을 지급해 수출상품의 가격경쟁력을 높일 경우 수입국이 그 수입상품에 대해 보조금액에 해당하는 만큼 부과하는 관세. 상쇄관세라고도 한다. 차별관세의 일종으로 상품을 수입할 때 수입가격이 현저히 낮으면 국내 산업이 타격을 받기 때문에 이를 상쇄시킬 목적으로 부과하는 것이다. 관세 및 무역에 관한 일반협정(GATT) 제6조와 세계무역기구(WTO)의 보조금 및 상계조치에 관한 협정은 상계관세 부과에 대한 내용을 담고 있으나 보조금 지급이 수입국의 기존 국내 산업에 피해를 입히거나 입힐 우려가 있는 경우에만 발동하도록 규정하고 있다. 상계관세는 판정이 내려진 후 관보게재일로부터 수입되는 물품을 공항 · 항만 등지에서 국내로 반입 시 세관에 직접 내야 물건을 들여올 수 있으며 예비 판정의 경우 예치금을 관세율에 따라 납부한 뒤 본 판정이 내려지면 금액을 조정한다.

▣ 상표권

상품을 생산, 제조, 가공 또는 판매하는 자가 자기의 상품을 다른 업자의 상품과 식별하고자 그 상품에 대해 사용 표시하는 기호나 문자, 도형 등을 상표라 하는데, 생산자 또는 상인이 그 상표를 특허청에 출원해 등록함으로써 부여받는 전용권을 상표권이라 한다. 전용 기간은 설정의 등록일로부터 10년이며, 기간 만료 후 10년씩 더 갱신할 수 있다. 상표의 경우 출원인이 연속해 3년 이상 사용하지 않거나 타인의 사용을 묵인하고, 원래의 용도와는 다르게 사용할 경우 타인이 특허청에 취소 심판을 청구해 타당성이 있으면 상표는 취소된다. 이는 타인의 상표선택권을 넓혀 주고, 상표의 유통질서를 확립한다는 취지에서 나온 것이다.

▣ 수입관세(Import Duties)

수입품에 대해 부과되는 관세를 말한다. 수입관세를 부과하는 목적은 재정수입을 획득하고, 미발달의 국내 산업을 보호 · 육성하며, 국내 산업을 외국 산업의 부당한 경쟁에서 방위하는 등이다. 특히 당초의 목적이 세입에 있을 때 수입관세라고 한다. 수입관세의 가장 전형적인 것은 국내에서 거의 또는 전연 산출되지 않는 수입품에 대하여 부과하는 것으로서 이를테면 한국, 유럽 국가들이 수입 커피 · 코코아 등에 부과하는 관세이다

▣ 수입선다변화 제도

수입선다변화 제도는 심각한 무역역조를 겪고 있는 특정국가로부터 수입을 제한

하는 제도. 즉 한국이 큰 폭의 무역적자를 내고 있는 국가와 수출입균형을 이루기 위한 제도이다. 해당국가로부터의 수입품 중 다른 나라에서도 수입이 가능한 품목을 지정. 이 품목에 대해서는 해당국으로부터의 수입을 규제하는 것이다. 이는 대외무역법 시행령 제25조 3, 4항의 규정에 근거한다. 전년 말을 기준으로 과거 5년간 무역역조 폭이 가장 큰 국가가 대상이 되나 실제로는 일본에 대해서만 적용하고 있다. 따라서 일본뿐 아니라 OECD로부터도 불공정무역행위라는 지적을 받고 있다. 지난 81년 924개 품목이 처음으로 지정된 이래 1996년 7월 현재 152개 품목만 규제를 받고 있다. 정부는 당초 93년 기준으로 258개였던 다변화 품목을 오는 98년까지 절반으로 줄일 계획이었으나 OECD가입 등 주변여건이 바뀌면서 99년 말까지 이 제도를 완전히 철폐하였다.

▣ 수입할당제(수입쿼터, Import Quota System)

정부가 수입비자유화 품목(IQ 품목)에 대해 상품의 수량 또는 가격을 기준하여 수입을 할당하는 제도를 말한다. 정부가 개입하는 잔존수입제한조치의 하나로서 수입쿼터제라고도 하며, IQ(import quota)제라고도 약칭한다. 이 제도는 국내 유치산업의 육성, 기존산업의 보호, 국제수지의 균형유지가 목적이다. 일국의 수입상품을 일정 기준에 따라 국가별 또는 수입업자별로 할당하여 일정 기간의 수입수량 또는 금액을 제한하는 것이다. 수출국과의 협정에 따라 수출국의 정부 또는 산업단체에 수출량의 업자 간 배분을 위임하는 협정할당, 수입국이 수입량을 일방적으로 결정하는 자주할당이 있다. 자주할당은 또 결정된 수입량을 상대국의 자유경쟁에 맡기는 총량할당과, 일정 시점의 실적을 기준으로 하여 비례적으로 할당하는 비례할당으로 구분되며, 비례할당이 보다 공평한 것으로 인정받고 있다. 이 IQ제는 세계공황시 프랑스가 1931년 처음 채택한 이후, 세계 각국에서 공황대책 또는 프랑스에 대한 대항조치로서 널리 채택하였다. 국제통화기금(IMF)이나 관세 및 무역에 관한 일반 협정(GATT)에서는 직접적 수입제한조치로 이어지는 수입할당제를 금지하는 규정을 각기 설정하고 있다.

한국의 경우 종래 품목별 수입허가제도 또는 IQ제에 의거해 운영되어 오던 수입제도를 1956년 이후 분기별 무역계획을 수립, 개별 수입허가를 필요로 하지 않는 품목에 대해서는 수입자동 품목으로 지정하여 일괄처리하는 수입자동승인제로 이행하였다.

▣ 스크린쿼터(Screen Quota)

스크린쿼터제도는 영화를 상영하는 극장에 대해 특정한 영화를 일정한 기준에 따라 의무적으로 상영하도록 하는 장치를 말한다. 일반적으로 외국 영화의 무차별 시장 잠식을 견제하며 자국 영화의 시장을 보호하기 위해 연간 상영일수의 일정 기준 이상을 의무적으로 상영하도록 하는 것으로 한국의 경우 영화진흥법 상의 '한국 영화 의무상영일수' 에 의해 제도화되어 있다. '한국 영화 의무상영제' 가 정확한 명칭이며 '스크린쿼터제' 는 관행적으로 부르고 있는 용어이다. 한국에서는 법적(영상진흥법)으로는 1966년 제2차 영화법 개정 당시 명문화되었으나 실제 시행은 1967년 1월 1일부터 이루어졌다.

▣ 실용신안권

실용신안권은 '자연법칙을 이용한 기술적 사상의 창작' 으로 물품의 형상구조, 조합을 대상으로 특허청에 출원해 등록함으로써 부여받는 배타적인 전용권이다. 특허보다는 기술고도성이 약간 떨어진다. 예를 들어 전화기 자체의 개발은 특허의 대상이 될 수 있으나 송화기와 수화기가 분리되어 있던 것을 일체로 편리하게 만든 형상이나 구조 등은 실용신안의 대상이 된다. 실용신안의 출원 및 심사, 심판절차는 특허와 거의 동일하며, 1996년부터는 '공고일로부터 10년' 에서 '출원일로부터 13년' 으로 변경돼 효력이 연장되었다.

▣ 샌프란시스코강화조약

제2차 세계대전의 종료를 위하여 연합국이 일본과 맺은 평화조약을 말한다. 1951

년 9월 8일 미국의 샌프란시스코에서 조인되고, 1952년 4월 28일 발효되었다. 미국은 1947년 7월부터 대일 강화를 위한 예비회담을 제의하였으나 회의방식에 대한 미국과 소련의 대립으로 실현되지 못하였다. 그 뒤 1950년 6 · 25전쟁을 계기로 미국을 중심으로 한 다수국 강화(분리강화)가 확정되었고, 1951년 9월 4일 조약 서명을 위한 회의(샌프란시스코강화회의)를 열었으며, 주최국 미국과 영국을 포함한 52개국 중 체코슬로바키아 · 소련 · 폴란드를 제외한 49개국이 이 조약에 서명하였다. 전문과 본문 27조로 되어 있다. 그중 중요한 것은 제3장의 안전 조항(5 · 6조)으로서 미 · 일 안전보장조약의 체결을 위해 복선을 깔아둔 것으로, 일본을 반공진영에 편입시키는 정치적 성격이 강한 것이었다. 영토와 배상을 포함한 경제문제에서는 상당히 엄격하였고, 국제연합 헌장과의 관계가 깊은 것이 특색이다. 일본은 이 밖에 자유중국 · 인도 · 미얀마 등과 평화조약을 체결하였고, 소련 · 체코슬로바키아 · 폴란드 등과는 국교회복을 위한 선언 · 협정의정서를 체결하였다.

▣ 약제비 적정화 방안

2006년 5월 보건복지부가 발표한 '건강보험 약제비 적정화 추진방안' 을 말한다. 이 방안은 효능을 인정받은 신약이라고 해서 모두 건강보험 적용대상으로 편입하지 않고 가격 대비 효과가 우수한 의약품만을 건강보험 적용대상으로 등재하는 이른바 '포지티브 리스트 제도' 를 도입하는 것을 뼈대로 하고 있다. 이전까지 한국은 건강보험의 적용을 받지 않는 의약품만 따로 나열하는 '네거티브 리스트(negative list)' 제도를 써왔지만 앞으로 이것을 포지티브 리스트 방식으로 바꾸겠다는 것이다. 보건복지부는 포지티브 리스트의 도입 시 약제비가 크게 줄어들어 국민건강보험료의 비용을 절감할 수 있다고 주장하였다.

▣ 양해각서(MOU, Memorandum of Understanding)

당사국 사이의 외교 교섭결과 서로 양해된 내용을 확인 · 기록하기 위해 정식계약

체결에 앞서 행하는 문서로 된 합의. 약칭은 MOU이다. 원래는 본 조약이나 정식계약의 체결에 앞서 국가 사이에 이루어지는 문서로 된 합의를 가리키지만, 지금은 좀 더 포괄적 의미로 쓰인다. 전자의 경우 당사국 사이의 외교 교섭결과에 따라 서로 양해된 사항을 확인 · 기록하거나, 본 조약 · 협정의 후속 조치를 목적으로 작성한다. 공식적으로는 법적 구속력을 갖지는 않지만, 조약과 같은 효력을 갖는다. 지금은 협정이나 조약과는 상관없는 내용을 담는 경우도 있다.

▣ 어업전관수역(漁業專管水域, fishery zone)

연안국이 배타적 어업권을 가지고 있는 수역을 말한다. 1982년 국제연합(UN) 해양법협약은 어업전관수역(배타적 경제수역)의 범위를 영해기선(領海基線)으로부터 200해리 이내에서 결정하도록 규정하고 있다(57조). 배타적 경제수역은 연안국의 경제적 이익과 국제사회의 이해가 기능적으로 결합된 제도로서 다양한 분야의 관할권과 공해(公海) 자유의 일부가 병존하는 영해와 공해의 중간적 법제도이다. 1958, 1960년의 제1 · 2차 제네바 UN 해양법회의에서는 영해의 폭원(幅員)으로서 12해리와 6해리를 주장하는 국가들이 대립하여 타협을 이루지 못했다. 1973년에 개최된 제3차 UN 해양법회의에서 모든 국가가 기선으로부터 12해리를 초과하지 않는 범위에서 영해의 폭을 설정할 권리를 갖는다고 규정하여 영해 12해리제도를 국제관습법으로서 인정하고 있다. 한국은 1965년 6월 22일 조인된 '대한민국과 일본국 간의 어업에 관한 협정' 제1조 1항의 규정에 의해, 대한민국이 어업에 관해 일본과의 외교관계에서 배타적 관할권을 행사하는 수역은 '대한민국의 연안의 기선을 기준으로부터 측정하여 12해리까지의 수역'이라고 설정하고 있다. 이러한 어업전관수역은 체약국이 타방 체약국에 대해 자국 연안의 수산자원을 배타적으로 관리하고 이용하기 위해 설정한 수역이다.

▣ 연안국주의

공해의 선박은 그 선박의 소속국, 즉 그 선박이 등록되고, 그 국기를 걸고 있는 나라만이 관할권을 갖는다는 기국주의에 반대되는 개념으로 연안국의 EEZ 내에서 발생하는 불법어로 등의 행위에 대한 처벌권은 그 선박의 소속국이 아닌 연안국이 갖는다는 원칙이다. 1982년 국제연합 해양법조약으로 제도화된 EEZ의 규정에서 "연안국은 이 수역 생물자원을 관리하기 위하여 제정된 법령의 준수를 확보하기 위해 외국어선에 승선 · 임검 · 나포(拿捕) · 소추(訴追) 등의 조치를 취할 수 있다"고 하여 연안국주의를 인정하고 있다.

▣ 연합토지관리계획(LPP, Land Partnership Plan)

주한 미군기지 통 · 폐합을 내용으로 하는 연합토지관리계획을 칭한다. 한국의 경제발전에 따른 도시 인구 증가와 전국적인 지역개발의 전개 그리고 주한 미군 환경문제가 중요한 사회 관심사로 대두되면서 주한 미군기지 및 훈련장과 관련한 민원이 급격히 증가하게 되었다. 미 측으로서도 산재한 기지를 조정, 통 · 폐합할 필요성이 있어, 주한 미군 측은 1999년 말 마련한 '연합토지관리계획'을 근거로 2001년 2월부터 미군 공여지 반환과 관련하여 한국 측(국방부 용산사업단)과 협상에 들어갔다. 그 결과 김동신 국방부장관과 토머스 슈워츠 주한 미군사령관은 2002년 3월 29일 국방부에서 전국 28개 미군기지 및 시설과 경기도내 3개 미군훈련장 등 총 4,114만평(총 공여지의 55.3%)을 2011년까지 단계적으로 한국 측에 반환하는 내용의 연합토지관리계획(LPP) 협정서에 서명, 최종 확정했다. 연합토지관리계획(LPP) 협정서는 2002년 10월 국회 비준을 받아 추진 중이며, 이후 2004년 7월 미군기지 반환 일정과 반환면적을 조정하여 일정을 앞당기고 반환면적을 더 늘렸다. 이에 따라 미군은 전국 34개 기지 1,218만 평과 3개 미군훈련장 3,949만 평 등 모두 5,167만 평(총 공여지의 64%)을 우리 측에 반환하기로 하였다. 또 의정부, 동두천, 파주, 춘천, 부산 등 5개 도시의 도심에 있는 미군기지는 2005년까지 조기 반환키로 하였다. 대신 한국이 미군에 추가 공여하는 부지는 362만 평이다. 여기에는 용산 미군기지 및 2사단 재배치를 위한 349만 평이 포함된다. 우리 측이 이전을 요구한 기지에 대한 대체시설 건설, 추가 공여 부지

매입비용 등은 우리 측이 부담하고, 미 측이 희망하는 기지에 대한 대체시설 건설비용 등에 대해서는 미 측이 부담하게 된다. 또한 LPP 협정은 미군기지 반환 이전에 한 · 미 양측이 종합적인 환경오염 실태조사를 실시하도록 규정하고 있으며, 조사결과 미군 측이 환경 오염원으로 입증되면 미 측이 전적으로 오염을 치유하게 된다. LPP 협정에 따라 주한 미군 재배치 계획이 완료될 경우 한국 측 공여지는 현재 7,320만 평의 34% 수준인 2,515만 평으로 줄고, 기지 수는 41개에서 17개로 축소된다.

▣ 영해기선(통상기선)

유엔해양법에 의하면, 영해는 영해의 폭을 정하는 기선으로부터 12해리의 선까지의 수역으로 한다. 영해기선은 영토 관할권 확정에 기본이 되는 기선으로서, 통상기선(normal baseline)과 직선기선(straight baseline)으로 구분된다. 통상 기선이란 우리나라 동해안과 같이 해안선의 굴곡이 심하지 않고 육지 부근에 섬이 존재하지 않는 경우에 썰물 때의 저조선을 말한다. 직선기선이란 우리나라 남해안이나 서해안과 같이 해안선의 굴곡이 심하고 육지 부근에 많은 섬이 산재해 있을 때, 육지의 돌출부 또는 맨 바깥의 섬들을 직선으로 연결한 것이다. 한국은 1978년 제정된 영해법에 의거 동, 남, 서해의 최외곽에 위치하는 육지 또는 섬의 끝점으로 동해안에 4점, 남해안에 9점, 서해안에 10점이 있다. 한국의 경우 동해안은 통상기선이 서 · 남해안은 직선기선이 영해법에 의해 채택되고 있다.

▣ 용산기지 이전

서울 용산구에 있는 총 80여만 평의 주한 미군기지를 칭한다. 광복 후 미 7사단 병력이 일본군의 병영을 접수해 지금의 주한 미군사령부로 발전했다. 서울 도심 한가운데를 차지하고 있는 용산 기지는 지역민원과 시민들과의 마찰 등으로 이전 논의가 지속적으로 제기되어 왔으며, 2004년 7월에 한 · 미 양국은 한 · 미연합사령부와 유엔군사령부를 포함한 미군기지를 모두 평택 · 오산으로 이전하기로 합의하였다.

▣ 유치산업(幼稚産業)

한 나라의 산업 중 장차 성장잠재력은 있지만 최초의 실험단계에서 벗어나지 못해 국제경쟁력을 갖추지 못했거나 금융적인 곤란을 받고 있는 미발달의 산업을 의미한다. 따라서 관세정책으로 그 산업에 대한 보호기간을 부여함으로써 이 유예 기간 동안 그 산업은 규모의 경제와 기술적 효율을 이룩할 수 있어, 생산비용이 저하되고 그 결과 외국의 산업 및 상품과의 경쟁력을 배양할 수 있다. 끝으로 유치산업의 보호가 성공되기 위해서는 다음 두 가지 조건이 충족되어야 한다. 첫째, 보호 기간이 시한부적이며 점진적으로 관세율을 낮춘다. 둘째, 유치산업의 업종선택이 매우 중요하여 장차 국제비교우위가 있을 업종을 택해야 한다.

▣ 유치산업보호론(幼稚産業保護論)

독일의 역사학파 F.리스트는 경제발전단계를 '제1단계 농업', '제2단계 개선된 농업, 상업의 증가, 공업의 발흥, 유치산업의 발생' '제3단계 공업의 발달' 등으로 나누었다. 제1단계에 있는 나라는 공업품을 선진국에서 싸게 수입하는 한편 과잉 농산물을 수출하므로 제3단계와 같이 자유무역이 유리하다. 그러나 제2단계에 있는 나라는 국내에 유치한 공업이 부흥하고 있어, 이 산업을 보호 · 육성하기 위해 보호무역주의가 필요하다고 하였다.

▣ 유엔 헌장 제7장

유엔 헌장 7장은 경제 제재는 물론 군사적 제재까지 가능케 하는 국제법적 근거를 제공하는 조항이다. 유엔 헌장 7장을 인용한다는 것은 곧 '제재'에 대한 국제 사회의 동의'를 의미한다. 유엔 헌장 7장은 '평화에 대한 위협, 평화의 파괴 및 침략행위에 관한 행동'을 규정하고 있다. 구체적인 대응 조치는 41조와 42조에 명시돼 있다. 유엔 헌장 제7장 41조에 따르면 안보리는 자체 결정을 집행하기 위해 병력의 사용을 수반하지 않는 어떤 조치를 취해야 할 것인지 결정할 수 있으며 유엔 회원국들에게 그런 조치를 적용하도록 요청할 수 있다. '조치' 로는 "경제관계 및 철도, 항해, 항공, 우편, 전신, 무선통신 기타의 운수통신수단의 전부 또는 일부의 중단과 외교관계의 단절을 포함할 수 있다"고 적시했다. 무력 사용을 제외한 모든 제재가 가능하다는 의미다. 42조는 41조에 따른 조치 이후 상황을 전제로 한다. '41조에 정한 조치로서는 불충분하다고 인정하고 판명될 때' 라는 전제를 달고 있다. 그러면서 "국제적 평화와 안전의 유지 또는 회복에 필요한 공군, 해군 또는 육군의 행동을 취할 수 있다. 이 행동은 국제연합가맹국의 공군, 해군 또는 육군에 의한 시위, 봉쇄 기타의 행동을 포함할 수 있다"고 명시했다. 안보리의 결의사항을 이행하기 위한 무력 사용이 국제법의 보호를 받도록 한 조항이다.

▣ 유엔해양법협약(UNCLOS, 1982 Convention on the Law of the Sea)

1982년 4월 해양에서의 기득권을 고수하려는 선진국과 인류 공동의 유산임을 주장하는 개도국 간의 논의결과로 탄생한 법이다. 이 협약이 발효된 것은 1994년 11월 16일이다. 1996년 1월말 현재 한국을 포함한 세계 85개국이 비준을 마쳐 포괄적인 해양헌장으로 기능하고 있으며 영해 · 접속수역 · 대륙붕 · 공해 · 심해저 등 해양의 모든 영역과 해양환경 · 해양과학조사 · 해양기술 이전 · 분쟁해결 등이 이 협약의 적용을 받는다. 이 협약은 국가관할수역에 관한 전통적인 국제해양법을 보완, 발전시켰는데, 12해리 영해제도와 200해리 배타적경제수역제도 등이 이 협약으로 보장된 해양국가의 권리이다. 이 밖에 공해상의 심해저 개발과 관련된 '국제해저기구' 를 설립, 심해저 자원개발 및 규제 · 해양환경보호 및 해양과학조사 분야 등의 기본 법규 확립 · 해양분쟁 해결을 위한 '국제해양재판소' 설립 등이 이 협약의 주요 내용이다.

▣ 이승만 라인

이승만 라인은 1952년 "대한민국 인접해양에 대한 대통령선언"으로 정부가 일방적으로 설정한 수역이며 일명 '평화선' 으로 불린다. 대개 한반도 주변수역 50~100해리 범위로 국제해양법협약에 새로 도입된 개념인 배타적경제수역(EEZ)의 외측 한계보다 안쪽에 위치해 있으며 독도를 라인 안쪽에 포함시키고 있다. 이승만 정부는 평화선을 국내법적으로 뒷받침하기 위해 53년 어업자원 보호법을 제정, 이 수역 내에서 외국 선박의 불법어로행위를 엄격히 단속해 왔다. 그러나 '65년 한 · 일어업협정으로 양측에 공동규제수역(평균 50해리)을 설정하고 자율적인 조업규제를 실시하면서 이 법의 대외적 시행이 유보됨에 따라 평화선 개념은 유명무실해졌다. 한 · 중 간에는 국교관계가 없어 중국이 평화선을 침범하는 사례가 거의 발생하지 않았기 때문에 평화선은 쓸모없는 개념으로 취급돼 왔다. 그러나 최근 중국 어선이 우리 근해에서 불법 조업하는 사례가 급증, 이의 규제가 필요해진 데다 EEZ 경제선 확정이 끝날 때까지 잠정적으로 관할권을 행사할 필요성에서 이 개념이 다시 주목받고 있다.

▣ 이행의무(Performance Requirement) 부과 금지

투자를 유치하고자 하는 국가는 외국인 투자의 유치를 통해 자국의 고용을 증진하고 수출을 촉진하며 기술발전을 자극하고 외환보유고를 증진키는 등 긍정적인 경제적 효과가 유발될 것을 기대한다. 이와 같은 효과를 극대화시키기 위해 정부가 직접 개입하여 외국인 투자기업의 허가나 허가에 특별한 조건을 붙이는 경우가 있다. 또한 투자유치국이 자국의 사회 · 문화적 가치 및 환경을 보호하거나 자국 유치산업을 보호하기 위한 방어적 목적으로도 외국인 투자기업에 대하여 일정한 조건을 부과하기도 한다. 이처럼 의도된 경제적 효과를 유발하거나 자국 산업을 보호하기 위하여 일정 수의 내국민 고용의무, 일정량 수출의무, 기술이전 의무, 일정량의 자국산 물품 사용의무, 일정 비율의 자국민과의 합작의무 등 외국인 투자기업의 진출 시 허가 혹은 진입요건으로 외국인 투자기업의 경영 및 영업활동에 대해 부과하는 각종의 의무를 이행요건이라고 한다.

■ **인계철선**(引繼鐵線, trip wire)

원래는 폭발물에 연결되어 건드리면 폭발하게 하는 가는 철선을 말하지만, 주한 미군의 역할과 관련된 군사용어로도 사용된다. 곧 한반도에서 위기 상황이 발생할 경우 주한 미군이 자동개입함으로써 인계철선의 역할을 한다는 것이다. 미국이 자동개입을 유도하는 인계철선 역할을 담당한다는 것으로, 미국 국방성에서 이러한 자동개입을 가리켜 군사적으로 인계철선이라고 규정하면서 널리 쓰이기 시작하였다. 그러나 전쟁이 일어난 이후의 대처보다는 북한의 남침야욕을 저지함으로써 전쟁을 억제하려는 데 목적이 있다. 이러한 자동개입의 개념은 1953년 7월 휴전협정 이후 한 · 미 간에 지속되어 온 평상시의 작전계획이다. 그러나 2003년 3월 18일 미국은 인계철선 역할을 하는 미국 제2사단을 한강 이남으로 이동한다고 밝히면서 '인계철선이라는 말은 불공정한 말이며, 그 속뜻은 미국인이 먼저 피를 흘리지 않으면 한국을 방어할 수 없다는 것' 이라며 인계철선이라는 용어를 더 이상 사용하지 않기 바란다고 밝혔다. 이로 인해 국내에서도 이 인계철선 용어의 사용 여부에 대한 논란이 끊이지 않았고, 국방부에서도 같은 해 4월 현재 전후방이 따로 없는 현대전에서 인계철선 개념은 의미가 없다는 입장을 취하고 있으나 여전히 논란이 계속되고 있다.

■ **외국인직접투자**(FDI, Foreign Direct Investment)

외국인 직접투자란 외국인이 단순히 자산을 국내에서 운용하는 것이 아니라 경영참가와 기술제휴 등 국내 기업과 지속적인 경제관계를 수립할 목적으로 투자를 하는 것을 말한다. 경영에 실질적인 영향력을 행사하기 위한 것이라는 점에서 일반적인 투자와는 다른 개념으로 외국인 직접투자는 지적재산권과 부동산 등 모든 형태의 유, 무형 자산이 이전돼 부를 창조할 목적으로 이뤄지는 투자를 포함한다. 경제개발협력기구(OECD), 다자간투자협정(MAI)에서는 국내 기업의 사업 부문과 영업권 등을 외국인에게 매각한 경우도 외국인 직접투자로 본다. 이 밖에도 기업경영에 실질적인 영향력을 행사하기 위해 외국인이 주식과 지분을 취득하는 투자도 외국인 직접투자로 볼 수 있다. 또 외국인 투자의 절차에는 신주 등의 취득에 의한 투자, 기존 주식 등의 취득을 투자, M&A에 의한 주식 취득, 장기차관방식의 외국인 투자를 포함시키고 있다.

▣ 외국인포트폴리오투자(FPI, Foreign Portfolio Investment)

국제자본의 이동형태는 크게 직접투자(direct investment)와 포트폴리오투자(portfolio investment)로 구분할 수 있는데, 기업의 경영권을 획득할 목적으로 투자하는 것이 직접투자인 데 반해, 경영 참가에는 관심이 없이 투자수익획득을 위하여 각종 유가증권 등에 투자하는 것을 포트폴리오투자라고 한다. 포트폴리오투자의 특징으로는 투자대상자산의 수익성에 직접적으로 영향을 미치는 투자대상국 통화의 환율, 금리, 세율 등의 추이뿐 아니라 투자자의 수익 · 위험(risk-return)에 대한 선호도에 따른 포트폴리오 조정(portfolio adjustment)에 의해 크게 좌우되는 점을 들 수 있다.

▣ 잔존수입제한(Residual Import Restrictions)

가트(GATT)는 국제수지의 적자가 심각해지거나 개발도상국이 경제개발을 위해 필요한 경우 등의 이외는 수입수량의 제한을 원칙적으로 금지하고 있으나, 선진국 중에는 국내 산업 보호 등의 이유에서 수입제한조치를 취할 때가 있다. 그것을 잔존수입제한이라고 하며 그 대상 품목을 잔존수입제한 품목이라고 한다. 잔존수입제한을 할 때에는 ① 가트사무국에 품목을 통고한다. ② 2국간 또는 다수국 간의 협의를 진척시킨다. ③ 가트의 의무정지에 의한 보복조치를 취할 수 있다 등으로 되어 있다

▣ 전략적 유연성(戰略的 柔軟性, strategic flexibility)

미국이 해외주둔미군재배치계획(GPR)에 따라 세계 어디서든 신속하게 대응할 수 있도록 해외주둔 미군을 유연하게 배치하려는 전략을 말한다. 미국은 2000년 11월 부시(George Walker Bush)가 대통령에 당선되면서부터 해외주둔 미군을 유연하게 배

치해, 세계 어디에서든 신속하게 대응할 수 있도록 하는 해외주둔미군재배치계획(GPR)을 추진하였다. 이 계획은 미국 정부가 21세기 새로운 안보환경에 맞추어 추진하는 해외주둔 미군의 전면적인 개편계획으로, 유사시 해외에 주둔하고 있는 미군을 세계 곳곳의 분쟁지역에 신속하게 파견해 전쟁임무를 수행할 수 있도록 하는 계획이다. 따라서 이 계획을 수행하기 위해서는 해외에 주둔하고 있는 미군을 언제라도 신속하게 다른 곳으로 이동시킬 수 있는 유연성이 절대적으로 필요하다. 해외주둔 미군의 유연성이 전제되지 않는 한, 미국이 추진하는 GPR은 완성되지 않는다는 것을 의미한다. 이 때문에 미국은 세계 곳곳에 배치되어 있는 해외주둔 미군뿐 아니라, 본토의 미군마저도 언제라도 전쟁에 투입할 수 있는 신속기동군 체제로 군 편제를 재편해 왔다. 이러한 재편은 주일 미군과 주한 미군의 역할에서도 나타나고 있는데, 주일 미군의 경우 미국은 미일 상호방위조약에 규정된 극동 지역의 범위를 넘어 중동까지 활동 범위를 확대하려는 움직임을 보이고 있다. 주한 미군의 경우에는, 전략적 유연성은 주한 미군이 더 이상 북한의 남침에 대비하는 붙박이 군이 아니라, 주한 미군을 동북아시아 신속기동군으로 재편해 중국과 타이완의 분쟁을 비롯한 동북아시아와 기타 분쟁지역에 투입하는 방향으로 전개되고 있다. 공식적으로 주한 미군의 전략적 유연성이 처음 언급된 것은 2003년 한 · 미연례안보회의(SCM) 공동성명에서이다. 이 성명에서 한 · 미 양측은 주한 미군의 전략적 유연성이 지속적으로 중요하다는 것을 확인하였다. 2006년 1월에 한국은 주한 미군의 전략적 유연성을 존중하되 미국은 한국민의 의지와 관계없이 한국이 동북아 지역 분쟁에 개입되는 일은 없을 것이라는 한국의 입장을 존중하는 방식으로 주한 미국의 전략적 유연성에 합의하였다.

▣ 정부조달(Government Procurement)

정부에서 필요한 물자를 조달하는 것을 말한다. 재원이 국민들의 세금으로 마련되는 것이므로 당연히 국내 업자의 상품을 우선적으로 매입하며, 특히 국내의 기술개발이나 중소기업 육성, 고용증대와 같은 국내 정책을 시행하는 수단으로도 활용된다.

세계 각국에서 운영되고 있으나 외국 제품에 대한 차별대우와 비관세장벽으로 간주된다. 따라서 이의 규제를 위한 국제협약이 몇 가지 제정되었는데, 1979년 도쿄라운드와 1993년 우루과이라운드가 대표적이다. 도쿄라운드에서 정한 규약은 일부 국가만이 참여하고 내용면에서도 자유화의 범위가 매우 한정적이었으나, 1996년부터 발효된 우루과이라운드의 세계무역기구 정부조달협정은 강한 조치를 규정하고 있다. 이 협정에 따르면 세이프가드는 연장 없이 3년간의 기간 혹은 해당 품목의 GATT에 복귀되는 시점 중 먼저 도래하는 기간까지 지속된다. 그러나 1년을 초과할 때마다 매년 최소 6% 이상을 수입하도록 하고 있다. 잠정수입제한조치대상 품목은 협정에 명기된 품목 중 GATT에 복귀된 것을 제외한 모든 품목이며, GATT에 복귀되면 자연히 세이프가드의 적용대상이 된다. 이와 같은 협정조치에 따라 현재 국제공공조달시장이 형성되어 있다.

▣ 지적재산권

인간의 지적활동으로 창출된 결과물에 대한 권리를 뜻하는 말이다. 문학 및 과학작품 · 연출 · 공연 · 음반 발명 · 공업의장 · 등록상표 등에 대한 보호 권리와 공업 · 과학 · 예술 등 지적활동에서 발생하는 기타의 모든 권리로 법적인 보호를 받는다. 크게 산업 발전을 목적으로 하는 산업재산권과 문화 창달을 위한 저작권으로 나뉜다. 이들 권리는 사람 의 지적창작물을 보호하는 무체(無體)재산권이란 점과 보호 기간이 한정돼 있다는 점에서는 같다. 그러나 산업재산권이 특허청의 심사를 거쳐 등록해야만 보호되는 반면 저작권은 출판과 동시에 보호된다는 점이 다르다. 보호 기간도 산업재산권은 10-20년 정도로 비교적 짧고 저작권은 사후 30-50년까지로 길다. 최근엔 급속한 기술혁신에 따라 새로운 기술들이 속출, 산업재산권과 저작권 중 어느 부류에도 속하지 않거나 양쪽에 모두 속할 수 있는 분야가 나타나고 있다. 가장 대표적인 것이 소프트웨어이다.

■ 직선기선(直線基線, straight base line)

연안을 따라가는 12해리 영해(통상기선)와 달리 섬이 많거나 해안선의 굴곡이 심한 수역에서 직선으로 그은 선에 의한 12해리를 영해로 삼는 영해법으로 '96년 발효된 유엔 협약법에 규정돼 있다. 그러나 65년 체결된 한 · 일 어업협정은 어느 일방이 직선기선을 그을 경우 상대방과 협의하도록 명문화하고 있다. 한국측은 이를 근거로 일본의 불법성을 지적하고, 일본은 자국의 권리라고 맞서고 있다. 일본의 이 같은 주장에는 어업협정을 서둘러 자국 어민을 보호하겠다는 의도가 깔려 있다.

■ 최혜국대우 원칙(MFN, Most-Favored Nation Treatment)

통상 · 항해조약 등에서 한 나라가 특정국가 조약을 새로 체결 또는 갱신하면서 지금까지 다른 나라에 부여한 대우 중 최고의 대우를 그 나라에 부여하는 것을 의미한다.

■ 종합통상법(종합무역 및 경쟁력에 관한 법안, Omnibus Trade and Competitiveness Law)

미국의 대외불균형 시정, 미국 산업의 경쟁력 강화를 목적으로 불공정무 역관행과 관련된 301조, 수입규제 조항인 201조, 지적소유권과 관련된 337조 등을 크게 강화한 보호무역 색채가 강한 법안이다. 1988년 8월 미 상원을 통과한 이 법안은 ① 무역상대국의 불공정한 무역 관행에 대한 보복조치를 규정한 1974년 통상법 301조의 강화 ② 수입피해의 구제를 규정 한 동법 201조의 개정 ③ 반덤핑규제의 강화 ④ 저작권, 특허권의 보호조치(관세법 337조)의 강화 등이다. 즉, 미국이 해외시장에 위협수단으로 즐겨 써온 301조(불공정무역관행에 대한 제재)는 발동이 용이해졌고 또한 대상 폭이 넓어졌다. 이에 따라 미국통상대표부(USTR)로 하여금 매년 외국의 무역장벽사례를 의회에 보고, 30일 이내에 그중에서 시장 개방협상을 벌일 나라의 '우선순위'를 선정하고, 다시 21일 이내에 우선순위의 국가를 상대로 301조 무역보복협상을 의무적으로 벌이도록 규정했으며, 해외 기업으로부터 자국 기업을 보호하는 201조(긴급구제)의 강화는 수입품 에 의한 '중대한 피해위험' 여부를 결정할 때 • 국내 시장점유율 감소 • 제3국을 통한 대미 우회수출 • 현행의 연구개발 투자 수준유지 가능성 등을 고려하도록 했다.

▣ 저작권(Copyright)

지적소유권을 구성하는 2대 부문의 하나인 저작권은 문학 · 연극 · 음악 · 예술 및 기타 지적 · 정신적인 작품을 포함하는 저작물의 저작자에게 자신의 저작물을 사용 또는 수익처분하거나 타인에게 그러한 행위를 허락할 수 있는 독점배타적인 권리이다. 저작권은 복제에 의한 저작권자의 저작물판매 · 배포, 즉 출판 또는 발행을 못하도록 보호하는 권리이다. 1차적 저작물의 경우는 당연히 원저작자가 저작권자가 되지만 개작 · 편집 · 번역 등에 의한 2차적 저작물에는 2차 저작물을 작성한 자가 저작권자가 된다. 저작권은 이전성이 있으므로 제3자에게 양도할 수 있을 뿐만 아 니라 사망시 상속할 수도 있다. 따라서 저작자가 아닌 저작권자가 있을 수 있다. 한국은 한 · 미 통상협정에 따라 새 저작권법이 발효되는 1987년 7월 1일부터 10년 이내에 발행된 미국 저작물(77년 1월 1일 이후의 발행 저작물)을 국내 출판사가 무단복제 출판할 경우에는 출판사 및 인쇄소 등록에 관한 법률에 적용받도록 했다. 1987년 10월 UCC(세계저작권조약)에도 가입했다.

▣ 저작인접권

저작인접권은 실연자의 권리, 음반제작자의 권리, 방송사업자의 권리 등으로 구성된다. 실연자는 그의 실연을 녹음 또는 녹화하거나 사진으로 촬영할 권리를 가진다. 음반제작자는 음반을 복제 · 배포할 권리를 가진다. 방송사업자는 그의 방송을 녹음 · 녹화 · 사진 등의 방법으로 복제하거나 동시중계방송할 권리를 가진다. 이러한 저작인접권은 50년간 존속하며, 저작인접권의 제한 · 양도 · 등록 등은 대체로 저작재산권의 경우와 동일하게 취급한다.

▣ 케네디 라운드(Kennedy Round)

63-67년 개최된 GATT의 제6차 다자간 무역협상을 말한다. GATT 체제 내에서는 관세율 인하 교섭이 수차에 걸쳐 행해졌는데, 가장 괄목할 성과를 가져온 관세협상은 케네디 라운드 또는 관세일괄인하교섭이라고 불리어지는 제6차 협상이다. 제5차까지의 교섭은 국가별 · 품목별로 관세 인하를 교섭하고 그것이 최혜국대우 원칙에 의거하여 모든 국가에 적용된다는 형태로 추진되었다. 이에 미 대통령 케네디는 대규모의 관세교섭을 제창하였고 이에 따라 케네디 라운드라는 제6회 일반관세교섭이 개최되었다. 미국이 대규모의 관세교섭을 제창한 배경으로는 유럽경제공동체(EEC) 성립이 미국 무역의 한 위협이 된 사실을 들 수 있다. 이를 타파하기 위해 1962년 미국의 관세를 5년 동안 50% 인하하는 권한을 대통령에게 부여하는 통상 확대법을 성립시킨 것이다. 케네디 라운드 교섭의 특색은 관세인하에 대해 일괄방식을 채용한 것이다. 그것은 광공업제품에 대하여 몇몇 예외 품목을 제외하고는 원칙적으로 관세율을 5년 동안 일률적으로 50% 내리도록 하는 것이었다. 이 협상은 63년에 시작되어 67년에 종결되었는데 그 결과 공산품 평균관세가 35% 인하되어 6회의 교섭 가운데 최대의 인하가 되었으며, 반덤핑 협정문 제정 등의 합의를 도출했다.

▣ 케언즈그룹(Cairns Group)

농산물 수출국 중 수출 보조금을 지급하지 않는 국가들의 그룹으로서 1986년 호주의 Cairns시에서 공식 결성되었으며, 호주, 캐나다, 뉴질랜드, 아르헨티나, 브라질, 우루과이, 칠레, 콜롬비아, 인도네시아, 말레이시아, 필리핀, 태국, 헝가리, 피지, 남아공 등 15개국으로 구성되었다.

▣ 특허권

정부와 발명자 간의 계약으로 그 발명의 내용을 모두 공개하는 대신에 정부가 발명자에 대하여 허가일로부터 12년간 그 발명의 독점적 사용권을 보증하는 것이다. 이 기간이 끝나면 특허는 만기가 되어 이후에는 누구나 사용할 수 있다. 특허를 준다는 목적은 발명의 공개를 추구하고, 과학기술 및 공익의 발전을 추진한다는 것이다. 최초의 특허법은 1623년 영국에서 제정되었다. 이 법률에는 국내에 도입된 발명 또는 새로운 상업에 대한 특허는 14년간에 한정되었다. 한국에서는 1961년 12월 31일 법률 제950조로 공시 · 시행된 특허법이 있으며 이 외에도 실용신안법, 의장법 등이 특허권을 보호하고 있다.

▣ 페리 프로세스(Perry Process)

1998년 8월 북한이 대포동 로켓을 발사하고 금창리 지하 의혹시설에 대한 미국 내 보도가 잇따르는 등 미국과 북한이 미사일 문제로 다시 위기 상황에 빠지자 미국은 대북정책 조정관에 페리 전 국방장관을 임명하며 대북 정책 전반을 재조정하게 되었다. 페리 당시 대북조정관은 99년 5월 북한을 방문, 조명록 제1부위원장 등과 만나 양국 현안을 논의한 뒤 같은 해 10월 클린턴 정부의 대북 정책을 담은 페리 프로세스를 내놓았다. 대북 포용을 기조로 한 페리 보고서는 북한과 미국 등 동맹국들이 상호 위협을 줄이면서 호혜관계를 구축하기 위한 3단계 접근방식을 제시하고 있다. 1단계로 북한의 미사일 발사 중지와 미국의 대북 경제제재 해제, 2단계로 북한의 핵과 미사일 개발 중단, 마지막으로 북미, 북일관계 정상화와 한반도 평화 체제 구축 등을 권고하는 내용이다. 북한이 이를 거부할 경우 수용토록 강력한 조치를 취하되 직접 공격 등은 언급하지 않고 있다.

▣ 한국군작전통제권(韓國軍作戰統制權)

한국군의 작전권은 평시작전통제권과 전시작전통제권으로 이분되어 있다. 원래

주권국가의 작전권은 해당국가의 군 통수권자에게 있는 것이 원칙이지만, 한국의 경우에는 6·25전쟁 발발 직후인 1950년 7월 17일 대통령 이승만(李承晩)이 맥아더(Douglas MacArthur) 국제연합 사령관에게 작전지휘권(operational commands)을 위임하면서 이양되었다. 이후 1954년 11월 한·미 상호방위조약이 발효되면서 작전지휘권은 작전통제권(operational control)으로 명칭이 바뀌었다. 작전통제권은 관련 부대를 전개하고 전술적 통제를 보유하거나 위임하는 권한으로, 작전지휘권보다는 권리가 제한된다. 1978년 11월 한·미연합사령부가 창설되면서 한국군의 작전통제권은 다시 국제연합군 사령관으로부터 한·미연합사령관으로 위임되었는데, 한·미연합사의 사령관을 미군 4성 장군(대장)이 맡고 있어 한국군의 작전통제권은 사실상 미국에 있는 것이나 다름없다. 그러다 1994년 12월 1일 평시작전통제권은 한국군에 환수되었으나, 전시작전통제권은 아직도 한·미연합사령관이 행사하고 있다. 실제로 전쟁이 일어나면 한국군은 수도방위사령부 예하부대를 뺀 모든 부대가 한·미연합사령관의 작전통제권 안에 들어간다.

▣ 한·미상호방위조약(韓美相互防衛條約)

1953년 체결되고, 54년 정식 발효한 한국과 미국 양국 간의 방위조약을 말한다. 정식 명칭은 '대한민국과 미합중국 간의 상호방위조약'이다. 한국은 1948년 정부수립 이후 '한·미 군사안전잠정협정'과 1949년 '대한민국 정부와 미합중국 정부 간의 주한 미군 군사고문단 설치에 관한 협정'을, 뒤이어 1950년 '한·미 상호방위원조협정'을 체결했다. 한·미상호방위원조협정에 따라 1950년 3월 구체적인 군사원조 품목이 정해졌으나, 6·25전쟁 당시 겨우 실현단계에 이르자 이를 거울 삼아 실질적 군사동맹인 이 조약을 체결하기에 이르렀다. 상호방위조약은 1954년 1월 양국의 국회에서 승인되어 비준절차를 거친 다음 11월 17일 비준서가 교환되었고, 11월 18일 조약 제34호로 정식 발효되었다. 태평양 지역의 평화를 위해 집단안보를 추구한 한·미 상호방위조약은 전문과 본문 6개항의 본조약과 제3조와 관련한 미합중국의 양해

사항이 포함된 교환의정서의 부속문서로 구성되어 있다. 본 조약의 주요 내용으로는 국제적 분쟁에 대한 평화적 해결의 원칙(제1조) 무력공격을 방지하기 위하여 당사국의 상호 협의와 자조와 상호 원조원칙에 대해 규정(제2조) 당사국 일방의 영토에 대한 무력공격에 공동의 대처(제3조) 주한 미군의 한국 주둔(제4조) 비준절차 및 효력발생에 대한 규정(제5조) 유효 기간의 무기한 명기와 조약 종지시 1년 전 예고(제6조) 등이다.

▣ 한 · 미연합군사령부(CFC, ROK-US Combined Forces Command)

1978년 11월 7일 설립된 한 · 미연합군사령부(CFC. 약칭 한 · 미연합사)는 연합 참모 형태의 고위 군사 본부로, 주한 미군과 한국군으로 구성된 한 · 미연합군을 구성하고 통괄하는 곳이다. 한 · 미 양국은 1977년 제10차 한 · 미 연례 안보협의회의에서 한 · 미연합사 설치를 합의하고 1978년 제11차 한 · 미 연례 안보협의회의 합의로 설치된 한 · 미 군사위원회의 전략지시에 의거해 한 · 미연합사가 창설되었다. 1975년 제30차 국제연합(UN) 총회에서 "1976년 1월 1일을 기해 UN군 사령부를 해체한다"는 결의가 이루어지자 한 · 미연합사가 창설되었는데, 이는 UN군 사령부와 한 · 미연합사령부의 기능과 권한을 분리해 UN군사령부를 존속시키는 한편, 한 · 미연합군사령부를 통해 한국군에 대한 미군의 지휘통제를 실질적으로 강화한 것이다. 한 · 미연합군사령부 창설과 동시에 6 · 25전쟁 당시부터 유엔군사령관이 행사해 오던 한국군에 대한 작전통제권은 한 · 미 연합군 사령관에게 위임되었다. 그러나 지난 1994년 12월 평시 작전통제권이 한국의 합참의장에게 환수됨에 따라 한 · 미 연합군 사령관은 전시 작전통제권만 가지고 있다. 한 · 미연합사는 육 · 해 · 공을 포함한 한 · 미 현역 정규군을 통제하고 있으며, 전쟁이 발발할 경우 육 · 해 · 공 및 해병대 연합 사령부와 연합 비정규전 특수임무부대 등의 작전 조율을 담당하게 된다. 한 · 미연합사의 지휘부는 사령관에 미군 대장, 부사령관은 한국군 대장으로 보임하고, 참모장은 미군 중장이, 각 참모요원은 부서장이 한국군 장성일 경우 차장은 미군 장성이 되고, 반대의 경우에는 한국군 장성이 차장을 맡는다. 한 · 미연합사 사령관은 주한 미군사령관, 유엔군사령관, 주한 미군 선임장교를 겸한다.

▣ 한 · 미행정협정(韓美行政協定, The ROK-US Agreement on Status of Force in Korea)

정식 명칭은 '대한민국과 아메리카 합중국 간의 상호방위조약 제4조에 의한 시설과 구역 및 대한민국에서의 합중국 군대의 지위에 관한 협정' 이다. 협정 성립 이전에는 이와 관련되는 협정으로서 1950년 7월 12일 대전에서 체결된 '재한 미국 군대의 관할권에 관한 대한민국과 미합중국 간의 협정' 이 있었는데, 여기서는 주한 미국군의 재판관할권을 미국 군법회의가 가진다고 규정하였다. 휴전 성립 후 한국 정부에서는 이 협정을 대신할 새로운 정식 협정을 체결할 것을 미국 정부에 제의하였고, 그 실현을 위하여 노력한 결과 본 협정이 성립하였다. 이 협정은 전문 31조로 된 본문과 합의의사록 · 합의양해사항 · 교환서한 등의 3개 부속문서로 구성되어 있다. 이 협정의 주요 항목은 다음과 같다. 즉, 미국 군대에 관한 정의(1조), 시설과 구역(2-5), 공익사업과 용역(6조), 접수국 법령의 존중(7조), 출입국(8조). 통관과 관세(9조), 선박과 항공기의 기착(10조), 기상 업무(11조), 항공 교통 관제 및 운항 보조시설(12조), 비세출자금기관(非歲出資金機關, 13조), 과세(14조), 초청계약자(15조), 현지조달(16조), 노무(17조), 외환관리(18조), 군표(軍票, 19조), 군사우체국(20조), 회계절차(21조), 형사재판권(22조), 청구권(23조), 차량과 운전면허(24조), 보안조치(25조), 보건과 위생(26조), 예비역의 훈련(27조), 합동위원회(28조), 협정의 효력발생(29조), 협정의 개정(30조), 협정의 유효 기간(31조) 등이다.

▣ 한 · 일공동규제수역(韓日共同規制水域)

1965년 6월에 체결된 한 · 일 어업협정에 의해 12해리의 한국 전관수역(1977년 이후부터는 영해) 밖에 설정된 양국의 공동어업수역을 말한다. 이 수역의 어업은 한 · 일 어업공동위원회에서 규제조치를 권고하는데 잠정규제조치로 연간어획량은 저인망 · 권망 등을 합하여 15만 톤에 10% 범위 내에서 가감될 수 있으나 실제 연안자원의 고갈로 극히 미미한 어획고를 올리고 있는 실정이다.

▣ **해외주둔미군재배치계획(海外駐屯美軍再配置計劃, Global Posture Review)**

약칭은 GPR이다. 제2차 세계대전 이후 냉전시대에 맞게 서유럽과 동북아시아 지역을 중심으로 배치되어 있는 해외 주둔미군을 대량살상무기(WMD) · 테러 등의 위협이 상존하는 21세기 새로운 안보환경에 맞게 재편하려는 계획을 말한다. 2000년 11월 부시(George Walker Bush)가 대통령에 당선되면서 추진해 온 정책으로, 해외 주둔미군을 유연하게 배치해 세계 어디에서든 신속하게 대응할 수 있도록 하는 데 목적이 있다. 재배치계획에 따라 설정되는 해외 주둔미군의 규모는 4단계로 구분된다. 첫째, 전력투사기지(PPH:Power Projection Hub)는 대규모 병력 · 장비를 전개할 수 있는 중추기지로서 미국 본토와 괌 · 하와이 등이다. 둘째, 주요작전기지(MOB:Main Operation Base)는 대규모 병력이 장기적으로 주둔하는 상설기지로, 초현대식 지휘 체계를 갖추고 병사들이 가족과 함께 2-3년 머무를 수 있는 기지이다. 셋째, 전진작전지점(FOS:Forward Operating Site)은 유사시 증원을 전제로 한 기지이고, 넷째, 안보협력대상지역(CSL:Cooperative Security Location)은 소규모 연락요원만이 상주하는 지역이다. 이 가운데 한국은 주요 작전기지 또는 전력투사기지와 주요 작전기지의 사이에 들어갈 것으로 예상되는데, 아직 확정되지는 않았다. 그러나 주한 미군의 일부가 신속대응군으로 운용되는 것만은 분명하다. 이에 대해 한국 정부에서는 ① 주한 미군의 일부가 신속기동군으로 운용되더라도 그로 인해 한반도 안보가 위협을 받아서는 절대로 안 되며 ② 주한 미군의 병력이 이동할 때는 한 · 미 양국의 사전 협의제도를 명문화해야 하고 ③ 한 · 미 연합군의 해외원정은 절대로 안 된다는 원칙을 세워놓고 있다.

▣ 핵확산금지조약(核擴散禁止條約, NPT)

1966년 후반부터 미 · 소의 타협이 진전되어 1967년 초에는 미 · 소 간에 기본적인 합의가 이루어졌다. 미 · 소 초안의 심의를 맡았던 제네바 군축위원회에서는 비핵보유국이 특히 비판적이었다. 그들은 문제점으로 핵의 평화적 이용도 금지된다는 것, 핵보유국의 핵군축의무가 명기되어 있지 않다는 것, 비핵보유국의 핵활동에 대한 사찰이 자주권을 해칠 우려가 있다는 것, 비핵보유국의 안전보장에 문제가 있다는 것, 기한 25년이 너무 길다는 것 등을 지적하였다. 그래서 미 · 소 양국은 이들 비핵보유국과 교섭을 벌였으며 어느 정도 원안을 수정하였다. 그 결과 1969년 6월 12일 국제연합 총회는 찬성 95, 반대 4, 기권 13으로 이 조약의 지지결의를 채택하였다. 핵무기보유국인 서명국 전부와 나머지 40개국의 비준을 필요로 하는 이 조약의 발효는 미 · 소의 비준서 기탁이 끝난 1970년 3월 5일 이루어졌다. 2000년 현재 가맹국은 185개국이며 프랑스와 중국은 미 · 소 위주의 성격에 반발하여 가맹하지 않았다. 한국은 1975년 4월 23일 정식 비준국이 되었으며, 북한은 1985년 12월 12일 가입했으나 1993년 3월 12일 탈퇴하였다.

▣ AMCHAM(주한 · 미상공회의소, The American Chamber of Commerce in Korea)

약칭은 AMCHAM(암참)이다. 1953년 창립되었다. 설립 목적은 한국 내에서 회원들의 이익을 보호하고 한국 및 미국 정부에 대하여 회원들을 대표하여 의견을 전하고 반영하도록 하는 것이다. 이를 위해 주로 회원들에게 한국의 기업과 경제 상황에 대한 정보를 제공하고, 한국 및 한국 시장에 대한 외국 기업들의 이해를 돕기 위한 활동을 펼치고 있다. 미국에 투자하려는 한국 기업에 대해서는 무비자 프로그램을 후원하며, 미국 정부에 대하여 한국 시장의 중요성을 인식시키기 위한 활동도 함께 벌이고 있다. 또한 한국 정부에 대하여 한국 경제의 경쟁력 향상을 위한 자문 역할도 맡아 한다.

■ AMS(농업총보조감축기준, Aggregate Measurement of Support)

각국의 국내 농업 보호 수준을 수량적으로 파악하기 위한 지표를 말한다. '농업보호의 종합계량수단' 이라고도 번역된다. OECD의 'PSE(〈농업생산자지지추정치Producer Support Estimate〉: 시장가격지지〈국내외 가격차에 총생산량을 곱한 것〉와 정부재정지출을 합친 가상금액)' 을 수정한 것으로 ① '내외가격차×생산량' 으로 계산한 시장가격지지 ② 부족지불 · 장려금 등 농가에 직접 자본 지급 ③ 이자보충, 토지개량 등의 조성을 합계하여 나타낸다.

■ APEC(환태평양경제협력체, Asia Pacific Economic Cooperation)

아시아 · 태평양 경제협력체는 역대 지속적인 경제성장과 공동의 번영을 위해 1989년 호주 캔버라에서 12개국 간의 각료회의로 출범했으며, 1993년부터 매년 정상회의를 개최하였다. APEC은 회원국 간 경제적 · 사회적 · 문화적 이질성을 극복하고 역내 지속적 경제성장에 기여함으로써 궁극적으로는 아 · 태 지역 경제공동체를 추구하는 데 그 목적이 있으며, 이를 달성하기 위해 '무역 · 투자 자유화 및 원활화(TILF)', '경제 · 기술협력(ECOTECH)' 을 중점 활동 분야로 추진하고 있다. APEC은 2003년 기준 전 세계 GDP의 약 57%, 교역량의 약 46%,를 점유하는 세계 최대의 지역협력체로, 현재 우리나라를 포함하여 미국, 중국, 일본, 러시아 등 총 21개국이 가입해 있다. 우리나라는 1989년 APEC 출범시, 12개 창설 회원국 중 하나로서 APEC에 참가했다. APEC은 우리나라가 참여하고 있는 지역경제협력체로서, 우리의 무역 · 투자 자유화 촉진, 새로운 시장 확대에 크게 기여하고 있는 등 우리의 무역 · 투자의 최대 파트너로서 매우 중요한 역할을 하고 있다. 이러한 중요성을 인식하여 우리나라에서는 APEC 활동에 활발히 참여하는 한편 각종 APEC 회의를 적극적으로 개최하였는바, 1991년에는 서울에서 제3차 APEC 각료회의가, 1995년에는 제1차 APEC 정보통신장관회의가, 1996년에는 제 2차 APEC 과학 · 기술장관회의가, 최근 2002년에는 제1차 APEC 해양장관회의가 열린 바 있다. 이에 나아가 2005년에는 우리나라에서 제13차

APEC 정상회의가 개최되었다. 이에 따라 2005년 연중 정상회의 및 각료회의를 포함해 약 20~30여 개의 APEC 관련 회의 및 행사가 우리나라 전역에서 열렸다. 정상회의 기간 중 아 · 태 지역 21개국 정상과 정부대표, 기업인, 기자단을 포함한 약 6,000여 명이 참가했다.

▣ ASEAN(동남아 국가 연합, Association of South East Asian Nations)

동남아 지역의 공동안보 및 자주독립노선의 필요성 인식에 따른 지역협력 가능성을 모색하기 위해 창설된 지역협력기구로 '동남아국가연합' 이라고 한다. 1967년 8월 아세안의 설립 목적을 명시한 방콕선언에 인도네시아 · 말레이시아 · 필리핀 · 싱가포르 · 태국 5개국이 서명하면서 창설되었고 상설 중앙사무국은 인도네시아의 자카르타에 위치하고 있다. 1984년 1월 브루나이가 가입하고 1995년 7월 베트남 1997년 7월 라오스 · 미얀마 1999년 4월 캄보디아가 가입하면서 2003년 3월 현재 가입국은 총 10개국이 되었다. 동남아시아국가연합 정상회담(매 3년마다 공식 개최), 외무장관회의, 경제장관회의, 경제장관회의, 상임위원회가 있다.

▣ ASEAN+3

ASEAN(동남아국가연합)에 일본, 중국, 한국 등 3개국을 포함시킨 정상회의이다. 동남아 지역의 공동안보 및 자주독립 노선의 필요성 인식에 따른 지역협력 가능성을 모색하기 위해 1967년 설립된 아세안(ASEAN)은 창설 30주년을 계기로 97년부터 정상회의의 개최시마다 한 · 중 · 일 정상을 초청하여 회의를 열고 있다. ASEAN 회원국은 브루나이, 캄보디아, 인도네시아, 라오스, 말레이지아, 미얀마, 필리핀, 싱가포르, 태국, 베트남 등 10개국이다. 한 · 중 · 일 3개국은 정회원국이 아니기 때문에 의사결정권은 없으나, 지역의 상호 관심사와 협력 방안에 대해 논의할 수 있다.

▣ AT&T(미국전신전화회사, American Telephone & Telegraph Co.)

미국 전화사업의 80% 이상을 차지하는 순수 민영회사로 마벨(Ma Bell)이라는 애칭으로도 불린다. 1875년 알렉산더 그레이엄 벨(Alexander Graham Bell)은 사상 최초로 전화기를 발명, 특허를 내고 투자자인 가디너 허버드(Gardiner Hubbard), 토머스 샌더스(Thomas Sanders)와 함께 1877년 벨전화회사(Bell Telephone Company)를 설립하였다. 당시 경쟁사였던 웨스턴유니언을 물리치고 전화사업의 주도권을 잡은 후 1885년 장거리전화 설비를 위한 자회사로 AT&T를 설립한 것이 기원이 되었다. 1900년 각지에 있던 벨전화회사들을 흡수하여 지주회사가 되었다. 산하 전화회사들과 웨스턴일렉트릭, 벨연구소는 벨시스템으로 총칭된다. 1956년 이래 독점금지법 위반소송의 대상이 되어 왔는데, 1982년 법무부와의 화해가 성립되어 22개의 지방 영업회사를 포기하기로 동의하고 1984년 정식으로 소유권을 이전하며 벨시스템은 해체되었다. 1984년 이후 규제 분야의 시외 · 국제 통신서비스를 하는 AT&T커뮤니케이션스와 비규제 분야인 통신 · 정보 기기의 개발 · 제조 · 판매를 맡는 AT&T테크놀러지의 2대 부문으로 재편되었다. 공익사업체로서 최대일 뿐만 아니라 자산면에서는 1984년 분할 이전까지 제너럴모터스(GM)를 상회하는 세계 거대기업이었다. 2005년 SBC커뮤니케이션스가 인수함으로써 미국 통신시장에서 사라지게 되었다.

▣ BIT(양자간투자협정, Bilateral Investment Treaty)

내외국인을 구별하지 않고 투자에 관한 동등한 권리를 부여하는 투자협정이다. 외국인 투자가도 내국인처럼 투자와 관련한 각종 행위를 할 수 있도록 법적으로 보장해 주는 투자협정으로 국가간 투자활동에 대한 규제를 없애는 것을 의미한다. 투자협정이 체결되지 않은 상태에서 갑자기 해당국 정부가 외국인 투자재산을 몰수하거나 송금을 제한하는 등의 조치로 손실을 보는 극단적인 상황이 일어났을 때, 이 협정은 안전판을 마련해 준다. 다만 국방이나 농업 등 자국산업을 보호하기 위한 분야는 해당 부속서를 통해 유보 조항으로 규정하여 투자자유화 대상에서 제외한다.

▣ CVID(Complete, Verifiable, Irreversible Dismantlement)

완전하고 검증 가능하며 불가역적인(혹은 돌이킬 수 없는) 핵폐기를 의미하는 말의 영문 앞글자를 딴 것으로 조지 W. 부시 대통령이 북핵문제에 대한 미국의 목표를 천명할 때 사용한 표현이다. 북한이 핵개발 프로그램을 복구 불가능한 상태로 만들어야 한다는 것으로, 미국은 북핵 6자회담에서도 CVID 방식의 핵문제 해결을 북한에 요구한 바 있다. 그러나 미국이 말하는 CVID가 구체적으로 어떤 조치인지는 알려진 바가 없다. 북핵 관련 프로그램들은 어떤 것을 폐기해야 '완전' 한 것인지, 이들 프로그램을 어떻게 보여야 '검증 가능' 한 것인지, 그리고 어떻게 폐기해야 '돌이킬 수 없는' 것인지에 대해 전혀 논의하지 않고 있다. 그나마 미국이 구체적으로 언급하고 있는 것은 "북한의 CVID의 대상에 플루토늄뿐 아니라 HEU 핵개발 프로그램도 포함되어야 한다"는 내용 정도이다. 한편 북한은 그동안 미국의 CVID라는 용어 사용에 대해 "패전국에나 강요하는 굴욕적인 것"이라며 강하게 반발해 왔다. 이에 지난 2004년 6월 중국 베이징에서 개최된 3차 6자 회담에서 미국은 북한이 싫어하는 CVID라는 표현을 사용하지 않았다.

▣ DDA(도하개발아젠다, Doha Development Agenda)

도하개발아젠다(DDA)는 지난 2001. 11. 14 카타르 도하에서 개최된 제4차 세계무역기구(WTO) 각료회의에서 새로이 출범시킨 다자간 무역협상으로서 9번째의 다자간 무역협상(라운드)이다. 즉 DDA는 뉴라운드의 공식명칭이다. 세계무역기구(WTO)는 우루과이 라운드 이후의 새로운 다자간 무역협상을 명명하면서, 개도국들의 주장을 받아들여 라운드라는 이름 대신, '도하개발아젠다' 라고 부르기로 하였다. 이는 '라운드' 가 과거 GATT 체제 하에서의 용어로서, WTO 체제에서 열리게 되는 다자간무역협상에서는 동 용어를 사용하지 않기로 회원국 간 양해된 데 비롯된 것. DDA 협상은 1995년 WTO 체제 출범 이후 최초의 대규모 다자간 무역협상이며, 2002년부터 3년간 협상을 진행, 2004년 12월까지 종료하기로 하였지만 합의에 이르지 못해 타결 시한을 넘겼다. 현재 2006년 말 타결을 목표로 진행되고 있지만 여전히 농업 · 비농산물 · 서비스 · 무역규범 등 주요 협상 분야에서 회원국들 간에 입장차이가 커 난항을 거듭하고 있다.

DDA(도하개발아젠다) 주요 협상의제는 ① 농업 ② 서비스 ③ 비농산물(공산품, 임수산물) 분야에서의 시장 개방 ④ 반덤핑협정 보조금협정 등 기존 협정의 개정 ⑤ 환경 ⑥ 지적재산권 ⑦ 분쟁해결 등이다. 또한 2003년 9월에 개최될 제5차 각료회의 이후에 싱가포르 이슈(투자, 경쟁, 무역원활화, 정부조달 투명성)와 관련된 신규범 제정이 논의된다. 아울러 추가 환경문제에 대해서는 향후 2년간 연구분석 작업을 계속한 후 제5차 각료회의에서 협상 개시 여부를 결정하기로 하였다. DDA의 협상방식은 모든 분야의 협상 결과를 모든 회원국들이 일괄적으로 수락하는 '일괄타결(Sinlge-Undertaking)방식' 으로 진행된다. 일괄타결이란 모든 분야에 대한 협상을 동시에 개시하고 진행하여 동시에 종료하는 것을 말한다. 또한 모든 분야 협상에서 개도국의 이익과 관심을 반영하도록 하는 한편 이와 병행하여 개발문제를 별도로 검토한다. DDA협상을 총괄하기 위한 협상감독기구로서 무역협상위원회(TNC : Trade Negotiations Committee)가 설치되었으며, 그 아래 각 분야의 협상그룹이 설치되어 협상을 실제적으로 진행하고 있다.

▣ DRAM(동적 램, Dynamic RAM)

컴퓨터의 주 기억장치로서 널리 사용되고 있는 대규모 집적회로(LSI) 기억장치. 디램(DRAM)이라고도 한다. 마이크로프로세서에 의하여 데이터를 기록하고 판독할 수 있는 반도체 기억장치인 램(RAM)에는 데이터의 보존방식에 따라 동적 램과 정적 램(SRAM)의 2종류가 있다. DRAM은 집적 회로상의 커패시터들의 전하 유무에 따라 2진 숫자를 판별하는 방식으로 데이터를 저장한다. 그런데 커패시터의 전하는 시간이 지나면 방전되기 때문에 DRAM에는 일정 주기로 재충전하여 데이터를 재생하는 논리가 포함되어 있다. DRAM이 재충전되고 있는 동안에는 마이크로프로세서에 의해 판독될 수 없다. 따라서 DRAM이 재충전되고 있는 동안에 마이크로프로세서가 판독해야 하는 경우에는 1 또는 2 이상의 대기 상태가 발생한다. SRAM은 DRAM과는 달리 재충전에 의한 데이터의 재생이 불필요하기 때문에 DRAM보다 접근 속도가 훨씬 빠르다. 그러나 DRAM은 SRAM보다 접근 속도는 느리지만 내부 회로구조가 간단하여 집적도(기억 밀도)가 높고 기억 용량 대비 가격이 저렴하다. DRAM은 같은 크기의 SRAM보다 약 4배의 정보를 저장할 수 있다.

▣ DSB(WTO분쟁해결기구, Dispute Settlement Body)

국제간 무역 분쟁을 효과적으로 해결하기 위해 세계무역기구 산하에 설치된 국제기구이다. WTO 분쟁해결기구라고도 한다. 무역 약소국들에게 공정한 무역을 보장해 주는 중요한 수단으로 작용하는 기구로 1995년에 출범하였으며, 분쟁해결규칙 및 절차에 관한 양해(DSU, understanding on rules and procedures governing the settlement of disputes)에 따라 각종 무역 분쟁을 해결하는 역할을 한다. 기존 GATT보다 무역 분쟁에 대한 조치를 강화시킨 것으로, 전문가 3-5명으로 구성된 패널이 무역 분쟁을 심의하여 결정을 내리도록 하고 있다. 만약 이 결정에 승복하지 않는다면 항소할 수 있는데, 이에 대한 심리는 7명의 패널이 담당한다. 심사결과 패소하면 패널의 권고에 따른 이행조치를 해야 하고, 만약 조치를 이행하지 않으면 실용적인 범위 내에서 분쟁과 동일한 분야의 제재가 취해진다.

▣ DSU(분쟁해결규칙 및 절차에 관한 양해, Dispute Settlement Understanding)

WTO협정의 부속서 2를 의미하는 것으로 WTO의 분쟁해결절차에 대한 양해이다. 동양해는 GATT 1947 이래의 발전과 새로운 협상의 결과를 집적한 것으로 DSB(Dispute Settlement Board; WTO패널)에 의하여 관장되고 있다. DSU는 GATT시절 분쟁해결제도의 문제점을 획기적으로 개선한 것으로 통일적 분쟁해결제도 지향, 일방적

조치의 통제, 엄격한 시한설정, 패널의 자동설치, 상소기구의 설치, 보복조치의 자동권한 등을 규정하고 있다.

▣ FIFA(국제축구연맹, Federation Internationale de Football Association)

국제축구연맹. 1904년 프랑스의 단체 설립 제창으로 네덜란드, 덴마크 등 7개국이 파리에 모여 FIFA가 출범했다. 연맹에서 4년마다 열리는 세계선수권대회를 주관하고 경기 추진, 각국 협회 간 우호 증진, 경기규칙 제정 등의 일을 한다. 2002년 현재 204개국이 가입되어 있으며 본부는 스위스 취리히에 있다. 한국은 1947년 6월에 가입했고, 2002년 6월 FIFA 월드컵대회가 한국과 일본에서 공동으로 개최되었다.

▣ FTA(자유무역협정, Free Trade Agreement)

국가간 상품의 자유로운 이동을 위해 모든 무역 장벽을 제거시키는 협정을 말한다. 영문 머리글자를 따서 FTA로 약칭한다. 특정 국가 간의 상호 무역증진을 위해 물자나 서비스 이동을 자유화시키는 협정으로, 나라와 나라 사이의 제반 무역장벽을 완화하거나 철폐하여 무역자유화를 실현하기 위한 양국 간 또는 지역 사이에 체결하는 특혜무역협정이다. 세계무역기구(WTO) 체제에서는 크게 두 가지 형태가 있는데, 하나는 모든 회원국이 자국의 고유한 관세와 수출입제도를 완전히 철폐하고 역내의 단일관세 및 수출입제도를 공동으로 유지해 가는 방식으로, 유럽연합이 대표적인 예이다. 다른 하나는 회원국이 역내의 단일관세 및 수출입제도를 공동으로 유지하지 않고 자국의 고유관세 및 수출입제도를 그대로 유지하면서 무역장벽을 완화하거나 철폐하는 방식으로, 북미자유무역협정이 대표적인 예이다. WTO가 모든 회원국에게 최혜국대우를 보장해 주는 다자주의를 원칙으로 하는 세계무역체제인 반면, FTA는 양자주의 및 지역주의적인 특혜무역체제로, 회원국에만 무관세나 낮은 관세를 적용한다. 시장이 크게 확대되어 비교우위에 있는 상품의 수출과 투자가 촉진되고, 동시에 무역창출효과를 거둘 수 있다는 장점이 있으나, 협정대상국에 비해 경쟁력이 낮은 산업은 문을 닫아야 하는 상황이 발생할 수도 있다는 점이 단점으로 지적된다. 2002년 현재 WTO 회원국 가운데 거의 모든 국가가 1개 이상의 FTA를 체결하고 있으며, 효력을 유지하고 있는 협정만도 148개에 달했다. 한국은 1998년 11월 대외경제조정위원회에서 FTA 체결을 추진하기 시작하여 한국 최초의 한·칠레 FTA가 2004년 4월 1일부터 발효되었다. 그 뒤로 한·싱가포르 FTA는 2006년 3월 2일에, 한·유럽자유무역연합(EFTA) FTA는 2006년 9월 1일에 발효되었다.

▣ GAM(회색규제조치, Grey Area Measure)

GATT의 규제를 회피하기 위해 GATT 규정에 없는 조치를 원용하여 세이프가드와 동일한 목적을 달성하는 것을 말한다. 관세나 수량규제처럼 분명한 형태의 수입규제 수단이 아니라는 의미에서 회색(灰色)이라는 명칭을 붙였으며, 간략히 회색조치 또는 회색지대라고도 한다. 세이프가드를 적용하려면 모든 국가에 차별 없이 해야 하고, 일부는 보상을 해야 하며, 특히 해당국가로부터 무역보복의 가능성이 있으므로 이의 대체용으로 시행되었다. 주로 선진국에서 자국 내 산업보호를 위해 행해진 것으로 GATT 테두리 밖에서 취해지는 수출자율규제(VER)나 시장질서유지협정(OMA), 다자간섬유협정 등이 대표적이다. 정부간 무역에서 사용되는 조치로 수입억제효과와 정책채택 편의, 무역보복 회피, 정책할당 합리화 등의 목적으로 사용된다. 그러나 시장 질서를 왜곡하며 자의적으로 운영될 가능성이 높아 세계무역기구의 세이프가드협정에 의해 금지되고 있다. 세계무역기구에서는 1999년까지 각 나라에서 시행중인 것을 철폐하도록 하였다

▣ GATT(관세와 무역에 관한 일반협정, General Agreement on Tariffs and Trade)

관세 및 무역에 관한 일반협정. 관세, 수출입 규제 등의 무역장벽을 각 국의 다각적인 교섭으로써 제거하려는 목적에서 1947년에 발족했다. 제2차 세계대전 후의 세계

통화 질서안정의 기초가 된 IMF 체제와 아울러 자유무역의 뼈대가 된 무역질서를 GATT체제라고 부른다. GATT는 자유, 무차별무역의 원칙을 실현하기 위하여 2개국 간 내지 다국 간에서의 관세문제를 교섭해 왔다. 1962년까지 GATT는 5회에 걸쳐서 일반 무역교섭을 진행했고, 1964년부터 1967년에 걸쳐 케네디 라운드를 실시, 관세일괄인하라는 새로운 방식을 채택하여 평균관세인하율 35%라는 성과를 올렸다. 그 후 1973년부터 1979년에 걸친 도쿄라운드에서는 평균 33%의 관세를 인하하였다. 1986년 9월 우루과이의 푼타델에스테에서 열린 GATT 각료회의에서 뉴라운드 개시의제에 합의함에 따라 교섭기한 4년 이내의 우루과이 라운드가 1987년 초부터 출범 하여 1994년 초 종결되었다.

▣ GATT 제23조(GATT Article 23)

GATT의 규약 중에서 어느 특정이 협정의 의무를 태만했을 때, 다른 가맹국이 그것을 GATT 규약의 침해라고 보고 GATT에 제소하여 심판을 청구할 수 있도록 한 조항을 말한다. 기본적으로 가맹국들 간의 이익을 균형 있게 유지하려는 제도로 분쟁해결절차 중에서 핵심 조항이다. GATT 규약 침해라고 할 만한 사항이 발생되면 우선 당사자국들이 협의를 하고, 협의가 이루어지지 않으면 GATT에 제소한다. GATT 이사회에서는 3-5명의 패널을 구성하여 이를 평가한 뒤 판정하며, 이 판정을 토대로 당사자국들에게 권고를 한다. 만약 이 권고가 받아들여지지 않으면 제소국이 상대국에 보복조치를 할 수 있도록 허용하고 있다. 그러나 대부분 보복조치가 있기 전에 양국 간 합의 또는 GATT 이사회의 권고에 의하여 해결되는 것이 보통이다. GATT 설립 때부터 있었던 것으로 1950년대 초 패널제도가 정착되었고, 1955년 일부 개정되었다. 이후 몇 차례의 결정(decision)과 선언(declaration)으로 보완되었고, 1979년 도쿄라운드에서 GATT의 분쟁해결절차에 관한 사항을 조문화하여 "통보, 해결, 분쟁해결 및 감독에 관한 양해"가 체결되어 시행되었다.

▣ GATT BOP위원회(국제수지위원회)

어떤 국가가 다른 외국상품의 수입을 제한하는 행위가 타당한지 여부를 GATT가입국들이 모여 논의하는 것으로 여기에서 수입제한의 계속적 허용 여부가 결정된다. BOP는 'Balance of Payment' 의 약자로 국제수지를 의미한다. GATT에 가입하고 있는 나라는 원칙적으로 수입제한을 할 수 없도록 자체 규정되어 있다. 그러나 예외 적으로 국제수지 사정이 어려운 나라에 한해 잠정적으로 수입제한을 할 수 있도록 허용하고 있는데 수입제한 국가는 2년마다 수입제한의 타당성 여부를 의무적으로 GATT BOP위원회와 협의해야 하며 국제수지가 흑자로 전환될 때는 지체 없이 수입을 개방하도록 되어 있다. 이것을 규정한 것이 바로 GATT 18조 B항이다.

▣ GATS(서비스교역에 관한 일반협정, General Agreement on Trade in Services)

세계무역기구(WTO)의 서비스 교역에 관한 정부간 협정. 1970년대 이후 급증하고 있는 서비스무역에 대한 국제적인 무역규범화를 위해 약 7년에 걸쳐 국가 간에 교섭이 있었다. 그 결과 1993년 12월 15일 (스위스 제네바) 우루과이라운드(UR)의 최고의사결정기관인 무역교섭위원회(TNC)에서 GATT 사무총장의 제출로 승인 채택된 협정으로 1995년 1월 1일부터 발효되었고, 같은 날 발효한 "WTO(세계무역기구) 협정"의 일부가 되었다. 한국은 같은 날 동 협정인 "서비스 교역에 관한 일반 협정(GATS)" 에 회원국으로 가입했다. 동 협정은 WTO 설립협정 부속서 I B에 규정되어 있으며, 총 6부 29개조의 본문과 부속서 및 결정 · 양해각서 등의 세 부분으로 되어 있다. 이 협정은 정부가 구매하거나 제공하는 서비스를 제외한 모든 서비스 교역을 규율하는 협정으로, UR 서비스 업종분류표에서는 서비스를 사업, 통신, 건설, 유통, 교육, 환경, 금융, 은행, 건강, 오락, 여행, 운송, 기타 등 12개 분야로 대별하고 있다.

▣ GSP(일반특혜관세, Generalized System of Preferences)

선진국이 개도국으로부터 수입하는 제품에 대해 관세를 면제하거나 저율의 관세를 부과하는 관세우대조치를 말한다. GSP는 선진국들이 개도국의 수출증대를 통한 산업화를 지원하기 위해 자발적이고 한시적으로 시행하는 제도이다. GSP는 지역적 제한 없이 일반적으로 적용된다는 점에서 기존의 영연방특혜관세제도 등과 구별되며 무차별, 비호혜적으로 특혜관세가 부여된다는 점에서 자유무역협정이나 관세동맹과 같은 차별적, 호혜적인 특혜관세협정과 구분된다.

▣ IAEA안전조치협정(IAEA Safeguards Agreement)

핵안전조치협정이란 핵확산금지조약(NPT)의 기본 협정으로 NPT가 핵확산방지에 관한 '헌법'과 같은 것이라면 이는 각국의 핵활동 수준이나 내용에 따라 조금씩 내용을 달리하는 '시행령'과 같은 것이다. NPT에 가입하면 18개월 이내에 이 협정을 체결토록 의무화되어 있다. 그러나 북한은 1985년 NPT 가입 후 1992년 1월에야 이 협정을 체결했다. 이 협정을 체결하면 자국 내의 모든 핵시설과 물질 등 핵 현황에 관한 '최초보고서'를 작성, 제출해야 한다. 북한은 1992년 5월 14개 신고시설에 관한 최초보고서를 제출했다.

▣ IMF(국제통화기금, International Monetary Fund)

1944년 브레튼우즈협정에 따라 설립된 UN 기구의 하나로, 그 협정 가맹국의 출자로 설치된 국제금융결제기관인데 주로 환(換) 및 단기자금을 융통한다. 다각적 국제수지가 불균형한 나라에 대해 외환자금을 공여함으로써 국제수지의 균형을 꾀하는 한편, 환시세의 안정과 다각적 결제에 의한 환거래의 자유를 확립함으로써 국제무역의 균형적 성장을 이룩해 국제 금융의 협력을 꾀하려는 데 그 목적이 있다. 본부는 워싱턴에 있고 우리나라는 1955년에 가입했다.

▣ ITA(정보기술협정, Information Technology Agreement)

첨단산업 교역 자율화를 위해 정보기술제품(컴퓨터, 통신장비, 반도체, 반도체 제조장비, 소프트웨어 등)을 생산 판매하고 있는 주요 국가 등이 2000년까지 교역을 완전 무관세화하자는 협정으로 1996년 12월 WTO 싱가포르 각료회의에서 체결된 국제협정으로, 1997년 7월 1일자로 발효되어 현재 43개국이 참가중이다.

▣ NAFTA(북미자유무역협정, North American Free Trade Agreement)

미국 · 캐나다 · 멕시코 3국이 관세와 무역장벽을 폐지하고 자유무역권을 형성한 협정을 말한다. '나프타' 라고도 한다. 1992년 12월 미국 · 캐나다 · 멕시코 정부가 조인하여, 1994년 1월부터 발효되었다. 권내 인구 3억 6,759만 명(1992), GNP 6조 2,030억 달러(1990)의 대(大)자유무역시장을 형성하는 협정으로, 유럽공동체(EC)를 능가하는 경제권이다. 이 협정 발효로 미국과 멕시코는 농산물 교역물량의 57%에 대해 관세를 폐지하였고, 발효 후 10년간 전체의 94%를, 15년 내 모든 농산물의 교역을 완전 자유화한다. 자동차의 경우, 미국은 멕시코에서 조립 · 생산되는 자동차에 대한 수입관세를 철폐하였으며 멕시코는 5년 내 경트럭에 대한 수입관세를, 10년 내 승용차에 대한 관세를 모두 철폐한다. 북미 지역 내의 투자에 대해서도 각국은 100%의 과실송금을 허용하며 금융 부문에 대해서도 2007년까지 모든 투자장벽이 철폐된다.

▣ NTE(국가별 무역장벽 보고서, National Trade Estimate)

미국의 1984년 통상법에 의하면 USTR은 미국의 상품 · 서비스의 수출, 미국인에 의한 해외직접투자에 대한 중요한 장애를 구성하거나 왜곡을 초래하는 외국 정부의 행위, 정책, 또는 관행(acts, polices or practise)에 관한 보고서를 매년 10월 30일까지 하원 세입 · 세출위원회와 상원 재정위원회에 제출하도록 하였다. 또한 1984년 통상법은 USTR로 하여금 외국 정부의 관행이 미국의 통상에 미치는 무역 왜곡적 영향(trade distorting impact)을 평가하도록 하고, USTR의 보고서에는 해당 외국 정부의 관행을 철폐하기 위하여 미국 정부가 취한 조치에 관한 내용을 포함시키도록 하였다. 이를 국가별무역장벽 보고서(NTE)라 한다.

▣ NTNS(비유보서비스, Non-reserved Telecommunication Network-based Service)

NTNS란 독점을 위하여 유보된 서비스(전화와 텔렉스 같은 기본통신 서비스)를 제외한 나머지로 국제간 교역의 대상이 되는 서비스를 말한다.

▣ OECD(경제협력개발기구, Organization for Economic Cooperation and Development)

경제협력개발기구. 제2차 세계대전 직후 유럽의 경제부흥을 위한 미국의 마셜플랜에 따라 1948년에 결성된 유럽경제협력기구(OEEC)를 모태로 개발도상국 문제 등 새로운 세계정세에 적응하기 위해 1961년 9월 30일 발족했다. 설립 당시 18개 유럽국과 미국, 캐나다 등 20개국이 회원국으로 참여했고 그 후 일본과 호주를 비롯해 최근에는 멕시코, 폴란드 등 8개국이 가입했는데, 우리나라는 1996년 7월 6일 심사를 통과, 10월 19일 29번째 회원국이 되었다. 회원국 전체 인구가 전 세계 인구의 18%에 불과하나 GNP는 전 세계의 85%, 수출입액은 70% 이상을 차지하며, 1인당 GNP는 평균 2만 달러 정도이다. 1960년대 비관세장벽 철폐 및 반덤핑 과세 인정, 1970년대 일반특혜관세, 서비스 · 금융 부문 자유화 등의 개념을 주창하는 등 자본주의 시장경제 체제를 위한 국제규약 제정을 선도해 왔다. OECD의 주요 조직으로는 이사회를 비롯한 집행위원회, 특별집행위원회 및 26개의 각종 전문위원회 그리고 이들 활동을 지원하는 사무국 등으로 구성되어 있다. 이사회는 최고의사결정기구로 각료이사회는 선진 7개국 회담 전에 열려 회원국의 입장을 미리 조정하며 상주대표이사회는 기구 활동 전반에 대한 최종적인 의사결정권을 갖는다.

▣ OMA(시장질서유지협정, Orderly Marketing Agreement)

수입량을 조정하여 시장 질서를 유지하기 위한 협정으로 'orderly marketing agreement'의 머리글자를 따서 OMA라고도 한다. 당사자인 기업 간에 자유롭게 체결하는 수출자율규제협정(VER)과 상대되는 개념으로, 관세나 수량규제처럼 분명한 형태의 수입규제 수단이 아니라는 의미에서 회색지대조치(gray area measure)라고 부르기도 한다. 1974년 미국통상법 제201조에 의거하여 마련된 협정으로, 1970년대 중반부터는 유럽 선진국들도 많이 활용하였다. 관세율 인상과 관세할당제 등의 방법을 사용하는데, 본래 GATT의 자유무역원칙에 위배되는 보호무역의 일종으로 GATT 규정에 없는 조치를 원용하여 긴급수입제한조치와 비슷한 효과를 얻고자 실시한 것이다. 이러한 무역장벽은 정부가 적극적으로 개입한다는 점에서 세계무역기구에서는 세이프가드로 간주하여 금지사항으로 규정되었다.

▣ PARALLELISM

Parallelism이란 세이프가드 조치 관련 산업피해 조사대상과 이에 따른 조치대상이 일치해야 하는 원칙을 말한다.

▣ PFC(우선협상대상국, Priority Foreign Countries)

미국의 종합무역법 수퍼301조에 의거, 미국 무역대표부(USTR)가 매년 교역상대국의 지적재산권에 대한 보호 정도를 조사, 미흡한 국가는 우선협상대상국으로 지정한다. 우선 협상대상국에 지정되면 미국과 의무적으로 협상을 해야 하고, 협상이 결렬되면 보복조치를 당하게 된다. 미국 무역대표부의 우선 협상대상국 지정기준은 지적재산권의 적설하고 효과적인 보호를 부인하거나 미국인에 대한 공평한 시장접근기회를 부인하는 국가이다. 우선협상대상국 지정시한은 매년 4월 30일 이전이며, 우선협상대상국 지정 후 30일 이내에 조사를 시작한다. 조사결과 판정은 조사 시작 후 6개월(예외적인 경우 9개월) 이내에 하도록 되어 있고, 보복 조치는 지적재산권을 침해한 것으로 판정난 후 30일(예외적인 경우 90일) 이내에 취하게 된다. 미국은 우선협상대상국에 지정하지 않더라도 지적재산권 보호가 충분하지 않다고 판단되는 국가는 이보다 낮은 등급인 우선감시대상국(PWL) 또는 감시대상국(WL)으로 지정한다.

▣ PWL(우선감시대상국, Priority Watch List)

우선감시대상국 미국 무역대표부(USTR)가 1988년에 종합무역법특별 301조를 근거로 중간 정도의 불공정거래를 일삼고 있다고 지정한 국가를 말한다. 미국 종합무역법은 불공정거래의 정도에 따라 우선협상대상국(PFC)과 우선감시대상국(PWL) 그리고 감시대상국(WL)으로 분류하고 있는데, 우선감시대상국이 되면 우선협상대상국처럼 직접적인 무역보복조치를 받지 않으나 지속적인 관할과 조사가 따른다. 우선감시대상국, 감시대상국 지정은 미국 종합무역법에는 근거규정이 없으며, 미 행정부가 편의적으로 분류하고 있는 미국 무역대표부(USTR) 자체의 수퍼 301조 운용내부지침에 따라 이뤄진다. 그리고 미국은 우선감시대상국을 긴급협의대상국, 수시점검대상국, 계속협의대상국 등으로 세분, 그 적용을 보다 엄격히 하고 있다. 우리나라는 1993년 4월 지적재산권 보호문제와 관련, 우선협상국에선 제외되었지만 우선감시대상국 중 수시점검대상국으로 지정되었다.

▣ RATCHET 메커니즘

미국이 FTA에서 사용하는 방식으로 협상 체결 이후 체약국의 일방적인 개방과 자유화조치는 마치 톱니바퀴가 맞물리듯이 자동적으로 FTA의 적용을 받는다는 것을 의미한다. 따라서 한번 체결된 FTA는 협상에서 특별한 양허가 있지 않는 한 되돌릴 수 없다는 것이다.

▣ SOFA(주한미군지위협정, Status of Forces Agreement in Korea)

한 · 미 행정협정 항목참조. 1950년 7월 체결된 '재한(在韓) 미국 군대의 관할권에 관한 대한민국과 미합중국 간의 협정' 에 대체해 지난 1996년 7월 서울에서 한국 외무장관과 미국 국무장관 간에 조인해 1967년 2월 9일에 발효된 협정이다. 정식명칭은 '대한민국과 아메리카합중국 간의 상호 방위조약 제4조에 의한 시설과 구역 및 대한민국에서의 군대의 지위에 관한 협정' 이다. 이 협정은 전문 31조로 된 본문과 합의의사록 합의양해사항 교환서한 등 3개 부속문서로 구성되어 있다. 한국과 미국은 1996년 9월 외무부에서 SOFA 개정을 위한 7차 협상을 벌였으나 미국 측이 미국 피의자에 대한 강력한 법적 보호장치를 계속 요구함에 따라 타협을 보지 못한 채 협상을 마친 바 있다. 그러나 매향리 폭격장과 한강 독극물 방류사건 등을 계기로 주한 미군범죄 근절운동본부를 비롯한 100여 개의 시민단체와 종교계가 불평등한 SOFA 조항을 전면 개정할 것을 촉구하고 있다. 주요 조항으로는 형사관할권 조항과 관련하여 ① 적용대상에서 군속과 가족 제외 ② 한국 측의 재판포기 조항 삭제 ③ 미군 피의자 신병인도 시기를 공소시점으로 조정 ④ 미군 피의자에 대한 지나친 특혜 폐지 ⑤ 공무의 최종 판단을 한국 법원에 일임할 것 등을 반드시 해결해야 한다는 것이다.

▣ TBT(기술장벽협정, Technical Barriers to Trade)

무역상 기술장벽협정을 말한다. 자유롭고 호혜적인 무역거래에 영향을 미치는 시험검사, 인증제도, 각종규격 등을 새로 제정하거나 개정할 때 국제기준이나 관행을 따르도록 의무화하려는 취지로 UR협상에서 마련된 협정이다. 선진 공업국들의 이익을 대변할 우려가 높다는 비판이 있다.

▣ TDX(전자교환기, Electronic Telephone Exchanger)

일반적으로 교환기란 각 개인 사용자의 요구에 따라 가입자 선, 중계선 또는 기타 기능을 가진 장치들을 접속하여 인간 상호 간의 정보교환을 신속, 정확, 경제적으로 수행해 주는 정보 전달장치로서 통신망 구성의 기본요소이다. 이러한 교환기는 기술의 발전에 따라 과거 교환원이 인위적으로 상대 가입자를 접속시켜 통화하게 해 주는 수동식으로부터 자동식으로, 또한 기계식 교환기 시대로부터 전자식 교환기 시대로 발전하여 왔다. 전자교환기는 1958년 미국의 벨연구소가 축적 프로그램 제어방식(SPC: Stored Program Control)의 전자교환방식을 발표함으로써 최초로 출현하였으며, 이러한 전자교환기는 축적프로그램 제어방식을 사용함으로써 프로그램 변경이 간단하게 이루어져 운용관리 및 유지보수가 용이할 뿐만 아니라 그 외에도 많은 특수 서비스를 이용할 수 있다. 전자교환기의 초기 형태는 크로스바 스위치, 리이드 스위치 등 통화로부에 전기기계적인 접점을 사용하는 반전자식 아날로그 교환기로서 AT&T의 No.1A 교환기 및 BTM사의 M10CN ESS 등을 들 수 있다. 반전자식 교환기에 이어 전자 교환기 기술은 반도체 집적회로 및 소자기술의 발달로 통화로부를 전자화하게 되어 전전자식(全電子式) 디지털 교환기(시분할 교환기)를 실용화하게 되었다. 전전자식 교환기는 1970년에 프랑스 Alcatel사에서 세계 최초의 전전자교환기 E10A를 개발하였고, 이후 에릭슨사의 AXE-10, AT&T의 No.4 ESS, No.5 ESS 등을 개발, 상용화하였다. 한국에서는 1978년 전전자(全電子) 교환기에 대한 연구를 시작하여 1986년에 TDX 전전자교환기를 세계 10번째로 순수 국내기술에 의해 개발하였으며, 이어 1만 가입자 회선 용량의 TDX-1A, 2만 가입자 회선 용량의 TDX-1B를 개발, 상용화하였다. 1991년에는 10만 가입자 회선 용량의 TDX-10 전전자교환기를 개발하여 시내, 시외 및 탠덤용 교환기로 대량보급, 운용 중에 있으며 수출이 활발히 추진되고 있다.

▣ TNC(무역교섭위원회, Trade Negotiation Committee)

무역협상위원회. 우루과이 라운드 협상의 108개 참가국 총회의 성격으로 실질적인 최고 의결기구이다. TNC는 각료급 회의와 고위실무급회의로 나누어지는데 통상 고위실무급 회의를 가리킨다. 주요 현안이 제기될 때마다 GATT 사무국의 발의로 열리며 분야별 협상진행방식 · 협상원칙 · 협상시한 및 협상결과에 대한 최종 의결 등 주요 사안이 망라된다.

▣ TPA(무역협상권한, Trade Promotion Authority)

TPA는 과거의 '신속협상권(Fast Track)'을 2001년 부시 행정부부터 새롭게 부르는 용어. '무역협상권한' 혹은 '무역촉진권한'으로 불린다. TPA는 미국에서 국제협상을 효율화하기 위해 대통령에게 광범한 무역협상 권한을 위임하는 것이다. 부시 행정부 이전에는 '패스트트랙(Fast Track)'으로 불렸는데, 원래 의미는 고속도로상의 추월선이란 뜻으로 국제통상협정을 보다 신속하게 체결하려는 것이 취지다. 일반적으로 미국 정부가 관세 및 국내법에 변경을 초래할 무역협정을 체결한 경우, 이와 관련된 법안은 의회에 제출되고, 의회는 법안의 승인과정에서 무역협정을 수정할 권한을 갖게 된다. 이렇게 되면 행정부는 수정된 협정내용을 가지고 협정체결국들과 다시 협상을 벌여야 하고 이 경우 협상은 장기화될 가능성이 높다. 최악의 경우에는 협정이 완전히 무산될 수도 있다. 그러나 의회가 대통령에게 TPA 권한을 부여한 경우, 미국 의회는 행정부의 협상결과를 일정 기한(90일) 내에 수정 없이 찬반결정만을 하게 된다. 따라서 TPA를 부여받은 대통령은 국제무역협상과정에서 강력한 신뢰성 및 리더십을 기반으로 무역 또는 기타 협상을 주도할 수 있다. TPA 법안의 시초는 1974년 리처드 닉슨 당시 대통령에게 처음 부여된 무역개혁법안(Trade Reform Act of 1974)이다. 이후 동 법안은 다섯 차례(1979, 1984, 1988, 1991, 1994) 사안에 따라 개정되거나 그 범위를 넓혀 왔다. 제럴드 포드, 지미 카터, 로널드 레이건, 조지 부시 등 역대 대통령들이 이 법안을 누려 왔다. 특히 미국 역사상 가장 중요한 무역 협정이었던 1979년의 도쿄라운드, 1993-94년의 UR 협정 체결과정에서, 그리고 1994년의 NAFTA 협정 체결시 미국 대통령에게 강력한 교섭 권한을 부여했다. 클린턴 대통령은 1997년과 1998년 연달아 Fast Track 법안을 의회에 제출했으나 그때마다 하원의 승인을 얻는데 실패했다. 2001년 부시 행정부 이후 부시 대통령도 이 법안을 요구해 왔으며, 2002년 8월 조지 W. 부시 미 대통령이 무역촉진권한법(TPA)에 서명했다. 이로써 1994년 이후 8년 만에 무역촉진권한법(TPA)이 도입되었다. 2002년 8월 도입된 TPA의 종료일자는 2005년 7월 1일이며, 의회의 반대가 없는 경우, 2년간 자동 연장된다.

■ TRIPs(무역 관련 지적재산권에 관한 협정, Trade Related Intellectual Properties)

지적재산권의 보호를 규정한 WTO 설립을 위한 마라케쉬협정 부속서 1에 포함된 협정으로, 각국의 다양한 지적재산권보호 기준을 통일화하고 모조품의 범람 방지를 목적으로 미국을 비롯 선진국들의 제기로 UR에서 본격 논의되기 시작하였으며, WTO협정과 함께 발효되었다. 체약국은 지적재산권에 대한 최소 보호 수준을 유지할 의무가 있으나, 자국 내 법체계와 관행에 따라 지적재산권 보호제도를 도입하는 것이 가능하다. 상기 협정은 실제 무역 관련 범위를 넘어 지적재산권 보호에 대한 전 범위를 포괄하고 있으며, 기존의 지적재산권 관련 협정과 달리 TRIPs협정 위반에 대하여 WTO 분쟁해결기구에 제소할 수 있도록 함으로써 지적재산권보호를 강화하였다.

■ UCC(세계저작권협약, Universal Copyright Convention)

문학, 음악, 미술 및 지적인 작품을 포함한 저작물에 관해 저자와 저작권을 가진 자의 권리를 보호하는 국제조약. 1952년 유네스코의 제창에 따라 성립, 1955년에 발효되었다. 베른 조약은 국내법에 요구하는 사항이 많고 가입 전에 나온 저작물까지 소급해서 보호대상이 되는 반면, UCC는 상호주의 원칙에 의해 외국인이라도 자기나라에서 보호받는 것과 동일한 보호만 해주면 되고 조약가입 이전에 나온 저작물에 대해서는 보호의무가 없는 불소급원칙을 적용하고 있다. 우리나라는 1987년에 가입함으로써 동년 10월 1일부터 이 조약의 적용을 받게 됐다.

■ USTR(미국 무역대표부, Office of the United State Trade Representative)

미국 무역대표부를 칭한다. 국제통상교섭을 담당하는 대통령직속기관으로 1963년 1월에 통상교섭특별대표부(Office of the Special Representative for Trade Negotiations)로 발족되었다가 1980년 1월에 카터 대통령이 개편하면서 명칭을 바꿨다. 미국의 통상정책을 담당하는 주된 정부기관으로는 USTR 외에 상무성, 국무성이 있으나 USTR는 이들 관계부처와 밀접하게 협의해서 대외교섭의 창구로서 최근 한국의 시장개방 요구 등 압력을 가하고 있으며, '1993년 무역장벽보고서' 에서 우리나라를 포함한 44개국을 불공정무역국으로 선정, 발표했다. USTR 대표는 각료급이며 워싱턴, 제네바에 차석대표 각 1명을 두고 있다.

▣ VAN(고부가가치통신망, Value Added Network)

부가가치통신망. 공중 전기통신사업자(예컨대 한국전기통신공사)로부터 통신회선을 차용하여 독자적인 네트워크를 형성하는 것을 말한다. 독자적인 네트워크로 각종 정보를 부호, 영상, 음성 등으로 교환하거나 정보를 축적하거나 또는 복수로 해서 전송하는 등 단순한 통신이 아니라 부가가치가 높은 서비스를 하는 것이다.

▣ VER(수출자율규제, Voluntary Export Restraint)

수출국의 일방적인 수입제한조치가 예견될 때 이를 회피하기 위하여 자주적으로 수출의 수량 · 가격 · 품질 · 의장(意匠) 등을 규제하는 것이다. 수입제한을 실시하기 위해서는 GATT를 통한 교섭이 필요하기 때문에 수입국은 수출국에 대하여 자주규제를 요구해 오는 경우가 많다. 즉, 수출자주규제는 예측하지 못한 특정의 외국 상품이 자국 내 상품의 생산자에 중대한 손해를 끼치거나 또는 끼치게 될 염려가 있을 때는 필요한 한도와 기한을 정하여 GATT 의무(관세장벽의 경감, 수입 · 수량 제한 철폐 등)를 면제하기로 한 GATT 규약 제19조의 적용 밖의 '세이프가드' 로서, 수입국의 요청 또는 2국간 협정에 의하여 규정하는 수출규제조치이다.

▣ WIPO(세계지적소유권기구, World Intellectual Property Organization)

세계지적소유권기구는 저작권을 다루는 베른조약(1886년 발효)과 공업소유권을 다루는 파리조약(1883년 발효)의 관리나 사무기구상의 문제를 통일적으로 처리하기 위해 세계지적소유권기구 설립조약(1967년 성립, 1970년 발효)에 근거해 설립되었으며, 1974년 유엔 전문기구가 되었다. 1993년 현재 우리나라를 포함한 133개국이 가입하고 있다.

▣ WTO(세계무역기구, World Trade Organization)

세계무역기구. 1994년 4월 15일 모로코의 마라케시에서 세계 125개국 통상 대표가 7년 반 동안이나 진행해 온 우루과이라운드 협상의 종말을 고하고 '마라케시 선언'을 공동으로 발표함으로써 1995년 1월 정식 출범, 1947년 이래 국제무역질서를 규율해 오던 "관세 및 무역에 관한 일반협정"(GATT) 체제를 대신하게 되었다. 우리나라에서는 WTO 비준안 및 이행방안이 1994년 12월 16일 국회에서 통과되었다. WTO는 지금까지 GATT에 주어지지 않았던 세계무역분쟁 조정, 관세인하 요구, 반덤핑규제 등 막강한 법적 권한과 구속력을 행사하게 된다. WTO의 최고의결기구는 총회이며 그 아래 상품교역위원회 등을 설치해 분쟁처리를 담당한다. 본부는 제네바에 있다.